컴퓨터활용능력

KB141068

필기

컴퓨터활용능력 2급 필기

발 행 일 : 2022년 02월 03일(1판 1쇄)
개 정 일 : 2023년 02월 01일(1판 2쇄)
I S B N : 978-89-8455-078-0(13000)
정   가 : 17,000원

집   필 : 김영순
진   행 : 김동주
본문디자인 : 앤미디어

발 행 처 : (주)아카데미소프트
발 행 인 : 유성천
주   소 : 경기도 파주시 정문로 588번길 24
홈페이지 : www.aso.co.kr / www.asotup.co.kr

★ CONTENTS ★

시/험/안/내

1 검정기준

• 시행처(응시자격) : 대한상공회의소(제한없음)
• 검정절차 : 필기시험 합격 후, 실기시험(필기 합격자는 합격자 발표일로부터 만 2년간 필기시험 면제)
• 필기시험 : 객관식 4지 택일형으로 매 과목 100점 만점에 과목당 40점 이상, 평균 60점 이상
• 실기시험 : 시험방식은 작업형으로 진행, 100점 만점에 70점 이상(1급은 두 과목 모두 70점 이상)

2 시험 등급별 출제형태 및 합격 기준

등급	시험방법	시험과목	출제형태	시험시간	합격 결정 기준
1급	필기	컴퓨터 일반 스프레드시트 일반 데이터베이스 일반	객관식 (60문항)	60분	매 과목 100점 만점에 과목당 40점 이상이고, 평균 60점 이상
	실기	스프레드시트 실무 데이터베이스 실무	컴퓨터 작업형 (10문항 이내)	90분 (과목별 45분)	매 과목 100점 만점에 두 과목 모두 70점 이상
2급	필기	컴퓨터 일반 스프레드시트 일반	객관식 (40문항)	40분	매 과목 100점 만점에 과목당 40점 이상이고, 평균 60점 이상
	실기	스프레드시트 실무	컴퓨터 작업형 (5문항 이내)	40분	100점 만점에 70점 이상

3 원서접수 및 합격자 발표

• 대한상공회의소 인터넷 홈페이지를 통해 접수(http://license.korcham.net)
• 합격자 발표는 대한상공회의소 홈페이지를 통해 확인할 수 있음
• 최종 합격자(필기/실기 합격자)는 자격증 발급 신청자에 한하여 카드 형태의 자격증이 교부됨

※ 검정 수수료는 변경될 수 있으니 대한상공회의소 인터넷 홈페이지 참조

4 과목별 세부 출제기준

과목명	출제 문제수	주요 항목 및 세부 항목
제1과목 컴퓨터 일반	20문항	• **컴퓨터 시스템 활용** : 운영체제 사용, 컴퓨터 시스템 설정 변경, 컴퓨터 시스템 관리 • **인터넷 자료 활용** : 인터넷 활용, 멀티미디어 활용, 최신 정보통신기술 활용 • **컴퓨터 시스템 보호** : 정보 보안 유지, 시스템 보안 유지
제2과목 스프레드시트 일반	20문항	• **응용 프로그램 준비** : 프로그램 환경 설정, 파일 관리, 통합 문서 관리 • **데이터 입력/계산/관리** : 데이터 입력 및 편집, 서식 설정, 기본 계산식, 기본 데이터 관리, 데이터 분석 • **차트 활용** : 차트 작성 및 편집 • **출력 작업** : 페이지 레이아웃 설정, 인쇄 작업 • **매크로 활용** : 매크로 작성

※ 운영체제는 Windows 10 버전 기준임.
※ 스프레드시트는 'Microsoft Office 2016' 버전 기준임.
※ 기타 상세한 세부 출제 기준은 대한상공회의소 인터넷 홈페이지(license.korcham.net)를 통해 다운로드하여 확인

컴퓨터활용능력 2급

PART 01

〈1과목〉
컴퓨터 일반

01 운영체제 사용
CHAPTER

01 Windows의 특징

- **그래픽 사용자 인터페이스(GUI)** : 사용자가 알아보기 쉬운 아이콘과 같은 그림 형태를 통해 작업이 가능하다.
- **선점형 멀티태스킹** : 동시에 여러 개의 앱을 실행할 수 있는 멀티태스킹(Multi-Tasking)을 지원한다.

> ### ⊘ TIP 선점형 멀티태스킹 (Preemptive Multi-Tasking)
> - 한 대의 컴퓨터 시스템에서 둘 이상의 작업을 병행하여 처리하는 멀티태스킹 환경으로 운영체제가 제어권을 행사하여 특정 응용 앱이 제어권을 독점하는 것을 방지하는 안정적인 체제
> - 작업의 중요도와 자원 소모량 등에 따라 우선순위가 매겨져 우선순위가 높은 작업에 기회가 주어짐

- **플러그 앤 플레이(Plug & Play)** : 새로운 하드웨어 장치를 추가할 경우 운영체제가 이를 자동으로 인식하여 다른 장치와 충돌없이 설치해 주는 기능이다.
- **255자의 파일명** : NTFS를 이용하여 공백을 포함 255자의 긴 파일명을 사용할 수 있다.

> ### ⊘ TIP NTFS 파일 시스템
> - FAT나 FAT32 파일 시스템보다 큰 용량의 디스크에 적합한 파일 시스템이다.
> - 최대 파일의 크기는 16TB이고 파티션 용량을 최대 256TB까지 지원한다.
> - 드라이브와 폴더의 압축 기능을 지원하며 보안 안정성이 뛰어나다.
> - 파일 및 폴더에 대한 액세스 제어를 유지하고 제한된 계정을 지원할 수 있다.

02 마우스 및 키보드 사용법

1) 마우스 사용법
- **클릭(Click)** : 마우스 왼쪽 단추를 한 번 누르는 동작으로 메뉴나 아이콘, 폴더 등의 개체를 선택할 때 사용한다.
- **마우스 오른쪽 단추 클릭** : 마우스 오른쪽 단추를 한 번 누르는 동작으로 마우스 포인터가 위치한 개체의 바로 가기 메뉴를 호출할 때 사용한다.
- **더블 클릭(Double Click)** : 마우스 왼쪽 단추를 빠르게 두 번 누르는 동작으로 폴더를 열거나 선택한 개체를 실행할 때 사용한다.
- **드래그(Drag)** : 마우스 왼쪽 단추를 누른 채 끌기(이동)하는 동작을 말한다.
- **드래그 앤 드롭(Drag & Drop)** : 마우스 왼쪽 단추를 누른 채 끌어다 놓는 동작(창의 이동/크기 변경, 파일/폴더/아이콘 복사/이동, 바로 가기 아이콘 작성 등)이다.

2) 바로 가기 키
1 일반적인 바로 가기 키

키	설명
F2	선택한 파일 또는 폴더 이름 바꾸기
F3	[파일 탐색기]에서 '검색 상자'를 선택하여 파일 또는 폴더 검색
F4	[파일 탐색기]에서 주소 표시줄 목록 보기
F5	활성 창 새로 고침
Shift + Delete	선택한 항목을 휴지통에 넣지 않고 삭제
Shift + F10	선택한 항목에 대한 바로 가기 메뉴 표시
Shift + CD 삽입	CD 자동 재생(Auto – Run) 방지
Alt + Enter	선택한 항목의 속성 표시
Alt + Esc	실행중인 앱 작업 창을 열린 순서대로 전환
Alt + Tab	• 실행 중인 활성 창을 화면 중앙에 미리보기 형태로 표시 • Alt 키를 누른 채 Tab 키로 원하는 활성 창을 선택하여 사용
Alt + F4	앱 종료(또는, 창 닫기)
Alt + Space Bar	활성 창의 바로 가기 메뉴 열기
Alt + Print Screen	활성 창을 클립보드로 복사
Print Screen	화면 전체를 클립보드로 복사
Ctrl + A	모든 항목(파일 및 폴더) 선택
Ctrl + Esc	시작 메뉴 호출
F1	도움말
F8	Windows 부팅 옵션
Ctrl + Shift + Esc	작업 관리자

- 데이터를 일시적으로 저장해 두는 임시기억장소를 의미하며, 여러 번 사용이 가능하나 가장 최근에 저장된 데이터 하나만 기억한다.
- 클립보드는 Windows 뿐만 아니라 설치된 모든 응용 앱에서 공동으로 이용한다.
- 클립보드의 내용은 시스템을 종료하거나 재부팅할 경우 모두 삭제된다.

② Windows 로고(⊞) 키를 이용한 바로 가기 키

⊞	[시작] 메뉴 호출
⊞+D	모든 창을 최소화해서 바탕 화면을 표시하거나 이전 크기로 복원
⊞+M	모든 창을 최소화
⊞+Shift+M	⊞+M으로 최소화된 창을 복원
⊞+L	컴퓨터 잠금(네트워크 도메인에 연결된 경우) 또는 사용자 전환(네트워크 도메인에 연결되지 않은 경우)
⊞+E	[파일 탐색기] 실행
⊞+R	[실행] 창 열기
⊞+F	[피드백 허브] 실행
⊞+S	작업 표시줄의 [검색 상자]를 활성
⊞+T	작업 표시줄에 표시된 앱을 차례대로 선택하고, 실행된 앱은 미리보기가 표시됨
⊞+I	[설정] 창 열기

03 작업 표시줄

- 바탕 화면의 아래쪽에 위치한 줄(Bar)로 시작 단추(⊞), 검색 상자, 작업 보기, 앱 단추, 알림 영역, 바탕 화면 보기 단추 등으로 구성되어 있다.
- 앱의 빠른 실행을 위한 고정 앱 단추와 현재 실행 중인 앱 단추가 표시되고, 작업 전환 시 원하는 앱 단추를 클릭한다.
- 작업 표시줄의 위치를 왼쪽, 위쪽, 오른쪽, 아래쪽으로 변경할 수 있고, 화면의 1/2까지 크기 변경할 수 있다.
- 작업 표시줄의 위치 및 크기 등을 변경하지 못하도록 [작업 표시줄 잠금] 설정을 할 수 있다.
- 작업 표시줄이 화면에 보이지 않게 숨겨져 있다가 마우스 포인터를 작업 표시줄 쪽으로 이동시키면 화면에 나타나게 작업 표시줄 자동 숨김 기능을 이용할 수 있다.
- 작업 표시줄에 표시되는 앱 단추의 크기를 작게 축소할 수 있다.

- 작업 표시줄 끝에 있는 〈바탕 화면 보기〉 단추의 바로 가기 메뉴에서 [바탕 화면 미리 보기]가 설정된 상태에 있어야 그 위에 마우스 포인터를 위치시키면 바탕 화면을 일시적으로 볼 수 있다.

1) 작업 표시줄 단추 하나로 표시

- [항상, 레이블 숨기기] : 기본 설정되고, 한 앱의 항목이 여러 개씩 열려 있더라도 각 앱이 레이블 없는 단추 하나로 표시된다.
- [작업 표시줄이 꽉 찼을 때] : 각 항목을 레이블이 있는 개별 단추로 표시하다가 작업 표시줄이 꽉 차면 동일한 앱들은 단일 앱 단추로 축소되고, 앱 단추 위에 마우스가 놓이면 열린 창들의 축소판 미리보기가 표시된다.
- [안 함] : 열린 창이 아무리 많아도 하나로 축소되지 않고, 단추 크기를 줄여 표시하다가 차후 스크롤 되도록 표시한다.

2) 작업 표시줄에서 바로 가기 메뉴 표시

도구모음(링크, 바탕 화면, 새 도구 모음), 계단식 창 배열, 창 가로 정렬 보기, 창 세로 정렬 보기, 바탕 화면 보기, 작업 관리자, 작업 표시줄 잠금, 작업 보기 단추 표시, 작업 표시줄 설정

- 작업 표시줄의 실행중인 앱 단추를 마우스 오른쪽 단추로 클릭하면 앱의 점프 목록을 볼 수 있고, 점프 목록에서 앱의 해당 항목을 클릭하면 항목을 열 수 있다.
- 앱의 점프 목록에서 항목을 가리킨 다음 압정 아이콘을 클릭하면 점프 목록에 항목이 고정되고 다시 한 번 클릭하면 항목이 제거된다.
- 점프 목록의 바로 가기 메뉴에서 '이 목록에 고정' 또는 '이 목록에서 제거'를 선택해도 된다.

에어로 스냅(Aero Snap, 맞추기 기능)

창이 열린 상태에서 제목 표시줄에 마우스 포인터를 위치시킨 후, 바탕 화면의 오른쪽 끝(또는, 왼쪽 끝)으로 드래그하여 창을 이동시킬 경우 창이 화면의 반을 차지하게 하는 기능이다.

에어로 피크(Aero Peek)

모든 창을 최소화할 필요 없이 바탕 화면을 빠르게 미리 보거나 작업 표시줄의 해당 아이콘을 가리켜서 열린 창을 미리 볼 수 있게 하는 기능이다.

04 파일과 폴더

1) 파일

- 점(.)으로 구분되며 파일 이름(File Name)과 확장자(Extension)로 구성한다.
  예 install.exe → install(파일명), exe(확장자)
- 확장자는 파일 종류를 나타내며 응용 앱에 의해 작성된 파일들은 자동으로 고유의 확장자가 부여된다.
- 파일명은 확장자와 공백을 포함하여 255자까지 지원하며 *, ?, /, ₩, :, ", 〈, 〉 등의 문자는 사용할 수 없다.

2) 폴더

- 서로 관련 있는 파일들을 묶어 저장하기 위해 컴퓨터의 디스크 공간을 구분한 것으로 일반 항목, 문서, 사진, 음악, 비디오 등의 유형을 선택하여 각 유형에 최적화된 폴더로 사용할 수 있다.
- 하나의 폴더 내에는 동일한 이름의 파일이 두 개 이상 존재할 수 없다.
- 연관된 파일을 사용자가 일정한 구역으로 구분해 파일 관리를 쉽게 할 수 있도록 하위 폴더를 가질 수 있는 계층(Tree) 구조로 구성된다.

> ⊘ TIP 라이브러리
>
> - Windows에서는 기본적으로 문서, 음악, 사진 및 비디오 등 네 가지 기본 라이브러리가 있으며 라이브러리로 이동하면 문서, 음악, 사진 및 기타 파일을 관리할 수 있다.
> - 라이브러리는 폴더와 달리 실제로 항목을 저장하지 않고 항목이 포함된 폴더를 모니터링하며, 사용자가 여러 가지 방식으로 항목에 액세스하고 항목을 정렬할 수 있다.
> - [파일 탐색기]에서 [라이브러리]를 표시하려면 메뉴에서 [보기] 탭-[탐색 창]-[라이브러리 표시]를 선택한다.

3) 파일 및 폴더의 속성

1 속성 보기

- 파일이나 폴더, 디스크의 할당크기, 만들어진 날짜 등에 대한 정보를 확인하거나, 특성을 확인 및 변경할 수 있다.
- 파일 또는 폴더를 선택한 후, 바로 가기 메뉴-[속성]이나 Alt + Enter 키를 이용한다.

2 폴더 속성 정보

- **[일반] 탭** : 폴더의 이름, 종류, 저장 위치, 크기, 디스크 할당 크기, 폴더 안에 들어 있는 파일/폴더 수, 만든 날짜, 특성(읽기 전용, 숨김) 등을 확인할 수 있고, 휴지통 안에 있으면 복원 전에는 이름 변경 및 특성을 변경할 수 없다.
- **[공유] 탭** : 네트워크에서 다른 컴퓨터가 해당 폴더를 사용할 수 있도록 할 것인지에 대한 다양한 옵션을 설정할 수 있다.
- **[사용자 지정] 탭** : 폴더의 유형, 폴더에 표시할 사진, 폴더의 아이콘 모양을 변경할 수 있다.

4) 파일 및 폴더 작업

1 파일(폴더) 선택

하나의 항목 선택	선택하고자 하는 파일(폴더)를 클릭
연속된 항목 선택	• 첫 번째 파일(폴더) 클릭 • Shift 키를 누른 상태에서 마지막 파일(폴더)를 클릭
비연속적인 항목 선택	• 파일(폴더)를 클릭 • 두 번째 선택부터는 Ctrl 키를 누른 채 원하는 파일(폴더)를 차례로 클릭
전체 항목 선택	• 메뉴 [홈] 탭에서 [모두 선택]을 선택 • 바로 가기 키 : Ctrl + A 키
선택 항목 반전	• 현재 선택된 파일(폴더)를 제외한 나머지 개체들이 선택 • 메뉴 [홈] 탭에서 [선택 영역 반전]을 선택

2 파일(폴더) 이름 바꾸기

메뉴	메뉴 모음에서 [이름 바꾸기]를 선택
바로 가기 메뉴	바로 가기 메뉴 - [이름 바꾸기]
바로 가기 키	F2 키
마우스	이름을 클릭한 후, 한번 더 클릭

3 파일(폴더) 복사

바로 가기 키	Ctrl + C 키
마우스 왼쪽 단추	• 같은 드라이브 : Ctrl 키를 누른 채 끌어다 놓기 • 다른 드라이브 : 원하는 곳으로 끌어다 놓기

4 파일(폴더) 이동

바로 가기 키	Ctrl + X 키
마우스 왼쪽 단추	• 같은 드라이브 : 원하는 곳으로 끌어다 놓기 • 다른 드라이브 : Shift 키를 누른 채 끌어다 놓기

05 폴더 옵션

파일이나 폴더의 보기 형식 변경, 숨김 파일 및 폴더, 드라이브 표시 형식 설정, 검색 방법 등에 설정을 지정한다.

1) [일반] 탭

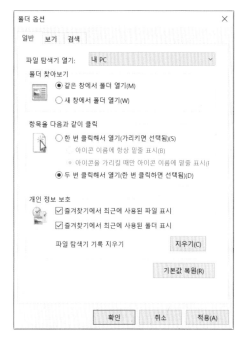

2) [보기] 탭

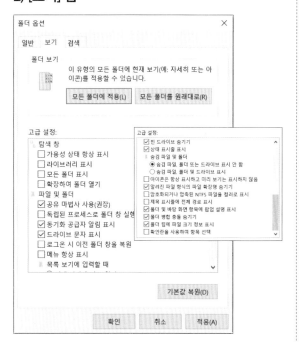

3) [검색] 탭

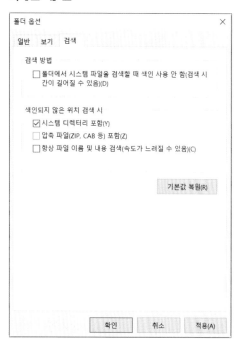

06 휴지통

1) 휴지통의 특징

- Windows에서 삭제된 파일이나 폴더를 임시로 보관하는 장소이며 필요시 복원할 수 있지만, 복원 전에는 이름 변경 및 실행을 할 수 없고 더블 클릭 하면 파일이나 폴더의 속성 창이 표시된다.
- 휴지통의 크기는 기본적으로 드라이브 용량의 5~10% 범위 내에서 시스템이 자동으로 설정하지만 사용자가 원하는 크기(MB)로 지정하여 사용할 수 있다.
- 휴지통에 삭제된 파일이 보관되어 있을 경우와 비워진 경우의 아이콘 모양이 달라진다.
- 휴지통의 용량이 꽉 찬 경우 새로운 파일을 삭제하면 가장 오래된 파일부터 완전히 삭제된다.
- 드라이브마다 휴지통의 용량을 따로 설정할 수 있다.

2) 파일(폴더) 복원

- **파일(폴더) 복원** : [모든/선택한 항목 복원] 메뉴 선택 또는, 바로 가기 메뉴 – [복원]을 클릭, 삭제전 폴더(파일)와 동일한 위치로 복구된다.

• 휴지통에 들어 있는 파일을 원하는 위치로 드래그 또는 [잘라내기(**Ctrl** + **X**)]와 [붙이기(**Ctrl** + **V**)]를 이용해 원하는 위치에 복원할 수 있다.

3) 휴지통에서 복원할 수 없는 경우
• **Shift** + **Delete** 키를 눌러 삭제한 경우
• 플로피디스크 또는 USB 메모리, DOS 프롬프트, 네트워크 드라이브에 있는 파일 및 폴더를 삭제한 경우
• [휴지통 속성] 창에서 '파일을 휴지통에 버리지 않고 삭제할 때 바로 제거' 옵션을 선택한 경우
• 휴지통 안에서 파일을 삭제하거나 [휴지통 비우기]를 실행한 경우

> ⊘ TIP **휴지통 아이콘의 비교**
>
> ▲ 삭제된 파일이 보관   ▲ 빈 휴지통

07 ▶ 바로 가기 아이콘(단축 아이콘)

• 특정한 파일이나 폴더의 위치에 대한 정보를 담고 있는 파일이고, 앱의 빠른 실행을 위한 아이콘으로 확장자는 'LNK'이다.
• 일반 아이콘과 구분하기 위해 아이콘의 좌측 하단에 '화살표(↗)'가 표시되어 있다.
• 바로 가기 아이콘은 삭제, 이동해도 원본 파일에는 아무런 영향을 미치지 않는다.
• 바로 가기 아이콘을 실행하면 연결된 원본 파일이 실행된다.
• 파일이나 폴더, 컴퓨터, 프린터, 디스크 드라이브 등 모든 개체에 대해 바로 가기 아이콘을 만들 수 있다.
• 이름이나 모양 등의 변경이 가능하다.
• 하나의 특정 앱에 대해 바로 가기 아이콘을 여러 개 만들 수 있다.
• 원본 파일을 삭제할 경우 해당 파일의 바로 가기 아이콘은 실행할 수 없다.

1) 바로 가기 아이콘 만들기

1	개체 선택 후, 바로 가기 메뉴 – [바로 가기 만들기]를 선택
2	• 파일 선택 후, 마우스 오른쪽 단추를 눌러 바탕 화면으로 드래그 • [여기에 바로 가기 만들기]를 선택
3	• 개체 선택 후, **Ctrl** + **Shift** 키를 누른 채 드래그 • 원하는 위치로 끌어다 놓기
4	• 바로 가기로 만들 개체 선택 • 바로 가기 메뉴 – [보내기] – [바탕 화면에 바로 가기 만들기]를 선택

08 ▶ 파일 탐색기의 기능과 구조

• 사용자 시스템의 각종 드라이브, 파일 및 폴더, 디스크 및 앱 등을 관리할 수 있으며 그와 관련된 모든 작업을 수행할 수 있다.
• 파일 탐색기는 컴퓨터의 파일과 폴더의 계층 구조가 트리(Tree)형태로 표시된다.
• 파일 탐색기는 크게 탐색 창과 파일 목록 창으로 구분할 수 있다.
  – 탐색 창에는 시스템의 각종 드라이브 및 폴더가 표시된다.
  – 파일 목록 창에는 탐색 창에서 선택한 드라이브 또는 폴더의 내용이 표시된다.
• 파일 탐색기에서는 문서 파일을 열지 않고도 인쇄 기능을 사용하여 문서를 인쇄할 수 있다.
• > ▮폴더 : 폴더 내부에 하위 폴더가 있음을 나타내며, ▷ 표시를 클릭하면 하위 폴더가 나타나면서 ∨ 표시로 변경된다.
• ∨ ▮폴더 : 하위 폴더가 목록에 나타나고 있음을 나타내며, ∨ 표시를 클릭하면 하위 폴더가 숨겨지고 ▷ 표시로 변경된다.
• **숫자 키패드의 ✳ 키** : 선택된 폴더에 속하는 모든 하위 폴더를 표시한다.
• **왼쪽(←) 방향키** : 선택한 폴더가 열려 있으면 닫히고, 그렇지 않으면 상위 폴더가 선택된다.
• **Back space 키** : 현재 폴더에서 상위 폴더로 이동한다.

09 ▸ Windows 보조프로그램

1) 메모장

- 서식이 필요없는 간단한 텍스트 파일(*.txt)을 작성할 때 주로 사용한다.
- 문서 전체의 글꼴, 크기를 변경할 수는 있으나 일부만 변경할 수는 없다.
- 자동 줄 바꾸기, 찾기 기능을 제공한다.
- 문서의 첫 행 왼쪽에 '.LOG'를 입력하면 문서를 열 때마다 현재 시간과 날짜가 문서의 끝에 자동으로 삽입된다.(또는, 시간과 날짜를 입력할 곳에 커서를 위치시킨 후 F5 키(또는, [편집]−[시간/날짜])를 누름)
- OLE 기능, 글꼴 색상 지정, 그림 및 표 삽입 기능은 지원하지 않는다.

2) 워드패드

- 다양한 글꼴과 단락 등 서식이 있는 문서 작업에 적합하다.
- 텍스트 문서(.txt), 서식있는 텍스트(RTF)(.rtf), Word 문서(.docx) 및 OpenDocument 텍스트(.odt) 문서, Office Open XML 문서, 유니코드 텍스트 문서를 열고 저장할 수 있다.
- 글꼴 크기나 종류, 문단 설정 등의 서식 기능 및 그림이나 소리 등 다른 형식의 개체를 삽입하는 OLE 기능을 지원한다.

3) 그림판

- JPG, GIF, BMP, PNG, TIF, ICO 등의 파일 확장자를 갖는 그림 파일을 보거나 편집할 수 있다.
- 그림판에서 작성한 그림을 다른 문서에 붙여 넣거나 바탕 화면의 배경으로 사용할 수 있다.
- OLE 기능을 이용하여 다른 그래픽 저작 도구로 만든 그림을 개체 삽입할 수 있다.

4) 기타 보조프로그램

캡처 도구	화면 전체 또는 특정 부분을 캡처하여 파일로 저장
Windows Media Player	음악 CD, MP3, MID, WAV등의 오디오 파일과 AVI, MOV, MP4등의 동영상 파일을 재생할 수 있는 멀티미디어 재생 앱으로 자신만의 CD, DVD를 만들 수 있지만 편집은 불가능 함.
Print 3D	PC에서 3D 인쇄 개체를 빠르고 쉽게 준비하고, WiFi 프린터의 지원을 통해 네트워크가 연결된 곳 어디에서나 3D 인쇄를 할 수 있음.
Windows 팩스 및 스캔	• 컴퓨터를 사용하여 간편하게 팩스를 주고 받을 수 있고, 전자 메일을 인쇄하거나 팩스의 복사본을 저장할 수 있음 • 스캔하기 전에 해당 문서 또는 사진의 미리 보기를 보다 나은 화질을 위해 스캔 설정을 변경할 수 있고, 스캔한 파일을 팩스 또는 전자 메일로 전송할 수 있음

10 ▸ 프린터와 문서 인쇄

1) 기본 프린터와 네트워크 프린터

인쇄 전 먼저 시스템에 연결된 프린터가 설치되어 있어야 하며, Windows에서 설치 가능한 프린터의 수는 제한이 없다.

1 기본 프린터

- 인쇄 명령을 수행할 때 자동으로 인쇄 작업이 전달되는 프린터를 의미한다.
- 기본 프린터로 설정할 프린터를 [■(시작)] − [⚙(설정)] − [장치] − [프린터 및 스캐너]에서 선택하고 [관리] 클릭 − [디바이스 관리] 창에서 [기본값으로 설정]을 클릭
- 'Windows에서 내 기본 프린터를 관리할 수 있도록 허용'의 옵션을 선택하면 [디바이스 관리] 창에서 [기본값으로 설정]은 표시되지 않고, 가장 최근에 사용한 프린터가 기본 프린터로 자동 설정한다.
- 반드시 PC 한 대에 하나의 프린터만 설정할 수 있고, 공유된 네트워크 프린터도 설정할 수 있다.
- 사용자 임의대로 변경, 삭제가 가능하며 반드시 지정할 필요는 없다.
- 프린터 이름 아래에 '기본값'이 표시되어 다른 프린터와 구분되고, 다른 프린터를 기본 프린터로 설정하면 '기본값'이 표시되지 않는다.

2 Windows에서 프린터 설치 방법

❶ 새로운 프린터를 설치하려면 [■(시작)] − [⚙(설정)] − [장치] − [프린트 및 스캐너] − [+ 프린터 또는 스캐너 추가] − 설치할 프린터를 검색 목록에서 선택하고 [장치 추가]를 클릭하면 자동 설치된다.

② 설치할 프린터가 검색되지 않으면 '원하는 프린터가 목록에 없습니다.'를 클릭하고, [프린터 추가] 창에서 설치할 프린터의 유형 옵션 중 하나를 선택한다.

③ 네트워크 프린터를 선택한 경우에는 연결할 프린터의 포트는 자동으로 지정되고, 로컬 프린터는 포트를 선택하여 지정할 수 있다.

④ 프린터 이름, 프린터 공유 여부 설정, 기본 프린터와 텍스트 페이지 인쇄 여부 설정 순으로 선택하여 설치한다.

❸ 네트워크 프린터

- 하나의 프린터를 여러 개의 PC가 함께 사용할 수 있도록 네트워크(LAN)를 통해 다른 컴퓨터와 공유해 사용 중인 프린터를 의미한다.
- 네트워크 프린터를 설정하려면 프린터의 공유 이름과 프린터가 연결되어 있는 컴퓨터의 이름을 알아야 한다.
- 네트워크 프린터를 설치하면 다른 컴퓨터에 연결된 프린터를 내 컴퓨터에 연결된 프린터처럼 사용할 수 있으며 기본 프린터로 지정할 수 있다.

⊘ TIP 로컬&네트워크 프린터

- 로컬 프린터 : 자신의 시스템에 직접 연결되어 있을 경우
- 네트워크 프린터 : 네트워크상에서 다른 컴퓨터와 연결되어 공유되고 있는 프린터

---

2) 문서의 인쇄

❶ 인쇄 방법

응용 앱	인쇄하고자 하는 문서 파일을 열고 [인쇄] 메뉴 선택
마우스	인쇄할 문서를 프린터 아이콘에 끌어다 놓기
바로 가기 메뉴	인쇄하고자 하는 문서 아이콘을 선택한 후, 바로 가기 메뉴 – [인쇄]를 선택

❷ 인쇄 관리

- 인쇄 중일 때 [프린터 및 스캐너]에서 해당 '프린터'를 클릭한 후 [대기열 열기]를 선택 또는 작업 표시줄의 프린터 아이콘을 더블 클릭할 경우 [프린터] 창이 표시된다.
- [프린터] 창에서 [인쇄 작업 목록 보기]를 통해 문서 이름, 상태, 소유자, 페이지 수, 크기, 제출, 포트 등 인쇄 작업 진행 상황을 확인할 수 있다.
- 문서의 인쇄 작업 중에도 [프린터] 창에서 현재 인쇄중이거나 인쇄 대기 중인 문서의 확인, 취소, 일시 중지, 인쇄 작업 다시 시작, 인쇄 대기열 순서 다시 매기기 등의 작업을 할 수 있다.

3) 스풀(Spool) 설정

- 인쇄 내용을 먼저 하드 디스크에 보내두고 디스크의 출력 파일을 백그라운드 작업으로 프린터로 보내 인쇄하는 것을 말한다.
- 프린터와 같은 저속의 입출력장치를 중앙처리장치(CPU)와 병행하여 작동시켜 컴퓨터 전체의 처리 효율을 높이는 기능이다.
- 스풀 기능을 이용하면 인쇄할 문서 전부를 한 번에 스풀링한 후 프린터로 전송하여 인쇄하는 방법과 한 페이지 단위로 스풀링하여 인쇄하는 방법이 있다.
- 스풀 기능을 사용하면 프린터가 인쇄 중이라도 다른 응용 앱을 실행할 수 있다.
- 기본적으로 모든 사용자는 자신의 문서에 대해 인쇄 일시 중지, 계속, 다시 시작, 취소를 할 수 있다.
- 스풀 설정시 인쇄 속도는 설정하기 전보다 느려진다.

⊘ TIP 윈도우 10 (프로그램 ⇔ 앱)

- 윈도우 10부터는 프로그램 명칭을 앱이라 지칭합니다.
- 윈도우 10에서 '프로그램'을 '앱'으로 지칭한 시점이 오래되지 않았기 때문에 당분간은 두 가지 용어를 혼용해서 사용할(출제될) 가능성이 많이 있습니다.
- 예 그림판 프로그램 = 그림판 앱, 메모장 프로그램 = 메모장 앱

단 / 원 / 평 / 가 / 문 / 제

01 다음 중 Windows에서 사용하는 바로 가기 키에 대한 설명으로 옳지 않은 것은?

① ⊞ 키+L : 컴퓨터 잠금 또는 사용자 전환
② ⊞ 키+R : 실행 대화상자 열기
③ ⊞ 키+M : 모든 창을 최소화
④ ⊞ 키+E : 장치 및 프린터 추가

02 다음 중 Windows에서 바로 가기 아이콘에 대한 설명으로 옳지 않은 것은?

① 일반 아이콘과 구분하기 위해 아이콘의 좌측 하단에 화살표가 표시되어 있다.
② 바로 가기 아이콘은 삭제, 이동해도 원본 파일에는 아무런 영향을 미치지 않는다.
③ 로컬 또는 네트워크상에 있는 앱, 파일, 폴더, 컴퓨터, 인터넷 주소의 바로 가기 아이콘은 만들 수 없다.
④ 바로 가기 아이콘의 이름이나 모양 등의 변경이 가능하다.

03 다음 중 Windows 10의 도움말에 대한 설명으로 옳지 않은 것은?

① 휴지통에 삭제된 파일이 보관되어 있을 경우와 휴지통이 비워진 상태 모두 아이콘의 모양은 동일하다.
② 휴지통은 Windows에서 삭제된 파일이나 폴더를 임시로 보관하는 장소이다.
③ 휴지통의 용량이 꽉 찬 경우 새로운 파일을 삭제하면 가장 오래된 파일부터 완전히 삭제된다.
④ 드라이브마다 휴지통의 용량을 따로 설정할 수 있다.

04 다음 중 Windows의 작업 표시줄에 대한 설명으로 옳지 않은 것은?

① 현재 실행 중인 앱 단추들이 표시되며, 작업 전환 시 원하는 앱 단추를 클릭한다.
② 작업 표시줄은 필요시 상·하로 이동할 수는 있지만 좌·우로 이동은 불가능하다.
③ 작업 표시줄에 표시되는 앱 단추의 크기를 작게 축소할 수 있다.
④ 작업 표시줄의 위치 및 크기 등을 변경하지 못하도록 잠금 설정을 할 수 있다.

05 다음 중 Windows에서 기본 프린터에 대한 설명으로 옳지 않은 것은?

① 인쇄 명령을 수행할 때 자동으로 인쇄 작업이 전달되는 프린터를 의미한다.
② 기본 프린터로 지정할 프린터를 선택한 후, [관리] - [디바이스 관리] 창에서 [기본값으로 설정]을 선택한다.
③ 사용자 임의대로 변경, 삭제가 가능하며 반드시 지정 할 필요는 없다.
④ PC 한 대에 두 개까지 기본 프린터 설정을 할 수 있다.

06 다음 중 Windows의 [그림판]에서 작업할 수 있는 파일의 확장자 형식이 아닌 것은?

① *.BMP
② *.JPG
③ *.TXT
④ *.GIF

컴퓨터 시스템 설정

CHAPTER 02

- [■(시작)] – [⚙(설정)] 단추를 선택하거나 바로 가기 키 ■ + Ⅰ를 누르면 실행
- [설정]은 Windows와 관련된 각종 환경을 설정하거나 앱 및 하드웨어의 설치 작업, 시스템에 설치된 장치의 정보를 확인할 수 있다.

멀티태스킹 (⊞)	여러 개의 창을 동시에 띄어놓고 써야할 경우 '창 맞춤'을 선택하면 하나의 화면에 4개까지 분할 표시됨
정보 (ⓘ)	PC가 모니터링 되고 보호되는 정보와 장치 및 Windows 사양 표시, PC의 이름 바꾸기 등

01 [설정] – [시스템]

디스플레이 (🖵)	화면의 야간 모드, 텍스트와 앱 및 기타 항목의 크기 변경, 화면 해상도, 두 개 이상의 모니터를 연결하고 작업하는 '여러 디스플레이'등을 설정
소리 (◀))	출력 장치 설정 및 마스터 볼륨 조절, 입력 장치의 설정 및 마이크 테스트, '사운드 제어판'에서 Windows 및 앱의 이벤트에 적용될 소리 변경 등을 할 수 있음
알림 및 작업 (🖵)	앱 및 다른 사람이 보낸 알림 받기 설정, 잠금 화면에 알림 표시 여부, 알림 소리 재생 허용 여부, 고유한 알림 설정이 있는 앱의 설정 사항 변경, 알림 센터 설정 등을 변경함
집중 지원 (🌙)	집중 지원을 켜거나 끄는 방법 설정으로 게임이나 작업시 집중해야 할 때 방해되는 알림을 피할 수 있고, 우선 순위의 알림만 선택 표시하거나 특정 조건에서 자동으로 활성화되도록 기본 설정할 수 있는 '자동 규칙'등을 설정
전원 및 절전 (⏻)	화면 끄기 시간 및 절전 모드로 전환되는 시간을 설정하여 에너지를 절약할 수 있고, '안 함'을 선택할 수도 있음
저장소 (🖴)	• 저장소 센스 : 임시 파일이나 휴지통의 콘텐츠 등 불필요한 파일을 제거하여 공간을 자동으로 확보함 • 저장소 센스 구성 또는 지금 실행 : 기본 설정인 '사용 가능한 공간이 부족할 때'실행되는 대신 저장소 감지를 주기적으로 실행 하도록 저장소 센스 실행 빈도 설정, 임시 파일 삭제 여부(기간 설정으로 휴지통 및 다운로드 폴더에 있는 파일 삭제) 선택, 바로 공간 확보를 위한 '정리 시작'등을 지정할 수 있음 • 저장소가 사용되는 방법 및 공간을 확보하는 방법(앱 및 기능, 임시 파일, 기타, 문서 등 더 많은 범주 표시 개별로 설정 가능)

02 [설정(⚙)] – [장치(🖵)]

Bluetooth 및 기타 디바이스 (🖵)	Bluetooth 켜고 끄기와 키보드, 마우스, 휴대폰, 스피커, 프린터 등 모든 종류의 Bluetooth 장치를 Bluetooth 기능이 있는 PC와 페어링할 수 있도록 장치 추가 및 제거
프린터 및 스캐너 (🖨)	프린터 및 스캐너의 장치를 추가하거나 제거
마우스 (🖱)	마우스의 오른쪽 단추와 왼쪽 단추의 기능을 서로 바꾸어 주는 기본 단추 선택, 마우스 휠을 돌릴 때 스크롤 할 양, 비활성 창을 가리킬 때 스크롤 사용 여부, 마우스 및 커서 크기 조정, 추가 마우스 옵션(마우스 속성 창 활성) 등의 설정
입력 (⌨)	입력할 때 추천 단어 표시, 철자가 틀린 단어 자동 고침, 입력 중인 인식 언어를 기준으로 텍스트 제안 표시 등의 설정
자동 실행 (▷)	이동식 드라이브, 메모리 카드 등을 PC에 연결할 경우 자동 실행 여부와 자동 실행 기본 값 선택

03 [설정(⚙)] – [전화(□)]

사용자 PC에 휴대폰을 연결하여 사용자 휴대폰의 사진, 문자 등에 바로 액세스 할 수 있고, 알림을 관리할 수 있다.

04 ▸ [설정(⚙)] - [네트워크 및 인터넷(🌐)]

인터넷 연결 상태와 네트워크의 다양한 연결 방법 및 해당 항목의 상태 표시, 옵션 변경, 네트워크 관련 등을 설정 할 수 있다.

05 ▸ [설정(⚙)] - [개인설정(✏)]

바탕 화면 배경으로 설정할 사진을 선택하고 시작 화면, 작업 표시줄 및 기타 항목의 테마 컬러를 변경할 수 있으며 잠금 화면의 변경에 따른 미리 보기가 표시된다.

배경 (🖼)	• 바탕 화면 배경으로 사용할 항목(사진, 단색, 슬라이드 쇼) 설정 • 사용자 사진을 2개 이상 지정하여 슬라이드 쇼로 지정 가능 • 맞춤 선택(채우기, 맞춤, 확대, 바둑판식 배열, 가운데, 스팬)
색 (🎨)	Windows가 배경에서 테마 컬러를 선택하도록 하거나, 원하는 색을 선택할 수 있음
잠금 화면 (🔲)	• 배경에서 Windows 추천이나 사진 또는 슬라이드 쇼를 선택하여 해당 사진을 잠금 화면 배경으로 사용 • 잠금 화면 해제 시 로그인 화면에 잠금 화면 배경 그림 표시 여부 지정 • 화면 시간 제한 설정 및 화면 보호기 설정
테마 (✏)	바탕 화면 배경, 색, 소리, 마우스 커서 등이 포함된 Windows 기본 테마 및 Microsoft Store 사이트에서 무료로 테마를 추가 설치할 수 있음
글꼴 (🅰)	컴퓨터에 새로운 글꼴을 추가하거나 제거, 설치된 글꼴 위치는 C:\Windows\Fonts 폴더이고 설치된 글꼴의 정보를 확인할 수 있음
시작 (🖥)	• 시작 화면에 더 많은 타일 표시 사용 여부 • 시작 메뉴에 앱 목록, 최근에 추가된 앱, 가장 많이 사용하는 앱 표시 사용 여부 • 시작 메뉴의 점프 목록, 작업 표시줄 또는 파일 탐색기 즐겨찾기에서 최근에 연 항목 표시 사용 여부 • 시작 메뉴에 표시할 폴더 선택 옵션 설정
작업 표시줄 (🖵)	작업 표시줄의 잠금 및 자동 숨기기, 작은 작업 표시줄 단추 사용, 작업 표시줄 위치 지정 및 작업 표시줄 단추 하나로 표시 옵션 설정, 알림 영역(작업 표시줄에 표시할 아이콘 선택, 시스템 아이콘 사용 여부) 설정 등

06 ▸ [설정(⚙)] - [앱(▤)]

Windows가 작동하는데 영향을 미치지 않도록 앱을 정상적으로 삭제하고 Windows에 포함되어 있는 일부 앱 및 기능을 추가, 해제할 수 있는 선택적 기능과 웹 브라우저나 메일 등에 사용할 기본 앱 등을 설정할 수 있다.

앱 및 기능 (▤)	시스템에 설치된 각종 앱 제거 및 수정, 선택적 기능, 앱 실행 별칭 등의 작업을 수행
기본 앱 (▤)	• 메일, 지도, 음악 및 비디오 플레이어, 사진 뷰어, 웹 브라우저 등의 기본 앱 설정 • 파일 형식별 및 프로토콜별 기본 앱 선택 • 앱별 기본값을 설정할 수 있고 Microsoft 권장 기본값으로 초기화할 수도 있음
비디오 재생 (📹)	Windows에서 기본 제공하는 비디오 재생 플랫폼을 사용하는 앱의 비디오 설정을 변경
시작 프로그램 (🖥)	로그인할 때 자동으로 시작될 앱 설정

> ✅ **TIP 연결 프로그램**
>
> • 특정한 파일을 더블 클릭했을 때 실행될 앱을 설정하는 것을 의미하며, 파일의 확장자에 따라 연결 앱이 결정된다.
> • 특정 파일의 바로 가기 메뉴에서 [연결 프로그램]을 선택하면 해당 파일을 실행할 수 있는 앱 목록이 표시된다.
> • 파일을 실행했을 때 연결 앱 대화상자가 나타나면 현재 연결된 앱이 없다는 의미이며, 해당 앱을 지정해야 실행된다.
> • 서로 다른 확장자를 갖는 파일들을 하나의 연결 앱으로 지정할 수 있다.

07 ▸ [설정(⚙)] - [계정(👤)]

컴퓨터를 공유하는 여러 사용자들에 대한 사용자 계정 설정 및 암호를 변경하거나 사용자들의 각각 계정을 통해 시스템 사용 권한을 제한할 수 있고, 각 사용자는 바탕 화면 배경 또는 화면 보호기 등 고유한 설정과 기본 설정을 서로 다르게 지정하여 사용할 수 있다.

사용자 정보 (👤)	로그인 된 사용자의 계정, 계정 유형, 사진이 표시되고 사진을 변경할 수 있음
이메일 및 계정 (✉)	메일, 일정 및 연락처에서 사용하는 계정을 추가하여 전자 메일, 일정, 이벤트 및 연락처에 액세스 할 수 있고, 다른 앱에서 사용하는 계정도 추가할 수 있음

로그인 옵션 (🔍)	• 장치에 로그인하는 방법 관리(Windows Hello 얼굴, Windows Hello 지문, Windows Hello Pin, 보안 키, 비밀번호, 사진 암호) • **앱 다시 시작** : 로그인한 후 자동으로 다시 시작할 수 있는 앱 저장의 사용 여부 • **동적 잠금** : 자리를 비울 때 Windows가 자동으로 장치를 잠그도록 설정 여부 • **개인 정보** : 로그인 화면에서 개인 정보를 표시하거나 숨기고, 업데이트 또는 다시 시작 후 장치에서 로그인 정보를 사용하여 앱을 다시 열 수 있도록 허용 여부
회사 또는 학교 액세스 (📧)	연결되면 회사나 학교에서 사용자가 변경할 수 있는 설정 등의 장치 일부 항목을 제어할 수 있는 액세스 권한을 얻게 됨
가족 및 다른 사용자 (👤)	• **가족** : 가족 구성원을 추가하려면 Microsoft 계정으로 로그인해야 하고, 자체 로그인과 바탕 화면을 사용하여 적절한 웹 사이트, 시간 제한, 앱 및 게임으로 자녀를 안전하게 보호할 수 있음 • **기타 사용자** : 가족 구성원 외에 사용자 추가(이 PC에 다른 사용자 추가) 및 계정 유형을 변경하고 제거

⊘ TIP 계정

• **표준 사용자 계정** : 일상적인 컴퓨터 작업에 사용되며, 대부분의 소프트웨어를 사용할 수 있고 관리자 계정으로 할 수 있는 거의 모든 작업을 실행할 수 있음. 단, 소프트웨어를 설치하거나 보안 설정을 변경하는 등 컴퓨터를 사용하는 모든 사용자에게 영향을 주는 변경(예: 컴퓨터가 작동하는 데 필요한 파일 삭제)을 수행하지 못하도록 방지하여 컴퓨터를 보호할 수 있음
• **관리자 계정** : 컴퓨터에 대한 모든 권한을 소유하며 원하는 대로 변경 할 수 있음. 알림 설정에 따라 관리자는 관리자 암호를 입력하거나 확인을 받아야 다른 사용자에게 영향을 주는 설정을 변경할 수 있음(다른 사용자 계정의 이름, 암호 및 계정 유형을 변경할 수 있음)

08 [설정(⚙)] - [시간 및 언어(🔤)]

날짜 및 시간 (🕐)	현재 날짜 및 시간을 표시하고 표준 시간대를 설정
지역 (🌐)	국가 또는 지역과 사용지역 언어를 설정하여 로컬 콘텐츠를 제공하고 날짜와 시간 형식을 변경함
언어 (🔤)	처음에 설치한 기본 설정 언어 외에 Windows 10에 포함되어 있는 다른 언어 팩 추가 설치 및 기본 표시 설정을 해줌으로써 [Windows 표시 언어] 목록에 추가하고, 표시함

음성 (🎤)	사용자가 말하는 기본 언어를 선택하여 장치 및 앱에 사용할 음성을 관리하고 마이크를 설정

09 [설정(⚙)] - [접근성(🕐)]

사용자가 Windows를 보기 쉽게 설정하고 사용할 수 있도록 디스플레이, 고대비, 돋보기, 내레이터, 키보드, 소리, 마우스 등의 설정을 변경할 수 있다.

1 시각

디스플레이 (🖥)	텍스트, 앱 및 기타 항목의 크기 조정
마우스 포인터 (🖰) 및 텍스트 커서 (🇮)	마우스 포인터의 색과 크기를 변경하여 더 잘 보이도록 설정하고, 텍스트 커서 표시기 사용 여부와 텍스트 커서의 표시기 크기 및 색, 두께 변경
돋보기 (🔍)	화면의 일부 또는 전부를 확대하여 크게 볼 수 있음
색상 필터 (🎨)	색을 잘 구별하지 못하는 사용자를 위해 화면에 색 필터를 적용하여 사진과 색을 보기 쉽게 변경
고대비 (☀)	컴퓨터 화면에서 일부 텍스트와 이미지의 색상 대비를 강조하여 해당 항목이 보다 뚜렷하고 쉽게 식별되도록 함
내레이터 (💬)	PC 화면의 텍스트를 소리 내어 읽어 주고, 디스플레이 없이도 PC를 사용할 수 있도록 내레이터가 알림 및 약속과 같은 이벤트도 설명함

2 청각

오디오 (🔊)	장치를 듣기 쉽게 하거나 사운드 없이 사용하기 쉽게 설정하는 기능으로 장치 볼륨 크기 변경, 알림에 대한 오디오 경고를 시각적으로 표시하는 방법 선택
선택 자막 (💬)	오디오를 텍스트로 표시하여 사운드 없이 장치를 사용할 수 있는 기능으로 텍스트를 읽기 쉽도록 자막 글꼴, 자막 배경, 어두운 창 콘텐츠 등을 변경

3 상호 작용

음성 명령 (🎤)	음성만 사용하여 텍스트 입력 및 장치를 제어할 수 있지만 한국어는 현재 미지원

키보드 (⌨)	• **화상 키보드** : 화면에 키보드를 표시해 마우스나 다른 포인팅 장치로 키보드 이미지의 키를 클릭하여 입력할 수 있도록 하는 사용 여부 지정 • **고정 키** : Ctrl + Alt + Delete 같은 바로 가기 키를 한 번에 하나씩 누를 수 있도록 설정 • **토글 키** : Caps Lock , Num Lock , Scroll Lock 키를 누를 때 소리를 내도록 설정 • **필터 키** : 짧게 입력한 키 또는 반복되게 입력한 키를 무시하거나 늦추고 키보드의 반복 속도를 설정
마우스 (🖱)	키보드의 숫자 키패드를 사용하여 화면에서 마우스 포인터를 이동하도록 마우스 제어

---

⑩ **[설정(⚙)] - [검색(🔍)]**

사용 권한과 기록 (🔒)	유해 정보 차단 옵션 변경, 클라우드 콘텐츠 검색 및 검색 기록 사용 여부 지정
Windows 검색 (🔍)	작업 표시줄의 검색 상자에서 찾는 항목을 사용자의 장치, 클라우드, 웹에서 찾을 수 있고 장치(앱, 설정 및 파일 포함), 개인 Microsoft 계정, 회사 또는 학교 계정 등에 대한 관련 결과를 제공함

---

⑪ **[설정(⚙)] - [개인정보(🔒)]**

개인 정보 설정을 변경하여 정보 제공 여부를 선택할 수 있고, 위치에 대한 액세스 허용 여부와 앱 및 서비스에 알려주는 앱의 사용 권한을 설정한다.

Windows 사용 권한	• **일반**(🔒) : 맞춤형 광고 표시, 관련 콘텐츠 제공, Windows 추적 앱 시작 프로그램 등의 허용 여부 • **음성 명령**(🗣) : 온라인 음성 인식 사용 여부 • **수동 입력 및 키 입력 개인 설정**(📝) : 사용자의 정보 수집 허용 여부 설정으로 사용자가 키보드로 입력한 값이나 타블렛 등으로 직접 그린 정보를 Microsoft cloud로 보내 개인화된 사전을 만들어 제안에 사용하게 됨 • **활동 기록**(📋) : 사용하는 앱과 서비스, 열어 본 파일 및 검색한 웹 사이트와 같이 장치에서 수행하고 있었던 작업으로 되돌아갈 수 있도록 활동 기록 저장 여부 지정

앱 사용 권한	• **위치**(📍) : 위치에 대한 액세스 허용 여부와 앱 및 서비스에 알려주는 앱의 사용 권한 설정 • 계정 정보, 카메라 또는 마이크에 대한 액세스 허용 여부 및 앱 및 서비스에 알려주는 앱의 사용 권한 설정

---

⑫ **[설정(⚙)] - [업데이트 및 보안(🔄)]**

1 Windows 업데이트
컴퓨터를 원활하고 안전하게 실행하기 위해 최신 Windows 업데이트를 받을 시기와 방법을 결정하고, 설치된 Windows 업데이트를 제거할 수 있다.

2 Windows 보안
장치를 안전하게 유지 및 보호할 수 있도록 장치의 보안 문제를 모니터링하고 상태를 표시하며 바이러스 백신이나 방화벽 등을 설정한다.

바이러스 및 위협 방지 (🛡)	• 사용자가 설치한 백신 앱의 상태 확인 및 앱 실행 • PC 위협 표시, 바이러스 및 기타 위협을 검사하고 보호 설정을 지정하거나 보호 업데이트 확인 • 랜섬웨어 방지 관리 및 Microsoft Defender 바이러스 백신의 사용 여부 지정
계정 보호 (👤)	계정 및 로그인에 대한 보안을 강화하기 위해 로그인 옵션 설정
방화벽 및 네트워크 보호 (📶)	Microsoft Defender 방화벽의 상태와 장치가 연결된 네트워크가 무엇인지 볼 수 있고, Microsoft Defender 방화벽을 설정하거나 해제하며, 네트워크 유형(도메인, 개인, 공용 네트워크)에 대한 고급 Microsoft Defender 방화벽 옵션을 액세스할 수 있음
앱 및 브라우저 컨트롤 (🖥)	잠재적으로 위험한 앱, 파일, 웹 사이트 및 다운로드로부터 시스템 보호에 도움이 되는 Windows Defender SmartScreen에 대한 설정
장치 보안 (🛡)	악성 소프트웨어 공격으로부터 장치 보호에 유용한 기본 보안 옵션 제공 • **코어 격리** : 컴퓨터 프로세스를 운영 체제 및 장치에서 분리하여 맬웨어 및 기타 공격으로부터 보호하고, 코어 격리의 세부 정보 선택 및 기능 설정 변경 • **보안 프로세서** : 장치에 대한 추가 암호화 제공

장치 성능 및 상태 (♡)	• 장치 성능 및 상태 보고서(시스템과 관련된 일반적인 문제를 알려주고 이를 해결할 수 있는 권장 사항 제공) 표시 • 장치에 성능 문제가 있거나, 메모리가 꽉 찼거나, 사용하지 않는 앱이 많은 경우 Windows 10을 다시 설치하고 업데이트하여 장치를 복구할 수 있는 '새로 시작' 옵션이 표시됨
가족 옵션 (🖧)	자녀를 보호하기 위해 사용 시간 제한, 부적절한 콘텐츠 차단, 인터넷 사용 기록 확인, 앱 및 게임 구매 관리 제어 등을 설정할 수 있음

③ 백업

예기치 못한 원본 데이터의 손실 또는 손상될 것에 대비하여 중요한 데이터를 클라우드나 외장형 드라이브 또는 네트워크 위치에 파일 히스토리를 사용하여 저장하는 기능이다.

④ 복구

PC 초기화	• PC가 제대로 실행되지 않는 경우 Windows를 다시 설치할 수 있고 두 가지 복구 옵션이 있다. • **[파일 유지]** : 앱 및 설정을 제거하지만 개인 파일은 유지 • **[모든 항목 제거]** : 모든 개인 파일, 앱 및 설정을 모두 제거
이전 버전의 Windows 10 으로 되돌리기	이 버전이 작동하지 않는 경우 이전 버전으로 되돌리기
고급 시작 옵션	USB 드라이브나 DVD 등의 장치 또는 디스크에서 직접 시작, PC의 펌웨어 설정을 변경, Windows 시작 설정을 변경, 시스템 이미지 옵션에서 선택하여 Windows를 복원할 수 있다.

단 / 원 / 평 / 가 / 문 / 제

01 다음 중 Windows에서 [설정] – [앱]에 대한 설명으로 옳지 않은 것은?

① Windows에 설치되어 있는 응용 앱을 변경하거나 제거할 수 있다.
② 앱을 더 이상 사용하지 않거나 하드 디스크에 사용할 수 있는 공간을 확보하려는 경우 필요 없는 앱을 제거할 수 있다.
③ '기본 앱'의 앱 선택을 할 수 있고 로그인할 때 앱이 시작되도록 '시작 프로그램'을 설정할 수 있다.
④ [Microsoft Store에서 더 많은 테마 보기]를 선택하여 Microsoft사에서 제공하는 다양한 테마를 추가 설치할 수 있다.

02 다음 중 Windows의 [설정] – [접근성] – [키보드]에서 설정할 수 있는 것으로 옳지 않은 것은?

① 키보드의 숫자 키패드를 사용하여 화면에서 마우스 포인터를 이동하도록 설정할 수 있다.
② 한 번에 하나의 키를 눌러 바로 가기 키에 사용할 수 있도록 고정 키를 설정할 수 있다.
③ Caps Lock, Num Lock, Scroll Lock 키를 누를 때 소리를 내도록 토글 키를 사용할 수 있다.
④ 화상 키보드의 사용 여부를 지정할 수 있다.

03 다음 중 Windows [설정] 구성 항목에 대한 기능 설명으로 옳지 않은 것은?

① 글꼴 : 컴퓨터에 새로운 글꼴을 추가하거나 설치된 글꼴을 변경할 수 있다.
② 개인 설정 : 사용자가 컴퓨터를 쉽게 사용할 수 있도록 돋보기, 내레이터, 화상 키보드, 고대비 설정, 키보드, 소리, 마우스 등의 설정을 변경할 수 있다.
③ 디스플레이 : 디스플레이 설정을 변경하고 화면에 표시되는 내용을 읽기 쉽게 설정할 수 있다.
④ 앱 : 설치된 앱을 제거하거나 변경할 수 있다.

04 다음 중 Windows의 [설정]에서 화면 설정과 관련된 [디스플레이]와 [개인 설정]에 대한 설명으로 옳지 않은 것은?

① [디스플레이]에서 화면 해상도를 설정할 수 있다.
② [디스플레이]에서 화면에 표시되는 텍스트, 앱 및 기타 항목의 크기를 변경할 수 있다.
③ [개인 설정]에서 바탕 화면 배경으로 사용할 사진을 지정할 수 있으나 사진을 2개 이상 지정할 수는 없다.
④ [개인 설정]에서 바탕 화면 아이콘 변경을 할 수 있다.

05 다음 중 Windows의 [마우스] 속성 창에서 설정할 수 있는 항목으로 옳지 않은 것은?

① 마우스 포인터의 지정
② 포인터와 휠의 생성 및 삭제
③ 휠을 한 번 돌릴 때 스크롤할 양
④ 두 번 클릭 속도 조절

06 다음 중 Windows의 [접근성]에서 수행 가능한 작업으로 옳지 않은 것은?

① 내레이터 시작을 하면 내레이터가 화면에 나타나는 모든 텍스트를 소리 내어 읽어준다.
② 아이콘 및 알림을 숨기도록 설정할 수 있다.
③ 시각 장애가 있는 사용자를 위해 돋보기를 사용하면 화면에서 원하는 영역을 확대하여 크게 표시할 수 있다.
④ 마우스 포인터의 색과 크기를 변경할 수 있다.

07 다음 중 Windows의 [설정] – [시스템]에서 '컴퓨터에 대한 기본 정보 보기'에 관한 설명으로 옳지 않은 것은?

① Windows의 버전과 CPU의 종류를 확인할 수 있다.
② 설치된 메모리(RAM)의 크기를 직접 변경할 수 있다.
③ 컴퓨터의 이름을 확인하거나 변경할 수 있다.
④ Windows 정품 인증을 받을 수 있다.

03 컴퓨터 시스템 관리
CHAPTER

01 컴퓨터의 원리 및 기능

1) 컴퓨터의 정의와 구성

정의	• 데이터를 이용하여 원하는 정보를 얻기 위해 각종 장치들이 결합된 시스템 • EDPS(Electronic Data Processing System)라 부르기도 함
구성	• **하드웨어** : 컴퓨터의 기계적인 장치를 의미 **예** CPU, RAM 등 • **소프트웨어** : 컴퓨터를 사용하기 위한 각종 프로그램을 의미 **예** 윈도우, 엑셀 등

⊘ TIP GIGO(Garbage In Garbage Out)

올바른 데이터를 입력해야 정확한 데이터가 출력된다는 것을 뜻하는 용어로 컴퓨터의 '정확성'을 의미

⊘ TIP 컴퓨터의 기능 및 특징

• **기능** : 입력기능, 기억기능, 연산기능, 제어기능, 출력기능
• **특징** : 정확성, 고속성(신속성), 대용량성, 자동성, 범용성, 호환성

2) 컴퓨터의 발전 단계
1 기계식 계산기

파스칼	치차식 계산기(세계 최초의 기계식 계산기)
라이프니츠	파스칼의 치차식 계산기를 바탕으로 한 사칙연산 계산기

2 전기 기계식 계산기

바베지	차분기관과 해석기관
홀러리스	천공카드시스템(PCS), 미국의 인구조사/국세조사에 사용
에이컨	MARK-1, 바베지의 해석기관 기술을 바탕으로 제작

3 전자계산기

ENIAC	세계 최초의 전자계산기
EDSAC	세계 최초로 프로그램 내장방식을 도입한 전자계산기
EDVAC	폰 노이만의 제안으로 프로그램 내장방식과 2진법을 사용하여 개발한 계산기
UNIVAC-1	세계 최초의 상업용 계산기

▲ MARK-1   ▲ ENIAC

⊘ TIP 프로그램 내장 방식

입력된 자료 및 명령어를 2진수로 변환시켜 컴퓨터 내부에 기억시켜 두고 필요할 때 호출하여 사용하는 방식

3) 컴퓨터의 세대별 특징
1 제1세대

• **주요소자 및 처리속도** : 진공관, $ms(10^{-3})$
• **주요 특징** : 하드웨어 개발에 중점, 일괄처리 방식 사용, 기계어, 어셈블리어

② 제2세대

- **주요소자 및 처리속도** : 트랜지스터, $\mu s(10^{-6})$
- **주요 특징** : 운영체제(OS) 도입, 온라인 실시간처리 실용화, 다중 프로그래밍 도입, COBOL, FORTRAN

③ 제3세대

- **주요소자 및 처리속도** : 집적회로(IC), $ns(10^{-9})$
- **주요 특징** : 경영정보시스템(MIS), 시분할(TSS) 처리 실현, 멀티프로세싱 도입, OMR, OCR, MICR 개발

④ 제4세대

- **주요소자 및 처리속도** : LSI, $ps(10^{-12})$
- **주요 특징** : 마이크로프로세서 개발, 개인용 컴퓨터 등장, 네트워크 발전(분산처리 실용화), 시뮬레이션 기법 도입

⑤ 제5세대

- **주요소자 및 처리속도** : VLSI, $fs(10^{-15})$
- **주요 특징** : 전문가 시스템, 퍼지이론, 패턴 인식, 인공지능(AI)

> ⊘ **TIP** 세대별 용어 정리
> - **일괄처리 방식(Batch Processing)** : 컴퓨터로 처리할 데이터를 일정기간 동안 모아서 한번에 처리하는 방식 예 급여계산 등
> - **실시간처리 방식(Real-time Processing)** : 데이터의 발생과 동시에 즉시 처리하는 방식으로 지역적으로 거리가 있는 장소에서 발생하는 데이터를 통신 회선으로 받아서 처리하여 반송해 주는 방식 예 은행 이나 여행사의 좌석 예약 조회 서비스 등
> - **시분할처리 시스템(Time Sharing System)** : 한 대의 중앙 컴퓨터를 여러 명의 사용자가 동시에 사용할 수 있는 기능
> - **분산처리 시스템** : 여러 대의 컴퓨터에 의해 작업들을 나누어 처리하여 그 내용이나 결과를 통신망을 이용하여 상호 교환되도록 연결되어 있는 시스템

02 컴퓨터의 분류 및 데이터의 표현

1) 사용 용도에 따른 분류

전용 컴퓨터	특정한 분야의 한정된 업무에만 사용할 수 있도록 만든 컴퓨터
범용 컴퓨터	모든 컴퓨터 분야에 널리 사용할 수 있도록 만든 컴퓨터

2) 취급 데이터에 따른 분류

디지털 컴퓨터	수치, 문자와 같은 데이터를 디지털 형태로 변환한 후 2진수 형태로 코드화하여 처리
아날로그 컴퓨터	전압, 온도, 압력과 같은 연속적인 물리량을 입력받아 처리
하이브리드 컴퓨터	디지털 컴퓨터와 아날로그 컴퓨터의 장점을 혼합하여 만든 컴퓨터

▲ 디지털 방식

▲ 아날로그 방식

디지털 컴퓨터와 아날로그 컴퓨터의 비교

구분	디지털 컴퓨터	아날로그 컴퓨터
회로 형태	논리 회로	증폭 회로
정밀도	좋음	제한적(0.01%)
프로그램	필요	불필요
연산 형식	산술연산, 논리연산	미적분
연산 속도	느림	빠름
기억 능력	반영구적	기억에 제약
입력	숫자, 문자	전압, 온도, 전류
출력	숫자, 문자	곡선, 그래프
적용	범용 컴퓨터	특수 목적용

3) 처리 능력(기억 용량)에 따른 분류

마이크로 컴퓨터	• 현재 가장 많이 사용하는 개인용 컴퓨터를 의미 • **종류** : 데스크톱, 노트북, 팜톱 등
워크스테이션	• 외형적인 크기는 개인용 컴퓨터와 비슷하나 고성능의 데이터 처리에 적합 • 📠 서버용 컴퓨터
미니컴퓨터	• 메인프레임보다 단계가 낮은 중형급 컴퓨터를 의미 • 📠 중소기업, 학교 등
메인컴퓨터	• 다수의 단말기를 네트워크로 연결하여 여러 사용자가 사용 • 📠 은행, 정부기관, 대기업 등
슈퍼컴퓨터	• 현존하는 컴퓨터 중 최고의 성능을 보유한 컴퓨터 • 📠 우주항공, 기상예측, 시뮬레이션 분야 등

TIP **크기에 따른 분류(대 → 소)**

• 데스크 톱(Desktop) → 랩톱(Laptop) → 노트북(Notebook) → 팜톱(Palmtop)
• **팜톱** : 손바닥(Palm) 위에 올려놓을 정도
• **랩톱** : 무릎(Lap)위에 올려놓을 정도

TIP **웨어러블 컴퓨터**

소형화, 경량화를 비롯해 음성과 동작인식 등 다양한 기술이 적용되어 장소에 구애받지 않고 컴퓨터를 활용할 수 있도록 몸에 착용하는 컴퓨터를 의미

4) 데이터의 표현
1 데이터의 단위와 의미

비트(Bit)	• 정보의 최소 단위 • 한 자리로 이루어진 2진수(0 또는 1)를 의미
니블(Nibble)	4bit로 이루어진 단위
바이트(Byte)	8bit, 문자를 표현하는 최소 단위
워드(Word)	컴퓨터에서 각종 명령을 처리하는 기본 단위
필드(Field)	특정한 의미를 갖는 단위로 '이름', '주소'와 같은 항목을 의미
레코드(Record)	프로그램이 처리하는 자료의 기본 단위(필드가 모여 형성)
파일(File)	공통적인 레코드의 집합을 의미, 프로그램 구성의 기본 단위
데이터베이스 (Database)	파일들을 모아놓은 집합체

TIP **컴퓨터의 기억 용량 단위**

• 1Byte(=8Bit) : 영어, 숫자 1글자에 해당
• 2Byte : 한글, 한자 등 1글자에 해당
• KB(킬로) → 2^{10}Byte(10^3)
• MB(메가) → 2^{20}Byte(10^6)
• GB(기가) → 2^{30}Byte(10^9)
• TB(테라) → 2^{40}Byte(10^{12})
• PB(페타) → 2^{50}Byte(10^{15})

컴퓨터의 처리 속도 단위(연산 속도 단위)

• ms → μs → ns → ps → fs → as
 (속도 느림 → 속도 빠름)
• 컴퓨터의 하드웨어를 업그레이드 할 때 CPU 클럭 속도, 하드 디스크 용량, 모뎀 전송 속도, DVD의 배속은 수치가 클수록 좋고, RAM 접근 속도(ns 나노 초), 하드 디스크 전송 속도(ms 밀리초)의 수치는 작을수록 좋다.

2 숫자 데이터의 표현(정수의 표현)

부호와 절대치	특별한 변환 과정 없이 2진수 그대로 표시
1의 보수 (1's Complement)	최상위 비트(부호 비트)를 제외한 나머지를 1은 0, 0은 1로 변환하여 표시
2의 보수 (2's Complement)	1의 보수 결과 오른쪽 끝 비트에 1을 더함

※ 부호(Sign) : 양수(+)일 때는 '0', 음수(−)일 때는 '1'로 표현

• 10진수 '24'를 2진수로 변환(10진수→2진수)

```
2)24
2)12…0
2) 6…0
2) 3…0   나머지를
1…1      역순으로 표시한다.
```

∴ $(24)_{10} = (11000)_2$

• 2진수 '(11000)₂' 을 10진수로 변환(2진수→10진수)

(1	1	0	0	0)₂	←2진수
16	8	4	2	1	←$2^4×1+2^3×1+2^2×0+2^1×0+2^0×0$

∴ 16+8 = 24

❸ 문자 데이터의 표현

BCD (2진화 10진 코드)	2개의 Zone 비트와 4개의 Digit 비트로 표현, 최대 2^6=64가지 문자 표현
ASCII (미국 표준 규격 코드)	• 3개의 Zone 비트와 4개의 Digit 비트로 표현, 최대 2^7=128가지의 문자로 데이터 통신 및 개인용 컴퓨터에서 문자 표현 코드로 사용됨. • 7비트 정보외에 에러 검색용 패리티 비트 1비트를 추가하여 8비트 주소 체계를 사용함으로써 확장 ASCII코드라고 부르고 256가지의 서로 다른 문자를 표현
EBCDIC (확장 2진화 10진 코드)	• 하나의 문자를 4개의 Zone 비트와 4개의 Digit 비트로 최대 2^8=256가지의 문자를 표현 • 주로 대형 컴퓨터에서 사용한다.
Unicode (유니 코드)	• 완성형 코드에 조합형 코드를 반영하여 UCS(국제문자부호계)에서 제정한 것으로 한글, 한자, 일본어를 비롯한 모든 문자의 표현이 가능 • 국제 표준 코드로 모든 문자를 2Byte로 표현

컴퓨터에서 사용하는 코드체계에서 에러 검출뿐만 아니라 교정도 할 수 있는 7Bit의 코드, 단일에러검출, 단일에러 정정의 특징이 있음
• **패리티 비트(Parity Bit)** : 1bit 에러 검출

03 컴퓨터의 구성 및 구조

1) 중앙처리장치(CPU)

• 인간의 두뇌에 해당하는 부분으로 컴퓨터의 모든 장치를 동작, 제어하는 기능을 수행한다.
• 제어장치, 연산장치(ALU), 레지스터로 구성되어 있다.
• 호출기능, 해독기능, 제어기능, 연산기능으로 동작한다.
• 설계 방식에 따른 분류

RISC	• Reduced Instruction Set Computer • 전력 소모가 적고 설계 및 생산이 간단 • 프로그래밍(복잡), 명령어 종류(적음), 처리 속도(빠름) • 고성능 처리가 필요한 그래픽 관련 컴퓨터나 워크스테이션에 많이 사용
CISC	• Complex Instruction Set Computer • 전력 소모가 많고 설계 및 생산이 복잡 • 프로그래밍(간단), 명령어 종류(많음), 처리속도(느림)

• **MIPS(Million Instruction Per Second)** : 1초 동안에 100만개의 명령어를 처리할 수 있다는 의미
• **FLOPS(FLoating-point Operation Per Second)** : 1초간 처리할 수 있는 부동 소수점의 연산 횟수
• **클록속도(HZ)** : 프로세서를 동작하기 위한 전기적 펄스(단위 : Hz)

❶ 구성

레지스터 (Register)	컴퓨터의 중앙처리장치(CPU)에서 사용되는 고속의 임시 기억장치로 메모리 중에서 접근 속도가 가장 빠름
제어장치 (Control Unit)	• 컴퓨터에 구성된 모든 장치들을 감독, 지시, 통제하고 주기억장치에 기억된 명령을 읽어 해독한 후 각 장치에 명령을 내림 • 프로그램 카운터(PC), 명령 레지스터(IR), 기억장치 주소 레지스터(MAR), 기억 장치 버퍼 레지스터(MBR), 해독기(Decoder), 부호기(Encoder) 등으로 구성
연산장치 (ALU)	• 제어장치가 해독한 명령의 지시에 따라 데이터의 산술 및 논리 연산을 수행하는 장치 • 가산기(Adder), 누산기(Accumulator), 상태 레지스터(Status Register), 보수기(Complement), 시프터(Shifter), 인덱스 레지스터(Index Register), 베이스 레지스터(Base Register) 등으로 구성

☑ **TIP 레지스터(Register)**

- **명령 레지스터(IR ; Instruction Register)** : 현재 실행 중인 명령어를 기억하고 있는 레지스터
- **프로그램 카운터(PC ; Program Counter)** : 다음에 실행할 명령의 번지(Address)를 기억하고 있는 레지스터
- **누산기(Accumulator)** : 산술 연산 및 논리 연산의 결과를 일시적으로 기억시키기 위한 레지스터

2 주요 관련 용어

인터럽트 (Interrupt)	• 컴퓨터 시스템에서 예기치 않은 일이 발생할 경우 현재 진행 중인 작업을 일시 중단하고 작업 상태를 저장한 다음 요청한 문제를 해결한 후 다시 원래의 작업으로 돌아가 계속 수행하는 기능 • **종류** : 외부 인터럽트, 내부 인터럽트(트랩(Trap)), 소프트웨어 인터럽트 등
DMA (Direct Memory Access)	• CPU의 처리를 거치지 않고 주변장치(하드 디스크 드라이브 등)로부터 컴퓨터 마더보드 상의 메모리로 데이터를 직접 주고받는 방식 • CPU의 처리 양을 줄이고 자료의 입·출력이 일어나고 있는 중에도 다른 작업을 처리할 수 있게 함으로써 컴퓨터의 성능을 높이는 방법 중 하나
채널 (Channel)	CPU와 입·출력 장치 사이에 위치하여 데이터의 입·출력 제어를 CPU 대신 실행하는 장치
듀얼 시스템 (Dual System)	업무 처리의 신뢰도를 높이기 위하여 동일한 컴퓨터 두 대를 병렬로 설치하는 시스템

2) 기억장치
1 주기억장치

① RAM(Random Access Memory)
- 읽고 쓰기가 모두 가능한 메모리를 말한다.
- 전원이 꺼지면 기억된 내용이 모두 소멸되는 휘발성 메모리이다.
- 사용자가 작성한 데이터나 프로그램들이 일시적으로 기억된다.

◀ SD RAM

▲ DDR RAM

▲ DDR2 RAM

• DRAM과 SRAM의 비교

구분	DRAM(Dynamic RAM) 동적 램	SRAM(Static RAM) 정적 램
구성 소자	콘덴서	플립플롭
집적도	높음	낮음
재충전(Refresh)	필요	불필요
접근속도	느림	빠름
용도(가격)	주기억장치(저렴)	캐시메모리(고가)

② ROM(Read Only Memory)
- 기억된 내용을 읽을 수만 있으며, 전원이 꺼져도 기억된 내용이 소멸되지 않는 비휘발성 메모리이다.
- 입·출력 시스템(BIOS)이나 글꼴 등 변경될 가능성이 적은 데이터를 저장하고 있다.
- Mask ROM, PROM, EPROM, EEPROM 등이 있다.

▲ ROM　　　　　▲ EPROM　　　　▲ EEPROM

• ROM의 종류 및 특징

Mask ROM	제조 회사에서 미리 정보를 기억시킨 것으로 내용을 변경할 수 없음
PROM	사용자가 필요한 정보를 한 번만 기록할 수 있음
EPROM	자외선(UV)을 이용하여 내용을 여러 번 변경이 가능 하며, UV - EPROM이라고도 함
EEPROM	전기적인 방법을 이용하여 내용을 여러 번 변경할 수 있음

☑ **TIP 펌웨어(Firmware)**

- 일반적으로 롬(ROM)에 저장되어 하드웨어를 제어하는 프로그램을 의미
- 프로그램이라는 관점에서는 소프트웨어와 동일하나 하드웨어와 밀접한 관계를 가지고 있다는 점에서 일반 프로그램과 구분되어 하드웨어와 소프트웨어의 특성을 모두 가짐

2 보조기억장치

① 하드 디스크(HDD)
- 속도가 빠르고 기억 용량이 크지만, 이동이 불편하고 충격에 약하다.
- 최초 구입 후 반드시 파티션 작업을 하고 초기화 작업(포맷)을 해야 사용 가능하다.
- 속도 단위는 RPM(Revolusion Per Minute)으로 표시

- 하드 디스크 인터페이스 방식 : IDE, EIDE, SCSI, SATA 등

> ✅ **TIP** **SSD(Solid State Drive)**
> - 용도나 외관, 설치 방법 등은 하드 디스크와 유사하지만 기존 하드 디스크와 달리 자기 디스크가 아닌 반도체 메모리를 내장함으로써 기존 하드 디스크보다 빠른 속도로 데이터의 읽기나 쓰기가 가능하며, 물리적으로 움직이는 부품이 없기 때문에 작동 소음이 없고 전력소모도 적음
> - 기계적 지연이나 에러의 확률 및 발열소음이 적으며 소형화, 경량화 할 수 있는 하드 디스크 대체 저장장치
>
> **SATA(Serial ATA)**
> - 기존 IDE 장치의 연결 방식인 병렬 인터페이스 방식의 ATA 규격과 호환성을 갖는 직렬 인터페이스 방식으로 데이터 전송 속도가 빠르고 핫 플러그인 기능을 지원한다.
> - CMOS에서 지정하면 자동으로 Master 와 Slave가 지정된다.

❷ CD-ROM
- 지름 12cm의 공디스크에 약 650~700MB 정도의 대용량을 저장할 수 있다.
- 데이터의 보존성이 뛰어나 주로 반영구적인 자료 보존용이나 멀티미디어 저장 매체로 많이 사용(저장된 데이터는 수정이 불가능한 읽기 전용 기억 매체)된다.

❸ DVD
- 기존 CD와 외형이 동일하며 한 면에 4.7GB의 정보를 담을 수 있다.(양면에 각각 2개씩의 레이어를 둔다고 가정하면 총 17GB의 정보 수록 가능)
- DVD는 MPEG-2 영상 압축 방식을 적용하여 고해상도의 비디오를 즐길 수 있다.

▲ 하드 디스크

▲ DVD

> ✅ **TIP** **블루레이 디스크**
> - 고선명(HD) 비디오를 저장하기 위한 차세대 광학장치로 디스크 한 장에 25GB 이상을 저장
> - DVD보다 데이터 전송 속도가 4~5배 빠름
> - 청자색 레이저를 사용하여 DVD와 같은 크기에도 더 많은 데이터를 저장할 수 있음
>

❹ ZIP 디스크
- 주로 PC 파일의 이동이나 보관 등에 사용되는 휴대용 보조기억장치이다.
- 100MB, 250MB의 용량을 저장할 수 있다.

❺ 플로피디스크
- 얇은 플라스틱 원판 표면에 자성체를 입혀 만든 기억장치('디스켓'이라고 함)이다.
- 원판의 지름에 따라 5.25인치, 3.5인치로 구분한다.

▲ ZIP 디스크

▲ 플로피디스크

❻ 자기 디스크
둥근 원형의 디스크 표면에 자성 물질을 입혀 이를 회전시키면서 데이터를 읽고 쓰는 장치이다.

❼ 자기 테이프
대용량의 자료를 반영구적으로 저장 및 관리(데이터 백업용으로 사용)할 수 있다.

> ✅ **TIP** **파티션(Partition)**
> - 하드 디스크의 논리적 분할을 만든 것으로서 같은 하드 디스크 내에 다른 운영체제를 설치하거나 파일 관리, 다중 사용자 관리 및 기타 다른 목적을 위해 별도의 하드 디스크 드라이브를 가진 것처럼 보이게 할 경우 사용한다.
> - 파티션은 하드 디스크를 포맷할 때 만들어지며 대개, 파티션이 하나인 하드 디스크는 C: 드라이브로 명명되지만 두 개의 파티션으로 나뉜 하드 디스크는 C: 와 D: 드라이브로 명명된다.
> - 파티션은 여러 번 설정할 수 있다.

3) 입 · 출력 장치
❶ 입력장치

스캐너 (Scanner)	그림, 사진 등의 정보를 이미지 형태로 읽어들여 컴퓨터에 전달하는 장치
바코드 판독기	• 문자, 숫자를 굵기가 다른 선으로 조합하여 표시해 두고 그 표시를 판독하는 장치 • POS(Point Of Sales) 시스템의 입력장치 예 편의점, 대형 할인매장 등
광학마크 판독기 (OMR)	• 컴퓨터용 사인펜으로 기입한 마크의 유무를 빛을 이용하여 판독하는 장치 예 시험 답안용지 등
광학문자 판독기 (OCR)	• 손으로 쓴 문자나 인쇄된 문자에 빛을 비추어 반사된 빛의 차이를 이용하여 판독하는 장치 예 지로용지 등
자기잉크문자 판독기(MICR)	• 자기 잉크를 이용해 종이 위에 인쇄된 문자를 판독하는 장치 예 수표나 어음 등
기타 입력장치	키보드, 마우스, 트랙볼, 디지타이저&태블릿, 터치스크린, 터치패드, 라이트 펜 등

▲ 태블릿

▲ 터치패드

▲ 트랙볼

⊘ TIP   OCR과 MICR

OCR(Optical Character Recognition)

MICR(Magnetic Ink Character Recognition)

② 출력장치(모니터)

❶ 음극선관(CRT, Cathode Ray Tube)
전자총에서 나온 전자가 브라운관 유리에 칠해진 형광물질을 자극해 다양한 화면을 만들어내는 원리이다.

장점	입·출력 속도가 빠름, 가격이 저렴, 높은 해상도 지원
단점	부피가 큼, 전력 소비가 많음, 발광체이며 눈의 피로가 심함

② 액정 표시장치(LCD, Liquid Crystal Display)
- 액상결정에 전압을 가하여 색상이 변하는 원리를 이용하여 표시하는 장치이다.
- 얇고 가볍기 때문에 휴대용 컴퓨터(노트북)에 많이 사용된다.

장점	비발광체로 각도에 따라 선명도가 달라짐, 전력 소비가 적음
단점	입·출력 속도가 CRT에 비해 느림

▲ CRT

▲ LCD

❸ 플라즈마 디스플레이(PDP, Plasma Display Panel)
네온 또는 아르곤 가스를 이용한 플라즈마 방전으로 표시하는 장치이다.

장점	두께가 얇고 해상도가 뛰어나며 주로, 대형 벽걸이용 TV 등에서 사용
단점	전력 소비가 많고 가격이 고가

❹ 박막 트랜지스터(TFT, Thin Film Transistor)
- 액정 표시장치(LCD)의 픽셀을 박막 트랜지스터로 제어하며, 음극선관에 비해 화면의 흐트러짐이 없다.
- 두께가 얇고 가벼우며, 전력 소모가 적고 어느 각도에서나 선명하게 볼 수 있다.

▲ PDP

▲ TFT

⊘ TIP   LED(Light Emitting Diode, 발광 다이오드)
- 화합물 반도체로 만든 다이오드에 전류를 흘릴 때 발생하는 과잉 에너지에 의해 발광하는 소자이다.
- 전기적에너지를 광에너지로 직접 변환하므로 효율적이고 전력 소비가 적다.
- 가전제품이나 각종 계기류의 표시 소자로 사용된다.
- 최근에는 TV의 화면에도 사용되고 있다.

⊘ TIP   OLED(Organic Light Emitting Diodes, 유기 발광 다이오드)
- 형광성 유기화합물에 전류가 흐르면 빛을 내는 전계 발광 현상을 이용하여 스스로 빛을 내는 자체 발광형 유기물질을 이용한 표시 장치
- 휴대전화나 카오디오, 디지털 카메라와 같은 소형기기의 디스플레이에 주로 사용함

❺ 출력장치(모니터) 관련 용어

크기	대각선의 길이를 인치(Inch)로 표시
픽셀 (Pixel, 화소)	화면을 이루는 최소의 단위로 픽셀 수가 많을수록 해상도는 선명해짐

해상도 (Resolution)	• 어느 정도 세밀하게 영상을 표현할 수 있는가를 나타내는 화면의 밀도 단위 • '가로 픽셀 수×세로 픽셀 수'로 결정되며, 픽셀 수가 많을수록 해상도가 높음 • 해상도를 낮추면 아이콘이 커지면서 해상도가 떨어지지만, 반대로 해상도를 높이면 아이콘이 작아지면서 해상도는 높아짐
재생률	픽셀들이 밝게 빛나는 것을 유지하도록 하기 위한 1초당 재충전 횟수
도트 피치 (Dot Pitch)	픽셀들 사이의 공간을 나타내는 것으로 간격이 가까울수록 영상이 선명해짐

> ✅ TIP   픽셀(Pixel, 화소)

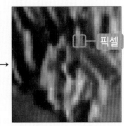

3 출력장치(프린터)

종류	레이저 프린터, 잉크젯 프린터, 열전사 프린터, 감열식 프린터
해상도	DPI(Dot Per Inch) : 1인치 당 인쇄되는 점의 수로 인쇄 품질 결정
속도 단위	• CPS(Character Per Second) : 초당 인쇄되는 문자 수 • LPM(Line Per Minute) : 분당 인쇄되는 줄(행) 수 • PPM(Page Per Minute) : 분당 인쇄되는 페이지 수(레이저 프린터의 속도 단위)

4) 기타 장치

캐시 메모리 (Cache Memory)	중앙처리장치와 주기억장치 사이에서 원활한 정보의 교환을 위해 주기억장치의 정보를 일시적으로 저장하는 고속의 메모리(SRAM을 사용)
가상 메모리 (Virtual Memory)	• 주기억장치 용량의 한계를 극복하기 위하여 보조기억장치(하드 디스크)의 일부분을 주기억장치 처럼 사용 • 가상 메모리를 이용하면 한 번에 여러 개의 프로그램을 수행시킬 수 있음 • 주기억장치(RAM)보다 속도가 느리며, 전원이 꺼지면 가상 메모리에 수록된 데이터는 모두 소실

연상 메모리 (Associative Memory)	데이터가 수록된 주소를 지정하는 것이 아니라 그 내용을 지정함으로써 데이터를 꺼낼 수 있도록 한 기억 방법
플래시 메모리 (Flash Memory)	• 현재 가장 빠른 속도로 발전하는 메모리의 하나(EEPROM의 방식에서 발전) • RAM과 ROM의 중간 형태를 띠며, 비휘발성으로 전원이 나간 상태에서도 데이터가 지워지지 않음 • 디지털카메라, 휴대전화, 디지털캠코더, USB 등과 같은 다양한 장치들에 사용 • 정보의 입출력이 자유롭고, 전력 소모가 적음
버퍼 메모리 (Buffer Memory)	주기억장치와 보조기억장치 또는 주기억장치와 입·출력 장치 사이에 데이터 전송 효율을 높이기 위해 사용하는 메모리

> ✅ TIP   저장 장치별 속도 비교(빠름>느림)
>
> 레지스터 〉 캐시메모리(SRAM) 〉 주기억장치(DRAM 〉 ROM) 〉 보조기억장치(SSD 〉 HDD) 〉 집디스크 〉 광디스크 〉 플로피 디스크 〉 자기 테이프

(04) 소프트웨어의 개념 및 종류

1) 소프트웨어

컴퓨터를 이용하기 위해 필요한 일련의 명령어들의 집합으로 시스템 전체를 작동, 관리하거나 사용자의 특정 업무 용도에 맞게 개발된 모든 프로그램을 총칭하고, 시스템 소프트웨어와 응용 소프트웨어로 분류한다. 소프트웨어를 설치하면 보조기억장치에 저장되고, 주기억장치(RAM)로 액세스되어 실행된다.

2) 소프트웨어의 분류

1 시스템 소프트웨어

응용 소프트웨어가 실행될 때 컴퓨터 하드웨어를 편리하고 효율적으로 사용할 수 있게 도와주는 프로그램으로 제어 프로그램과 처리 프로그램으로 구분한다.

① 제어 프로그램

감시 프로그램	프로그램의 실행 과정과 시스템 전체의 작동 상태를 감독
작업 관리 프로그램	새로운 작업의 준비와 끝나는 작업을 정리해 연속적 작업 수행을 가능하게 함
데이터 관리 프로그램	데이터와 파일을 표준적인 방법으로 처리할 수 있도록 관리

❷ 처리 프로그램

언어 번역 프로그램	원시 프로그램을 기계어인 목적 프로그램으로 번역
서비스 프로그램	• 운영체제 제작회사에서 사용자의 편의를 위해 제공하는 프로그램 • 연계 편집 프로그램, 로더, 정렬 프로그램, 병합 프로그램, 유틸리티 프로그램, 라이브러리 프로그램

❷ 응용 소프트웨어

사용자의 특정 업무 용도에 맞게 처리할 수 있도록 개발된 프로그램으로 워드프로세서(훈글, MS−WORD), 스프레드시트(엑셀), 데이터베이스(액세스), 프리젠테이션(파워포인트), 그래픽(포토샵), 동영상 편집(프리미어) 등이 있다.

3) 운영체제

❶ 운영체제의 기본 개념

• 대표적인 시스템 소프트웨어인 운영체제는 컴퓨터와 사용자 사이에서 중계자 역할을 하는 소프트웨어로 컴퓨터 시스템을 효율적으로 운영해주고 사용자들 간의 하드웨어 공동 사용 및 자원의 스케줄링을 수행한다.
• 운영체제(OS)의 주요 기능
  − 프로세스, 기억 장치, 주변 장치, 파일 등의 관리
• 운영체제 평가 항목
  ① 처리 능력의 향상 ② 응답 시간의 단축
  ③ 사용 가능도 증대 ④ 신뢰도 향상

❷ 운영체제의 종류

• 운영체제의 종류
  − 한글 Windows, DOS, 리눅스, 유닉스 등
• 운영체제의 운영 방식

일괄처리 시스템	처리할 데이터(급여, 공공요금 계산)를 일정량 또는 일정 시간 동안 모아서 한꺼번에 처리하는 방식
다중 프로그래밍 시스템	하나의 CPU와 주기억 장치를 이용하여 동시에 여러 개의 프로그램을 처리하는 방식
시분할 시스템	• 한 대의 시스템을 여러 사용자가 동시에 사용하는 방식 • 일정 시간 단위로 CPU 사용권을 신속하게 전환함으로써 독립적인 컴퓨터를 사용

실시간 처리 시스템	데이터가 발생하는 즉시 처리되어 결과를 바로 확인할 수 있는 시스템
분산 처리 시스템	분산되어 있는 컴퓨터들에 의해 작업들을 처리하여 내용이나 결과가 상호 교환되도록 연결되어 있는 시스템
임베디드 시스템	• 하드웨어와 소프트웨어가 하나로 결합된 제어 시스템으로 마이크로 프로세서에 특정 기능을 수행하는 응용 프로그램을 탑재 하여 컴퓨터 기능을 수행 • 제어가 필요한 시스템의 두뇌 역할을 하는 전자 시스템으로 TV, 냉장고 등의 가전 제품에 많이 사용

4) 판매형태에 따른 프로그램의 구분

번들 프로그램	특정한 하드웨어나 소프트웨어를 구매했을 때 무료로 주는 프로그램
프리웨어	사용기간 및 기능제한 없이 무료로 배포되는 소프트웨어로 사용자는 요금을 지불할 필요는 없으나 영리를 목적으로 배포할 수는 없음
셰어웨어	정상적인 프로그램을 구매하도록 유도하기 위해 사용 기간이나 기능 등을 제한하여 배포하는 프로그램
베타 버전	정식 버전의 소프트웨어가 나오기 전에 테스트할 목적으로 일반인에게 공개하는 프로그램
패치 프로그램	이미 제작하여 배포된 프로그램의 오류 수정이나 성능 향상을 위해 프로그램의 일부 파일을 변경해 주는 프로그램
알파버전	베타 테스트를 하기 전에 제작회사 내에서 테스트 할 목적으로 제작하는 프로그램
상용 소프트웨어	유료로 정식 구입하는 소프트웨어로 소프트웨어의 모든 기능을 사용할 수 있음

> ⊘ TIP **기타 프로그램의 구분**
> • 데모 버전 : 정식 프로그램을 홍보하기 위한 광고용 버전. 프로그램에서 중요한 몇 개의 기능만 사용할 수 있도록 제한하거나 사용기간을 제한하여 배포하는 프로그램(대표적으로 게임 프로그램이 가장 흔한 경우)
> • 트라이얼 버전 : 프로그램의 사용 기간을 정해 놓고 그 기간이 지나면 사용하지 못하도록 되어있는 버전(일반적으로 15~30일을 무료로 사용할 수 있음)
> • 애드웨어 : 광고를 보는 대가로 무료로 사용할 수 있지만, 무분별한 팝업 광고나 인터넷 익스플로러의 시작 페이지 고정으로 인해 컴퓨터 사용을 불편하게 하는 소프트웨어

5) 프로그래밍 언어

프로그래밍 언어는 컴퓨터 시스템을 작동시키는 소프트웨어를 생성하기 위한 형식 언어로 소프트웨어를 만들기 위한 소프트웨어를 의미하며, 소프트웨어와 프로그래밍 언어 구분 없이 소프트웨어를 프로그래밍 언어로 보기도 한다.

1 프로그래밍 언어의 종류

저급 언어(Low Level Language), 고급 언어(High Level Language)

2 주요 고급 언어의 종류

PASCAL, FORTRAN, COBOL, BASIC, C, C++, LISP, Visual Basic 등

⊘ TIP C언어의 특징

- 컴파일 방식의 프로그래밍 언어
- 구조적 프로그래밍이 가능
- 영문자의 경우 대/소문자를 구별하는 프로그래밍
- 하드웨어 제어가 가능한 언어

3 웹 프로그래밍 언어

HTML	하이퍼텍스트 문서를 만드는 데 사용되는 웹 문서의 표준 언어
VRML	인터넷 상에서 상호작용이 가능한 3차원 가상 공간을 표현하고 조작할 수 있는 프로그래밍 언어
SGML	다양한 형태의 멀티미디어 문서들을 원활하게 교환할 수 있도록 제정한 국제적 표준 언어
DHTML	HTML의 스타일 시트와 프로그래밍을 결합시켜서 동적인 웹 문서를 제작
XML	HTML의 확장 언어로 홈페이지 구축, 검색 등을 향상시키고 비즈니스에 필수적인 클라이언트 시스템의 복잡한 데이터 처리를 쉽게하는 기능을 갖고 있음
JAVA	• 선 마이크로시스템즈사에서 개발한 독립적이고 객체 지향적인 프로그램 언어의 일종 • 네트워크 환경에서 분산 작업이 가능하도록 설계 • 플랫폼에서 독립적으로 동작
CGI	웹 서버에 있어 사용자의 요구를 응용 프로그램에 전달하고 그 결과를 사용자에게 되돌려주기 위한 프로그램 작성에 사용(방문자 카운터, 방명록, 웹에서의 온라인 주문서 작성 등)
ASP	CGI의 단점을 보완하여 동적인 문서를 만들기 위한 스크립트 언어

⊘ TIP 객체지향 프로그래밍 언어

- 추상화, 캡슐화, 상속성, 다형성 등의 특성을 지니고 있으며, 크고 복잡한 프로그램 구축이 어려운 절차형 언어의 문제점을 해결하기 위해 개발된 프로그램 기법
- 스몰토크(SmallTalk), C++, C#, 자바(JAVA), 델파이, ASP 등이 있다.

4 프로그램 언어의 처리 과정

원시 프로그램 → 번역기 → 목적 프로그램 → 연계 편집 → 로드모듈 → 로더 → 실행

원시 프로그램	사용자 위주의 언어(텍스트)를 이용하여 작성한 프로그램
목적 프로그램	원시 프로그램이 언어 번역기에 의해 기계어로 번역된 프로그램
링커(연계 편집)	목적 프로그램을 로드 모듈로 만드는 프로그램
로드 모듈	컴퓨터에서 실행 가능한 형태의 프로그램
로더	로드 모듈을 주기억장치로 적재시켜 실행시키는 프로그램

5 언어 번역기의 종류

어셈블러 (Assembler)	어셈블리어로 작성된 원시 프로그램을 기계어로 번역
컴파일러 (Compiler)	고급 언어로 작성된 원시 프로그램을 기계어로 번역 예 포트란, 알골, 파스칼, C, C++ 등
인터프리터 (Interpreter)	행 단위로 프로그램을 번역하고 실행 예 BASIC, LISP, ALP 등
프리프로세서 (Preprocessor)	고급 언어로 작성된 프로그램을 그에 대응하는 다른 고급언어로 번역

⊘ TIP

구분	컴파일러	인터프리터
목적 프로그램	생성	생성하지 않음
번역	프로그램 전체	한줄씩
번역 속도	느림	빠름
실행 속도	빠름	느림
언어	COBOL, C, FORTRAN, JAVA 등	BASIC, LISP, SNOBOL, APL 등

6) 유틸리리 프로그램

- 컴퓨터 동작에 필수적이지는 않지만, 컴퓨터를 이용하는 주목적에 대한 일부 특정 작업을 수행하는 소프트웨어
- 다수의 작업이나 목적에 대하여 적용되는 편리한 서비스 프로그램이나 루틴을 말한다.
- 컴퓨터 하드웨어, 운영 체제, 응용 소프트웨어를 관리하는데 도움을 주도록 설계된 프로그램
- Windows에서 제공하는 유틸리티 프로그램에는 메모장, 그림판, 계산기, 캡쳐 도구 등이 있다.

1 압축 프로그램

- 압축 사용시 저장 공간을 효율적으로 사용할 수 있으며, 파일 전송시 시간 절약 효과를 가질 수 있다.
- 압축 대상에 따라 파일 압축, 디스크 압축, 실행 파일로 압축 등이 있고, 압축 파일을 재 압축하더라도 파일의 크기에는 거의 변화가 없다.
- 종류 : WinZip, WinRAR, WinARJ, 알집 등
- 압축 파일의 확장자 : ZIP, RAR, ARJ, CAB, LZH 등

2 기타 유틸리티

알씨(ALSee)	이스트소프트에서 개발한 이미지 뷰어 프로그램
ACDSee	ACD System에서 개발한 마이크로소프트 윈도우용 이미지 조작기 및 뷰어 프로그램
Nero Burning	하드 디스크의 파일을 CD나 DVD 디스크로 저장할 수 있는 유틸리티
Adobe 아크로벳 (Acrobat)	• Acrobat으로 만든 문서를 PDF 파일이라 하며, 이 파일을 보려면 Acrobat Reader라는 프로그램이 필요 • 웹 브라우저에서도 실행 가능

05 PC 관리 기초지식

1) PC의 구성

1 메인보드

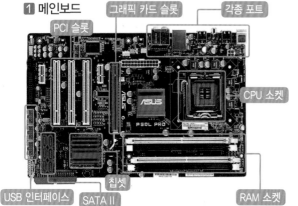

• 메인보드의 구성

CPU 소켓	• CPU를 장착하는 소켓 • 모양에 따라 소켓 타입과 슬롯 타입으로 구분
RAM 소켓	• 램(RAM)을 장착하는 소켓 • 램을 2개 단위로 꽂을 수 있는 SIMM 소켓과 낱개로 꽂을 수 있는 DIMM 소켓으로 구분
롬 바이오스 (ROM-BIOS)	• ROM – Basic Input Ouput System • 기본 입출력 장치나 메모리 등 하드웨어 작동에 필요한 명령을 모아 놓은 프로그램 • 전원이 켜지면 POST(Power On Self Test)를 통해 컴퓨터를 점검하고 사용 가능한 장치를 초기화 • 칩을 교환하지 않고도 업그레이드를 할 수 있고 ROM에 저장되며 펌웨어라고도 함
확장 버스 /확장 슬롯	• LAN 카드, 그래픽 카드, 사운드 카드 등을 꽂기 위해 본체의 주기판 위에 마련되어 있는 소켓을 의미 • ISA 방식, VESA 방식, PCI 방식, AGP 방식
I/O 커넥터 (포트(Port))	• 외부 주변 기기를 연결하여 데이터가 이동되는 통로를 의미 • 데이터 이동 방식에 따라 직렬 포트와 병렬 포트로 구분

⊘ TIP 버스(BUS)

CPU와 주변기기를 연결하는 선(통로) 또는 어떤 기기 간을 연결하여 신호를 주고받기 위한 규격이나 하드웨어를 말함(**종류** : 제어 버스, 주소 버스, 데이터 버스)

2 I/O 커넥터(포트(Port))

직렬 포트 (Serial Port)	• 한 번에 한 비트씩 전송하는 직렬 통신을 위한 포트 • 보통 COM1~4로 구성 예 마우스, 모뎀 등이 사용
병렬 포트 (Parallel Port)	• 한 번에 8비트, 16비트, 32비트의 자료를 동시에 전송하는 병렬 통신에 사용 • 보통 LPT 포트를 의미 예 프린터, 휴대용 하드 디스크, 스캐너 등이 사용
PS/2 포트	• 기존 직렬 타입의 향상판 • PS/2 타입의 키보드나 마우스 등에 사용
USB 포트 (Universal Serial Bus)	• 기존의 포트를 하나로 통합한 '직렬 포트'의 일종 • 최대 127개의 주변 기기를 직렬로 연결하여 사용 • 플러그 앤 플레이(PnP) 기능 및 핫 플러그(Hot Plug)를 지원

	• USB 3.0은 이론적으로 최대 5Gbps의 전송속도를 가지며, PC 및 연결기기, 케이블 등의 모든 USB 3.0 단자는 파란색으로 되어 있어 이전 버전과 구분됨
IEEE1394	• 컴퓨터와 디지털 가전기기를 연결해 데이터를 교환할 수 있게 하는 직렬 인터페이스 방식 • 핫 플러그를 지원하며 최대 63개까지 주변장치를 연결할 수 있음
무선 직렬 포트 (IrDA)	• 적외선을 이용하여 무선으로 통신을 할 수 있는 장치 • **용도** : 노트북 컴퓨터와 PDA, 디지털 카메라, 휴대폰 등

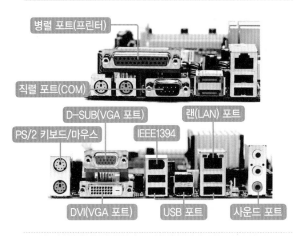

⊘ TIP 핫 플러그(Hot Plug)

• 컴퓨터에 전원이 켜진채로 주변장치나 코드를 꽂고(Plug-in) 빼기(Plug-out) 하는 것을 의미하며 핫 스와핑(Hot Swapping) 이라고도 함
• 일반 PC에서는 PCMCIA 카드, USB, IEEE1394 등이 핫 플러그에 해당

2) PC의 관리
① PC 안전 장치

항온 항습기	적정 온도(18~24℃)와 적정 습도(50~60%)를 유지시켜 주는 장치
자동 전압 조절기 (AVR)	항상 일정한 전압을 유지시켜 주는 장치
무정전 전원 공급 장치 (UPS)	정전이 되어도 시스템이 정지하지 않도록 일정 시간 동안 전원을 공급해 자료의 손실을 막을 수 있는 장치
정전압 정주파 장치 (CVCF)	공급되는 전압과 주파수를 항상 일정하게 유지 해주는 장치
서지 프로텍터 (Surge Protector)	급격한 전압이나 전류의 변화(Surge)에 대한 손상을 보호하는 장치

② PC 응급처치
① 부팅이 안되는 경우

컴퓨터를 켜도 반응이 없을 경우	• 전원 케이블의 연결 상태를 확인 • 파워 서플라이(Power Supply)의 동작 유무를 확인 • 메인보드의 전원 공급 여부를 확인
"Non System Disk or Disk Error" 메시지가 나타날 경우	• 하드 디스크로 부팅이 않되는 경우에는 시스템 파일을 복사한 뒤에 재부팅함 • 디스크 드라이브 자체가 불량일 때에는 A/S를 요청함
부팅 속도가 느려졌을 경우	• 최신 버전의 백신 프로그램으로 점검 및 치료 • Windows의 시작 프로그램 및 바탕 화면의 불필요한 아이콘을 삭제 • 하드 디스크가 느려졌다면 디스크 조각 모음을 실행시킴
부팅이 올바르게 수행 되지 않을 경우	CMOS 배터리가 방전되어 CMOS의 내용이 지워졌기 때문이며 CMOS 배터리를 충전함

② 하드 디스크의 문제

하드 디스크를 인식하지 못할 경우	• CMOS Setup에서 하드 디스크의 타입을 Auto Detection으로 설정하거나 하드 디스크 표면에 기록된 실린더/섹터수를 정확하게 입력함 • CMOS가 바이러스에 감염되었을 경우 최신의 백신 프로그램을 이용해서 치료, 복구함 • 케이블 연결과 점퍼 설정 상태를 확인
하드 디스크 용량이 부족할 경우	불필요한 파일 및 프로그램을 삭제

③ 모니터의 문제

화면에 아무 것도 표시되지 않을 경우	• 모니터 케이블의 연결 여부를 확인 • 그래픽 카드의 청결 상태나 접속 여부를 확인 • 모니터의 밝기 조절 버튼을 조절

④ 메모리(RAM)

용량 부족 문제의 해결 방법	• 불필요한 프로그램을 종료 • 불필요한 자동 시작 프로그램을 삭제 • [시스템 속성] 창에서 가상 메모리의 크기를 적절히 설정

3) 시스템 유지 및 관리 도구

1 시스템 복원

- [■(시작)] – [Windows 시스템] – [제어판] – [시스템] – [시스템 보호] – [시스템 복원]을 이용한다.
- 컴퓨터의 시스템 파일을 이전 시점으로 복원하는 기능으로 사용자 문서, 사진 또는 기타 개인 데이터에는 영향을 주지 않고 최근에 설치한 프로그램 및 드라이버는 제거될 수 있다.
- 시스템 복원을 사용할 경우 컴퓨터의 속도가 저하되거나 응답하지 않는 문제를 해결할 수 있다.
- 프로그램이나 드라이버 설치로 인해 컴퓨터가 예기치 않은 방식으로 변경되거나 예기치 않은 Windows 동작이 발생할 경우 일반적으로 해당 프로그램이나 드라이버를 제거하면 문제가 해결될 수 있다. 그러나 제거해도 문제가 해결되지 않는 경우 올바르게 작동했던 이전 날짜로 컴퓨터 시스템을 복원할 수 있다.
- 시스템 복원은 시스템 보호 기능을 사용하여 컴퓨터에서 정기적으로 복원 지점을 만들고 저장한다. 이러한 복원 지점에는 레지스트리 설정에 대한 정보와 Windows에서 사용하는 기타 시스템 정보가 들어있으며, 수동으로 복원 지점을 만들 수도 있다.
- 시스템 복원은 개인 파일을 백업하지 않으므로 삭제되었거나 손상된 개인 파일을 복구할 수는 없다.
- 복원 지점은 시스템에 의해 자동으로 설정되지만 사용자가 임의로 복원 지점을 설정할 수 있다.
- 시스템 복원시 Windows Update에 의해 변경사항도 복원된다.

2 작업 관리자

- [■(시작)] – [Windows 시스템] – [작업 관리자] 또는 작업 표시줄이나 [시작]의 바로 가기 메뉴에서 [작업 관리자]를 선택하여 실행할 수 있고, 작업 관리자의 바로 가기 키는 Ctrl + Shift + Esc 이다.
- **작업관리자에서 설정할 수 있는 작업**
  - [프로세스] 탭에서 실행 중인 응용 프로그램을 [작업 끝내기]로 종료할 수 있고, 현재 실행 중인 프로세스와 프로세스에서 실행되는 서비스를 볼 수 있음
  - [성능] 탭에서 CPU, 메모리, 디스크, 이더넷, GPU 등의 사용 정도와 사용 현황을 그래프로 확인할 수 있음
  - [시작프로그램] 탭에서 Windows가 시작될 때 프로그램의 자동 실행 여부 지정

- [사용자] 탭에서 PC에 로그인된 사용자의 시스템 자원 사용량을 볼 수 있고 로그아웃할 수 있음

3 보안 및 유지 관리

- 네트워크 방화벽 설정, Windows Update, 바이러스 방지, 사용자 계정 컨트롤 설정을 관리하여 사용자 컴퓨터의 보안 설정과 유지 관리를 할 수 있다.
- [■(시작)] – [Windows 시스템] – [제어판] – [보안 및 유지 관리]를 클릭한다.

4 레지스트리(Registry)

- 시스템 하드웨어, 설치된 프로그램 및 설정, 컴퓨터에 있는 각 사용자 계정의 프로필 등에 대한 중요한 정보가 포함된 계층적인 데이터베이스를 말한다.
- 레지스트리에 저장되는 디바이스 자원에는 IRQ, I/O 주소, DMA 등이 있다.
- 레지스트리 편집기를 이용하여 시스템 레지스트리의 설정을 보고 변경할 수 있다.
- **레지스트리 편집기 실행** : ■ + R 키를 누른 입력 상자 또는 작업 표시줄의 검색 상자에 'Regedit'를 입력한 후 Enter 키를 누르거나 [시작(■)] – [Windows 관리 도구]에서 선택
- 레지스트리를 잘못 변경하면 컴퓨터가 작동하지 않을 수 있다.
- 레지스트리를 변경하기 전에는 반드시 백업해야 하며 사용자가 이해할 수 있고 신뢰할 수 있는 원본에서 변경하도록 지시한 레지스트리 값만 변경하는 것이 좋다.

5 포맷

- 디스크에 트랙과 섹터를 형성하여 사용할 수 있는 상태로 만드는 작업을 말한다.
- 이미 사용중인 디스크를 포맷할 경우 기존의 디스크 내용은 모두 삭제되므로 주의해야 한다.
- **[포맷] 대화상자에서의 설정 항목** : 용량, 파일 시스템, 할당 단위 크기, 볼륨 레이블, 빠른 포맷 등
- [파일 탐색기]에 있는 드라이브의 바로 가기 메뉴에서 [포맷] 선택하여 실행한다.

6 디스크 정리

- 하드 디스크에서 불필요한 파일 수를 줄여 디스크에 여유 공간을 확보하고, 컴퓨터 속도를 더 빠르게 하고자 할 경우 사용한다.
- 임시 파일이 제거되고 휴지통이 비워지며, 더 이상 필요하지 않은 여러 가지 시스템 파일과 기타 항목들이 제거된다.

- 다운로드한 프로그램 파일, 임시 인터넷 파일, 오프라인 웹 페이지, 휴지통, 임시 파일, 미리 보기 사진 등 불필요한 파일을 삭제하여 디스크의 공간을 확보해주는 도구이다.
- **[디스크 정리] 실행** : [시작(■)] – [Windows 관리 도구] 또는 [파일 탐색기]에 있는 드라이브의 속성 대화 상자 [일반] 탭에서 선택하여 실행

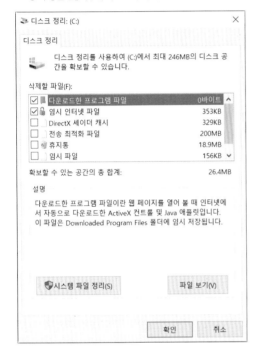

⑦ 오류 검사

- 디스크의 논리적, 물리적 오류를 검사하며 자동으로 오류를 수정한다.
- CD–ROM이나 공유된 네트워크 드라이브에서는 실행이 불가능하다.
- 오류 검사는 디스크 공간의 증가나 바이러스 치료와는 무관하다.
- 폴더와 파일의 오류를 검사하여 발견된 오류를 복구한다.
- 디스크의 물리적 손상 영역인 불량 섹터를 검출한다.
- 시스템 성능 향상을 위해 정기적으로 수행한다.
- [파일 탐색기]에 있는 드라이브의 속성 대화 상자 [도구] 탭에서 [검사]를 클릭하여 실행한다.

⑧ 드라이브 조각 모음 및 최적화

- Windows에서 디스크에 저장된 파일의 위치를 재정렬하는 단편화 제거 과정을 통해 디스크에서의 파일 읽기/쓰기 성능을 향상시킴 → 시스템의 속도 향상
- 데이터의 생성과 삭제 작업을 빈번히 수행할 경우 각 파일은 불연속적인 할당 영역에 저장되게 되며 이 경우 하드 디스크 상에서 파일을 읽어 오는 시간이 늘어나게 됨으로써 시스템의 속도가 느려지기 때문에 조각난 파일과 폴더를 통합하는 것이 필요하며 이러한 역할을 드라이브 조각 모음 및 최적화가 담당한다.
- CD–ROM이나 네트워크 드라이브는 드라이브 조각 모음 및 최적화를 실행할 수 없다.
- **[드라이브 조각 모음 및 최적화] 실행** : [시작(■)] – [Windows 관리 도구] 또는 [파일 탐색기]에 있는 드라이브의 속성 대화 상자 [도구] 탭에서 [최적화]를 선택

⑨ Windows 방화벽

- 방화벽은 인터넷 또는 네트워크에서 들어오는 정보를 확인한 다음 빙화벽 설정에 따라 이를 컴퓨터로 전달하는 것을 차단하거나 허용하는 소프트웨어 또는 하드웨어이다.
- Windows 방화벽은 해커나 악성 소프트웨어가 인터넷 또는 네트워크를 통해 사용자 컴퓨터에 액세스하지 못하도록 방지하는 방어막을 제공한다.

⑩ 백업 및 복원

사용자의 중요한 데이터가 실수로 손실 또는 손상될 것에 대비하여 원본과 동일한 데이터를 외부 저장장치에 하나 더 만들어 두는 백업을 하거나 손상된 파일을 복원하는 기능을 제공한다.

단 / 원 / 평 / 가 / 문 / 제

01 다음 중 컴퓨터의 발전 과정으로 3세대 이후의 특징에 해당하지 않는 것은?

① 개인용 컴퓨터의 사용
② 전문가 시스템
③ 일괄처리 시스템
④ 집적회로의 사용

02 다음 중 1952년 폰 노이만이 프로그램 내장 방식과 2진 연산방식을 적용하여 제작한 초창기 전자식 계산기는?

① 에니악(ENIAC) ② 에드삭(EDSAC)
③ 유니박(UNIVAC) ④ 에드박(EDVAC)

03 다음 중 RAM(Random Access Memory)에 대한 설명으로 옳은 것은?

① 주로 펌웨어(Firmware)를 저장한다.
② 주기적으로 재충전(Refresh)이 필요한 DRAM은 주기억장치로 사용된다.
③ 전원이 꺼져도 기억된 내용이 사라지지 않는 비휘발성 메모리로 읽기만 가능하다.
④ 컴퓨터의 기본적인 입출력 프로그램, 자가진단 프로그램 등이 저장되어 있어 부팅시 실행된다.

04 다음 중 소프트웨어의 사용권에 따른 분류에 대한 설명으로 옳지 않은 것은?

① 애드웨어 : 배너 광고를 보는 대가로 무료로 사용하는 소프트웨어이다.
② 셰어웨어 : 정식 버전이 출시되기 전에 프로그램에 대한 일반인의 평가를 받기 위해 제작된 소프트웨어이다.
③ 번들 : 특정한 하드웨어나 소프트웨어를 구매하였을 때 포함하여 주는 소프트웨어이다.
④ 프리웨어 : 돈을 내지 않고도 사용가능하고 다른 사람에게 전달해 줄 수 있는 소프트웨어이다.

05 다음 중 데이터 종류에 따른 컴퓨터의 분류로 옳지 않은 것은?

① 하이브리드 컴퓨터
② 디지털 컴퓨터
③ 슈퍼 컴퓨터
④ 아날로그 컴퓨터

06 다음 중 주기억장치에 대한 설명으로 가장 옳지 않은 것은?

① 주기억장치는 비휘발성 메모리로 대용량의 데이터와 프로그램을 영구적으로 보관하는데 사용된다.
② ROM에는 주로 기본 입/출력 시스템(BIOS), 글꼴 등이 저장되어 있다.
③ 주기억장치는 CPU가 직접 접근하여 데이터를 처리할 수 있는 기억장치이다.
④ RAM은 자유롭게 읽기/쓰기가 가능한 기억장치이다.

07 다음 중 하드 디스크에서 불필요한 파일 수를 줄여 디스크의 공간을 확보하고, 컴퓨터 속도를 더 빠르게 하고자 할 경우 사용하는 시스템 도구로 옳은 것은?

① 드라이브 조각 모음 및 최적화
② 디스크 정리
③ 시스템 복원
④ 레지스트리 편집

08 다음의 소프트웨어 중에서 나머지 셋과 그 성격이 다른 것은?

① 어셈블러(Assembler)
② 인터프리터(Interpreter)
③ 운영체제(Operating System)
④ 컴파일러(Compiler)

09 다음 중 제어장치에서 사용되는 레지스터로만 묶인 것은?

① 가산기, 메모리 주소 레지스터, 메모리 버퍼레지스터
② 부호기, 명령 해독기, 데이터 레지스터
③ 명령 해독기, 메모리 주소 레지스터, 프로그램 카운터
④ 프로그램 카운터, 상태 레지스터, 누산기

10 다음 중 아래에서 디지털 컴퓨터의 특징으로만 나열된 것은?

> ⓐ 논리 회로 사용   ⓑ 수치, 문자 데이터 사용
> ⓒ 프로그램의 불필요   ⓓ 특수 목적용
> ⓔ 기억이 용이함   ⓕ 정밀도가 제한적임
> ⓖ 연속적인 데이터 계산   ⓗ 사칙 연산

① ⓐ, ⓑ, ⓔ, ⓗ   ② ⓑ, ⓓ, ⓕ, ⓗ
③ ⓐ, ⓒ, ⓓ, ⓕ   ④ ⓑ, ⓒ, ⓔ, ⓖ

11 다음 중 PC를 안전하게 사용하기 위한 장치에 관한 설명으로 옳지 않은 것은?

① UPS : 정전이 발생한 경우 사용자가 작업 중인 데이터를 잃어버리지 않도록 해 주는 장치
② AVR : 항상 일정한 전압을 유지시켜 주는 장치
③ 항온 항습기 : 적정 온도와 적정 습도를 유지시켜 주는 장치
④ 정전압 정주파 장치 : 급격한 전압이나 전류의 변화에 대한 손상을 보호하는 장치

12 다음 중 표시장치에 대한 설명으로 옳지 않은 것은?

① 도트 피치(Dot Pitch) : 픽셀들 사이의 공간을 나타내는 것으로 간격이 가까울수록 영상은 선명하다.
② 해상도(Resolution) : 어느 정도 세밀하게 영상을 표현할 수 있는가를 나타내는 화면의 밀도 단위를 말한다.
③ 화소(Pixel) : 화면에 표시되는 화상의 최소 구성단위로 화소 수가 많을수록 해상도가 높다.
④ 재생률 : 픽셀들이 밝게 빛나는 것을 유지하도록 하기 위한 1분당 밝기 횟수를 말한다.

04 인터넷 활용

01 인터넷 일반

1) 인터넷의 개요
- **ARPANET** : 인터넷의 효시로서, 미국 국방부가 군사용으로 개발한 네트워크이다.
- 통신 규약을 TCP/IP로 통일하여 기종에 상관없이 정보 교환이 가능하고 중앙통제기구가 없어 사용에 제한이 없다.
- **ICANN(Internet Corporation for Assigned Names and Numbers)** : 국제도메인관리기구 혹은 국제인터넷주소관리기구
- **KRNIC(KoRea Network Information Center)** : 한국인터넷정보센터, 우리나라의 공식 인터넷주소자원을 관리하는 조직으로 IP 주소와 도메인 이름의 등록 관리 뿐만 아니라 인터넷주소자원에 관한 정책연구, 제도개선, 인터넷 이용 활성화를 위한 지원, 국제 인터넷 주소관련 기구와의 협력 등의 업무를 수행

2) 인터넷 주소(IP Address, IP 주소)
- 인터넷상에서 통신하기 위하여 각각의 컴퓨터와 통신장비에 부여하는 고유한 주소를 의미한다.
- IP 주소는 네트워크와 호스트 이름을 의미하며, 현재 쓰고 있는 IP 체계인 IPv4는 8비트씩 4부분 총 32비트로 구성(10진수의 각 부분은 .(점)으로 구분)된다.
- IP 주소의 포화상태로 인하여 128비트용 IP 어드레스인 IPv6가 점차적으로 확장되는 추세이다.
- IPv4는 네트워크에 접속할 수 있는 호스트 수와 사용 목적에 따라 A~E클래스로 구분된다.
- 주로 A, B, C클래스를 사용, D클래스는 멀티캐스트용, E클래스는 실험용으로 사용된다.

✅ TIP IPv6
- IPv4 주소 체계의 주소 부족 문제를 해결하기 위해서 개발
- IPv4 주소와 호환성, 주소의 확장성, 융통성, 연동성이 뛰어나며 실시간 흐름 제어로 향상된 멀티미디어 서비스를 제공할 수 있음
- 각 부분은 콜론(:)으로 구분(16진수로 표시)
- 16비트씩 8부분(총128비트 사용)
- 주소의 한 부분이 0으로만 연속되는 경우 연속된 0은 '::'으로 생략하여 표시할 수 있음
- 주소는 유니캐스트, 애니캐스트, 멀티캐스트 3종류의 형태로 분류

1 도메인명(Domain Name)
- 인터넷에서 통신망을 통해 연결된 다른 사람의 호스트에 대한 이름과 주소를 지칭한다.
- IP 주소는 사람들이 이해하기 어려운 숫자(211.171. 244.90)로 되어 있기 때문에 이를 알기 쉽도록 문자로 표기한 것을 말한다.
- 근래에는 인터넷 이용자에게 편의를 제공하기 위해 한글 도메인이 많이 사용되기도 한다.

- **미국(소속기관 및 도메인)**

기관 및 도메인		기관 및 도메인	
영리단체(기업)	com	영리 목적의 기업	biz
네트워크	net	일반 개인용	name
비영리 기관	org	전문직 개인용	pro
정부기관	gov	항공수송산업	aero
군사기관	mil	비영리협동조합	coop
일반 범용	info	교육기관	edu

- **미국 이외의 국가(소속기관 및 도메인)**

기관 및 도메인		기관 및 도메인	
영리단체(기업)	co	대학, 대학원	ac
네트워크	ne	고등학교	hs
비영리 기관	or	중학교	ms
정부기관	go	초등학교	es
연구기관	re	기타학교	sc
군사기관	mil	유치원	kg
개인	pe		

❷ DNS(Domain Name System)

도메인명을 IP 주소로 바꾸어 주거나 그 반대의 작업을 처리해 주는 시스템이다.

❸ URL(Uniform Resource Locator)

- 정보의 위치를 알려주는 표준 주소 체계이다.
- 포트 번호는 서버 측에서 인터넷 서비스를 식별하는데 사용하는 정보(http(80), ftp(21), telnet(23), news(119), gopher(70))이다.
- 동일한 주소는 전세계에 존재하지 않으며, 한 개인은 여러 개의 URL를 가질 수 있다.

3) 프로토콜

- 컴퓨터 상호 간에 접속되어 오류를 최소화함으로써 정보를 원활하게 교환할 수 있게 하기 위해 필요한 규범을 말한다.
- 인터넷용으로 개발되어 기본으로 사용되는 통신 규약은 TCP/IP이다.

TCP	인터넷상의 컴퓨터들 사이에서 데이터를 메시지의 형태로 보내기 위해 IP와 함께 사용
IP	인터넷상의 한 컴퓨터에서 다른 컴퓨터로 데이터를 보내는데 사용
HTTP	웹상에서 파일을 주고받는데 필요한 프로토콜
SMTP	인터넷에서 전자우편을 전송하기 위한 프로토콜로 송신에 많이 사용
POP	인터넷 전자우편 우체국 프로토콜로 수신에 사용
NNTP	인터넷 뉴스 서비스를 지원
SNMP	네트워크 관리 및 네트워크 장치와 그들의 동작을 감시, 통제하는 서비스
ARP	주소결정 프로토콜, IP 주소를 이더넷 주소와 같은 물리적 하드웨어 주소(MAC Address)로 변환하는 프로토콜

⊘ **TIP** **DHCP**
(Dynamic Host Configuration Protocol)

- DHCP는 클라이언트가 동적인 IP 주소를 할당받아 인터넷을 사용할 수 있게 해주는 프로토콜
- DHCP를 사용하는 경우 컴퓨터를 다른 위치로 이동할 때 TCP/IP 설정을 변경할 필요가 없음

⊘ **TIP** **OSI 7 계층**

- 국제표준화기구 ISO에서 네트워크 통신의 접속에서부터 완료까지의 과정을 구분하여 정의한 통신 규약
- 1. 물리 계층(Physical Layer), 2. 데이터링크 계층(Data Link Layer), 3. 네트워크 계층(Network Layer), 4. 전송 계층(Transport Layer), 5. 세션 계층(Session Layer), 6. 표현 계층(Presentation Layer), 7. 응용 계층(Application Layer)

4) 인터넷 접속에 필요한 네트워크 장비

- 네트워크란 컴퓨터와 컴퓨터를 연결하여 서로의 자원을 공유하거나 데이터를 교환하는 기술이다.
- 네트워크를 이용하면 디스크나 프린터 등의 하드웨어 장치 공유 및 자료 공유, 전자 메일 교환 등을 통해 공동의 작업을 할 수 있다.
- 네트워크 관련 장비로는 네트워크 어댑터 카드, 케이블과 허브, 라우터 등이 필요하다.
- 네트워크 어댑터(LAN 카드)를 설치하면 이를 자동으로 인식해 해당 드라이버를 설치하고 네트워크를 설정할 수 있다.

네트워크 어댑터 카드	LAN 카드, 컴퓨터를 네트워크에 연결하는 장치
모뎀 (MODEM)	디지털 신호를 아날로그 신호로 변조하고 다시 아날로그 신호를 디지털 신호로 복조해 주는 역할
게이트웨이 (Gateway)	한 네트워크에서 다른 네트워크로 들어가는 입구 역할을 하는 장치로 근거리 통신망(LAN)과 같은 하나의 네트워크를 다른 네트워크와 연결할 때 사용되는 장치
허브(Hub)	네트워크를 구성할 때 여러 대의 컴퓨터를 연결하고, 각 회선들을 통합 관리하는 장치
라우터 (Router)	네트워크를 구성하기 위해 반드시 필요한 장비로 정보 전송을 위한 최적의 경로를 찾아 통신망에 연결하는 장치
리피터 (Repeater)	• 수신된 신호를 증폭시키거나 감쇠된 신호를 회복시켜 이를 재전송하여 전송 거리를 확장하는 장치 • 네트워크에서 디지털 신호를 일정한 거리 이상으로 전송시키면 신호가 감쇠되므로 디지털 신호의 장거리 전송을 위해 수신한 신호를 재생하거나 출력 전압을 높여 전송
브리지 (Bridge)	두개의 근거리 통신망(LAN) 시스템을 이어주는 접속장치

5) 인터넷 접속 서비스

종합정보 통신망 (ISDN)	전화, 팩스, 데이터 통신, 비디오텍스 등 통신 관련 서비스를 하나의 회선을 통하여 디지털 방식으로 종합하여 다루는 '종합정보통신망'
케이블 TV망	기존에 설치되어 있는 케이블 TV의 망을 통해 고속으로 인터넷을 이용
ADSL	• 전화국과 각 가정이 1:1로 연결 • 다운로드와 업로드가 비대칭 구조를 가짐(업로드 속도보다 다운로드 속도가 빠름) • 인터넷, VOD, 홈쇼핑 등 비대칭형(단방향) 서비스에는 유리하지만 원격 진료나 원격 교육 등과 같은 대칭형(양방향) 서비스에는 부적합 • 기존의 전화선을 그대로 사용하면서도 고속 데이터 통신이 가능

6) 웹 브라우저(e)

- 인터넷에서 제공하는 웹 서비스를 이용하기 위해 개발된 프로그램을 말한다.
- 인터넷상에 연결된 컴퓨터를 탐색하고 원하는 정보를 읽어들여 그 내용을 화면에 표시해 주는 클라이언트 프로그램을 의미한다.
- 전자우편을 보내거나 FTP 서버에 접속할 수 있고 자주 방문하는 웹 사이트 주소를 관리할 수 있다.
- 웹 페이지를 사용자 컴퓨터에 저장하거나 인쇄할 수 있다.
- 웹 브라우저의 종류에는 인터넷 익스플로러, 모질라 파이어폭스, 오페라, 사파리, 구글 크롬, Microsoft Edge 등이 있다.

1 익스플로러의 환경 설정

- [도구] – [인터넷 옵션] 메뉴를 선택한다.
- 각종 탭의 내용

[일반] 탭	• **홈페이지** : 인터넷 실행시 처음 열리게 할 시작 페이지를 지정 • 임시 파일, 열어본 페이지 목록, 쿠키, 저장된 암호 및 웹 양식 정보의 삭제 여부 지정 • 종료시 검색 기록 삭제 여부 설정 • 웹 페이지의 색, 언어, 글꼴 등을 설정
[보안] 탭	인터넷, 로컬 인트라넷 영역의 보안 수준을 설정
[개인 정보] 탭	• 압축된 개인 정보 취급 방침이 없는 타사의 쿠키를 차단 • 팝업 창의 차단 여부를 설정
[내용] 탭	등급에 따른 인터넷 콘텐츠의 제한, 인증서의 사용, 자동 완성 기능 설정
[연결] 탭	인터넷 연결 설정 및 LAN 설정
[프로그램] 탭	• HTML 파일을 편집하는 데 사용할 프로그램 지정할 수 있음 • 시스템에 설치된 브라우저의 추가 기능을 사용하도록 설정 • 웹 사이트를 열 때 사용할 기본 웹 브라우저를 지정할 수 있음
[고급] 탭	웹 브라우저의 고급 환경 설정을 지정

2 인터넷 정보 검색

❶ 주제별 검색 엔진(디렉토리형 검색 엔진)

예술, 정치, 경제, 스포츠 등 각 분야별로 분류되어 있는 항목을 마우스로 클릭하여 그 분야의 세부 항목으로 들어가서 원하는 정보를 찾는 방식이다.

❷ 단어별 검색 엔진(키워드형 검색 엔진)
- 찾고자 하는 정보의 단어를 입력하여 찾는 방식이다.
- 사용자가 찾고자 하는 정보에 대한 키워드만 알면 쉽게 찾을 수 있다.

❸ 메타 검색 엔진(지능형 검색 엔진)
인터넷을 이용한 자체 검색 기능은 가지고 있지 않으나, 한 번의 검색어 입력으로 여러 개의 검색 엔진에서 정보를 찾아주는 방식이다.

7) 인터넷 서비스

1 월드와이드웹(WWW)
간단히 '웹(Web)'이라고 부르며 문자, 그림, 동화상에 대하여 다양한 표현 방법을 가능하게 하였다.

2 전자우편
- 전자우편주소는 "아이디@도메인 네임"으로 구성
- 한 사람이 동시에 여러 사람에게 동일한 전자 우편을 보낼 수 있다.
- 전 세계의 인터넷 통신망에 가입해 있는 사용자끼리 편지를 주고받거나 메시지를 전송할 수 있는 서비스를 말한다.
- **회신(Reply)** : 받은 메일에 대해 작성한 답장을 발송자에게 전송하는 기능이다.
- **전달(Forward)** : 받은 메일을 그대로 다른 사람에게 다시 발송하는 기능이다.
- **전자우편 관련 프로토콜** : SMTP(전자우편 송신), POP(전자우편 수신), IMAP(서버에서 이메일을 읽는 프로토콜), MIME(멀티미디어 데이터 전송)이다.

> ⊘ **TIP** **각종 메일**
> - **스팸 메일(Spam Mail)** : 광고성 메일
> - **웹 메일(Web Mail)** : 특정 메일 서버 없이 사용자의 ID와 암호를 가지고 전자우편 전송
> - **옵트 인 메일(Opt-in Mail)** : 광고성 이메일(E-mail)이라는 점에서는 스팸 메일과 같으나, 스팸 메일이 불특정 다수에게 보내는 불법 메일인 데 비해 이것은 광고성 이메일을 받기로 사전에 선택한 것 즉, 고객의 권리를 존중하고 고객의 의사에 준해 메일을 발송하는 것이므로 법적으로 문제가 되지 않음

3 Gopher(고퍼)
인터넷을 여행하면서 여기저기 흩어져 있는 정보를 메뉴 형식으로 쉽게 조회할 수 있는 검색 서비스를 말한다.

4 Archie(아키)
익명(Anonymous) FTP에 관한 정보를 체계적으로 정리해 두었다가 사용자의 요구가 있을 때 손쉽게 정보를 검색할 수 있게 지원한다.

5 Wais(웨이즈)
인터넷상에 흩어져 있는 정보들의 각 목록별 데이터베이스를 만들어 빠르게 찾을 수 있게 해놓은 서비스를 말한다.

6 Mailing List(메일링 리스트)
인터넷상에서 공통의 관심사를 가진 사람들끼리 정보의 교류나 논의를 목적으로 모인 동호회 또는 포럼을 의미한다.

7 IRC
인터넷을 통한 대화(채팅) 서비스이다.

8 Messenger(메신저)
상대방과 온라인으로 채팅을 하거나 파일 보내기, 접속여부 등을 확인할 수 있다.

9 FTP(파일 전송, File Transfer Protocol)
- 컴퓨터와 컴퓨터 사이에서 파일을 주고받을 수 있도록 즉, 인터넷에서 파일을 송·수신할 때 사용되는 원격 파일 전송 프로토콜을 의미한다.
- FTP 서비스를 사용하기 위해서는 일반적으로 해당 사이트의 계정을 가지고 있어야 하고, 파일의 업로드, 다운로드, 삭제, 이름 변경 등의 작업을 할 수 있다.
- FTP 서버에 있는 응용 프로그램을 실행하려면 먼저 다운로드 받아야 한다.
- 데이터 전송을 위하여 Binary 모드와 ASCII 모드를 제공한다.

10 Telnet(원격 접속, 텔넷)
멀리 떨어진 곳에 위치한 호스트 컴퓨터에 접속할 때 사용하는 서비스를 말한다.

11 Usenet(유즈넷)
전자 게시판의 일종으로 특정한 주제나 관심사에 대해 의견을 제시하거나 관련 분야에 대한 그림, 동영상, 데이터 파일 등의 자료를 등록해 두고 서로 간의 정보를 공유할 수 있는 전 세계적인 토론 시스템을 말한다.

8) 인터넷 관련 용어

아바타	가상 사회에서 자신의 분신을 뜻하는 말로 사이버 게임이나 인터넷 채팅 등에서 자신을 나타내는 애니메이션 인물을 나타내는 이미지
북마크	'즐겨찾기'라고도 하며 자주 방문하는 웹 사이트를 기억시켜두고 언제든지 해당 사이트에 접속할 수 있도록 해주는 기능
쿠키(Cookie)	• 특정한 웹 사이트에 접속했던 기록을 보관하고 있는 일종의 텍스트 파일로 사용자가 해당 웹 사이트에 다시 접속하면 웹 서버에서 이를 자동으로 호출하여 사용 • 사용자가 사이트에 몇 번 접속했는지, 아이디와 비밀번호는 어떻게 되는지 등을 알 수 있기 때문에 개인정보의 유출 가능성이라는 단점을 가짐
미러 사이트 (Mirror Site)	인터넷상에서 특정 사이트에 동시에 많은 이용자들이 접속하는 것을 방지하기 위하여 같은 내용을 여러 사이트에 복사하여 다수의 사용자가 보다 빨리 자료를 참조할 수 있도록 지원해 주는 사이트
히스토리 (History)	브라우저를 처음 실행시킨 후부터 종료 전까지 사용자가 방문했던 웹 사이트 주소를 순서대로 기억하여 보관하는 기능
스트리밍 (Streaming)	파일을 다운로드하지 않고도 재생할 수 있도록 네트워크나 인터넷으로 오디오 및 비디오 파일을 전달하는 방법
웹 호스팅 (Web-Hosting)	인터넷 서버를 운영하기 어려운 기업체에게 웹 서버를 임대, 관리해주는 서비스
그룹웨어 (Groupware)	서로 떨어져 있는 사람들끼리 함께 협동하여 일을 할 수 있도록 지원해주는 프로그램으로 기업 내에서는 전자결재, 전자우편, 게시판 등에서 사용
인트라넷 (Intranet)	• 기업 또는 회사에서 사용하는 내부 네트워크에 인터넷 망을 연결하여 구축한 네트워크 • 기업체, 은행 등에서 본 · 지점간 발생하는 내부 업무를 효율적으로 처리할 수 있으며 재택 근무도 가능하여 회사 업무의 효율성을 높일 수도 있음 • 외부로부터의 불법적인 접근을 막기 위하여 방화벽 설치가 반드시 필요
엑스트라넷 (Extranet)	인트라넷을 외부 사용자들에게 확장한 형태라고 할 수 있는데 각종 정보를 제조업체, 공급업체, 협력업체, 고객 또는 다른 비즈니스 업체들과 안전하게 서로의 정보를 공유할 수 있도록 구축한 망

포털 사이트 (Portal Site)	인터넷을 이용할 때 자주 방문하게 되는 웹 사이트로 전자우편, 뉴스, 쇼핑, 게시판 등 다양한 서비스를 통합하여 제공하는 사이트
P2P (Peer to Peer)	인터넷에 연결된 개인의 컴퓨터로부터 직접 정보를 제공받는 서비스로 상대방과 1대 1로 공유가 가능한 서비스
플러그 인 (Plug-In)	웹 브라우저는 모든 정보의 형태를 표시할 수 없기 때문에 특정한 형태의 정보는 별도의 표시 방법으로 정보를 해석하여 표시하게 되는데 이러한 프로그램을 플러그 인(Plug – In)이라고 함
이모티콘	사이버 공간에서 자신의 감정 이나 의사를 전달할 때 사용하는 특유한 언어로 컴퓨터 자판의 문자, 기호, 숫자 등을 조합하여 자신의 감정을 나타내기 위해 사용되는 기호
스마트 TV (Smart TV)	TV에 인터넷 접속 기능을 결합, 각종 앱(application : 응용프로그램)을 설치해 웹 서핑 및 VOD 시청, 소셜네트워크 서비스(Social Networking Service, 이하 SNS), 게임 등의 다양한 기능을 활용할 수 있는 다기능 TV
IPTV	• Internet Protocol Television으로 인터넷 프로토콜 TV를 의미 • IPTV를 한마디로 설명하면 인터넷으로 실시간 방송과 VOD를 볼 수 있는 서비스를 말함

MEMO

단 / 원 / 평 / 가 / 문 / 제

01 다음 중 인터넷 주소에 대한 설명으로 옳지 않은 것은?

① 도메인명을 컴퓨터가 이해할 수 있는 IP 주소로 변환 해 주는 시스템을 DNS라고 하며 공백은 사용할 수 없다.
② 도메인명은 왼쪽에서 오른쪽으로 갈수록 상위 도메인을 의미한다.
③ 도메인명은 문자로 구성되어 있어서 숫자로 구성된 IP 주소보다 인터넷 주소를 이해하거나 기억하기 쉽다.
④ URL이란 정보의 위치를 알려주는 표준 주소 체계로 전 세계에서 동일한 주소를 가지는 예는 많지 않다.

02 인터넷 익스플로러를 실행하였을 때, 홈페이지로 사용할 페이지를 설정하는 방법으로 옳은 것은?

① [파일] – [페이지 설정] – [현재 페이지]
② [보기] – [도구 모음] – [사용자 정의]
③ [도구] – [인터넷 옵션] – [일반] – [홈 페이지]
④ [도구] – [인터넷 옵션] – [일반] – [사용자 서식]

03 다음 중 인터넷 주소 체계에 대한 설명으로 옳지 않은 것은?

① IP 주소는 네트워크 부분의 길이에 따라 A클래스에서 E클래스까지 5단계로 구성되어 있다.
② IPv4는 숫자로 8비트씩 4부분으로 총 32비트로 구성된다.
③ IPv4는 8비트마다 0에서 255 사이의 10진수로 표시하며 각각을 점(.)으로 구분한다.
④ IPv6은 IPv4의 주소 부족을 해결하기 위한 대책으로 마련된 64비트 체계이다.

04 다음 중 전자우편에서 사용하지 않는 프로토콜은?

① SMTP ② MIME
③ POP3 ④ ICMP

05 다음 중 인터넷의 주요 서비스에 대한 설명으로 옳지 않은 것은?

① FTP : 인터넷에서 파일을 송 · 수신할 때 사용되는 서비스를 말한다.
② Telnet : 멀리 떨어진 곳에 위치한 호스트 컴퓨터에 접속할 때 사용하는 서비스를 말한다.
③ 쿠키 : 특정한 웹 사이트에 접속했던 기록을 보관하고 있는 일종의 텍스트 파일을 말한다.
④ 웹 호스팅 : 서로 떨어져 있는 사람들끼리 함께 협동하여 일을 할 수 있도록 지원해주는 서비스를 말한다.

06 다음 중 인터넷 익스플로러의 [도구] – [인터넷 옵션]의 탭에서 설정하는 기능에 대한 설명으로 옳지 않은 것은?

① 일반 : 홈페이지로 사용할 페이지를 변경할 수 있다.
② 프로그램 : 각 인터넷 서비스에 자동으로 사용할 프로그램을 지정할 수 있다.
③ 연결 : 인터넷 연결 설정 및 LAN 설정 등을 지정할 수 있다.
④ 개인 정보 : 인터넷 사용자의 개인 정보를 보거나 등록 및 삭제할 수 있다.

07 다음 중 인터넷 주소와 관련된 설명으로 옳지 않은 것은?

① IP 주소의 등급에는 A클래스부터 F클래스까지로 구분할 수 있다.
② DNS(Domain Name System)는 도메인 이름을 IP 주소로 바꾸어 주는 역할을 한다.
③ 인터넷상에서 필요한 정보의 위치를 알려주는 표준 주소 체계를 URL이라 한다.
④ IPv6 주소 체계는 총 128비트로 구성된다.

08 다음 중 인터넷 통신 장비인 게이트웨이(Gateway)의 기본적인 역할에 관한 설명으로 옳은 것은?

① 현재 위치한 네트워크에서 다른 네트워크로 연결할 때 사용된다.
② 인터넷 신호를 증폭하며 먼 거리로 정보를 전달할 때 사용된다.
③ 네트워크 계층의 연동장치로 경로 설정에 사용된다.
④ 문자로 된 도메인 이름을 숫자로 이루어진 실제 IP 주소로 변환하는 데 사용된다.

09 다음 중 쿠키(Cookie)에 대한 설명으로 옳은 것은?

① 인터넷 사용 시 네트워크에 접속하기 위한 프로그램이다.
② 특정 웹 사이트 접속 시 반복적으로 사용되는 접속정보를 가지고 있는 파일이다.
③ 웹 브라우저에서 기본으로 제공하지 않는 기능을 부가적으로 설치하여 구현되도록 한다.
④ 자주 사용하는 사이트의 자료를 저장한 후 다시 동일한 사이트 접속 시 자동으로 자료를 불러온다.

10 다음 중 인터넷의 주요 서비스에 대한 설명으로 옳지 않은 것은?

① 스트리밍 : 파일을 다운로드하지 않고도 재생할 수 있도록 네트워크나 인터넷으로 오디오 및 비디오 파일을 전달하는 방법을 말한다.
② 히스토리 : 상대방과 온라인으로 채팅을 하거나 파일 보내기, 접속여부 등을 확인할 수 있는 서비스를 말한다.
③ P2P : 인터넷에 연결된 개인의 컴퓨터로부터 직접 정보를 제공받는 서비스로 상대방과 1대 1로 공유가 가능한 서비스를 말한다.
④ 미러 사이트 : 인터넷상에서 특정 사이트에 동시에 많은 이용자들이 접속하는 것을 방지하기 위하여 같은 내용을 여러 사이트에 복사하여 다수의 사용자가 보다 빨리 자료를 참조할 수 있도록 지원해 주는 사이트이다.

11 다음 중 네트워크 장비와 관련된 설명으로 옳지 않은 것은?

① 게이트웨이 : 서로 다른 프로토콜을 사용하는 네트워크를 연결할 때 사용된다.
② 리피터 : 인터넷 신호를 증폭하며 먼 거리로 정보를 전달할 때 사용된다.
③ 라우터 : 다른 네트워크를 인식하여 경로를 배정하며, 수신된 패킷에 의하여 타 네트워크 또는 자신의 네트워크 노드를 결정하는 데이터 통신기기
④ 네트워크 어댑트 카드 : 변복조기라고도 한다.

05 멀티미디어 활용
CHAPTER

01 멀티미디어

1) 멀티미디어의 개요

- Multi(다중)와 Media(매체)의 합성어로 '다중 매체'의 의미를 가지며 다양한 매체를 통해 정보를 전달한다는 의미이다.
- 텍스트, 오디오, 이미지, 그래픽, 비디오 등을 디지털화시킨 복합 구성 매체로 정보의 입체적 표현과 전달이 가능하며 데이터의 용량이 크기 때문에 압축하여 송·수신한다.
- 가상현실, 전자출판, 화상회의, 방송, 교육, 의료 등 사회 전 분야에 응용 가능하다.

> #### ⊘ TIP 멀티미디어의 특징
> - 디지털화, 양방향성, 비선형성, 통합성, 대용량성
> - 실시간으로 처리할 자료의 용량이 큼
> - 다양한 매체간의 동기화가 필요
> - 더욱 복잡해진 표준화를 요구

2) 하이퍼텍스트와 하이퍼미디어

하이퍼텍스트 (Hypertext)	• 문서와 문서, 파일과 파일을 결합하여 연관된 정보를 쉽게 찾아볼 수 있도록 구성 • 인터넷이나 Windows 도움말 등에서 특정 단어에 마우스 포인터를 위치시키면 포인터가 손 모양(🖑)으로 바뀌면서 클릭 시 연결된 정보를 보여주는 형태
하이퍼미디어 (Hypermedia)	• 하이퍼텍스트(Hypertext)와 멀티미디어(Multimedia)의 합성어 • 하이퍼텍스트의 확장된 개념으로 텍스트에 그림이나 화상 등과 같은 다양한 정보를 결합하여 상호 연관성 있게 구성 • 이미지, 텍스트, 영상들을 서로 연결해 놓은 형태

02 멀티미디어 하드웨어

1) 사운드 카드

소리를 컴퓨터에 처리할 수 있는 디지털 방식으로 변환하여 녹음, 편집, 재생할 수 있도록 지원하는 주변기기를 말한다.

2) CD-ROM

- 대표적인 저장매체로 동화상 파일 및 음성 데이터 등 많은 양의 데이터를 저장할 수 있다.
- CD-ROM의 전송 속도 단위는 배속이며, 1배속은 150KB/sec이다.

3) DVD

고밀도 디지털 압축 기술을 이용하여 4.7GB~17GB의 저장 용량을 갖는다.

4) 비디오 카드(그래픽 카드)

- CPU에서 처리된 글 또는 그림 등과 같은 정보를 모니터에 출력할 수 있도록 지원하는 주변기기이다.('비디오 어댑터'라고도 함)
- 확장 버스 규격에 따라 ISA, VESA, PCI, AGP, PCI-Express 방식 등이 있다.

5) 동영상 처리 장치

- **MPEG 보드** : 압축된 동영상 파일을 빠른 속도로 복원시켜 재생해 주는 장치
- **비디오 오버레이 보드** : TV나 비디오를 보면서 컴퓨터 작업을 동시에 할 수 있도록 동영상 데이터를 비디오 카드의 데이터와 합성시켜 표현하는 장치
- **TV 수신 카드** : 컴퓨터에서 TV 신호를 받아 시청할 수 있도록 처리 해주는 장치
- **비디오 캡쳐 보드** : 동영상의 아날로그 데이터를 디지털 신호로 변환하여 PC로 전송하는 장치

⊘ TIP 코덱(CODEC)

오디오, 비디오 등 아날로그(Analog) 신호를 펄스 부호 변조(PCM)를 사용해 전송에 적합한 디지털 비트 스트림으로 압축·변환하고, 역으로 수신측에서 디지털 신호를 아날로그 신호로 변환하는 기술 또는 장치

---

03 멀티미디어 데이터

1) 텍스트

- 문자로 구성된 문장 중심의 데이터이다.
- **확장자 종류** : TXT, HWP, DOC 등

2) 그래픽과 이미지

- 문자 이외의 도형, 그림, 이미지 중심의 데이터이다.
- 비트맵(Bitmap) 형식과 벡터(Vector) 형식으로 구분된다.

1 비트맵(Bitmap)

- 세밀한 점(Pixel)들의 집합으로 구성된 그래픽 데이터이다.
- 확대 시 점이 커지면서 그림 자체에 계단 현상이 나타난다.
- 다양한 색상을 사용하여 사실적 이미지를 표현할 수 있다.

BMP	• 전혀 압축하지 않은 비트맵 파일 • 파일의 크기가 큰편
PCX	• Windows 환경에서 기본적으로 사용되는 페인트 브러시 비트맵 파일 • 압축 방식이 간단하여 파일을 읽는 속도가 빠르나 파일 크기가 커서 잘 사용되지 않음
JPG	• 압축률이 뛰어나고, 파일 크기가 작아 웹 상에서 사진 같은 이미지를 보관하고 전송하는 데 많이 사용한다. • 손실 압축 기법과 무손실 압축 기법이 있지만, 특허 문제나 압축률 등의 이유로 무손실 압축 방식은 잘 쓰이지 않는다. • JPEG 표준을 사용하는 파일 형식에는 jpg, jpeg, jpe 등의 확장자를 사용하고 24Bit 트루 컬러를 지원한다. • 문자, 선, 세밀한 격자 등 고주파 성분이 많은 이미지의 변환에서는 GIF나 PNG에 비해 품질이 좋지 않다.
GIF	• 8비트 256 색상 표현 가능 • 수평선을 따라 동일한 색상이 반복될 경우 압축률이 높아짐(무손실 압축 방식 지원) • 배경을 투명하게 처리하거나 애니메이션 효과를 줄 수 있음 • 인터레이스 기법을 지원해 인터넷 웹 문서에서 많이 사용 • 여러 번 압축을 하여도 원본과 비교해 화질의 손상이 없음
TIF(TIFF)	• 트루 컬러 표현이 가능하며, 호환성이 좋아 그래픽 데이터 교환에 많이 사용 • 스캔한 자료의 파일 형식으로 사용하기 위해 개발

⊘ TIP 래스터(Raster) 방식

- 컴퓨터에 저장되는 이미지 파일 포맷으로 주로 스캐너나 디지털 카메라를 이용해서 생성된다.
- 픽셀 단위로 이미지를 저장하는 비트맵 방식이다.
- BMP, GIF, TIF(TIFF), JPEG 등은 대표적인 래스터 데이터 형식이다.
- 파일의 크기는 이미지의 해상도에 비례해서 커진다.

⊘ TIP PNG

- 압축된 그래픽 이미지 파일 형식으로 GIF 형식보다 압축 효율이 높은 무손실 압축 방식 지원
- 웹 표준 색상, 트루컬러, 그레이 스케일 등 다양한 컬러 모드를 지원(고해상도 이미지에 적합)
- 알파 채널을 지원하여 투명한 배경의 이미지를 만들 수 있으며, 다중 이미지를 포함할 수 없기 때문에 애니메이션을 지원하지 않음
- JPG 파일보다 파일 용량이 늘어나는 단점이 있음

2 벡터(Vector)

Way

- 점과 점을 연결하는 직선 또는 곡선을 이용하여 이미지를 표현한다.
- 선, 면, 도형 등의 조합으로 처리한 그래픽 데이터이다.
- 그림을 확대, 축소하여도 선명도에 변화가 없다.
- 트루타입 글꼴이나 클립아트에 많이 사용한다.

AI	• Adobe Illustrator나 Photoshop에서 사용되는 밑그림 일러스트레이터 파일 • 비트맵과 벡터 이미지 모두를 저장할 수 있으며 다른 그래픽 프로그램과 교환 가능
CDR	일반 그래픽 프로그램에서는 볼 수만 있고 편집은 코렐 드로우를 이용해야 함
EPS	• Encapsulated Post Script의 약자로 캡슐화된 포스트 스크립트 이미지 파일 • 인쇄 및 출력에 많이 사용 • 각종 그래픽 프로그램에서 널리 이용
WMF	16비트 벡터 방식이지만 비트맵 방식도 포함

> ⊙ **TIP** **그래픽 기법 용어**
>
> - **디더링(Dithering)** : 제한된 색을 조합하여 음영이나 색을 나타내는 것으로 여러 컬러의 색을 최대한 나타내는 기법
> - **렌더링(Rendering)** : 컴퓨터 그래픽에서 명암, 색상, 농도의 변화 등과 같은 3차원 질감을 넣음으로써 사실감을 더하는 기법
> - **모핑(Morphing)** : 한 이미지가 다른 이미지로 서서히 변화하는 과정을 나타내는 기법
> - **안티앨리어싱(Anti-Aliasing)** : 2차원 그래픽에서 개체 색상과 배경 색상을 혼합하여 경계면 픽셀을 표현함으로써 경계면을 부드럽게 보이도록 하는 기법
> - **모델링(Modeling)** : 컴퓨터 애니메이션 제작과정 중 렌더링을 하기 전에 수행되는 3차원 물체를 컴퓨터로 그리는 작업으로 어떤 렌더링 작업으로 구현할지를 결정함

3) 사운드 및 동영상 데이터

1 사운드(소리) 파일

WAV	• 소리를 원음 그대로 저장하였다가 재생하는 방식 (Windows Media Player로 재생 가능) • 사람의 음성 표현이 가능하며 녹음 조건에 따라 파일의 크기가 가변적임 • 쉽게 처리할 수 있지만 압축되지 않은 형태의 파일로 용량이 커짐
MP3	• MPEG Audio Layer-3의 약자로 오디오 데이터의 디지털 압축 기술로서 음악 CD와 비슷한 음질을 가지면서도 데이터의 양을 1/12정도까지 압축할 수 있음 • 오디오 스트리밍 기술을 지원
MIDI	• 전자악기 간의 디지털 신호에 의한 통신이나 컴퓨터와 전자악기 간의 통신 규약 • 음높이, 음길이, 세기, 빠르기 등 다양한 음악 기호가 정의되어 있다. • WAV 파일에 비해 크기가 작음

2 동영상 파일

- 아날로그 형태의 영상을 디지털화한 데이터이다.
- **확장자 종류** : AVI, MOV, MPEG, ASF 등

MPEG	• 동영상 압축 기술에 대한 국제표준규격 • 디지털 비디오와 오디오 압축에 관한 표준을 제정하는 동영상 전문가 그룹 • MPEG 1(저장매체용), MPEG 2(방송, 통신, 저장 매체용), MPEG 4(이동통신용), MPEG 7(멀티미디어정보)
AVI	• 마이크로소프트사가 개발 • Windows상에서 디지털 동화상을 재생하기 위한 파일형식
DVI	비디오 영상을 압축하여 디지털 데이터로 저장했다가 컴퓨터로 재생할 수 있는 동화상 압축
퀵타임 (MOV)	• 애플에서 만든 멀티미디어 개발, 저장 및 재생 기술 • 특별한 하드웨어를 추가하지 않고 동영상을 재생
DivX	• MPEG-4와 MP3를 재 조합한 것 • 비표준 동영상 파일 형식으로 수백 MB에서 수 GB대의 영화를 압축한 DVD 수준의 고화질 형식을 의미

> ⊙ **TIP**
>
> ① **윈도우 미디어 플레이어(Windows Media Player)**
>
> - *.asf, *.asv 형식과 같은 스트리밍 방식을 지원하는 동영상을 실시간으로 전송받아 재생할 때 많이 사용한다.
> - Windows Media Player를 이용하여 동영상 파일을 편집할 수는 없으며 *.mpg, *.avi, *.asf, *.mov 등의 동영상 파일과 *.wav, *.mid 등의 소리 파일을 재생할 수 있다.
>
> ② **사운드 카드의 샘플링**
>
> 아날로그 소리 파형을 일정 시간 간격으로 연속적인 측정을 통해 얻어진 각각의 소리의 진폭을 숫자로 표현하여 디지털 데이터로 생성하는 것을 의미
>
> ③ **스트리밍(Streaming)**
>
> 일반적으로 파일의 크기가 큰 동영상이나 음악 파일은 다운로드하고 난 후 재생하기 때문에 오랫동안 기다려야 하는 문제점 해결을 위해 자료를 다운로드 받으면서 재생할 수 있도록 해주는 기술로 ASF, WMV, RAM 등의 파일 형식이 전송 가능함

멀티미디어 제작 프로그램

그래픽 편집 프로그램	포토샵, 픽셀러, 일러스트레이터 등
동영상 편집 프로그램	파워디렉터, 프리미어, 베가스 등
사운드 편집 프로그램	골드웨이브, 쿨에디터 등
웹 애니메이션 제작 프로그램	플래시, 애프터 이펙트(동영상 편집도 가능) 등

멀티미디어 활용

1) 주문형 비디오 서비스(VOD ; Video On Demand)

- 비디오를 디지털로 압축하여 비디오 서버에 저장하면 VCR 같은 기능의 셋탑 박스는 비디오 서버로부터 압축되어 전송된 디지털 영상과 소리를 복원, 재생하는 역할을 한다.
- 사용자의 요구에 따라 재생, 제어, 검색, 질의 등이 가능하고 영화, 뉴스, 스포츠, 홈쇼핑 등의 콘텐츠를 통신 케이블을 통하여 원하는 시간에 시청할 수 있도록 하는 멀티미디어 서비스이다.

2) 화상 회의 시스템(VCS ; Video Conference System)

초고속 통신망을 이용하여 원거리에 있는 사람들과 비디오나 오디오를 통해 회의를 할 수 있도록 지원하는 서비스로 공간적, 시간적 제약을 극복할 수 있다.

3) 가상 현실(VR ; Virtual Reality)

컴퓨터가 만들어 낸 가상 세계의 다양한 경험을 체험할 수 있도록 하는 컴퓨터 그래픽 기술과 시뮬레이션 기능 등 관련 기술을 통틀어 말한다.

TIP 시뮬레이션

복잡한 문제를 해석하기 위하여 모델에 의한 실험, 또는 사회현상 등을 해결하는 데서 실제와 비슷한 상태를 수식 등으로 만들어 모의적으로 연산을 되풀이하여 그 특성을 파악하는 일로 '모의 실험'이라는 의미

4) 의료영상정보시스템(PACS ; Picture Archiving Communication System)

화상을 통한 의료 상담 및 진찰 프로그램, 인체 각 부분의 발달 과정 등에 관한 의학 진찰용 응용 분야에 대한 서비스이다.

5) 키오스크(Kiosk)

박물관이나 전시장, 쇼핑센터 등에 설치하여 방문객이 각종 안내를 받을 수 있도록 한 것으로 보통 터치스크린(Touch Screen)을 이용하여 운영되는 무인 종합정보안내 시스템을 말한다.

6) 교육(CAI ; Computer Aided Instruction)

컴퓨터를 이용하여 학습자에게 교육 내용을 설명하거나 연습 문제를 주어서 학습자가 개별적으로 학습을 진행하는 것을 가능하게 하는 교육 시스템을 의미한다.

단 / 원 / 평 / 가 / 문 / 제

01 다음 중 음반 CD에 가까운 음질을 유지하면서 MPEG에서 규정한 오디오 압축 방법을 따르는 소리 파일은?

① MIDI 파일 ② MP3 파일
③ AVI 파일 ④ WAV 파일

02 동영상 전문가 그룹으로서 비디오 또는 오디오 압축에 관한 일련의 표준을 의미하는 것은?

① XML ② SVG
③ JPEG ④ MPEG

03 다음 중 멀티미디어와 관련하여 JPG 파일 형식에 관한 설명으로 옳지 않은 것은?

① 사진과 같은 정지 영상을 표현하기 위한 국제 표준 압축 방식이다.
② 24비트 컬러를 사용하여 트루컬러로 이미지를 표현한다.
③ 사용자가 압축률을 지정해서 이미지를 압축하는 압축 기법을 사용할 수 있다.
④ 이미지를 확대해도 테두리가 거칠어지지 않고 매끄럽게 표현된다.

04 다음 중 동영상 데이터 파일 형식으로 옳지 않은 것은?

① AVI ② DVI
③ ASF ④ DXF

05 다음 중 이미지와 그래픽에서 사용되는 비트맵 방식의 파일 형식에 관한 설명으로 옳지 않은 것은?

① 픽셀(Pixel)로 이미지를 표현하며 이미지를 확대하면 테두리가 거칠어 진다.
② 트루타입 글꼴이나 클립아트에 많이 사용한다.
③ 래스터 방식이라고도 하며 다양한 색상을 사용하므로 사실 같은 이미지를 표현할 수 있다.
④ 파일 형식에는 BMP, GIF, JPG 등이 있다.

06 다음 중 텔레비전 드라마나 뉴스 등의 프로그램을 원하는 시간에 다시 볼 수 있는 서비스를 가리키는 용어로 옳은 것은?

① VLAN ② VOD
③ VDT ④ VPN

07 팔레트를 사용하는 것과 같이 제한된 색상을 사용해야 할 경우, 그 제한된 색상들을 섞어서 다양한 색상을 만들어 내는 방법으로 현재 팔레트에 존재하지 않는 컬러를 컬러 패턴으로 대체하여 가장 유사한 컬러로 표현하는 기법을 무엇이라 하는가?

① 디더링 ② 안티앨리어싱
③ 모핑 ④ 와핑

08 정보를 효과적으로 나타내기 위해 문서와 문서를 연결하여 관련된 정보를 쉽게 찾아 볼 수 있도록 한다. 이렇게 만든 텍스트를 무엇이라고 하나?

① 멀티미디어텍스트(Multimediatext)
② 모노미디어텍스트(Monomediatext)
③ 하이퍼텍스트(Hypertext)
④ 인덱스텍스트(Indextext)

09 다음 중 멀티미디어 관련 설명으로 옳지 않은 것은?

① 멀티미디어 데이터란 텍스트, 사운드, 정지영상, 동영상 등을 의미한다.
② 정지영상 파일 포맷으로는 JPEG, GIF, BMP 등이 있다.
③ 동영상 파일 포맷으로는 MPEG, AVI, MOV 등이 있다.
④ 사운드 파일 포맷으로는 WAV, MIDI, PNG 등이 있다.

10 다음 중 음성이나 비디오 등의 아날로그 신호를 전송에 적합한 디지털 신호로 변환하고 그 역의 작업을 수행하는 장치를 의미하는 것은?

① 코덱(CODEC)
② 필터링(Filtering)
③ 샘플링(Sampling)
④ 미디(MIDI)

11 정보화 시대, 인터넷 시대에 중요한 요소로 자리하고 있는 멀티미디어의 특징과 그에 대한 설명으로 옳지 않은 것은?

① 디지털화 : 다양한 아날로그 데이터를 디지털 데이터로 변환하여 통합 처리한다.
② 쌍방향성 : 정보 제공자와 사용자 간의 의견을 통한 상호 작용에 의해 데이터가 전달된다.
③ 정보의 통합성 : 텍스트, 그래픽 사운드, 동영상, 애니메이션 등의 여러 미디어를 통합하여 처리한다.
④ 선형성 : 데이터가 일정한 방향으로 처리되고 순서에 관계없이 원하는 부분을 선택적으로 처리한다.

12 인터넷상에서 비디오 데이터를 전송하려고 한다. 이때 사용되는 비디오 데이터 포맷으로 옳지 않은 것은?

① AVI   ② MOV
③ JPEG   ④ MPEG

06 CHAPTER 최신 정보통신기술 활용

01 → 정보통신일반의 속도 단위

BPS(Bits Per Second)	1초당 전송할 수 있는 Bit 수를 의미
CPS (Character Per Second)	초당 전송되는 문자(8비트의 집합) 수를 의미
Baud	변조 속도를 나타내는 단위로 초당 전송되는 최단 펄스의 수로 표현

02 → 데이터 전송 방식에 따른 분류

단향 방식 (Simplex)	한쪽은 송신만, 한쪽은 수신만 가능한 방식 예 TV, 라디오
반이중 방식 (Half Duplex)	양쪽 모두 송·수신이 가능하나 동시에 송·수신은 불가능한 방식 예 무전기
전이중 방식 (Full Duplex)	양쪽 모두 송·수신이 동시에 가능한 방식 예 전화기

03 → 정보통신망의 구성

1) 네트워크 규모에 따른 분류

LAN (근거리 통신망)	비교적 가까운 거리(건물, 학교) 내에 있는 컴퓨터와 관련 기기들을 전용선을 이용하여 하나의 시스템으로 연결해 놓은 통신망
MAN (도시간 통신망)	100개 내외의 지역을 엮는 중형 통신망으로 기업, 기관 등의 LAN을 하나로 묶어놓은 형태로 운영되는 통신망
WAN (광역 통신망)	넓은 지역을 연결하는 통신망으로 주로 장거리(지방 – 지방, 국가 – 국가, 대륙 – 대륙 등) 지역 사이를 연결하는 통신망

2) 연결 형태에 따른 분류

호스트/터미널	작업에 필요한 모든 처리 과정을 담당하는 메인 컴퓨터(Host)와 단순 기능의 단말기(Terminal)로 이루어지는 방식
서버/ 클라이언트	서버 역할을 담당하는 컴퓨터와 그 자원을 활용하는 클라이언트 역할의 다수 컴퓨터를 결합시킨 방식
피어-투-피어 (동배간 처리)	• 서버 없이 컴퓨터와 컴퓨터가 서로 동등하게 연결되는 방식(작은 규모의 네트워크 구성에 사용) • 워크스테이션 혹은 개인용 컴퓨터를 단말기로 사용 • 고속 LAN을 기반으로 함

3) 통신망 형태에 따른 분류

성형, 스타형 (Star) =중앙집중식		• 중앙에 컴퓨터나 교환기가 있고 그 주위에 분산된 단말 장치를 연결시킨 형태 • 통신망의 처리 능력 및 신뢰성이 중앙 노드의 제어장치에 좌우됨 • 허브를 통해 모든 신호가 입출력됨 • 고장 발견이 쉽고 유지보수 및 확장이 용이
망형(Mesh) =그물형		• 단말기와 단말기를 통신 회선으로 연결한 형태로 응답 시간이 빠르고, 노드의 연결성이 우수함 • 통신장애 시 다른 경로를 이용해 전송할 수 있어 네트워크 장애가 발생해서는 안되는 경우에 사용
링형(Ring) =루프(Loop) 형		• 직접 또는 중계기를 통해 단말기나 컴퓨터들을 서로 연결한 형태 • 하나의 노드에 문제가 발생할 경우 전체 네트워크에 영향을 줌 • 우회로가 있음

버스형(Bus)	• 하나의 통신회선에 여러 대의 단말장치를 접속하여 사용하는 방식 • 데이지 체인이라고도 하며 설치가 용이하고 비용을 최소화할 수 있어 경제적 • 기밀 보장이 어렵고 회선 길이에 제한이 있음
트리형(Tree)	• 중앙컴퓨터와 일정 지역의 단말장치까지는 하나의 통신회선으로 연결시키고 이웃하는 단말장치는 일정 지역 내에 설치된 중간 단말장치로부터 다시 연결시키는 형태 • 분산 처리 환경에 적합

04 정보통신 관련 용어

GPS (위치정보 시스템)	미국방성에서 개발한 위성을 이용한 범세계적인 자동위치추적시스템으로서 GPS 위성을 이용해 지구상의 모든 이동체의 위치를 거리 및 속도 계산에 의해 측정하는 시스템
레이드(RAID)	여러 디스크 장치에 데이터를 분산 기록해 처리 속도의 고속화, 신뢰성을 높이는 방법
VoIP (음성 데이터 통합)	기존 회선교환 방식의 일반전화와 달리 인터넷의 근간인 IP 네트워크를 통해 음성 데이터를 인터넷 프로토콜 데이터 패킷으로 변화하여 일반 데이터망에서 통화를 가능하게 해주는 통신 서비스 기술(대표적인 예로 '인터넷 전화'를 들 수 있음)
유비쿼터스 (Ubiquitous)	사용자가 네트워크나 컴퓨터를 의식하지 않고 장소에 상관없이 자유롭게 네트워크에 접속할 수 있는 환경을 의미
블루투스 (Bluetooth)	근거리에 있는 컴퓨터·주변기기·휴대폰·PDA간 통신을 복잡한 전선없이 무선으로 연결하여 양방향으로 실시간 통신을 가능하게 해주는 규격을 말하거나 그 규격에 맞는 제품을 이르는 표현
네티켓 (Netiquette)	통신망(Network)과 예의범절(Etiquette)의 합성어로 네트워크 사용자들이 네트워크상에서 지키고 갖추어야 하는 예의범절
웹서버	정보 공유를 위해 웹 사이트를 쉽게 호스팅하고 관리하며, 웹 기반의 업무 어플리케이션을 만들고, 파일, 인쇄, 미디어, 통신 서비스를 웹으로 확장할 수 있는 컴퓨터

RFID	모든 사물에 전자 태그를 부착하고 무선 통신을 이용하여 사물의 정보 및 주변 상황 정보를 감지하는 센서 기술(출입관리, 주차관리 등에 주로 사용)
DMB(Digital Multimedia Broadcasting)	• 디지털 멀티미디어 방송. 뛰어난 이동수신 특성을 바탕으로 음악, 문자, 동영상 등 다양한 컨텐츠를 휴대용 TV, PDA 등을 통해 제공하는 서비스 • CD 수준의 음질과 데이터 제공이 가능하며 지상파 및 위성을 통해 서비스

05 모바일 기기 관련 용어

1) 모바일(Mobile)

'이동성이 있는'이라는 뜻으로 '휴대전화'와 '휴대용·개인정보단말기(PDA)' 등과 같이 이동성을 가진 것들을 총칭한다.(또는, '휴대용·개인정보단말기' 자체를 모바일이라고도 한다.) 휴대전화를 이용하여 은행업무를 볼 수 있는 모바일뱅킹, 온라인 게임을 하는 모바일게임, 영화를 실시간으로 감상하는 모바일영화 등 다양한 서비스가 있다.

2) 모바일 컴퓨팅

휴대용 PC나 단말기기 등을 이용하여 장소에 구애받지 않고 컴퓨터 업무와 네트워크에 접속할 수 있는 환경을 말하며 휴대 전화 등을 이용하여 상대방에게 이메일이나 데이터를 전송하는 것을 의미하기도 한다.

3) 모바일 콘텐츠

모바일 기기를 통해 제공되는 모바일 서비스를 통칭하는 말이다. 각종 게임, 광고, 영화 등을 말하며 모바일 콘텐츠는 기본적으로 무선 인터넷에 바탕을 두고 있다.

4) 모바일 뱅킹

인터넷이 가능한 휴대폰이나 PDA, 스마트폰 등으로 금융기관의 전산시스템과 연결하여 잔액조회, 계좌이체, 환율조회, 거래내역 조회 등 은행 업무를 볼 수 있도록 이루어진 모바일 금융 서비스를 말한다.

▲ 다양한 모바일 뱅킹 아이콘

5) 모바일 플랫폼

- 스마트폰과 같은 단말기에 탑재되어 기기를 사용할 수 있도록 구동되는 운영체제(OS)을 말한다.
- 대표적인 예로 구글의 '안드로이드', 애플의 'iOS', 삼성 전자의 '바다(2013년 타이젠 OS에 흡수 합병)', 리서치 인모션의 '블랙베리', '심비안' 등이 있다.

6) 안드로이드(Android)

- 구글(Google)에서 만든 모바일 오픈 플랫폼을 말한다.
- 안드로이드(Android)는 삼성전자의 갤럭시 시리즈 스마트폰에서 주로 사용되는 운영체제로 아이폰의 iOS 와 함께 현재 국내에서 스마트폰 운영체제의 양대산맥 으로 군림하고 있다.

▲ 안드로이드   ▲ iOS

7) SNS(Social Network Service)

SNS란 '소셜 네트워크 서비스'의 약자로 온라인상에서 특정한 관심이나 활동을 공유하는 사람들 사이의 관계망 을 구축해 주는 온라인 서비스를 말한다. 대표적인 SNS 로는 페이스북(Facebook), 트위터(Twitter), 링크드인 (Linkedin), 텀블러(Tumblr), 인스타그램(Instagram), 구글플러스(Google+), 카카오스토리, 싸이월드, 미투데 이 등이 있다.

8) NFC(Near Field Communication)

NFC(근거리 무선 통신)는 10cm 이내의 가까운 거리에서 단말기간 데이터를 전송하는 기술을 말한다. 데이터 전 송 및 기기간 연동을 비롯해 교통카드, 티켓, 전자지불 등 여러 서비스에 사용되고 있다.

▲ 교통카드   ▲ 데이터 교환

9) LTE(Long Term Evolution)

'3세대 이동통신(3G) 기술을 장기적으로 진화시킨 기술' 이라는 뜻에서 '롱텀에볼루션(Long Term Evolution)'이

라는 이름이 붙었다. WCDMA(광대역부호분할다중접속) 와 CDMA(코드분할다중접속)로 대별되는 3세대 이동통 신과 4세대 이동통신(4G)의 중간에 해당하는 기술이라 하여 3.9세대 이동통신(3.9G)이라고도 한다.

10) 유심(USIM, Universal Subscriber Identity Module)

휴대전화에 수록된 가입자 식별 정보나 주소록, 금융 정 보와 같은 개인 정보를 새로운 단말기를 구입할 때마다 이동시키기가 매우 번거로웠다. 이에, 작은 IC 카드를 단 말기에 넣어 두고 여기에 개인 정보를 저장해 사용하다, IC 카드를 다른 단말기에 꽂아 개인 정보를 간단히 이동 할 수 있도록 하는 방법이 이용되었는데 이 IC 카드를 '심 (SIM : Subscriber Identification Module, 가입자 식별 모듈)' 카드라 한다. 1990년대 초에 등장한 초기의 '심 (SIM)' 카드는 단순히 통신 회선 가입자들의 식별 정보만 구별하는 용도로 쓰였으나, 3G(3세대 이동통신) 서비스 가 시작된 1990년대 말과 2000년대 초 즈음해 기능이 한 층 향상된 '유심(USIM : Universal Subscriber Identity Module)' 카드로 보급되기 시작하였다.

▲ USIM 칩   ▲ 스마트폰에 USIM 칩 삽입

11) 앱(App)

휴대폰이나 스마트폰 등에 다운받아 사용할 수 있는 응 용 프로그램을 말하며, 일반적으로 '애플리케이션 (Application)' 또는 '어플'이라고도 한다.(컴퓨터의 소 프트웨어와 같은 개념 '게임', '날씨', '유틸리티 프로그 램' 등)

12) 앱 스토어(App Store)

앱 스토어는 스마트 기기에서 사용되는 각종 응용 프로 그램(애플리케이션)들이 판매 또는 배포되는 온라인 장 터를 말한다. 구글의 'Play 스토어', 애플의 '앱 스토어 (App Store)', 삼성의 '앱스', LG의 'U+ 스토어', SK의 'T 스토어', KT의 '올레마켓' 등이 있다.

13) 테더링(Tethering)

스마트폰 자체가 무선 모뎀 역할을 하는 기능을 테더링(Tethering)이라 하며, 노트북과 같은 IT 기기를 휴대폰에 연결하여 무선 인터넷을 사용할 수 있다.

14) VoLTE(Voice over LTE)

4세대(4G) 이동통신인 롱텀에볼루션(LTE) 망을 이용해 음성통화를 할 수 있는 서비스로 바로 옆에 앉아 있는 사람과 대화하듯 선명한 음성통화를 할 수 있다.

15) QR코드(Quick Response Code)

1차원 바코드 보다 훨씬 많은 정보를 담을 수 있는 사각형의 흑백 격자무늬 패턴의 2차원 코드를 말한다. 스마트폰을 이용하여 QR코드를 스캔하면 각종 정보를 제공받을 수 있다.

▲ 바코드의 정보를 QR코드에 수록

16) 위치기반서비스(LBS)

'Location Based Service'의 약자로 휴대전화나 PDA처럼 이동통신망과 IT 기술을 종합적으로 활용한 위치정보 기반의 시스템과 서비스를 말한다. 이 서비스는 개인의 위치정보를 기반으로 교통정보, 위치추적 정보, 주유소, 의료기관, 극장, 음식점, 백화점 등을 알려주는 역할도 한다.

17) SMS(Short Message Service)

휴대전화를 이용하여 짧은 문장의 메시지를 주고 받을 수 있는 서비스를 말한다.

18) 클라우드 컴퓨팅(Cloud Computing)

사용자의 각종 콘텐츠(영화, 음악, 데이터 등)를 인터넷상의 중앙 서버에 저장시켜 둔 후, 언제 어디서든 스마트폰과 같은 인터넷 기능이 있는 모든 IT 기기를 이용하여 정보를 이용할 수 있는 서비스를 말한다.

19) Wi-Fi(Wireless Fidelity, 와이파이)

무선 공유기(AP : Access Point)가 설치된 곳에서 전파나 적외선 전송 방식을 이용하여 일정 거리 안에서 무선 인터넷을 할 수 있는 근거리 통신망을 의미하는 기술로 IEEE(전기전자기술자협회)에서 정한 무선랜 표준 방식을 말한다.

20) 핫스팟(Hotspot)

휴대용 정보 단말기를 이용한 무선통신 기술인 와이파이(Wi-Fi)는 통신속도가 빠른 것이 장점인데 반해 무선신호 도달거리에 한계가 있다는 단점을 가지고 있다. 와이파이(Wi-Fi)는 특정 지점에 설치한 AP(Access Point, 무선 공유기) 근처에서만 신호를 잡아 통신이 가능하다 보니 이동 통신사들이 자사의 무선통신서비스 가입자와 새로운 가입자 유치를 위해 인구가 많이 몰리는 장소(도서관, 카페 등의 공공장소)에 AP를 설치하는 경우가 늘어나게 되었고 이렇게 AP 주변의 통신이 가능한 구역 즉, '와이파이(Wi-Fi)를 이용하여 인터넷을 할 수 있는 구역'을 핫스팟(hotspot)이라고 한다.

21) 와이브로(WiBro, 무선광대역인터넷)

'Wireless Broadband Internet'의 줄임말로 휴대형 무선 단말기를 이용하여 언제 어디서나 이동하면서 인터넷에 접속하여 다양한 정보와 콘텐츠를 이용할 수 있는 서비스를 말한다.

22) 위젯(Widget)

'위젯'의 사전적 의미는 '소형 장치' 또는 '부품'이다. 컴퓨터 분야에서 사용되는 위젯이라는 용어는 이용자와 응용 프로그램, 운영체제와의 상호작용을 보다 원활하게 지원해주는 그래픽 유저 인터페이스(GUI)의 하나인 미니 애플리케이션을 의미한다. 위젯은 날씨, 계산기, 시계와 같은 유용한 기능과 각종 정보(콘텐츠)를 담고 있는 작은 크기의 애플리케이션으로 바로 가기(단축) 아이콘 형태로 만들어 이를 선택만 하면 해당 서비스를 바로 이용할 수 있도록 만들어졌다.

23) MOD(Music On Demand)

모바일 인터넷에 접속하여 각종 음악 파일이나 음원을 제공받는 주문형 음악 서비스로 스트리밍 기술 등을 이용하여 음악을 실시간으로도 들을 수 있다.

24) IoT(Internet of Things)

모든 사물을 네트워크로 연결하여 인간과 사물, 사물과 사물 간에 언제 어디서나 서로 소통할 수 있게 하는 새로운 정보통신 환경을 의미한다.

단 / 원 / 평 / 가 / 문 / 제

01 다음 중 근거리에 놓여 있는 컴퓨터와 이동 단말기를 무선으로 연결하여 쌍방향으로 실시간 통신을 가능하게 해주는 규격 또는 장치를 의미하는 것은?

① 블루투스(Bluetooth)
② 단방향(Simplex) 통신
③ 쌍방향(Duplex) 통신
④ HTTP(HyperText Transfer Protocol)

02 다음 중 데이터 전송 방식에 따른 분류에 해당하지 않는 것은?

① 단향 방식(Simplex)
② 반이중 방식(Half Duplex)
③ 더블이중 방식(Double Duplex)
④ 전이중 방식(Full Duplex)

03 다음 중 정보통신 관련 용어의 설명으로 옳지 않은 것은?

① 네티켓은 인터넷에 연결된 컴퓨터들 간에 데이터를 주고받을 수 있도록 하는 표준 프로토콜
② 레이드(RAID) : 여러 디스크 장치에 데이터를 분산 기록해 처리속도의 고속화, 신뢰성을 높이는 방법
③ RFID는 모든 사물에 전자 태그를 부착하고 무선 통신을 이용하여 사물의 정보 및 주변 상황 정보를 감지
④ 유비쿼터스란 사용자가 네트워크나 컴퓨터를 의식하지 않고 장소에 상관없이 자유롭게 네트워크에 접속할 수 있는 환경

04 다음과 같은 조건을 만족하는 정보통신망을 설계하려고 한다. 가장 적합한 정보통신망은?

- 기밀 보장이 되어야 한다.
- 응답시간이 빨라야 한다.
- 많은 양의 통신이 가능해야 한다.
- 하나의 통신회선에 장애가 발생하더라도 데이터를 전송할 수 있도록 모든 지점의 단말장치로 서로 연결한 형태이다.

① 성(Star)형   ② 링(Ring)형
③ 계층(Tree)형   ④ 망(Mesh)형

05 다음 중 서로 인접한 노드끼리 둥글게 연결된 형태로 양방향 전송이 가능하고, LAN에서 가장 많이 이용하는 정보 통신망의 유형은?

① 버스(Bus)형   ② 링(Ring)형
③ 트리(Tree)형   ④ 스타(Star)형

06 다음 설명에 해당하는 용어는?

- 휴대폰을 모뎀으로 활용할 수 있는 기능이다.
- 노트북과 같은 IT 기기를 휴대폰에 연결하여 무선 인터넷을 사용할 수 있다.

① 와이브로(WiBro)
② 블루투스(Bluetooth)
③ 테더링(Tethering)
④ 3G(3Generation)

07 다음 중 데이터 전송에 대한 설명으로 옳지 않은 것은?

① 반이중 방식은 무전기와 같이 양쪽방향으로 전송이 가능하지만 동시에 양쪽방향으로 전송은 불가능하다.

② 단향 방식은 TV나 라디오 등과 같이 한쪽은 송신만 한쪽은 수신만 가능한 방식이다.

③ 더블 이중 방식은 전이중 방식과 동일하나 전송 속도는 월등히 빠른 방식이다.

④ 전이중 방식은 전화나 비디오텍스 등과 같이 동시에 양쪽 방향에서 전송이 가능한 방식이다.

08 다음 중 사물에 전자 태그를 부착하고 무선 통신을 이용하여 사물의 정보 및 주변 상황 정보를 감지하는 센서 기술로 옳은 것은?

① 텔레매틱스 서비스 ② DMB 서비스
③ W-CDMA 서비스 ④ RFID 서비스

09 다음에 대한 설명으로 올바른 것은?

> • 스마트폰 등에 다운받아 사용할 수 있는 응용 프로그램
> • '애플리케이션(Application)' 또는 '어플'이라고도 함

① 유틸리티 프로그램
② 앱(App)
③ 아이콘
④ 테더링

10 다음 중 SNS(Social Network Service)의 종류로 보기 어려운 것은?

① 페이스북 ② 크롬
③ 트위터 ④ 카카오스토리

11 다음 중 모바일 컴퓨팅 환경과 거리가 먼 것은?

① 목적에 따른 응용 프로그램으로서 스마트 폰에서 실행이 가능한 프로그램을 어플리케이션이라고 한다.

② 소셜 네트워크 서비스(SNS)는 초기에는 주로 친목도모, 엔터테인먼트 용도로 활용되었으나 근래에는 비즈니스 등 생산적 용도로 활용하는 경향이 생겨나고 있다.

③ 모바일 컴퓨팅은 휴대용 컴퓨터, 디지털 무선통신장치 등을 사용하여 장소에 구애 받지 않고 컴퓨터 업무와 네트워크에 접속할 수 있는 환경을 말한다.

④ 일반적으로 스마트폰 OS는 스마트폰 뿐만 아니라 컴퓨터에서도 사용되는 운영체제이다.

12 페이스북(Facebook)이나 트위터(Twitter)와 같이 온라인상에서 특정한 관심이나 활동을 공유하는 사람들 사이의 관계망을 구축해 주는 온라인 서비스를 무엇이라 하는가?

① LTE ② SNS
③ 유튜브 ④ 모바일

07 CHAPTER 정보 보안 유지

01 → 정보 윤리의 기본

1) 전자우편 사용시
- 대용량의 파일을 전송하고자 할 때에는 분할 압축을 한 후 전송한다.
- 상업용 정보 프로그램을 전송하지 않는다.
- 스팸 메일이나 용량이 큰 폭탄 메일을 전송하지 않는다.

2) 유즈넷 사용시
- 토론의 주제에 합당한 그룹에 가입한 후에 이용한다.
- 주제나 의견을 올리기 전에 중복된 내용이 있는가 확인한다.
- 타인의 의견을 경청하는 습관을 가진다.
- 대화 중인 사람의 동의없이 함부로 대화의 주제를 바꾸지 않는다.

3) 온라인 대화(채팅)시
- 상대방을 존중하고 반말이나 욕설 등의 언동은 삼가한다.
- 근거없는 유언비어를 유포하여 타인의 사생활을 침해하지 않는다.
- 정품 프로그램, 음란성 프로그램을 유통시키는 장으로 만들어서는 안된다.
- 진행 중인 대화에 함부로 참여해서 그 대화를 끊거나 방해하지 않는다.

02 → 컴퓨터 프로그램 보호법

- 컴퓨터 프로그램 저작물의 저작자의 권리를 보호하고 프로그램의 공정한 이용을 도모하여 프로그램 관련 산업과 기술을 진흥함으로써 국민경제의 건전한 발전에 이바지함을 목적으로 한다.
- 지적 재산권이 있는 소프트웨어를 복사하여 판매하였을 경우 저촉되는 법령이다.

1) 관련용어

컴퓨터 프로그램 저작물	특정한 결과를 얻기 위하여 컴퓨터 등 정보처리 능력을 가진 장치(컴퓨터)내에서 직접 또는 간접으로 사용되는 일련의 지시·명령으로 표현된 창작물을 말함
프로그램 저작자	컴퓨터 프로그램 저작물(프로그램)을 창작한 자를 말함
복제	프로그램을 유형물에 고정시켜 새로운 창작성을 더하지 아니하고 다시 제작하는 행위를 말함
개작	원프로그램의 일련의 지시·명령의 전부 또는 상당 부분을 이용하여 새로운 프로그램을 창작하는 행위를 말함
발행	공중의 수요에 응하기 위하여 프로그램을 복제·배포하는 행위를 말함
공표	프로그램을 발행하거나 이를 특정인 또는 불특정 다수인(공중)에게 제시하는 행위를 말함

2) 프로그램 저작권의 보호 기간
- 저작 재산권은 저작자의 생존 기간과 사망 후 70년간 보호된다.
- 저작자가 사망 후에 공표된 저작물도 생전에 공표된 저작물과 같이 사후 70년간 보호된다.
- 저작재산권의 보호기간을 계산하는 경우에는 저작자가 사망하거나 저작물을 창작 또는 공표한 다음 해부터 기산한다.

> ✓ TIP **정보통신윤리위원회**
> - 불건전 정보통신의 억제 및 건전한 정보 문화 확산을 목적으로 설립된 위원회
> - 음성, 비음성통신과 관련하여 유해정보 및 음란정보에 관한 심의 및 감독을 시행
> - 음란물이나 유해정보를 제공하는 개인이나 정보 서비스 업체를 법률적으로 감독할 수 있음

03 개인정보 보호

1) 개인정보

- '개인정보'란 살아있는 개인에 관한 정보를 말하며 성명, 주민등록번호 및 영상 등을 통하여 개인을 알아볼 수 있는 정보를 말한다.
- 개인을 알아볼 수 있는 정보란 해당 정보만으로는 특정 개인을 알아볼 수 없더라도 다른 정보와 쉽게 결합하여 알아볼 수 있는 것을 포함한다.
- **개인정보 보호법** : 개인정보의 처리 및 보호에 관한 사항을 정함으로써 개인의 자유와 권리를 보호하고, 나아가 개인의 존엄과 가치를 구현함을 목적으로 한다.

2) 개인정보의 중요성 및 보호 사유

- 정보화 사회에서 개인정보는 전자상거래, 고객관리, 금융거래 등에서 필수적인 요소로 자리잡고 있으며 기업의 입장에서도 수익 창출을 위한 자산적 가치로서 높게 평가되고 있다.
- 만약, 개인정보를 누군가가 악의적인 목적으로 사용하기 위해 유출할 경우 개인의 안전과 재산에 큰 피해를 줄 수 있다.
- **개인정보 유출과 관련된 유형** : 매일 같이 수신되는 스팸메일 및 스팸문자, 보이스 피싱, 본인(나)을 사칭한 메신저 상의 금융사기 등

> ⊘ TIP **개인정보 보호위원회**
>
> 개인정보 보호에 관한 사항을 심의 · 의결하기 위하여 대통령 소속으로 개인정보 보호위원회를 두며 보호위원회는 그 권한에 속하는 업무를 독립하여 수행한다.

3) 개인정보의 수집 · 이용 및 제공이 가능한 경우

- 정보주체의 동의를 받은 경우
- 법률의 특별한 규정, 법령상 의무 준수를 위해 불가피한 경우
- 공공기관이 법령에서 정한 소관업무 수행을 위해 불가피한 경우
- 정보주체와의 계약의 체결 및 이행을 위해 불가피하게 필요한 경우
- 정보주체 등의 생명, 신체, 재산의 이익 보호 (사전 동의를 받기 곤란한 경우)
- 개인정보처리자의 정당한 이익 달성을 위해 필요한 경우

단 / 원 / 평 / 가 / 문 / 제

01 다음 중 개인정보 보호에 관한 사항을 심의 및 의결하기 위하여 대통령 소속으로 만들어진 기구를 무엇이라 하는가?

① 정보통신윤리위원회　② 인권보호위원회
③ 개인정보보호위원회　④ 안전관리위원회

02 컴퓨터 범죄 중 무단으로 소프트웨어를 복사하여 저작권 침해를 하였다. 이 경우 민·형사상 제재를 받게 되는데 어떤 법에 저촉되는가?

① 정보통신 보호법
② 소프트웨어 저작권 보호법
③ 개인정보 보호법
④ 컴퓨터 프로그램 보호법

03 다음 중 개인정보의 수집과 이용 및 제공이 가능한 경우에 해당하지 않은 것은?

① 법률의 특별한 규정, 법령상 의무 준수를 위해 불가피한 경우
② 정보주체와의 계약의 체결 및 이행을 위해 불가피하게 필요한 경우
③ 개인정보처리자의 정당한 이익 달성을 위해 필요한 경우
④ 특정 개인의 소관업무 수행을 위해 불가피한 경우

04 다음 중 개인정보에 대한 설명으로 옳지 않은 것은?

① 개인정보란 살아있는 개인에 관한 정보를 말하며 성명, 주민등록번호 및 영상 등을 통하여 개인을 알아볼 수 있는 정보를 말한다.
② 개인을 알아볼 수 있는 정보란 해당 정보만으로는 특정 개인을 반드시 알아볼 수 있는 정보만이 가능하다.
③ 개인정보 보호법이란 개인정보의 처리 및 보호에 관한 사항을 정한 것을 말한다.
④ 개인정보 유출과 관련된 유형으로 매일 같이 수신되는 스팸메일 및 스팸문자, 보이스 피싱, 본인(나)을 사칭한 메신저 상의 금융사기 등을 들 수 있다.

05 다음 중 불건전 정보통신의 억제 및 건전한 정보 문화 확산을 목적으로 설립된 위원회를 무엇이라 하는가?

① 정보통신윤리위원회　② 개인정보보호위원회
③ 인권보호위원회　④ 건전정보위원회

06 다음 중 특정한 결과를 얻기 위하여 컴퓨터 등 정보처리 능력을 가진 장치내에서 직접 또는 간접으로 사용되는 일련의 지시 및 명령으로 표현된 창작물을 의미하는 것은?

① 창작물 소유권
② 컴퓨터 프로그램 저작물
③ 개인정보 저작물
④ 개인작품소유권

07 다음 중 정보화 사회의 특징에서 역기능에 해당하는 것으로 옳은 것은?

① 정보의 수요와 공급의 다원화
② 기술혁신과 정보화의 진전에 따른 첨단 직업 출현
③ 정보 이용의 격차와 문화적 종속
④ 다양한 사회의 시스템화

08 인터넷에서 지켜야 할 네티켓으로 가장 올바르지 않은 것은?

① FTP로 파일을 송·수신할 때는 가능한 업무 시간을 피해서 올리도록 한다.
② 유즈넷 사용시 개인적인 용도로 뉴스를 게시해서는 안된다.
③ 채팅을 할 때는 너무 길지 않은 문장을 사용하는 것이 바람직하다.
④ 자료실에 파일을 올릴 때는 대용량의 파일이라도 압축하지 않고 올리도록 한다.

09 개인을 식별할 수 있는 중요한 사적 정보로서 성명, 주민등록번호 및 영상 등을 지칭하는 용어는?

① 기초정보　② 지식정보
③ 보안정보　④ 개인정보

시스템 보안 유지

CHAPTER 08

01 컴퓨터 범죄의 유형 및 대처 방안

1) 컴퓨터 범죄의 유형

- 소프트웨어의 불법 복제
- 컴퓨터 바이러스 및 악성 프로그램의 유포
- 사이버 테러, 명예 훼손, 음란물 유포, 사이버 스토킹 등 비윤리적 행위
- 해킹과 결합한 금융범죄, 자료변조 및 유출, 개인 신용 정보의 불법적인 유출 및 도용

> ⊘ **TIP** **해킹과 크래킹**
>
> - **해커(Hacker)** : 타인의 컴퓨터에 불법으로 접속하여 컴퓨터에 고장을 일으키거나 컴퓨터에 수록된 정보를 변조 또는 파괴하는 사람
> - **해킹(Hacking)** : 시스템 관리자가 구축해 놓은 보안망을 무력화시켜 시스템이나 다른 사용자에게 피해를 주는 행위
> - **크래커(Cracker)** : 해커의 부정적인 측면을 부각한 것(불법적인 수단으로 다른 사람의 시스템에 침입하여 컴퓨터를 파괴하거나 바이러스 등 악성 프로그램을 유포하는 사람)
> - **크래킹** : 컴퓨터 시스템에 불법적으로 접근, 침투하여 시스템과 데이터를 파괴하는 행위

2) 예방과 대처 방안

- 바이러스 방지를 위한 백신 소프트웨어를 설치하며, 바이러스 예방 및 치료에 대한 프로그램을 지속적으로 개발한다.
- 정보의 누출을 방지하기 위하여 정기적으로 패스워드를 변경한다.
- 인터넷을 통한 해킹으로부터 보호하기 위해 방화벽과 해킹 방지 시스템을 설치하고 해킹 방지를 위한 전문 인력을 양성한다.
- 정기적인 보안 검사를 통해 해킹여부를 감시하도록 한다.
- 중요한 데이터는 수시로 백업해 둔다.
- 지속적인 해킹 감시 및 접근 통제 도구를 개발한다.
- 의심가는 메일은 가급적 열어보지 않는다.

3) 기타 관련 용어

용어	설명
멀웨어(Malware)	해악을 끼칠 목적으로 개발된 프로그램이나 파일을 총칭
스니핑(Sniffing)	네트워크 주변을 지나다니는 패킷을 엿보면서 계정과 패스워드 등의 정보를 알아내는 해킹 방법
스파이웨어 (Spyware)	사용자의 동의없이 또는 사용자를 속이고 설치되어 광고나 마케팅용 정보를 수집하거나 중요한 개인 정보를 빼내는 악의적 프로그램으로 주로, 인터넷에서 무료로 공개되는 소프트웨어를 다운로드 받을 때 사용자도 모르게 함께 설치
웹 버그 (Web Bugs)	일종의 스파이웨어로 웹 페이지나 이메일 메시지를 누가 보는지 감시하기 위해 만들어진 그래픽 파일로 주로, 인터넷 광고 회사들이 문서가 읽힌 흔적을 추적하기 위해 사용하며, 웹 페이지의 불법 복제를 추적하는 데 사용
백 도어 (Back Door, Trap Door)	프로그래머들이 프로그램이나 시스템을 관리하기 위해 만들어 놓은 비밀통로로 해커에게 악용되기도 함
피싱(Phishing)	유명 기업이나 금융 기관을 사칭한 가짜 웹 사이트나 이메일 등으로 개인의 금융 정보와 비밀번호를 입력하도록 유도하여 예금 인출 및 다른 범죄에 이용하는 컴퓨터 범죄 유형
악성 봇 (Malicious Bot)	로봇과 같이 스스로 움직이지 못하나 명령자의 명령에 의해 원격에서 제어나 실행이 가능한 프로그램 또는 코드
스푸핑(Spoofing)	외부의 악의적 네트워크 침입자가 임의로 웹 사이트를 구성해 일반 사용자들의 방문을 유도하여 인터넷 프로토콜인 TCP/IP의 구조적 결함을 이용해 사용자의 시스템 권한을 획득한 뒤 정보를 빼내는 수법
DDoS(Distributed Denial of Service, 분산서비스거부 공격)	여러 대의 장비를 이용하여 대량의 데이터를 특정한 서버에 집중적으로 전송함으로써 서버의 정상적인 기능을 방해하는 것

코드레드 (Code Red)	평소에는 인터넷 서버에 숨어 있다가 정해진 시간이 되면 공격 대상 웹 사이트로 쓰레기 정보를 대량으로 보내 해당 사이트를 마비시키고 홈페이지 내용을 바꾸어 버림

⊘ TIP 스미싱(Smishing)

- 문자메시지(SMS)+피싱(phishing)의 합성어
- 인터넷 접속이 가능한 스마트폰의 문자메시지를 이용한 휴대폰 해킹을 의미한다.
- 해커가 보낸 메시지의 웹사이트 주소를 클릭하면 악성코드가 깔리게 되고, 해커는 이를 통해 피해자의 스마트폰을 원격 조종하게 된다.
- 대표적인 예로, 이벤트 당첨이나 신용등급 변경 등의 메시지를 보내 가짜 사이트로 접속하도록 유도하거나 악성코드가 내장된 애플리케이션으로 스마트폰을 감염시킨 후 주민등록번호와 같은 개인정보를 빼내는 것을 들 수 있다.

⊘ TIP 파밍(Pharming)

- 피싱(phishing)에서 진화한 해킹기법
- 피싱의 경우 금융기관 등의 웹사이트에서 보낸 e-mail로 위장하여 링크를 유도해 개인의 인증번호나 신용카드번호, 계좌정보 등을 빼내는데 비해, 파밍은 아예 해당 사이트가 공식적으로 운영하고 있던 도메인 자체를 중간에서 탈취한다는 점에서 차이가 있다.
- IP 주소 자체를 변경해 'WWW'로 시작하는 주소를 정확히 입력해도 가짜 사이트가 뜨게 해, 사용자들은 늘 이용하는 사이트로 알고 의심하지 않고 개인 ID, 패스워드, 계좌정보 등을 노출하게 된다. 파밍은 이런 방법으로 개인정보를 빼가는 수법이다.

 컴퓨터 보안

1) 보안 요소

기밀성 (Confidentiality)	• 권한(인가, 승인)이 있는 자만 접근가능 • 즉, 전달 내용을 제3자가 획득하지 못하도록 하는 보안 요소
무결성 (Integrity)	• 권한이 없는 사용자로 인한 정보의 수정이 허용되지 않음 • 정보 전달 도중에 정보가 훼손되지 않았는지 확인하는 보안 요소
가용성 (Availability)	권한이 있는 자는 언제든지 사용 가능한 보안 요소
인증 (Authentication)	정보를 송신한 사람의 신원을 확인하는 보안 요소

부인방지(Non- Repudiation)	메시지의 송수신이나 교환 후, 또는 통신이나 처리가 실행된 후에 그 사실을 사후에 증명함으로써 사실 부인을 방지하는 보안 기술

2) 데이터 침입 형태

가로막기 (Interruption)	데이터의 전달을 가로막아서 수신자 측으로 정보가 전달되는 것을 방해하는 행위
가로채기 (Interception)	송신 데이터가 수신지까지 전달되는 도중에 몰래 보거나 도청하여 정보를 유출하는 행위
수정 (Modificatiion)	전송된 데이터를 다른 데이터로 바꾸는 행위
위조 (Fabrication)	다른 송신자로부터 데이터가 온 것처럼 꾸미는 행위

3) 시스템 보안(System Security)

- 시스템의 운영체제, 응용 프로그램, 서버 등의 허점을 이용해서 컴퓨터 시스템을 불법적으로 사용하는 것을 방지하는 것으로 주로 방화벽을 설치하여 보안 시스템을 구축한다.
- 요즘에는 모든 사용자마다 각기 다른 형체를 지닌 몸의 일부분을 대상(음성 인증, 지문 인증, 홍채 인증 등)으로 시스템을 보안하기도 한다.

4) 보안등급

미국	• 미국 컴퓨터 보안센터(NCSC)에서 컴퓨터 보안의 중요성과 강도를 단계적으로 규정 • 높음 → 낮음 : A1 − B3 − B2 − B1 − C2 − C1 − D1
한국	• 정보화 촉진 기본법에 의해 한국정보보호센터에서 보안 등급 인증 • 높음 → 낮음 : K7 − K6 − K5 − K4 − K3 − K2 − K1

5) 기타 관련 용어

1 웹 보안 프로토콜

- SSL : 인터넷 통신용 표준 보안 코드 체계명
- S-HTTP : HTTP로 주고받는 자료에 대한 암호화와 인증을 제공하는 보안 기법
- SEA : 전자서명, 암호화 통신 등을 통해 웹에서의 보안을 구현
- SET : 인터넷 상에서 신용카드를 안전하게 사용할 수 있도록 한 암호화 및 보안 프로토콜

② 사용자 인증 시스템

- 통신망을 통하여 컴퓨터에 접속하는 사용자가 등록되어 있는 정당한 사용자인지의 여부를 신뢰할 수 있는 방법
- **아이디(ID)와 패스워드(Password)** : 가장 많이 사용
- **생채 인식** : 사람의 생체를 이용한 인증 방식(지문, 홍채, 음성 등을 이용한 인증 방식)

03 암호화

암호화(Encryption)란 데이터를 보낼 때 송신자가 지정한 수신자 이외에는 그 내용을 알 수 없도록 데이터를 특정하게 처리함으로써 불법 침입자가 데이터를 입수하더라도 그 내용을 알 수 없게 만드는 것을 의미한다.

1) 비밀키 암호화 기법

- 대칭키 암호화 기법 또는 단일키 암호화 기법이라고도 한다.
- 많이 사용되는 기법은 DES 기법이다.
- 암호화와 복호화 키가 동일하다.
- 두 사람이 서로 똑같은 비밀키를 소유하여 메시지의 송신자가 비밀키를 이용하여 암호화한 것을 수신자가 받아서 비밀키를 이용하여 암호를 푸는 방식이다.
- 본인 외에 상대방도 비밀번호를 알고 있으므로 상대방이 배신 행위를 할 경우 대처할 방안이 없다.
- **장점** : 암호화 속도가 빠르고 파일 크기가 상대적으로 작기 때문에 경제적이다.
- **단점** : 데이터 통신에 이용할 경우 암호 키 전달 방법이 어렵다.

2) 공개키 암호화 기법

- 비대칭 암호화 기법이라고도 하며, 대표적인 암호화 방식으로 RSA가 있다.
- 메시지를 암호화할 때(공개키)와 복호화할 때(비밀키) 사용하는 키가 서로 다른 기법이다.
- 암호키는 공개하고 비밀키는 비공개 한다.(암호키와 비밀키가 분리)
- 본인 외에는 아무도 비밀번호를 알 수 없으므로 뛰어난 보안 기능을 수행한다.
- 전자서명을 사용할 때 가장 효과적이다.

- **장점** : 데이터 통신시 암호 키를 전송할 필요가 없고 메시지 부인 봉쇄가 가능하다.
- **단점** : 키의 크기가 크고 알고리즘이 복잡하여 실행 속도가 느리고 구현하기가 어렵다.

> ⊘ **TIP** 복호화
>
> 암호화 과정의 역과정으로 암호 알고리즘에 의하여 암호문을 평문으로 바꾸는 과정

04 컴퓨터 바이러스

- 프로그램이나 데이터를 손상시키며, 운영체제의 정상적인 작동을 방해하는 불법적인 악성 프로그램을 의미한다.
- 마치 생물학적인 바이러스와 같이 자기 자신을 복제하여 다른 컴퓨터에 전염시켜 위험성이 가중된다.
- 감염시 시스템의 속도가 떨어지고 시스템이 자주 다운되며 이상한 에러 메시지가 표시되기도 한다.
- 파일의 작성 날짜 및 크기가 커져 기억장소의 크기가 감소하기도 한다.
- CMOS의 정보가 사라지거나 변경되기도 한다.

1) 바이러스의 종류 및 특징

백 오리피스	• 컴퓨터에 불법 침입하여 저장된 정보를 파괴하거나 변조시킬 수 있음 • 윈도우용 해킹 툴(Tool)로 널리 알려져 있음
라록스 (Laroux)	• 엑셀 매크로 바이러스 • 매크로 기능을 이용해 엑셀 문서만 전문적으로 파괴
CIH (체르노빌)	• 정식 명칭은 'Win32 – CIH', 일명 체르노빌 바이러스 라고도 함 • 컴퓨터에 상주한 후 4월 26일 활동을 개시 • 한 번 감염되면 작업 파일이 깨지는 것은 물론 하드웨어의 플래시메모리 정보를 CIH가 삭제, 부팅조차 이뤄지지 않음
님다 (Nimda)	• 아웃룩 주소록을 검색하여 사용자에게 readme.exe 파일을 첨부하여 메일을 발송함 • 각 폴더마다 *.eml 혹은 *.nws 파일을 생성하며 사용자 컴퓨터의 모든 드라이브를 공유시킴

2) 바이러스의 감염 경로

- 프로그램을 무단으로 복제할 경우
- 바이러스에 감염된 파일을 복사하여 곧바로 사용할 경우
- 인터넷에서 컴퓨터 바이러스에 감염된 파일을 다운로드하여 실행할 경우
- E-Mail을 송·수신할 경우

3) 바이러스의 예방과 치료

- 램 상주형 바이러스 검색 프로그램을 사용
- 방화벽 설정
- 회원 가입한 사이트의 패스워드를 주기적으로 변경
- 실행 파일의 파일 속성을 읽기 전용으로 변경
- 최신 버전의 백신 프로그램을 사용하여 정기적으로 바이러스를 검사
- 컴퓨터 바이러스의 감염으로 의심가는 전자우편은 수신하지 않고 즉시 제거
- 인터넷을 통해 다운로드 받은 자료는 반드시 바이러스를 검사한 후에 사용
- 중요한 데이터는 주기적으로 백업을 받아 보관
- 정품 소프트웨어를 사용하며 불법 복제품은 복사 과정에서 바이러스에 감염될 수 있음

⊘ TIP 백신 프로그램

컴퓨터 바이러스를 검사하고 치료 및 복구하는 프로그램. 예방 기능도 있음.

⊘ TIP 바이러스의 특징

자기 복제 기능, 은폐 기능, 파괴 기능

⊘ TIP 기타 관련 용어

- **웜(Worm) 바이러스** : 컴퓨터 바이러스와는 달리 다른 프로그램을 감염시키지 않고 자기 자신을 복제하면서 통신망 등을 통해 널리 퍼져나간다.
- **트로이 목마(Trojan Horse)** : 자기 복사 능력은 없이 고의적인 부작용만 가지고 있는 프로그램을 말한다.(프로그래머의 실수인 버그와는 다르며, 자기 자신을 다른 파일에 복사하지 않는다는 점에서 컴퓨터 바이러스와 구별)
- **논리 폭탄(Logic Bomb)** : 특정 조건이 만족되면 특정 형태의 '공격'을 하는 코드이다
- **사용자 계정 컨트롤** : Windows에서 유해한 프로그램이나 불법 사용자가 컴퓨터 설정을 임의로 변경하려는 경우 이를 사용자에게 알려 컴퓨터를 제어할 수 있도록 도와주는 기능
- **Windows Defender** : 스파이웨어 및 그 밖의 원치 않는 소프트웨어로부터 컴퓨터를 보호할 수 있는 Windows에 포함된 백신 프로그램

MEMO

단 / 원 / 평 / 가 / 문 / 제

01 다음 중 가장 많이 사용되는 해킹 수법으로 네트워크 상에서 전달되는 모든 패킷을 분석하여 사용자의 계정과 암호를 알아내는 해킹 형태를 무엇이라고 하는가?

① 트로이 목마(Trojan Horse)
② 스니핑(Sniffing)
③ 스푸핑(Spoofing)
④ 크래킹(Cracking)

02 정보통신의 발달로 인해서 해킹을 통한 컴퓨터 범죄가 급증하고 있다. 해킹을 방지하기 위한 대책으로 옳지 않은 것은?

① 비밀 번호를 수시로 변경한다.
② 해킹 방지를 위한 보안 관련 프로그램을 보급한다.
③ 사용자에 대한 보안 교육을 정기적으로 실시한다.
④ 해킹으로부터 보호하기 위해 네트워크 서비스를 중지한다.

03 다음 중 컴퓨터 바이러스나 웜(Worm)이 가지고 있는 특징으로 옳지 않은 것은?

① 복제 기능
② 치료 기능
③ 은폐 기능
④ 파괴 기능

04 다음 중 컴퓨터 범죄에 해당하지 않는 것은?

① 전자문서의 불법 복사
② 전산망을 이용한 개인 정보 유출
③ 컴퓨터 시스템 해킹을 통한 중요 정보의 위조 또는 변조
④ 웹 검색 엔진을 이용한 상품 검색

05 다음 용어의 설명으로 옳지 않은 것은?

① 악성 봇이란 로봇과 같이 스스로 움직이지 못하나 명령자의 명령에 의해 원격에서 제어나 실행이 가능한 프로그램을 말한다.
② 피싱이란 특정 사이트를 모방한 유사 사이트를 만들어 로그인이나 카드 결제를 하는 것처럼 속여 개인정보를 빼가는 방법을 말한다.
③ 스미싱이란 정상적인 절차를 거치지 않고 시스템에 침입할 수 있는 경로를 의미한다.
④ 코드 레드란 평소에는 인터넷 서버에 숨어 있다가 정해진 시간이 되면 공격 대상 웹 사이트로 쓰레기 정보를 대량으로 보내 해당 사이트를 마비시키는 것을 말한다.

06 데이터 침해 형태 중에서 송신 데이터가 수신지까지 전달되는 도중에 몰래 보거나 도청하여 정보를 유출하는 행위를 무엇이라 하는가?

① 가로막기(Interruption)
② 수정(Modification)
③ 가로채기(Interception)
④ 위조(Fabrication)

07 다음은 바이러스에 대비한 대처 방법이다. 바르지 못한 것은?

① 컴퓨터의 중요 파일들을 주기적으로 백업받아 둔다.
② 바이러스 백신을 사용할 때는 깨끗한 부팅 디스켓으로 부팅하여 사용하는 것이 좋다.
③ 바이러스가 의심되면 백신 프로그램과 패치를 이용하여 완전히 치료한 후 컴퓨터를 사용한다.
④ 바이러스에 감염된 파일은 일단 보관해 두었다가 나중에 확인을 위해 실행시켜 본다.

08 다음 중 네트워크 보안을 강화하는 방법으로 가장 올바르지 않은 것은?

① 방화벽 설치
② Microsoft Defender 바이러스 백신
③ 암호화
④ 인트라넷

09 인터넷의 보안에 대한 해결책으로 공개키(Public Key)를 이용한 암호화 기법이 있다. 이 기법에서는 암호키와 해독키(Decryption Key) 두 개의 키를 사용하는데, 공개 여부에 대한 설명으로 맞는 것은?

① 암호키와 해독키를 모두 공개한다.
② 암호키와 해독키를 모두 비공개한다.
③ 암호키는 공개하고 해독키는 비공개한다.
④ 해독키는 공개하고 암호키는 비공개한다.

10 다음 중 컴퓨터 범죄의 예방 방법으로 가장 적절하지 않은 것은?

① 시스템에 방화벽을 구성하여 사용한다.
② 다운로드 받은 파일은 백신 프로그램으로 검사한 후 사용한다.
③ 게시판에 업로드 된 프로그램은 안전하므로 다운로드해서 바로 사용한다.
④ 백신 프로그램은 수시로 업데이트한다.

11 다음 중 감염대상을 갖고 있지는 않으나 연속으로 자신을 복제하여 시스템의 부하를 높이는 악성 프로그램은?

① 웜(Worm)
② 해킹(Hacking)
③ 스푸핑(Spoofing)
④ 스파이웨어(Spyware)

12 다음의 보기가 설명하고 있는 해킹의 종류는 무엇인가?

• 여러 대의 컴퓨터를 일제히 동작하게 하여 특정 사이트를 공격하는 해킹 방식이다.
• 서비스 거부 공격이라는 해킹수법의 하나로 한 명 또는 그 이상의 사용자가 시스템의 리소스를 독점 하거나, 파괴함으로써 시스템이 더 이상 정상적인 서비스를 할 수 없도록 만드는 공격 방법이다.

① DDoS   ② Syn Flooding
③ 스니핑(Sniffing)   ④ 스푸핑(Spoofing)

13 다음 중 NCSC(미국 국립 컴퓨터보안센터)에서 규정한 보안등급 순서를 높은 수준부터 낮은 수준 순으로 올바르게 나열한 것은?

① A1-B1-B2-B3-C1-C2-D1
② D1-C2-C1-B3-B2-B1-A1
③ A1-B3-B2-B1-C2-C1-D1
④ D1-C1-C2-B1-B2-B3-A1

MEMO

컴퓨터활용능력 2급 필기

PART

02 〈2과목〉
스프레드시트 일반

01 응용 프로그램 준비

CHAPTER

01 프로그램 환경 설정

1) 엑셀의 구성

- **셀(Cell)** : 열(Column)과 행(Row)이 교차하면서 만들어진 직사각형 단위를 의미한다.
- **워크시트(Worksheet)** : 열과 행이 교차되면서 '셀'이 되고, 셀이 모여 '워크시트(작업화면)'를 구성한다.
- 한 개의 기본 워크시트로 생성되지만 [파일] 탭 - [옵션] - [일반]에서 최소 1개 ~ 최대 255개까지 포함시킬 수 있다.

2) 엑셀의 시작과 종료

시작	[시작] - [Excel 2016]을 선택하거나 바탕화면에서 엑셀 바로 가기 아이콘을 더블 클릭
종료	[파일] - [닫기] 또는 **Alt** + **F4** 키

3) 엑셀의 기본적인 사용법

1 엑셀 화면의 구성 요소

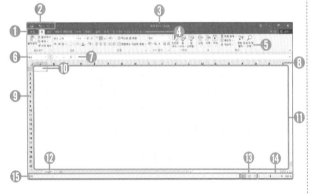

❶ [파일] 탭 ❷ 빠른 실행 도구 모음 ❸ 제목 표시줄
❹ 상황별 탭 ❺ 리본 메뉴 ❻ 이름 상자 ❼ 수식 입력줄
❽ 열 머리글 ❾ 행 머리글 ❿ 셀 ⓫ 워크시트 ⓬ 시트 탭
⓭ 화면 보기 전환 단추 ⓮ 화면 배율 조절 바
⓯ 상태표시줄

⊘ TIP 워크시트 열과 행의 개수

하나의 워크시트는 16,384열과 1,048,576행으로 구성

2 리본 메뉴

- 작업에 필요한 명령을 빨리 찾을 수 있도록 서로 관련 있는 명령이 하나의 그룹으로 한데 모여 구성된 메뉴를 말한다.
- 리본 메뉴에서는 복잡한 메뉴와 도구 모음 속에 있어 찾기 힘들었던 명령 및 기능을 쉽게 찾을 수 있도록 해준다.
- **[홈] 탭** : '엑셀 화면의 구성 요소' 참고
- **[삽입] 탭**

- **[페이지 레이아웃] 탭**

- **[수식] 탭**

- **[데이터] 탭**

- **[검토] 탭**

- **[보기] 탭**

3 [파일] 탭

엑셀 2016의 각종 옵션을 지정하기 위한 대화상자가 표시된다.

▲ [파일]탭 – [정보]

▲ [파일] 탭 – [인쇄]

▲ [파일] 탭 – [옵션] – [일반]

▲ [파일] 탭 – [옵션] – [고급]

▲ [파일] 탭 – [옵션] – [리본 사용자 지정]

4 셀 포인터 이동

↑, ↓, ←, →	셀 포인터를 상, 하, 좌, 우로 한 셀씩 이동
Page Up, Page Down	셀 포인터를 위, 아래로 한 화면씩 이동
Ctrl + Home	셀 포인터를 워크시트의 첫 번째 셀인 [A1] 셀로 이동
Ctrl + End	**셀에 자료가 있을 때** : 데이터 범위에서 마지막 열과 행이 교차하는 부분으로 이동(오른쪽 맨 아래 셀)
Home	셀 포인터를 해당 행의 A열로 이동

02 → 파일 관리

1) 파일 열기 및 저장
1 파일 열기()

복수 파일 동시 열기	[파일] – [열기]의 '찾아보기' 클릭하거나 '이 PC' 더블 클릭 후, [열기] 대화상자에서 **Ctrl** 또는 **Shift** 키를 이용하여 여러 개의 파일을 선택하여 열기
최근 작업 문서 열기	• Excel을 실행하면 왼쪽 '최근 항목'에 표시 또는 [파일] – [열기]를 누르면 오른쪽 '최근에 사용한 항목'목록에 표시된다. • [파일] – [옵션] – [고급] – '표시' 항목의 '표시할 최근 통합 문서 수'에서 최대 50개까지 최근 문서 목록을 표시할 수 있음

☑ 파일 저장(🖫)

① 저장 옵션([파일] – [저장]의 '찾아보기' 클릭하거나 '이 PC' 더블 클릭한 후, [도구] – [일반 옵션] 선택)

① **백업 파일 항상 만들기** : 백업 파일을 만들 때 사용
② **열기 암호** : 통합 문서를 암호로 보호(대/소문자 구분, 문자, 숫자, 기호 등을 포함하여 255자까지 지정)하고, 암호를 모르면 통합 문서를 열 수 없다.
③ **쓰기 암호** : 쓰기 암호가 맞지 않으면 읽기 전용으로 문서를 열고 수정할 수 있으나 저장은 할 수 없으므로 '다른 이름으로 저장'해야 함
④ **읽기 전용 권장** : 해당 파일을 읽기 전용으로 열지 여부를 묻는 메시지 표시

② 다양한 파일 저장 방법

다른 이름으로 저장(F12)	작업한 내용을 저장 또는, 기존에 저장된 파일의 위치, 이름, 형식 등을 바꾸어 저장할 경우
웹 페이지로 저장	엑셀 통합 문서를 웹에서 볼 수 있도록 변환하여 저장하며, [다른 이름으로 저장] 대화상자에서 파일 형식을 '웹 페이지'로 선택(확장자는 htm, html)
서식 파일 저장	• 통합 문서에서 동일한 레이아웃이나 데이터를 자주 사용하는 경우 [다른 이름으로 저장] 대화상자에서 파일 형식을 'Excel 서식 파일'이나 'Excel 매크로 사용 서식 파일'로 선택(확장자는 xltx, xltm)하여 서식 파일로 저장 • 사용자가 작성한 서식 파일은 기본적으로 '사용자 지정 Office 서식 파일' 폴더에 저장된다. • 엑셀 프로그램에서 제공하는 서식 파일은 [파일] – [새로 만들기]를 선택하면 '주요 서식 파일'에 표시되고, 사용자가 작성한 서식 파일은 [파일] – [새로 만들기] – [개인]을 선택하면 표시된다.

⊘ TIP 파일 형식에 따른 저장 설명

파일 형식	설명
*.xlsx	Excel 통합 문서
*.xlsm	Excel 매크로 사용 통합 문서
*.xlsb	Excel 바이너리 통합 문서
*.xls	Excel 97 – 2003 통합 문서
*.xml	XML 데이터
*.mht, *.mhtml	웹 보관 파일
*.htm, *.html	웹 페이지
*.xlt	Excel 97 – 2003 서식 파일
*.txt	텍스트 (탭으로 분리)
*.txt	유니코드 텍스트
*.xml	XML 스프레드시트 2003
*.xls	Microsoft Excel 5.0/95 통합 문서
*.csv	CSV (쉼표로 분리)
*.prn	텍스트 (공백으로 분리)
*.dif	DIF(Data Interchange Format)
*.slk	SYLK(Symbolic Link)
*.xlam	Microsoft Office Excel 추가 기능
*.xla	Excel 97–2003 추가 기능
*.xps	XPS 문서
*.ods	OpenDocument 스프레드시트

---

03 ▶ 통합 문서 관리

1) 시트 선택/삽입/삭제

시트 선택	• 원하는 시트 탭을 클릭하여 선택 • **Shift** 키를 이용하여 연속된 시트를 선택하거나, **Ctrl** 키를 이용하여 떨어져 있는 여러 시트들을 선택함
시트 삽입	• **선택된 시트의 왼쪽에 삽입** : [홈] 탭 – [셀] 그룹 – [삽입] – [시트 삽입]을 실행, **Shift**+**F11** 키를 누름, 시트 탭의 바로가기 메뉴에서 [삽입] – [워크시트] 실행 • **선택된 시트의 오른쪽에 삽입** : 시트 탭에서 ⊕를 클릭 • 생성된 시트 이름은 Sheet2, Sheet3, Sheet4⋯ 등으로 일련번호가 자동으로 붙는다.
시트 삭제	[홈] 탭 – [셀] 그룹 – [삭제] – [시트 삭제]를 실행하거나 시트 탭의 바로 가기 메뉴에서 [삭제] 실행

- Shift 또는 Ctrl 키를 이용하여 여러 개의 시트를 한 번에 삭제할 수 있다.
- 연속된 여러 개의 워크시트는 선택된 워크시트의 개수만큼 한 번에 삽입할 수 있지만, 비연속적으로 선택된 여러 개의 워크시트는 삽입할 수 없다.
- 워크시트의 삽입, 삭제, 이동/복사, 이름 바꾸기 등의 작업은 실행 취소를 할 수 없다.

2) 시트 이동 및 복사/그룹화/이름 변경

1 시트 이동 및 복사

- **시트 이동** : 마우스로 원하는 위치에 끌어다 놓는다.
- **시트 복사** : Ctrl 키를 누른 채 마우스로 원하는 위치에 끌어다 놓는다.
- [홈] 탭 – [셀] 그룹 – [서식] – [시트 이동/복사]를 실행한다.
- 시트 탭의 바로 가기 메뉴에서 [이동/복사] 실행

2 시트 그룹화

- 여러 시트를 선택한 후, 작업을 실행하면 선택된 모든 시트에 동일한 작업 내용이 적용되고, 제목 표시줄에 [그룹]이 표시되며 선택되지 않은 다른 시트를 선택하면 [그룹]이 해제된다.
- Sheet1, Sheet2를 선택한 후, Sheet1에 자료를 입력하면 Sheet1과 Sheet2에 모두 입력된다.

3 시트 이름 변경

- 시트 이름은 공백을 포함하여 31문자까지 사용할 수 있다.
- 시트 이름의 첫 글자에는 [, :, ₩, /, ?, * 등의 특수문자를 사용할 수 없다.
- 동시에 여러 시트의 이름을 변경할 수 없고, 시트 이름은 비워 둘 수 없다.
- 이름을 변경할 시트 탭을 더블 클릭 또는, [홈] 탭 – [셀] 그룹 – [서식] – [시트 이름 바꾸기] 이용한다.

3) 시트 보호/통합 문서 보호/공유

1 시트 보호

- [검토] 탭 – [변경 내용] 그룹 – [시트 보호] 또는 [홈] 탭 – [셀] 그룹 – [서식] – [시트 보호]를 이용한다.
- 시트에 입력된 데이터나 개체, 서식, 피벗 테이블, 시나리오 등을 보호할 수 있다.

- 새 워크시트의 모든 셀은 기본적으로 '잠금' 속성이 설정되어 있고 '셀 서식' 대화 상자의 '보호' 탭에서 '잠금'이 해제된 셀은 보호되지 않는다.
- 셀의 '잠금' 속성과 '숨김' 속성은 시트를 보호하기 전까지는 아무런 효과를 내지 못하고, 시트 보호를 설정하면 셀에 데이터를 입력하거나 수정하려고 했을 때 경고 메시지가 나타난다.
- 시트 보호 시 시트 보호 해제 암호를 지정할 수 있으며, 암호를 설정하지 않으면 모든 사용자가 시트의 보호를 해제하고 보호된 요소를 변경할 수 있다.

2 통합 문서 보호

- [검토] 탭 – [변경 내용] 그룹 – [통합 문서 보호]에서 구조를 보호할 수 있다.
- 시트의 삽입, 삭제, 이동, 숨기기, 이름 바꾸기 등의 작업을 할 수 없도록 통합 문서에 입력된 데이터나 구조를 보호하기 위한 기능이다.

3 통합 문서 공유

- [검토] 탭 – [변경 내용] 그룹 – [통합 문서 공유]를 선택한 후, [편집] 탭의 '여러 사용자가 동시에 변경할 수 있으며 통합 문서 병합도 가능'을 선택한다.
- 통합 문서를 공유하여 네트워크에 연결된 여러 사용자가 해당 문서에 접근하여 편집할 수 있게 설정한다.
- 공유 통합 문서를 열면 창의 제목 표시줄에 [공유]가 표시되고, 여러 사용자가 동시에 동일한 셀을 변경하면 충돌이 발생한다.
- 공유된 통합 문서의 워크시트에서 전체 행이나 열은 삽입하거나 삭제할 수 있지만, 워크시트나 차트 시트를 삭제할 수는 없다.

- Ctrl 키를 누른 상태에서 마우스 휠을 돌리면 화면이 확대/축소 된다.
- Enter 키를 누르면 아래쪽 셀로, Shift + Enter 키를 누르면 위쪽 셀로 셀 포인터가 이동된다.
- Scroll Lock 키를 누른 후 방향키를 누르면 셀 포인터는 고정된 상태로 화면만 이동된다.
- 다음 워크시트로 이동하려면 Ctrl + Page Down 키를 누르고, 이전 워크시트로 이동하려면 Ctrl + Page Up 키를 누른다.

단 / 원 / 평 / 가 / 문 / 제

01 다음 중 워크시트에 대한 일반적인 설명으로 옳지 않은 것은?

① 워크시트의 최대 크기는 1,048,576행, A~XFD 열이다.
② 하이퍼링크는 [삽입] – [링크] – [하이퍼링크]를 선택한다.
③ Shift + F11 키를 누르면 현재 시트의 뒤에 비어 있는 시트가 삽입된다.
④ 워크시트의 확대/축소 범위는 10%부터 400%까지이다.

02 다음 중 시트 작업에 대한 설명으로 옳지 않은 것은?

① 삭제된 워크시트는 복구가 불가능하다.
② 비연속적으로 선택된 여러 개의 워크시트를 삽입할 수 있다.
③ Sheet1, Sheet2를 선택한 후, Sheet1에 자료를 입력하면 Sheet1과 Sheet2에 모두 입력된다.
④ 워크시트 이름의 첫 글자에는 [, :, ₩, /, ?, * 등의 특수문자를 사용할 수 없다.

03 다음 리본 메뉴 중 [홈] 탭에 속하지 않는 그룹은?

①

②

③

④

04 엑셀의 리본 메뉴 중 [보기] 탭에 대한 설명으로 옳지 않은 것은?

① [표시] 그룹에서 '눈금선, 머리글, 수식 입력줄'의 표시 여부를 지정할 수 있다.
② [통합 문서 보기] 그룹에서 '여백, 용지 방향, 크기, 인쇄 영역' 등을 설정할 수 있다.
③ [창] 그룹 – [숨기기]를 실행하면 현재 통합 문서를 보이지 않게 숨긴다.
④ [창] 그룹 – [모두 정렬]을 실행하여 창의 배열 상태를 바둑판식/가로/세로/계단식으로 변경할 수 있다.

05 다음 중 엑셀 통합 문서를 다른 이름으로 저장하는 것에 대한 설명으로 옳지 않은 것은?

① Excel 97 – 2003 통합 문서로 저장하면 확장자는 xls이며, 이전 버전의 엑셀에서 사용할 수 있다.
② 매크로가 포함된 이전 버전의 통합 문서를 Excel 2016에서 사용하기 위해 매크로가 포함된 통합 문서로 저장한 경우 확장자는 xlsm이다.
③ Excel 서식 파일로 저장하면 다른 통합 문서를 만드는데 사용할 수 있으며, 확장자는 xltm이다.
④ CSV(쉼표로 분리) 파일로 저장하면 현재 워크시트만 쉼표로 분리된 텍스트 파일로 저장된다.

06 다음 중 워크시트에 대한 설명으로 옳지 않은 것은?

① 새 통합 문서의 시트 개수는 [Excel 옵션] – [일반] – [새 통합 문서 만들기]에서 정의할 수 있다.
② 행과 열이 만나는 지점을 셀이라 한다.
③ 통합 문서 내의 워크시트를 모두 숨기기 할 수 있다.
④ 여러 워크시트에 동시에 같은 자료를 입력할 수 있다.

07 다음 중 시트 관리에 대한 설명으로 옳지 않은 것은?

① **Shift** 키를 이용하여 시트 그룹을 설정할 수 있다.

② 여러 개의 워크시트를 선택한 후 **Ctrl** 키를 누른 채 시트 탭을 드래그하면 선택된 시트들이 복사된다.

③ 시트 이름에는 공백을 사용할 수 없으며, 최대 31자까지 지정할 수 있다.

④ 시트 보호를 설정해도 시트의 이름 바꾸기 및 숨기기 작업을 수행할 수 있다.

08 다음 중 워크시트 작업 및 관리에 대한 설명으로 옳지 않은 것은?

① 시트 삭제 작업은 실행을 취소할 수 없다.

② **Shift**+**F10** 키를 누르면 현재 시트의 뒤에 새 워크시트가 삽입된다.

③ 그룹화 된 시트에서 데이터 입력 및 편집 등의 작업을 실행하면 그룹 내 시트에 동일한 작업이 실행된다.

④ 연속된 시트의 선택은 **Shift** 키를 사용하면 편리하다.

09 다음 중 엑셀 창의 오른쪽 하단에서 선택할 수 없는 페이지 보기 방식은?

① 기본
② 확대/축소
③ 전체 화면
④ 페이지 나누기 미리 보기

10 다음 중 셀 포인터를 워크시트의 첫 번째 셀인 [A1] 셀로 이동하기 위한 키로 올바른 것은?

① **Shift**+**Home** 키
② **Page Up** 키
③ **Alt**+**Home** 키
④ **Ctrl**+**Home** 키

11 엑셀에서 작성된 문서 저장 시 [일반 옵션]에 해당하는 항목이 아닌 것은?

① 백업 파일 항상 만들기
② 열기 암호
③ 쓰기 암호
④ 쓰기 전용 권장

12 다음 중 엑셀에서 파일 형식에 따른 설명으로 옳지 않은 것은?

① .xlsm : Excel 통합 문서
② .xltx : Excel 서식 파일
③ .xltm : Excel 매크로 사용 서식 파일
④ .mht : 웹 보관 파일

CHAPTER 02 데이터 입력

01 데이터 입력

1) 문자/숫자 데이터 입력

문자 데이터	• 숫자 데이터를 문자로 입력하려면 숫자 앞에 문자 접두어(인용 부호')를 표시 • **Alt**+**Enter** 키 : 한 셀에 두 줄 이상의 문자를 입력하고자 할 경우 사용 • **Ctrl**+**Enter** 키 : 여러 개의 셀에 동일한 데이터를 입력하고자 할 경우 사용
숫자 데이터	• 0~9까지 숫자와 지수(E), +, −, %, ₩ 등의 기호를 포함하여 입력할 수 있음 • 셀의 오른쪽에 표시되며, 숫자 중간에 문자, 공백, 특수문자를 입력하면 문자로 취급 • 입력한 수치 자료가 셀의 폭보다 긴 경우 지수(E) 또는, 셀의 폭만큼 '#'이 표시 • 음수는 숫자 데이터 앞에 '−' 기호를 붙이거나 숫자를 괄호로 묶어 입력 예 −100, (100)

2) 기타 데이터 입력

분수	0과 공백을 입력한 후, 분수값을 입력 예 0 1/2 입력시 → 1/2
날짜	• '−'나 '/'기호를 사용하여 날짜 입력 • **날짜와 시간을 혼합하여 입력** : 날짜와 시간 사이에 공백을 입력 • 현재 날짜 입력 : **Ctrl**+**:** 키
시간	• 시간, 분, 초 입력시 ':' 기호 사용 • **12시간제로 표시** : 시간 뒤에 공백을 한 칸 두고 'a'(AM) 이나 'p'(PM)를 입력 • 현재 시간 입력 : **Ctrl**+**Shift**+**:** 키, **Ctrl**+**:** 키
한자	한글을 입력한 후 **한자** 키
특수 문자	• 한글 '자음'(ㄱ, ㄴ, ㄷ…)을 입력한 후 **한자** 키를 누름 • [삽입] 탭 − [기호] 그룹 − [기호]

3) 일러스트레이션을 활용하여 입력 ([삽입] 탭 − [일러스트레이션] 그룹)

그림(🖼)	워크시트에 그림을 삽입할 경우 사용
온라인 그림 (🖼)	다양한 온라인 소스에서 그림을 찾아서 삽입
도형(⬡)	사각형과 원, 화살표, 선, 순서도 기호 및 설명선 등 기본으로 제공되는 도형을 이용하여 작성한 내용을 워크시트에 삽입
SmartArt(🖼)	정보와 아이디어를 시각적으로 표현한 그래픽으로 다이어그램 또는 조직도 등을 작성하여 워크시트에 삽입
스크린샷(📷)	바탕 화면에 열려있는 모든 창을 빠르게 캡쳐하여 문서에 추가하는 기능으로 PC 화면의 전체 또는 일부 캡쳐 가능

⊘ TIP 배경 무늬
• [페이지 레이아웃] 탭 − [페이지 설정] 그룹 − [배경]을 선택한다.
• 워크시트의 배경에 그림을 삽입할 수 있으나, 삽입된 시트 배경은 인쇄 시 출력되지 않는다.

⊘ TIP 하이퍼링크
• [삽입] 탭 − [링크] 그룹 − [하이퍼링크]를 선택한다.
• 특정 셀의 값이나 그래픽 개체에 다른 파일 또는 웹 페이지로 연결되게 하는 기능이다.
• 텍스트, 도형, 개체 등(차트 개체 제외) 워크시트에 삽입된 정보에 대하여 하이퍼링크를 설정할 수 있다.
• 웹 페이지나 전자 메일 주소를 입력하면 하이퍼링크가 자동 설정된다.
• **하이퍼링크 연결 대상** : 기존파일/웹 페이지, 현재 문서, 새 문서 만들기, 전자 메일 주소

4) 이름/메모/윗주 삽입

1 이름

- 특정한 의미가 있는 셀이나 셀 범위를 이름으로 정의하여 수식이나 시나리오 등에서 사용하는 기능이다.
- 같은 통합 문서에 동일한 이름이 2개 이상 있을 수 없다.

이름 작성 조건	• 첫 문자는 반드시 문자나 밑줄(_) 또는 역슬래시(\)로 시작 • 공백을 포함할 수 없음 • 대 · 소문자를 구별하지 않으며 255자까지 지정할 수 있음(한글은 127자) • 밑줄과 마침표, 역슬래시를 제외하고 다른 기호(+, −, *, / 등)는 사용할 수 없음 • 엑셀의 일반 주소(団 A1, B1) 형식으로 지정할 수 없음 • 정의된 이름은 절대참조로 사용됨

2 메모(📝)

- 메모란 특정한 셀에 대한 추가 설명을 입력하는 기능이다.([검토] 탭 – [메모] 그룹 – [새 메모], 메모가 삽입될 셀의 바로 가기 메뉴에서 [메모 삽입])
- 메모가 입력된 셀의 오른쪽 상단에 빨간 삼각형(🔺)이 표시되어 쉽게 구분할 수 있다.
- 메모의 크기 조절 및 위치 이동이 가능하다.
- 메모가 삽입된 셀을 복사/이동 또는 정렬할 경우 메모도 메모가 삽입된 셀과 함께 이동된다.
- 통합 문서에 포함된 메모를 시트에 표시된 대로 인쇄하거나 시트 끝에 인쇄할 수 있다.
- 기본적으로 메모는 인쇄되지 않으므로 [페이지 레이아웃] 탭 – [페이지 설정] 그룹 – [인쇄 제목]의 '인쇄'에서 메모 인쇄 여부를 설정해야 한다.
- 메모에는 어떠한 문자나 숫자, 특수문자도 입력가능하며, 텍스트 서식도 지정할 수 있다.
- 메모가 입력된 셀에서 [서식 지우기]를 실행하면 셀에 설정된 서식만 지워지고 메모는 삭제되지 않으므로 [메모 지우기] 또는 [모두 지우기]를 실행해야 한다. 메모는 삭제되지 않는다.

메모 편집(📝)	[검토] 탭 – [메모] 그룹 – [메모 편집] 이용
삭제(❌)	[검토] 탭 – [메모] 그룹 – [삭제] 이용
메모 표시/숨기기(📝)	[검토] 탭 – [메모] 그룹 – [메모 표시/숨기기] 이용
메모 모두 표시(📄)	[검토] 탭 – [메모] 그룹 – [메모 모두 표시] 이용

3 윗주()

- 셀 내부의 데이터 위에 들어가는 주석문을 의미하며 문자 데이터에서만 사용할 수 있다.
- 윗주 내용에 맞춤(왼쪽, 가운데, 균등 분할), 글꼴(글꼴, 글꼴 스타일, 크기, 밑줄, 색) 등의 서식을 지정할 수 있으며 윗주가 표시된 만큼 행의 높이도 자동으로 조절된다.

윗주 입력	[홈] 탭 – [글꼴] 그룹 – [윗주 필드 표시/숨기기] – [윗주 편집]을 클릭한 후, 윗주 내용 입력
윗주 표시	[홈] 탭 – [글꼴] 그룹 – [윗주 필드 표시/숨기기] – [윗주 필드 표시] 선택
윗주 서식	[홈] 탭 – [글꼴] 그룹 – [윗주 필드 표시/숨기기] – [윗주 설정] 이용

02 ▸ 데이터 편집

1) 데이터의 수정 및 지우기

1 데이터의 부분 수정 및 전체 수정

부분 수정	입력된 데이터 또는 입력중인 데이터의 일부를 수정할 경우에는 F2 키(또는 수식 입력줄 클릭, 셀 더블 클릭)를 이용
전체 수정	데이터가 입력된 셀에 새로운 데이터를 입력(기존에 입력된 데이터는 삭제됨)

2 데이터 지우기

[홈] 탭 – [편집] 그룹 – [지우기]에서 '모두 지우기, 서식 지우기, 내용 지우기, 메모 지우기'를 선택하여 지운다.

> ✅ **TIP** **데이터가 입력된 셀에서 Delete 키를 누를 경우**
> - 셀에 설정된 메모는 지워지지 않는다.
> - 셀에 내용과 서식이 함께 있을 경우 내용만 지워지고 설정된 서식은 지워지지 않는다.
> - [홈] 탭 – [편집] 그룹 – [지우기] – [내용 지우기]를 실행한 것과 동일한 결과가 발생한다.
> - 바로 가기 메뉴에서 [내용 지우기]를 실행한 것과 동일한 결과가 발생한다.

2) 찾기와 바꾸기

1 찾기

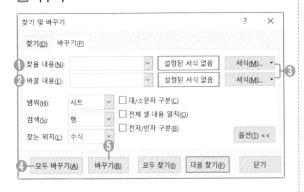

① 찾을 내용을 입력(와일드 카드 문자인 '*'은 모든 문자를 대신할 수 있고, '?'는 해당 위치의 한 문자를 대신하여 검색 문자열에 사용할 수 있다.)
② 서식이 설정된 내용을 찾고자 할 때 사용
③ 현재 시트에서만 또는 현재 통합 문서 전체에서 찾고자 할 때 사용
④ 찾을 방향을 선택('행' 또는 '열')하며, 열의 위쪽(역순)이나 행의 왼쪽 방향으로 찾으려면 **Shift** 키를 누른 채 [다음 찾기] 단추를 누름
⑤ 찾을 대상을 '수식', '값', '메모'로 구분하여 찾음
⑥ 대 · 소문자를 구별하여 찾음
⑦ 지정한 문자열과 내용이 완전히 일치하는 셀만 찾음
⑧ 전각 문자와 반각 문자를 구분하여 찾음
⑨ 시트에 있는 데이터 전체를 대상으로 한꺼번에 찾음
⑩ 현재 셀 위치에서 다음 위치에 있는 문자열을 찾아줌

2 바꾸기

① 찾을 내용을 입력
② 바꿀 내용을 입력
③ 서식이 설정된 내용을 찾아서 바꿀 내용에 서식을 적용
④ 찾은 문자열 모두를 바꿀 문자열로 바꿔줌
⑤ 찾을 문자열을 바꿀 문자열로 바꿔줌

3) 셀의 선택과 범위 지정

1 연속된 셀 범위 지정

키보드	• **Shift** 키를 누른 채 방향키를 눌러 범위를 지정 • **F8** 키를 누른 다음 방향키를 눌러 범위를 지정
마우스	첫 번째 셀을 선택한 다음, 영역으로 지정할 범위의 마지막 셀을 **Shift** 키를 누른 채 선택

2 연속되지 않은 셀 범위 지정

첫 번째 셀이나 셀 범위를 지정한 후, 두 번째부터는 **Ctrl** 키를 누른 채 원하는 셀 또는 셀 범위를 지정한다.

3 행/열/전체 범위 지정

행 전체 지정	'행 머리글' 클릭 또는, **Shift**+**Space Bar** 키 이용
열 전체 지정	'열 머리글' 클릭 또는, **Ctrl**+**Space Bar** 키 이용
복수 행(열) 지정	• 행(열) 머리글에서 마우스 왼쪽 단추를 누른 채 드래그하여 지정 • 연속 : 첫 번째 행(열) 머리글을 선택한 후, **Shift** 키를 누른 채 마지막 행(열) 머리글을 선택 • 비연속 : **Ctrl** 키를 누른 채 행(열) 머리글을 클릭하여 선택
전체 범위 지정	• **Shift**+**Space Bar** 키로 한 행 전체를 선택한 후, **Ctrl**+**Space Bar** 키를 누르면 모든 셀 범위가 선택 • 바로 가기 키 : **Ctrl**+**Shift**+**Space Bar** 키 또는 **Ctrl**+**A** 키 • 행과 열이 교차하는 부분(1행 위, A열 좌측 부분, (☐))을 클릭하여 전체 범위를 지정

4) 데이터의 복사/이동/삭제

1 데이터의 복사와 이동

기능	메뉴	바로 가기 키	도구 모음
복사	[홈] 탭 – [클립보드] 그룹 – [복사]	**Ctrl**+**C** 키	📋
잘라내기	[홈] 탭 – [클립보드] 그룹 – [잘라내기]	**Ctrl**+**X** 키	✂
붙여넣기	[홈] 탭 – [클립보드] 그룹 – [붙여넣기]	**Ctrl**+**V** 키	📋

2 붙여넣기

• [홈] 탭 – [클립보드] 그룹 – [붙여넣기] – 〈붙여넣기〉
  : 붙여넣기, 수식, 수식 및 숫자 서식, 원본 서식 유지, 테두리 없음, 원본 열 너비 유지, 바꾸기
• [홈] 탭 – [클립보드] 그룹 – [붙여넣기] – 〈값 붙여넣기〉
  : 값, 값 및 숫자 서식, 값 및 원본 서식

- [홈] 탭 – [클립보드] 그룹 – [붙여넣기] – 〈기타 붙여넣기 옵션〉: 서식, 연결하여 붙여넣기, 그림, 연결된 그림
- [홈] 탭 – [클립보드] 그룹 – [붙여넣기] – [선택하여 붙여넣기]를 이용하면 복사한 셀의 값이나 수식, 서식, 메모 등만을 따로 붙여넣거나 연산식 이용, 행/열 바꿈 등의 옵션을 선택할 수 있다.

- 복사된 경우만 실행할 수 있으며 잘라내기에서는 사용할 수 없다.

5) 셀의 삽입과 삭제

삽입 (Ctrl + +)	• [홈] 탭 – [셀] 그룹 – [삽입] – [셀 삽입] 선택 • '셀을 오른쪽으로 밀기, 셀을 아래로 밀기, 행 전체, 열 전체' 중 하나를 선택
삭제 (Ctrl + −)	• [홈] 탭 – [셀] 그룹 – [삭제] – [셀 삭제] 선택 • '셀을 왼쪽으로 밀기, 셀을 위로 밀기, 행 전체, 열 전체' 중 하나를 선택

6) 자동 채우기

- 셀 포인터 또는 선택 범위의 오른쪽 아래 모서리의 조그만 점(⌐)을 '채우기 핸들'이라 한다.
- 데이터 채우기는 채우기 핸들을 아래쪽 또는 오른쪽으로 드래그하여 데이터를 입력하는 것을 말한다.

■ 채우기 핸들 활용 방법

❶ [사용자 지정 목록]에 등록된 셀
[사용자 지정 목록]에 등록된 내용에 맞추어 데이터가 입력된다.

❷ 숫자가 입력된 하나의 셀
- 채우기 핸들로 드래그 할 경우 동일한 숫자가 반복되어 입력된다.
- Ctrl 키를 누른 채 채우기 핸들을 드래그하면 1씩 증가되면서 데이터가 입력된다.

❸ 숫자가 입력된 두 개의 셀
- 숫자가 입력된 두 개의 셀을 영역 지정한 후, Ctrl 키를 누른 채 채우기 핸들을 드래그하면 두 개의 숫자가 동일하게 반복되면서 입력된다.
- 숫자가 입력된 2개의 셀을 영역 지정한 후, 채우기 핸들을 드래그하면 두 숫자의 차이만큼 증가 또는 감소되어 입력된다.

	A	B	C	D	E	F	G	H	I	J
1	일요일		2020		2020		700		700	
2	월요일		2020		2021		800		800	
3	화요일		2020		2022		700		900	
4	수요일		2020		2023		800		1000	
5	목요일		2020		2024		700		1100	
6	금요일		2020		2025		800		1200	
7	토요일		2020		2026		700		1300	
8										
9		❶		❷			❸			

❹ 숫자와 문자가 입력된 하나의 셀
- 숫자는 1씩 증가되고, 문자는 복사되어 입력된다.
- Ctrl 키를 누른 채 드래그하면 그대로 복사되어 입력된다.

❺ 숫자와 문자가 입력된 두 개의 셀
숫자는 두 숫자의 차이만큼 증가 또는 감소되어 입력되고, 문자는 그대로 복사되어 입력된다.

	A	B	C	D	E	F	G	H	I
1	1교시		1교시		100원				
2	2교시		1교시		300원				
3	3교시		1교시		500원				
4	4교시		1교시		700원				
5	5교시		1교시		900원				
6	6교시		1교시		1100원				
7	7교시		1교시		1300원				
8									
9		❹		❺					

❻ 날짜가 입력된 하나의 셀
1일 단위(31일 이후에는 월도 증가)로 자동 채우기가 실행되며, Ctrl 키를 누른 채 드래그하면 복사가 된다.

❼ 날짜가 입력된 두 개의 셀
두 셀의 관계에 따라 월, 년 또는 일정한 간격으로 자동 채우기가 실행된다.

❽ 시간이 입력된 하나의 셀
시간만 1씩 자동 채우기가 실행된다.

❾ 시간이 입력된 두 개의 셀

두 셀의 관계에 따라 시간, 초 또는 일정한 간격으로 자동 채우기가 실행된다.

❿ 날짜와 시간이 입력된 하나의 셀

날짜와 시간 데이터가 혼합되어 입력되었을 때, 자동 채우기를 실행하면 날짜의 '일'만 1씩 증가되면서 입력된다.

② [사용자 지정 목록]을 이용한 채우기

• 문자열들의 자동 채우기는 사전에 등록된 내용들을 이용하여 실행하는데 이처럼 일련의 순서로 등록된 것들을 '사용자 지정 목록'이라고 한다.

• [파일] 탭 – [옵션] – [고급]에서 〈일반〉 항목 중 〈사용자 지정 목록 편집〉 단추를 클릭한 후, 〈목록 항목〉 부분에 새로운 항목을 추가할 수 있다.

서식 설정

1) 셀 서식

• [홈] 탭 – [셀] 그룹 – [서식] – [셀 서식]을 클릭하거나 선택된 셀 범위의 바로 가기 메뉴에서 [셀 서식]을 선택 또는 Ctrl + 1 키를 누른다.

• 표시 형식, 맞춤, 글꼴, 테두리, 채우기, 보호 등 셀에 관련된 여러 가지 서식을 적용할 수 있다.

2) [셀 서식] 대화 상자에서의 서식 지정

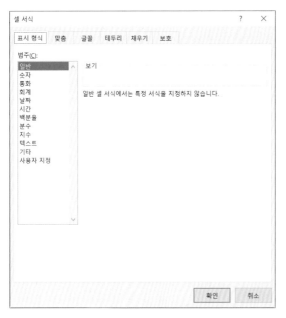

① [표시 형식] 탭

일반	기본적인 입력 형식으로 숫자는 오른쪽, 문자는 왼쪽에 표시됨
숫자	• 일반적인 숫자를 나타내는데 사용 • 소수 자릿수 지정, 1000 단위 구분 기호(,) 표시, 음수 표시 등을 지정
통화	• 일반적인 화폐 가치를 나타내는 데 사용되며 숫자와 함께 기본 통화 기호가 표시 • 소수 자릿수 지정, 통화 기호(₩) 표시, 음수 표시 등을 지정
회계	'통화' 형식과 비슷하지만 통화 기호가 회계는 셀 왼쪽에 표시되며, 통화는 숫자 바로 앞에 표시됨 예 회계 : ₩ 100, 통화 : ₩100
날짜	• 다양한 날짜 표시 형식을 지정 • 2001년 3월, 3월 14일 등
시간	• 다양한 시간 표시 형식을 지정 • 오후 1:30, 1:30 PM 등
백분율	셀 값에 100을 곱한 값이 백분율 기호(%)와 함께 표시
분수	사용자가 지정하는 분수 형식에 따라 숫자가 분수로 표시
지수	숫자의 일부가 E+n으로 대체되어 숫자가 지수 표기법으로 표시
텍스트	• 셀에 입력되는 모든 값을 텍스트로 인식함 • 숫자 데이터를 입력하면 문자로 인식하여 왼쪽으로 정렬
기타	숫자를 우편 번호, 전화 번호 또는 주민 등록 번호로 표시
사용자 지정	엑셀에서 제공되는 서식이 아닌 사용자가 직접 필요한 표시 형식을 만들어 사용할 수 있음

② [맞춤] 탭

텍스트 맞춤	• **가로** : 일반, 왼쪽(들여쓰기), 가운데, 오른쪽(들여쓰기), 채우기, 양쪽 맞춤, 선택 영역의 가운데로, 균등 분할(들여쓰기) • **세로** : 위쪽, 가운데, 아래쪽, 양쪽 맞춤, 균등 분할
텍스트 줄 바꿈	• 열 너비에 맞게 셀 안의 데이터가 줄이 바뀜 • 열 너비를 변경하면 데이터 줄이 자동으로 조정
셀에 맞춤	• 셀의 너비에 맞추어 전체 문자가 표시되지 않을 때 글자 크기를 줄여서 셀 안에 표시 • 열 너비를 넓혀주면 자동으로 원래 크기로 되돌아옴

셀 병합	• 선택한 범위의 셀들을 하나의 셀로 병합 • 셀 병합 시 여러 데이터가 있을 때 병합된 셀들 중 가로는 맨 왼쪽 셀의 데이터만, 세로는 맨 위쪽 셀의 데이터만 남기고 나머지 데이터는 모두 지워짐
방향	• 데이터 회전 각도를 지정 • 세로 방향의 '텍스트'를 클릭하면 글자가 가로에서 세로 방향으로 변경됨 • 90 ~ −90도로 각도 변경

3) 사용자 지정 서식

- 엑셀에서 제공되는 서식이 아닌 사용자가 직접 필요한 표시 형식을 만들어 사용할 수 있다.
- [홈] 탭 – [셀] 그룹 – [서식] – [셀 서식]에서 [표시 형식] 탭의 '범주' 항목 중 '사용자 지정'을 선택한다.
- 기존의 사용자 지정 서식을 선택하여 사용하거나, '형식' 입력 상자에 직접 서식을 꾸며 사용할 수 있다.

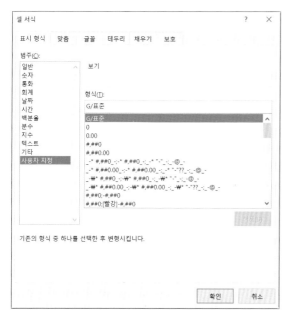

1 서식 코드와 구역

- 서식 코드 부분은 최대 4개까지 지정할 수 있다.
- 세미콜론(;)으로 구분된 부분은 양수, 음수, 0 및 텍스트 순서로 서식을 정의한다.
- 두 부분만 지정하는 경우 첫 번째 부분은 양수와 0에 사용되고, 두 번째 부분은 음수에 사용된다.

- 특정 부분을 건너뛰려면 해당 부분에 종결 세미콜론(;)을 사용한다.

$$\underline{\text{\#,\#\#\#.00\_)}};\underline{\text{[빨강](\#,\#\#\#.00)}};\underline{\text{0.00}};\underline{\text{"sales"@}}$$
❶   ❷   ❸   ❹

❶ 양수 형식 ❷ 음수 형식 ❸ 0 형식 ❹ 텍스트 형식

2 주요 서식 코드

0	• 숫자가 들어가는 자리를 표시 • 무효숫자 자릿수도 '0'으로 채움
?	• 숫자가 들어가는 자리를 표시 • 무효숫자 자릿수에 '0'대신 공백으로 채우고, 소수점 기준으로 정렬
#	• 숫자를 표시하는 기본 기호 • 유효한 자릿수만 표시하고, 무효숫자 '0'은 표시하지 않음 • 입력 데이터의 정수부분은 0, ?, #의 '사용자 지정' 표시 형식에서 자릿수가 부족하더라도 유효숫자는 모두 표시하지만 소수부분은 0, ?, #의 특징대로 형식의 자릿수만큼만 표시
,	• 천 단위 구분 기호로 #, ?, 0과 같이 사용(세 자리씩 쉼표로 구분되어 표시) • 서식 끝에 있는 쉼표는 한 개당 숫자를 백단위로 반올림해서 자릿수를 줄여줌
"텍스트"	문자열을 추가하여 보여주고자 할 때 따옴표를 이용
@	특정 문자를 항상 붙여서 표기할 때
[DBNum] 123을 입력한 결과	• [DBNum1]G/표준 : 一白二十三 • [DBNum2]G/표준 : 壹百貳拾參 • [DBNum3]G/표준 : 百2+3 • [DBNum4]G/표준 : 일백이십삼

3 날짜 서식 코드

날짜 형식	서식 코드	설명
연도	yy	00~99로 표시
	yyyy	1900~9999로 표시
월	m	1~12로 표시
	mm	01~12로 표시
	mmm	Jan~Dec로 표시
	mmmm	January~December로 표시
	mmmmm	J~D로 표시
일	d	1~31로 표시
	dd	01~31로 표시
	ddd	Sun~Sat로 표시
	dddd	Sunday~Saturday로 표시

4 시간 서식 코드
- 시(h) : 0~23으로 표시, (hh : 00~23 표시)
- 분(m) : 0~59로 표시, (mm : 00~59 표시)
- 초(s) : 0~59로 표시, (ss : 00~59 표시)

4) 조건부 서식

1 조건부 서식
- 특정한 조건에 부합될 경우에만 서식이 적용될 수 있도록 해주는 기능이다.
- [홈] 탭 – [스타일] 그룹 – [조건부 서식]에는 '셀 강조 규칙, 상위/하위 규칙, 데이터 막대, 색조, 아이콘 집합, 새 규칙, 규칙 지우기, 규칙 관리'로 하위 메뉴가 구성된다.

- [홈] 탭 – [스타일] 그룹 – [조건부 서식] – [새 규칙]을 클릭하여 6개의 규칙 유형 중 하나를 선택한다.
- 수식을 입력하여 조건을 지정할 때는 '▶ 수식을 사용하여 서식을 지정할 셀 결정'을 선택한 후, 조건 서식 입력란에 조건을 입력하고 〈서식〉 단추를 클릭하여 서식을 지정해 준다.

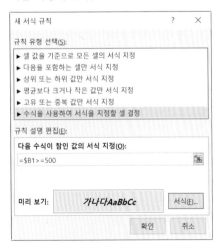

▲ 조건부 서식에서 사용하는 수식은 등호(=)로 시작해야 한다.

2 조건부 서식 기타 사항
- 규칙에 맞는 셀 범위는 해당 규칙에 따라 서식이 지정되고 규칙에 맞지 않는 셀 범위는 서식이 지정되지 않는다.
- 조건부 서식이 적용된 후, 셀 값이 바뀌어 규칙과 일치하지 않을 경우 셀 서식 설정은 해제된다.
- 고유 또는 중복 값에 대해서만 서식을 지정할 수도 있다.
- 해당 셀이 여러 개의 조건을 동시에 만족하는 경우 [조건부 서식 규칙 관리자] 창의 '규칙(표시 순서대로 적용)'에서 나열된 순서대로(위에서 아래) 우선 순위가 부여되므로 서식이 충돌하면 우선 순위가 높은 규칙의 서식만 적용된다.
- **조건부 서식의 서식 스타일** : 데이터 막대, 색조, 아이콘

5) 서식 파일(Templates)
'서식 파일'이란 자주 사용하는 양식을 미리 만들어 수록해 놓은 파일(*.xltx)을 의미한다.

1 통합 문서 서식 파일
서식 파일을 기반으로 하는 새 통합 문서에 시트, 기본 텍스트(예 페이지 머리글, 열 및 행 레이블), 수식, 매크로, 스타일 및 기타 서식이 포함된 통합 문서를 만든다.(BOOK.xltx)

2 워크시트 서식 파일
워크시트가 하나인 통합 문서를 만들며 같은 형식의 모든 새 시트에 나타낼 서식, 스타일, 텍스트, 기타 정보 등을 워크시트에 넣는다.(Sheet.xltx)

6) 표 서식/스타일

1 표 서식
- 미리 정해진 서식으로 테이블의 서식을 한 번에 변경할 때 사용한다.
- [홈] 탭 – [스타일] 그룹 – [표 서식]을 이용한다.

2 셀 스타일
- 미리 정의해 놓은 서식을 원하는 곳에 적용시키는 기능으로 동일한 서식을 일관성 있게 적용시킬 수 있다.
- [홈] 탭 – [스타일] 그룹 – [셀 스타일]을 이용한다.

7) 행/열 서식

① 행/열의 높이 및 너비 조절

❶ 행 높이 조절
- 행 머리글에서 행과 행 사이에 마우스 포인터를 위치시킨 후, 위/아래로 드래그하여 조절한다.
- [홈] 탭 – [셀] 그룹 – [서식] – [행 높이]에서 행의 높이 값을 입력한다.
- 여러 행을 범위 지정한 후, 행 높이를 조절하면 범위로 지정된 행 전체가 조절된다.

❷ 열 너비 조절
- 열 머리글에서 열과 열 사이에 마우스 포인터를 위치시킨 후, 왼쪽/오른쪽으로 드래그하여 조절한다.
- 단일 셀의 폭만 크게 하거나 작게 조절할 수는 없다.
- [홈] 탭 – [셀] 그룹 – [서식] – [열 너비]에서 열의 너비 값을 입력한다.
- 여러 열을 범위 지정한 후, 열 너비를 조절하면 범위로 지정된 열 전체가 조절된다.
- [열 너비 자동 맞춤]은 선택한 열에서 가장 긴 글자에 맞추어 자동으로 조절되는 것으로 열의 경계선을 마우스로 더블 클릭하는 것과 동일하다.

② 행/열의 삽입과 삭제

❶ 행(열)의 삽입
- 행 머리글을 클릭한 후, [홈] 탭 – [셀] 그룹 – [삽입] – [시트 행 삽입]을 클릭한다.
- 열 머리글을 클릭한 후, [홈] 탭 – [셀] 그룹 – [삽입] – [시트 열 삽입]을 클릭한다.
- 여러 개의 행이나 열을 한꺼번에 삽입할 수 있다.

❷ 행(열)의 삭제
- 행 머리글을 클릭한 후, [홈] 탭 – [셀] 그룹 – [삭제] – [시트 행 삭제]를 클릭한다.
- 열 머리글을 클릭한 후, [홈] 탭 – [셀] 그룹 – [삭제] – [시트 열 삭제]를 클릭한다.
- 여러 개의 행이나 열을 한꺼번에 삭제할 수 있다.

③ 행과 열 숨기기
- 워크시트에서 특정 행(열)을 보이지 않게 감추는 기능이다.
- [홈] 탭 – [셀] 그룹 – [서식] – [숨기기 및 숨기기 취소] – [행 숨기기] 또는 [열 숨기기]를 선택한다.
- [행 높이](또는, 열 너비) 대화 상자에서 '0'을 입력한다.
- 숨겨진 행(열)을 다시 보이게 하려면, 숨겨진 행의 위와 아래 행을(숨겨진 열의 왼쪽과 오른쪽 열을) 선택한 다음 [홈] 탭 – [셀] 그룹 – [서식] – [숨기기 및 숨기기 취소] – [행 숨기기 취소] 또는 [열 숨기기 취소]를 선택한다.

8) 서식 복사
- 특정 셀에 설정된 서식을 복사하여 다른 곳에 적용시키는 기능이다.
- 서식이 설정된 셀을 클릭한 후, [홈] 탭 – [클립보드] 그룹에서 '서식 복사(　) 아이콘을 클릭하고 서식을 복사할 셀을 클릭하거나 드래그하여 지정한다.

단 / 원 / 평 / 가 / 문 / 제

01 다음 중 워크시트의 데이터 입력에 관한 설명으로 옳지 않은 것은?

① 문자열 데이터는 셀의 왼쪽에 정렬된다.
② 수치 데이터는 셀의 오른쪽으로 정렬되며 공백과 '&' 특수 문자를 사용할 수 있다.
③ 기본적으로 수식 데이터는 워크시트 상에 수식 결과 값이 표시된다.
④ 특수 문자는 한글 자음(ㄱ, ㄴ, ㄷ 등)을 입력한 후 [한자] 키를 눌러 나타나는 목록상자에서 원하는 문자를 선택하여 입력할 수 있다.

02 다음 중 엑셀의 데이터 입력에 관련된 설명으로 옳지 않은 것은?

① 한 셀에 여러 줄의 데이터를 입력하려면 [Alt]+[Enter] 키를 사용한다.
② 워크시트에서 [Tab] 키를 누르면 오른쪽으로 한 셀씩 이동한다.
③ 같은 데이터를 여러 셀에 한 번에 입력하려면 [Ctrl]+[Enter] 키를 사용한다.
④ 숫자나 날짜 데이터의 경우 입력 시 앞의 몇 글자가 해당 열의 기존 내용과 일치하면 자동으로 입력된다.

03 다음 그림과 같이 범위를 지정하려고 한다. 어떤 키를 누른 상태에서 마우스를 드래그하면 되는가?

	A	B	C	D
1	제품명	등급	판매량	단가
2	LED TV	고급형	10	1,200
3	오디오	고급형	14	250
4	노트북	고급형	10	1,000

① [Shift] 키
② [Ctrl] 키
③ [Tab] 키
④ [Alt] 키

04 다음 중 [홈]-[편집]-[찾기 및 선택]-[찾기]나 [바꾸기]를 실행했을 때 나타난 대화상자에서 설정할 수 있는 항목으로 옳지 않은 것은?

① 대/소문자 구분
② 위/아래로 찾기
③ 전자/반자 구분
④ 전체 셀 내용 일치

05 [A1] 셀에 8000을 입력한 후 [셀 서식] 메뉴의 [표시 형식]에서 '백분율'을 설정하면 [A1] 셀의 값은 어떻게 표시되는가?

① 8000%
② 800%
③ 800000%
④ 80%

06 다음 워크시트에서 [A] 열에 [셀 서식]-[표시 형식]-[사용자 지정] 형식을 이용하여 [C] 열과 같이 나타내고자 한다. 다음 중 입력해야 할 사용자 지정 형식으로 옳은 것은?

	A	B	C
1	윤준희		윤준희님
2	이영석		이영석님
3	윤채영		윤채영님
4	이지영		이지영님

① G/표준님
② @"님"
③ G/표준'님'
④ @'님'

07 다음 중 조건부 서식에 대한 설명으로 옳지 않은 것은?

① 특정한 조건을 만족하는 셀만 지정된 서식이 적용된다.
② [홈]-[스타일]-[조건부 서식]-[새 규칙]을 클릭하여 6개의 규칙 유형 중 하나를 선택한다.
③ 수식을 입력하여 조건을 지정할 때는 '수식을 사용하여 서식을 지정할 셀 결정'을 선택한다.
④ 조건부 서식이 적용된 후, 셀 값이 바뀌어 규칙과 일치하지 않을 경우에도 셀 서식 설정은 그대로 유지된다.

08 다음 중 메모에 대한 설명으로 옳지 않은 것은?

① 메모가 입력된 셀에서 데이터를 지울 경우 메모도 함께 삭제된다.

② 메모가 입력된 셀의 오른쪽 상단에는 빨간 삼각형이 표시되어 쉽게 구분할 수 있다.

③ 통합 문서에 포함된 메모를 시트에 표시된 대로 인쇄하거나 시트 끝에 인쇄할 수 있다.

④ 메모에는 어떠한 문자나 숫자, 특수문자도 지정하여 표현할 수 있다.

09 다음 워크시트에서 [A1] 셀에 대하여 채우기 핸들을 이용하여 [A2], [A3], [A4]까지 드래그했을 때 [A4] 셀에 나타나는 데이터는?

	A
1	01-Excel2010
2	
3	
4	
5	

① 01-Excel2010   ② 04-Excel2010

③ 04-Excel2013   ④ 01-Excel2013

10 다음 중 셀 서식의 사용자 지정 표시 형식 중 코드와 설명이 옳지 않은 것은?

① # : 유효한 자릿수만 표시하고, 유효하지 않은 0은 표시하지 않는다.

② ? : 유효하지 않은 자릿수에 0 대신 공백을 표시하고, 소수점을 기준으로 정렬한다.

③ ss : 초 단위의 숫자를 00~59로 표시한다.

④ dddd : 요일을 Sun ~ Sat로 표시한다.

11 다음 중 [하이퍼링크 삽입] 대화상자에서 연결 대상으로 선택할 수 없는 것은?

① 전자 메일 주소

② 매크로 연결 단추 및 그래픽

③ 새 문서 만들기

④ 현재 문서

12 다음 중 워크시트에서 숨겨져 있는 [C] 열과 [D] 열을 다시 보이도록 하기 위한 작업 과정으로 옳은 것은?

① [B] 열을 선택한 다음 마우스 오른쪽 단추를 눌러 '숨기기 취소'를 선택한다.

② [B] 열부터 [E] 열까지 드래그한 다음 [보기] 탭 [창] 그룹에서 [숨기기 취소] 명령을 선택한다.

③ [E] 열을 선택한 다음 마우스 오른쪽 단추를 눌러 '숨기기 취소'를 선택한다.

④ [B] 열부터 [E] 열까지 드래그한 다음 마우스 오른쪽 단추를 눌러 '숨기기 취소'를 선택한다.

13 다음 중 2234543 숫자에 아래와 같이 '사용자 지정' 표시 형식을 설정하였을 경우의 결과로 옳지 않은 것은?

① 형식 : #,##0.00
결과 : 2,234,543.00

② 형식 : 0.00
결과 : 2234543.00

③ 형식 : #,###,"천원"
결과 : 2,234천원

④ 형식 : #%
결과 : 223454300%

CHAPTER 03 데이터 계산

01 수식의 기본 사용

1) 수식

① 수식의 개요

- 모든 수식은 '='또는 '+' 기호로 시작한다.
- 문자열이 수식에 사용될 때는 쌍따옴표(" ")로 묶어 준다.
- 수식에서 숫자에 쌍따옴표("22")를 묶어도 숫자로 인식 한다.

  예 =13+"22" ⇒ 결과 : 35

- 셀에 입력된 논리값(TRUE, FALSE)을 수식의 함수 인 수에 셀 주소로 참조하면 문자로 인식한다.

	A	B	C
1	1		
2	TRUE		
3	FALSE		
4	"1"		
5	참		

  예 =COUNT(A1:A5) ⇒ 결과 : 1

- 위 값을 수식에서 함수의 인수에 직접 참조하면 숫자로 인식한다.

  예 =COUNT(1,TRUE,FLASE,"1","참") ⇒ 결과 : 3
  TRUE=1, FALSE=0으로 인식한다.

- 수식이 입력된 셀에는 수식의 결과 값이 표시되고, 수 식은 수식 입력줄에 표시된다.

② 연산자

산술 연산자	더하기(+), 빼기(−), 곱하기(*), 나누기(/), 백분율 (%), 지수(^)
관계 연산자	같다(=), 크다(초과)(〉), 작다(미만)(〈), 크거나 같 다(이상)()=), 작거나 같다(이하)(〈=), 같지 않다 (다르다)(〈 〉)
텍스트 연산자	& / • 문자와 문자를 결합 • 예 ="아카데미"&"소프트" → 아카데미소프트

참조 연산자	콜론(:)	연속적인 셀 범위를 선택할 때 사용 예 A1:B5 → [A1] 셀 ~ [B5] 셀까지
	쉼표(,)	비연속적인 셀 범위를 선택할 때 사용 예 A1,B1:C3 → [A1] 셀과 [B1] 셀 ~ [C3] 셀까지
	공백( )	두 개의 참조 영역에서 공통되는 셀을 선택 해 하나의 참조 영역으로 사용 예 A1:C3 C2:D3 → [C2] 셀 ~ [C3] 셀 까지 하나의 참조 영역으로 지정

③ 오류 메시지

#####	열 너비보다 더 긴 숫자 데이터가 입력되었을 때 표시
#NAME?	함수 이름을 잘못 입력하거나 수식에서 인식할 수 없 는 텍스트를 수식에 사용했을 때 발생
#NULL!	잘못된 범위 연산자나 셀 참조를 사용했을 때 발생
#REF!	셀 참조가 유효하지 않을 때 발생
#VALUE!	잘못된 인수나 피 연산자를 사용한 경우에 발생
#DIV/0!	수식에서 값을 0 또는 빈 셀로 나누려고 할 때 발생
#N/A	함수나 수식에 사용할 수 없는 값을 지정했을 때 발생
#NUM!	수식이나 함수에 숫자와 관련된 문제가 있을 때 발생

2) 셀 참조 방식

① 상대 참조

- 가장 기본이 되는 셀 주소 형태이다.
- A1, A2…로 입력되며, 절대 참조와는 다르게 '$'가 붙 지 않는다.
- 셀의 위치가 이동되면 수식의 주소가 자동으로 변경된다.

② 절대 참조

셀 주소의 열과 행 앞에 '$'가 표시($A$1)되며, 상대 참조 와는 다르게 셀의 위치가 변경되어도 수식의 주소는 변 경되지 않는다.(즉, 지정된 해당 셀 주소만 참조)

③ 혼합 참조

행이나 열 중 하나는 상대 참조를 하나는 절대 참조를 사 용한다. 예 $A1, C$7…

> ⊘ TIP **절대 참조의 지정(F4 키)**
>
> 셀 주소 지정시 절대 참조를 지정하기 위해서는 F4 키를 눌러 '$' 표시를 입력

4 시트 간 셀 참조

- 다른 워크시트의 이름 뒤에 '!' 기호를 표시한 다음, 참조할 셀 범위를 지정한다.

  예 Sheet2!A1:A5, A1+Sheet2!A1

- 워크시트의 이름 중간에 공백이나 특수문자(!, @…) 등이 있으면 간접 인용 부호(' ')로 묶어준다.

  예 '아카 데미'!A1:A5, A1+아카데미!A1

5 통합 문서 간 셀 참조

- 다른 통합 문서의 셀 범위를 참조하는 것을 의미한다.
- 대괄호([ ]) 사이에 통합 문서의 이름을 입력하고, 해당 워크시트의 이름과 '!' 기호를 표시한다.

  예 [성적현황.xlsx]Sheet1!$A$2:$A$10

02 함수

1) 날짜와 시간 함수

DATE	• **기능** : 특정한 날짜를 표시하기 위한 함수 • **형식** : =DATE(년, 월, 일)  ▲ [D3] 셀은 Ctrl + 1 키 → [표시 형식] 탭의 '일반' 서식 적용
TODAY	• **기능** : 현재의 날짜를 표시하기 위한 함수 • **형식** : =TODAY( ) 
YEAR	• **기능** : 특정 날짜나 날짜 일련번호(숫자)에서 연도만 추출해내는 함수 • **형식** : =YEAR(날짜 or "날짜 서식") 
MONTH	• **기능** : '날짜'에서 '월'을 구하는 함수 • **형식** : =MONTH(날짜 or "날짜 서식") 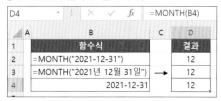

DAY	• **기능** : 특정 날짜나 날짜 일련번호(숫자)에서 일 단위(1~31)의 숫자만 추출하는 함수 • **형식** : =DAY(날짜 or "날짜 서식") 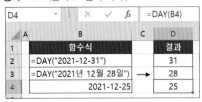

DAYS	• **기능** : 두 날짜 사이의 일 수를 반환하는 함수 • **형식** : =DAYS(끝 날짜, 시작 날짜) 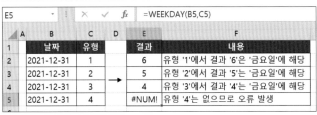

WEEKDAY

• **기능** : 날짜에 해당하는 요일 번호를 구하는 함수
• **형식** : =WEEKDAY(일련번호, 유형)

유형	월	화	수	목	금	토	일
1(생략)	2	3	4	5	6	7	1
2	1	2	3	4	5	6	7
3	0	1	2	3	4	5	6

(E5 =WEEKDAY(B5,C5))

날짜	유형		결과	내용
2021-12-31	1	→	6	유형 '1'에서 결과 '6'은 '금요일'에 해당
2021-12-31	2		5	유형 '2'에서 결과 '5'는 '금요일'에 해당
2021-12-31	3		4	유형 '3'에서 결과 '4'는 '금요일'에 해당
2021-12-31	4		#NUM!	유형 '4'는 없으므로 오류 발생

NOW	• **기능** : 현재 날짜와 시간을 표시해 주는 함수 • **형식** : =NOW( ) 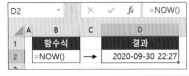

TIME	• **기능** : 특정한 시간을 표시하기 위한 함수 • **형식** : =TIME(시, 분, 초) 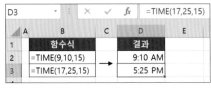

HOUR	• **기능** : '시간(시/분/초)'에서 '시'에 해당하는 값을 구하는 함수 • **형식** : =HOUR(시간 or "시간 서식") 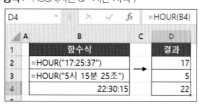

MINUTE	• **기능** : '시간(시/분/초)'에서 '분'에 해당하는 값을 구하는 함수 • **형식** : =MINUTE(시간 or "시간 서식") 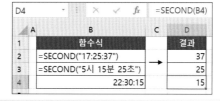

SECOND	• **기능** : '시간(시/분/초)'에서 '초'에 해당하는 값을 구하는 함수 • **형식** : =SECOND(시간 or "시간 서식")

EDATE	• **기능** : 지정한 날짜를 기준으로 이전의 날짜나 이후의 날짜를 표시하는 함수
	• **형식** : EDATE(시작 날짜, 개월)
	  – 시작 날짜는 DATE 함수를 사용하거나 다른 수식 또는 함수의 결과로 입력
	  – 개월 : 시작 날짜 '이전'이나 '이후'의 개월 수를 입력
	    (앞으로의 날짜는 '양수'로 지나간 날짜는 '음수'로 표시)
	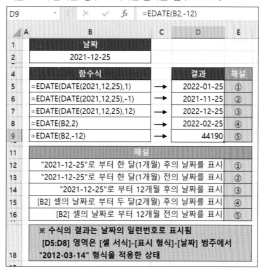

EOMONTH

- **기능** : 지정된 개월 수 이전 또는 이후 달에서 마지막 날의 날짜를 표시하는 함수
- **형식** : =EOMONTH(시작 날짜, 개월)
  - 시작 날짜는 DATE 함수를 사용하거나 다른 수식 또는 함수의 결과로 입력
  - 개월 : 시작 날짜 '이전'이나 '이후'의 개월 수를 입력
    (앞으로의 날짜는 '양수'로 지나간 날짜는 '음수'로 표시)

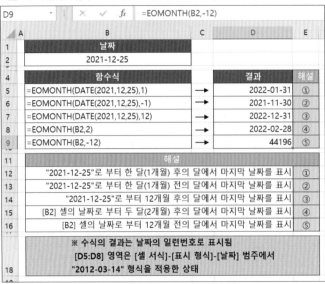

WORKDAY

- **기능** : 특정 일(시작 날짜)의 전이나 후의 날짜 수에서 주말이나 휴일을 제외한 날짜 수, 즉 평일 수를 구하는 함수
- **형식** : WORKDAY(시작 날짜, 일, 작업 일수에서 제외될 날짜 목록)
  - 시작 날짜는 DATE 함수를 사용하거나 다른 수식 또는 함수의 결과로 입력
  - 일 : 주말이나 휴일을 제외한 날짜 수('양수'이면 앞으로의 날짜, '음수'이면 지나간 날짜를 표시)
  - 작업 일수에서 제외될 날짜 목록 : 국경일, 공휴일, 임시 공휴일 등 작업 일수에서 제외되는 날짜 목록으로 생략 가능

| F10 | ▾ | : | × | ✓ | fx | =WORKDAY(B2,B5,D2:D5) |

	A	B	C	D	E	F	G
1		날짜		제 외 될 날 짜 목록		설명	
2		2021-04-01		2021-05-01	→	공휴일(근로자의 날)	
3				2021-05-05	→	공휴일(어린이 날)	
4		날짜		2021-05-19	→	공휴일(부처님 오신날)	
5		50		2021-06-06	→	공휴일(현충일)	
7		함수식				결과	해설
8		=WORKDAY(DATE(2021,4,1),30)			→	2021-05-13	①
9		=WORKDAY(B2,B5)			→	2021-06-10	②
10		=WORKDAY(B2,B5,D2:D5)			→	2021-06-14	③
12		해설					
13		시작 날짜로부터 주말을 제외한 30일째의 날짜					①
14		시작 날짜로부터 주말을 제외한 50일째의 날짜					②
15		시작 날짜로부터 주말과 공휴일을 제외한 50일째의 날짜					③

2) 논리 함수

IF	• **기능** : 특정 조건을 지정하여 해당 조건에 만족하면 '참(TRUE)'에 해당하는 값을 그렇지 않으면 '거짓(FALSE)'에 해당하는 값을 표시하는 함수 • **형식** : =IF(조건, 참일 때 수행할 내용, 거짓일 때 수행할 내용) • **사용 예** : 평균이 80 이상이면 '합격' 그렇지 않으면 '불합격'을 표시 G2 fx =IF(F2>=80,"합격","불합격") | 성명	국어	영어	수학	평균	결과
---	---	---	---	---	---
윤채영	80	70	80	76.7	불합격
이영석	80	80	100	86.7	합격
박나래	90	100	90	93.3	합격
최문수	70	90	80	80.0	합격	
중첩IF	• **기능** : IF 함수의 조건이 2개 이상일 때 2개 이상의 IF 함수를 사용하여 '참(TRUE)'과 '거짓(FALSE)'의 값을 표시하는 함수 • **형식** : =IF(조건, 참일 때, IF(조건, 참일 때, 거짓일 때) …) • **사용 예** : 평균이 90 이상이면 '최우수', 80 이상이면 '우수', 나머지는 '노력'으로 표시 G2 fx =IF(F2>=90,"최우수",IF(F2>=80,"우수","노력")) | 성명	국어	영어	수학	평균	결과
---	---	---	---	---	---
윤채영	80	70	80	76.7	노력
이영석	80	80	100	86.7	우수
박나래	90	100	90	93.3	최우수
최문수	70	90	80	80.0	우수	
AND	• **기능** : 모든 조건을 만족하면 '참'을 그렇지 않으면 '거짓'을 표시하는 함수 • **형식** : =AND(조건1, 조건2, … 조건30) • **사용 예** : 국어, 영어, 수학의 모든 점수가 80 이상일 경우 '우수', 그렇지 않을 경우 '노력'으로 표시 G2 fx =IF(AND(C2>=80,D2>=80,E2>=80),"우수","노력") | 성명	국어	영어	수학	평균	결과
---	---	---	---	---	---
윤채영	80	70	80	76.7	노력
이영석	80	80	100	86.7	우수
박나래	90	100	90	93.3	우수
최문수	70	90	80	80.0	노력	
OR	• **기능** : 한 개의 조건이라도 만족하면 '참'을 그렇지 않으면 '거짓'을 표시하는 함수 • **형식** : =OR(조건1, 조건2, … 조건30) • **사용 예** : 국어, 영어, 수학의 점수 중 하나라도 90 이상일 경우 '우수', 그렇지 않을 경우 '노력'으로 표시 G2 fx =IF(OR(C2>=90,D2>=90,E2>=90),"우수","노력") | 성명	국어	영어	수학	평균	결과
---	---	---	---	---	---
윤채영	80	70	80	76.7	노력
이영석	80	80	100	86.7	우수
박나래	90	100	90	93.3	우수
최문수	70	90	80	80.0	우수	

NOT	• **기능** : 조건식의 결과 값을 반대로 표시하는 함수 • **형식** : =NOT(조건) • **사용 예** : 평균이 80 이상이면 '합격', 그렇지 않으면 '불합격'으로 표시 
TRUE	• **기능** : 논리값을 TRUE로 표시하는 함수 • **형식** : =TRUE( )
FALSE	• **기능** : 논리값을 FALSE로 표시하는 함수 • **형식** : =FALSE( )
IFERROR	• **기능** : 수식에서 오류가 발생할 경우 사용자가 지정한 값을 출력하고, 그렇지 않으면 수식 결과를 출력하는 함수 • **형식** : =IFERROR(수식, 오류시 출력할 값) 　– 오류시 출력할 값 : 수식에서 오류가 발생할 경우에 출력할 값 　– #N/A, #VALUE!, #REF!, #DIV/0!, #NUM!, #NAME? 또는 #NULL! 오류 유형이 적용

G2 셀: =IF(NOT(F2>=80),"불합격","합격")

	B	C	D	E	F	G
1	성명	국어	영어	수학	평균	결과
2	윤채영	80	70	80	76.7	불합격
3	이영석	80	80	100	86.7	합격
4	박나래	90	100	90	93.3	합격
5	최문수	70	90	80	80.0	합격

E4 셀: =IFERROR(B4/C4,"계산오류")

	B	C	D	E	F	G
1	총수량	상자당 수량	상자 수 (총수량/상자당 수량)	결과		함수식
2	550	10	55	55	→	=IFERROR(B2/C2,"계산오류")
3	55	0	#DIV/0!	계산오류	→	=IFERROR(B3/C3,"계산오류")
4		25	0	0	→	=IFERROR(B4/C4,"계산오류")

3) 문자열 함수

LEFT	• **기능** : 문자열의 왼쪽에서 원하는 수 만큼의 문자를 표시해 주는 함수 • **형식** : =LEFT(문자열, 추출할 문자수) • **사용 예** : 왼쪽부터 7개의 문자열을 추출하여 표시 
RIGHT	• **기능** : 문자열의 오른쪽에서 원하는 수 만큼의 문자를 표시해 주는 함수 • **형식** : =RIGHT(문자열, 추출할 문자수) • **사용 예** : 오른쪽부터 7개의 문자열을 추출하여 표시 

D2 셀: =LEFT(B2,7)

	B	C	D
1	문자열		결과
2	컴퓨터활용능력 엑셀 2010	→	컴퓨터활용능력

D2 셀: =RIGHT(B2,7)

	B	C	D
1	문자열		결과
2	컴퓨터활용능력 엑셀 2010	→	엑셀 2010

MID	• **기능** : 문자열의 시작 위치와 추출할 문자의 수를 지정하여 문자를 표시해 주는 함수 • **형식** : =MID(문자열, 시작 위치, 추출할 문자의 수) • **사용 예** : 왼쪽 9번째부터 2개의 문자를 추출하여 표시 
LOWER	• **기능** : 영문자열 중 대문자를 모두 소문자로 변환시키는 함수 • **형식** : =LOWER(문자열) • **사용 예** : =LOWER("COMPUTER LICENCE") → computer licence
UPPER	• **기능** : 영문자열 중 소문자를 모두 대문자로 변환시키는 함수 • **형식** : =UPPER(문자열) • **사용 예** : =UPPER("computer licence") → COMPUTER LICENCE
PROPER	• **기능** : 영문자열 중 첫 문자만 대문자로 변환시키는 함수 • **형식** : =PROPER(문자열) • **사용 예** : =PROPER("computer licence") → Computer Licence
TRIM	• **기능** : 단어 사이의 공백을 한 칸만 남기고 모두 삭제하는 함수 • **형식** : =TRIM(문자열) • **사용 예** : TRIM("Computer Licence") → Computer Licence

FIND/FINDB	• **기능** : 찾고자 하는 텍스트의 시작 위치 번호를 구하는 함수
	• **형식1** : =FIND(찾을 텍스트, 문자열, 검색을 시작 위치)
	  – 영문, 숫자, 한글에 상관없이 각 문자를 '1'(1Byte)로 계산
	• **형식2** : =FINDB(찾을 텍스트, 문자열, 검색을 시작 위치)
	  – 영문, 숫자는 각 문자를 '1'(1Byte)로 계산하고 한글은 '2'(2Byte)로 계산
	• 대/소문자를 구분하며, 와일드카드 문자를 사용할 수 없음
	 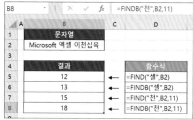
	▲ [B8] 셀 : [B2] 셀의 6번째 문자에서 시작하여 처음으
	로 나오는 'o'의 위치는 '7'을 표시 ▲ [B8] 셀 : [B2] 셀의 11번째 문자에서 시작하여 처음으로
	나오는 '천'의 위치는 '18'을 표시

SEARCH/ SEARCHB	• **기능** : 찾고자 하는 텍스트의 시작 위치 번호를 구하는 함수

<table>
<tr><td rowspan="7">SEARCH/
SEARCHB</td><td>• 기능 : 찾고자 하는 텍스트의 시작 위치 번호를 구하는 함수</td></tr>
<tr><td>• 형식1 : =SEARCH(찾을 텍스트, 문자열, 검색을 시작 위치)
   – 영문, 숫자, 한글에 상관없이 각 문자를 '1'(1Byte)로 계산</td></tr>
<tr><td>• 형식2 : =SEARCHB(찾을 텍스트, 문자열, 검색을 시작 위치)
   – 영문, 숫자는 각 문자를 '1'(1Byte)로 계산하고 한글은 '2'(2Byte)로 계산</td></tr>
<tr><td>• 대/소문자를 구분하지 않으며, 대/소문자를 구분하여 검색하려면 FIND와 FINDB를 사용</td></tr>
<tr><td>• '찾을 텍스트'에 와일드카드 문자(?, *) 사용 가능</td></tr>
<tr><td>

B8		× ✓ fx	=SEARCHB("천",B2,11)	
	B	**C**	**D**	
1	**문자열**			
2	Microsoft 엑셀 이천십육			
3				
4	**결과**		**함수식**	
5	12	←	=SEARCH("셀",B2)	
6	13	←	=SEARCHB("셀",B2)	
7	15	←	=SEARCH("천",B2,11)	
8	18	←	=SEARCHB("천",B2,11)	

</td></tr>
</table>

LEN	

<table>
<tr><td rowspan="4">LEN</td><td>• 기능 : 공백을 포함하여 문자의 개수를 표시해 주는 함수</td></tr>
<tr><td>• 형식 : =LEN(문자열)</td></tr>
<tr><td>• 사용 예 : [B2:B6] 영역에 입력된 문자열의 개수를 표시</td></tr>
<tr><td>

D6		× ✓ fx	=LEN(B6)		
	B	**C**	**D**	**E**	**F**
1	**차종**	**년식**	**결과(길이)**		**함수식**
2	에쿠스 V450	2018	8	←	=LEN(B2)
3	K9	2020	2	←	=LEN(B3)
4	스타렉스	2021	4	←	=LEN(B4)
5	그랜드 카니발	2021	7	←	=LEN(B5)
6	스파크	2019	3	←	=LEN(B6)

</td></tr>
</table>

4) 통계 함수

<table>
<tr><td rowspan="4">AVERAGE</td><td>• 기능 : 특정 범위(인수)의 평균을 구하는 함수</td></tr>
<tr><td>• 형식 : =AVERAGE(셀 범위)</td></tr>
<tr><td>• 사용 예 : 국어, 영어, 수학 점수의 평균을 표시</td></tr>
<tr><td>

F2		× ✓ fx	=AVERAGE(C2:E2)			
	B	**C**	**D**	**E**	**F**	**G** **H**
1	**성명**	**국어**	**영어**	**수학**	**평균**	**함수식**
2	윤채영	85	75	80	80	← =AVERAGE(E2:G2)
3	이영석	80	90	100	90	← =AVERAGE(E3:G3)
4	박나래	95	95	95	95	← =AVERAGE(E4:G4)
5	최문수	70	90	80	80	← =AVERAGE(E5:G5)

</td></tr>
</table>

<table>
<tr><td rowspan="4">COUNT</td><td>• 기능 : 지정된 셀 범위에서 숫자(날짜 포함)가 입력된 셀의 개수를 구하는 함수</td></tr>
<tr><td>• 형식 : =COUNT(셀 범위)</td></tr>
<tr><td>• 사용 예 : [B2:F5] 영역에 입력된 숫자의 개수를 표시</td></tr>
<tr><td>

F7		× ✓ fx	=COUNT(B2:F5)	
	B	**C**	**D**	**E**	**F**
1	**성명**	**국어**	**영어**	**수학**	**과제물**
2	윤채영	85	75	80	제출
3	이영석	80	90	100	미제출
4	박나래	95	95	95	제출
5	최문수	70	90	80	보류
7	**숫자가 입력된 셀의 개수**				12

</td></tr>
</table>

COUNTA	• **기능** : 지정된 셀 범위에서 공백을 제외한 모든(문자, 숫자, 논리값 등) 셀의 개수를 구하는 함수 • **형식** : =COUNTA(셀 범위) • **사용 예** : [B2:F5] 영역에서 공백을 제외한 모든 셀의 개수를 표시 **F7** `=COUNTA(B2:F5)` |	B	C	D	E	F
---	---	---	---	---	---
1	성명	국어	영어	수학	기타
2	윤채영	85	75	80	
3	이영석	80	90	100	
4	박나래				결석
5	최문수	70	90	80	
7	공백을 제외한 모든 셀의 개수				14	

COUNTIF	• **기능** : 특정 조건을 만족하는 셀의 개수를 구하는 함수 • **형식** : =COUNTIF(셀 범위, 조건) • **사용 예** : 국어, 영어, 수학 점수 중 90 이상인 셀의 개수를 표시 **F7** `=COUNTIF(C2:E5,">=90")` |	B	C	D	E	F	G
---	---	---	---	---	---	---
1	성명	국어	영어	수학	과제물	
2	윤채영	85	75	80	제출	
3	이영석	80	90	100	미제출	
4	박나래	95	95	95	제출	
5	최문수	70	90	80	보류	
7	90점 이상인 셀의 개수				6	

LARGE	• **기능** : 지정된 셀 범위에서 입력한 숫자 번째로 큰 값을 구하는 함수 • **형식** : =LARGE(셀 범위, 숫자) **E2** `=LARGE(C2:C11,2)` |	B	C	D	E
---	---	---	---	---
1	성명	불우이웃 성금		**2번째로 많이 낸 성금**
2	윤채영	80,000		95,000
3	이영석	75,000		
4	박나래	50,000		**4번째로 많이 낸 성금**
5	김보경	65,000		80,000
6	이하율	40,000		↑
7	임제이	150,000		함수식
8	이지영	80,000		=LARGE(C2:C11,4)
9	이순신	35,000		
10	박문수	20,000		
11	윤준희	95,000		

SMALL	• **기능** : 지정된 셀 범위에서 입력한 숫자 번째로 작은 값을 구하는 함수 • **형식** : =SMALL(셀 범위, 숫자) **E2** `=SMALL(C2:C11,2)` |	B	C	D	E
---	---	---	---	---
1	성명	불우이웃 성금		**2번째로 적게 낸 성금**
2	윤채영	80,000		35,000
3	이영석	75,000		
4	박나래	50,000		**5번째로 적게 낸 성금**
5	김보경	65,000		65,000
6	이하율	40,000		↑
7	임제이	150,000		함수식
8	이지영	80,000		=SMALL(C2:C11,5)
9	이순신	35,000		
10	박문수	20,000		
11	윤준희	95,000		

MEDIAN

- **기능** : 지정된 셀 범위에서 중앙값을 구하는 함수
- **형식** : =MEDIAN(셀 범위)
- **사용 예** : 중간 금액의 성금을 표시

| E2 | | ▾ | : | × | ✓ | fx | =MEDIAN(C2:C11) |

	A	B	C	D	E
1		성명	불우이웃 성금		중간 금액의 성금
2		윤채영	80,000		70,000
3		이영석	75,000		
4		박나래	50,000		
5		김보경	65,000		
6		이하율	40,000		
7		임제이	150,000		
8		이지영	80,000		
9		이순신	35,000		
10		박문수	20,000		
11		윤준희	95,000		

MAX

- **기능** : 최대값을 구하는 함수
- **형식** : =MAX(셀 범위)
- **사용 예** : 최대 성금을 표시

| E2 | | ▾ | : | × | ✓ | fx | =MAX(C2:C11) |

	A	B	C	D	E
1		성명	불우이웃 성금		최대 성금
2		윤채영	80,000		150,000
3		이영석	75,000		
4		박나래	50,000		
5		김보경	65,000		
6		이하율	40,000		
7		임제이	150,000		
8		이지영	80,000		
9		이순신	35,000		
10		박문수	20,000		
11		윤준희	95,000		

MIN

- **기능** : 최소값을 구하는 함수
- **형식** : =MIN(셀 범위)
- **사용 예** : 최소 성금을 표시

| E2 | | ▾ | : | × | ✓ | fx | =MIN(C2:C11) |

	A	B	C	D	E
1		성명	불우이웃 성금		최소 성금
2		윤채영	80,000		20,000
3		이영석	75,000		
4		박나래	50,000		
5		김보경	65,000		
6		이하율	40,000		
7		임제이	150,000		
8		이지영	80,000		
9		이순신	35,000		
10		박문수	20,000		
11		윤준희	95,000		

RANK.AVG	• **기능** : 수 목록에 있는 특정 수의 순위를 구하고, 순위가 같은 수가 여러 개이면 평균 순위 (같은 수가 아닐 경우 나올 수 있는 순위의 평균)를 표시하는 함수 • **형식** : =RANK.AVG(순위를 구하려는 수, 데이터 범위, 순위를 결정할 방법) • **사용 예** : 평균을 기준으로 순위(내림차순)를 구하고, 동일한 순위일 경우 평균 순위를 표시

G2   =RANK.AVG(F2,$F$2:$F$6)

	A	B	C	D	E	F	G	H	I
1		성명	국어	영어	수학	평균	순위		함수식
2		윤채영	85	75	80	80	3.5	←	=RANK.AVG(F2,$F$2:$F$7)
3		이영석	80	90	100	90	2	←	=RANK.AVG(F3,$F$2:$F$7)
4		박나래	95	95	95	95	1	←	=RANK.AVG(F4,$F$2:$F$7)
5		최문수	70	75	80	75	5	←	=RANK.AVG(F5,$F$2:$F$7)
6		남석진	65	90	85	80	3.5	←	=RANK.AVG(F6,$F$2:$F$7)

▲ [G2], [G6] 셀의 평균 순위는 동일한 평균이 아니라면 나올 수 있는 순위 '3'과 '4'의 평균인 '3.5'로 표시

RANK.EQ	• **기능** : 수 목록에 있는 특정 수의 순위를 구하고, 순위가 같은 수가 여러 개이면 상위 순위(같은 수가 아닐 경우 나올 수 있는 순위 중 가장 높은 순위)를 표시하는 함수로 RANK 함수와 결과가 동일함 • **형식** : =RANK.EQ(순위를 구하려는 수, 데이터 범위, 순위를 결정할 방법) • **사용 예** : 평균을 기준으로 순위(내림차순)를 구하고, 동일한 순위일 경우 상위 순위를 표시

G2   =RANK.EQ(F2,$F$2:$F$7)

	A	B	C	D	E	F	G	H	I
1		성명	국어	영어	수학	평균	순위		함수식
2		윤채영	85	75	80	80	3	←	=RANK.EQ(F2,$F$2:$F$7)
3		이영석	80	90	100	90	2	←	=RANK.EQ(F3,$F$2:$F$7)
4		박나래	95	95	95	95	1	←	=RANK.EQ(F4,$F$2:$F$7)
5		최문수	70	75	80	75	5	←	=RANK.EQ(F5,$F$2:$F$7)
6		남석진	65	90	85	80	3	←	=RANK.EQ(F6,$F$2:$F$7)

▲ [G2], [G6] 셀의 상위 순위는 동일한 평균이 아니라면 나올 수 있는 순위 '3'과 '4'중 가장 높은 순위인 '3'으로 표시

COUNTBLANK	• **기능** : 공백 셀의 개수를 구하는 함수 • **형식** : =COUNTBLANK(셀 범위) • **사용 예** : =COUNTBLANK(A1:A10) → [A1:A10] 범위에서 공백 셀의 개수를 구함

MODE	• **기능** : 가장 많이 나오는(빈도수가 높은) 값을 구하는 함수 • **형식** : =MODE(셀 범위) • **사용 예** : =MODE(A1:A10) → [A1:A10] 범위에 수록된 값들 중 가장 많이 나오는 값을 구함

VAR	• **기능** : 표본 분산을 구해주는 함수 • **형식** : =VAR(수1, 수2, …) • **사용 예** : =VAR(A1:A10) → [A1:A10] 범위에 수록된 값의 분산 값을 구함

STDEV	• **기능** : 표본 표준 편차를 구해주는 함수 • **형식** : =STDEV(수1, 수2, …) • **사용 예** : =STDEV(A1:A10) → [A1:A10] 범위에 수록된 값의 표준 편차를 구함

AVERAGEA	• **기능** : 수치, 논리값의 평균까지 구하는 함수 • **형식** : =AVERAGEA(셀 범위) • **사용 예** : =AVERAGEA(A1:A10) → [A1:A10] 범위에 수록된 값(수치, 문자, 논리값 등)의 평균을 구함

AVERAGEIF	• **기능** : 주어진 조건에 만족하는 데이터들의 평균을 구하는 함수 • **형식** : =AVERAGEIF(조건이 들어 있는 범위, 조건, 평균을 구할 범위) • **사용 예** : 부서별 영업수당의 평균을 표시 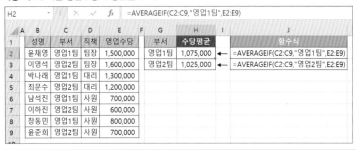

AVERAGEIFS	• **기능** : 여러 개의 조건에 만족하는 데이터들의 평균을 구하는 함수 • **형식** : =AVERAGEIFS(평균을 구할 범위, 1번째 조건이 들어있는 범위, 1번째 조건, 2번째 조건이 들어 있는 범위, 2번째 조건…) • **사용 예** : 부서와 직책별 영업수당의 평균을 표시 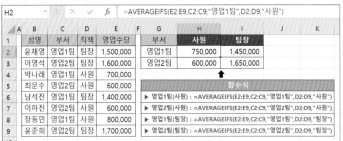

COUNTIFS	• **기능** : 범위 내에서 여러 조건을 만족하는 셀의 개수를 구하는 함수 • **형식** : =COUNTIFS(셀 범위1, 조건1, 셀 범위2, 조건2, …) • **사용 예** : '2'년차 이면서 평가점수가 '400' 이상인 사람의 인원수를 표시

G2 · : × ✓ fx =COUNTIFS(C2:C8,2,E2:E8,">=400")&"명"

	A	B	C	D	E	F	G	H	I
1		부서	년차	성명	평가점수		**결과**		**함수식**
2		영업1팀	1	윤채영	475		2명	←	=COUNTIFS(C2:C8,2,E2:E8,">=400")&"명"
3		영업2팀	2	김상수	600				
4		영업2팀	3	임석훈	395				
5		영업1팀	2	이재훈	435				
6		영업2팀	1	이인석	355				
7		영업2팀	2	최순진	380				
8		영업1팀	3	박성호	560				

MAXA	• **기능** : 숫자, 텍스트, 논리값 등이 포함된 인수 목록에서 최대값을 구하는 함수 • **형식** : =MAXA(셀 범위) 　– TRUE는 '1'로 텍스트나 FALSE는 '0'으로 계산 • **사용 예** : [B2:B6] 영역에서 가장 큰 값을 표시

D2 · : × ✓ fx =MAXA(B2:B6)

	A	B	C	D	E
1		**데이터**		**결과**	
2		0		1	
3		0.2			
4		0.5			
5		0.4			
6		TRUE			

◀ [B6] 셀의 TRUE는 '1'로 계산

| MINA | • **기능** : 숫자, 텍스트, 논리값 등이 포함된 인수 목록에서 최소값을 구하는 함수 |

• **기능** : 숫자, 텍스트, 논리값 등이 포함된 인수 목록에서 최소값을 구하는 함수
• **형식** : =MINA(셀 범위)
  – TRUE는 '1'로 텍스트나 FALSE는 '0'으로 계산
• **사용 예** : [B2:B6] 영역에서 가장 작은 값을 표시

◀ [B3] 셀의 FALSE는 '0'으로 계산

5) 수학과 삼각 함수

SUM

• **기능** : 특정 범위(인수)의 합계를 구하는 함수
• **형식** : =SUM(셀 범위)
• **사용 예** : 국어, 영어, 수학 점수의 합계를 표시

성명	국어	영어	수학	합계		함수식
윤채영	85	75	80	240	←	=SUM(C2:E2)
이영석	80	90	100	270	←	=SUM(C3:E3)
박나래	95	95	95	285	←	=SUM(C4:E4)
최문수	70	90	80	240	←	=SUM(C5:E5)

ROUND

• **기능** : 수를 지정한 자릿수로 반올림하는 함수
• **형식** : =ROUND(반올림할 수, 반올림할 자릿수)

데이터	결과		함수식
12345.6789	12345.679	←	=ROUND(B2,3)
12345.6489	12345.6	←	=ROUND(B3,1)
12345.6789	12346	←	=ROUND(B4,0)
56784	56780	←	=ROUND(B5,-1)

반올림할 자릿수	의미	함수식
1	소수 첫째 자리까지 표시	=ROUND(12345.123,1) = 12345.1
2	소수 둘째 자리까지 표시	=ROUND(12345.123,2) = 12345.12
3	소수 셋째 자리까지 표시	=ROUND(12345.1234,3) = 12345.123
0	정수만 표시	=ROUND(12345.123,0) = 12345
−1	정수 첫째 자리에서 반올림	=ROUND(12345,−1) = 12350
−2	정수 둘째 자리에서 반올림	=ROUND(12345,−2) = 12300
−3	정수 셋째 자리에서 반올림	=ROUND(12345,−3) = 12000

ROUNDUP

• **기능** : 0에서 먼 방향으로 수를 올림하는 함수
• **형식** : =ROUNDUP(올림할 수, 올림할 자릿수)

데이터	결과		함수식
12345.6789	12345.679	←	=ROUNDUP(B2,3)
12345.6489	12345.7	←	=ROUNDUP(B3,1)
12345.6789	12346	←	=ROUNDUP(B4,0)
56784	56790	←	=ROUNDUP(B5,-1)

ROUNDDOWN

- **기능** : 0에서 가까운 방향으로 수를 내림하는 함수
- **형식** : =ROUNDDOWN(내림할 수, 내림할 자릿수)

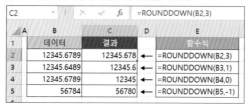

SUMIF

- **기능** : 주어진 조건에 만족하는 데이터들의 합계를 구하는 함수
- **형식** : =SUMIF(조건이 들어 있는 범위, 조건, 합계를 구할 범위)
- **사용 예** : 호봉이 4호봉인 사람들의 '기본급' 합계를 표시

	A	B	C	D	E
		성명	직급	기본급	호봉
1					
2		윤채영	부장	₩ 5,500,000	6호봉
3		이영석	과장	₩ 4,500,000	4호봉
4		박나래	대리	₩ 3,750,000	2호봉
5		최문수	과장	₩ 4,350,000	4호봉
6		정길동	과장	₩ 4,400,000	4호봉
7		4호봉인 사람들의 '기본급' 합계			₩ 13,250,000

E7 : `=SUMIF(E2:E6,"4호봉",D2:D6)`

MOD

- **기능** : 나머지 값을 구하는 함수
- **형식** : =MOD(피제수, 제수)
- **사용 예** : 합계를 3으로 나누어 나머지를 표시

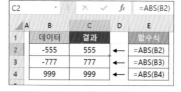

ABS

- **기능** : 주어진 인수의 절대값을 구하는 함수
- **형식** : =ABS(인수)

	A	B	C	D	E
		데이터	결과		함수식
1					
2		-555	555	←	=ABS(B2)
3		-777	777	←	=ABS(B3)
4		999	999	←	=ABS(B4)

C2 : `=ABS(B2)`

INT

- **기능** : 소수점 아래를 버리고 가장 가까운 정수로 내림하는 함수
- **형식** : =INT(수치)

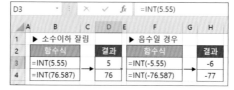

POWER	• **기능** : 숫자의 거듭제곱을 구해주는 함수 • **형식** : =POWER(밑수, 거듭제곱할 수) • **사용 예** : =POWER(2,5) → 2×2×2×2×2 = 32

TRUNC	• **기능** : 숫자를 지정한 소수점 이하로 버리고 결과를 표시해 주는 함수
	• **형식** : =TRUNC(수치, 소수점 이하 자릿수 지정)
	   – 소수점 이하 자릿수를 지정하지 않으면 0으로 처리
	   – TRUNC 함수와 INT 함수의 차이점은 처리할 숫자가 양수일 때는 결과가 동일하지만 음수일 때는 다르게 결과가 나타남
	• **사용 예** : =TRUNC(12.1194,2) → 12.11

RAND	• **기능** : 0이상 1미만의 난수값을 구해주는 함수 • **형식** : =RAND( )
SUMIFS	• **기능** : 범위 내에서 여러 조건을 만족하는 셀의 합계를 구하는 함수 • **형식** : =SUMIFS(합계를 구할 범위, 조건 범위1, 조건1, 조건 범위2, 조건2, …) • **사용 예** : 상품명이 '양'으로 시작하고 '1번' 판매직원에 의해 판매된 상품의 판매량 합을 표시
RANDBETWEEN	• **기능** : 지정한 두 수 사이의 난수(정수)를 반환 • **형식** : =RANDBETWEEN(최소 정수값,최대 정수값) • **사용 예** : =RANDBETWEEN(2,8) → 5(이 값은 실행할 때마다 다른 결과를 반환)

6) 찾기와 참조 함수

VLOOKUP	• **기능** : 표의 가장 왼쪽 열에서 특정 값을 찾아 지정한 열에서 같은 행에 있는 값을 표시하며 비교하려는 값이 데이터의 왼쪽 열에 있으면 HLOOKUP 대신 VLOOKUP을 사용
	• **형식** : =VLOOKUP(찾을 값, 셀 범위, 열 번호, 찾을 방법)
	   – 찾을 값 : 셀 범위의 첫째 열에서 찾을 값(숫자, 참조 영역, 문자열 등)
	   – 셀 범위 : 데이터를 찾을 정보 표(셀 범위)
	   – 열 번호 : 비교 값과 같은 행에 있는 값을 표시할 '셀 범위'의 열 번호
	   – 찾을 방법 : VLOOKUP이 정확하게 일치하는 값을 찾을 것인지, 근사값을 찾을 것인지를 결정
	• **사용 예** : 직원ID가 '38'인 사람의 성명을 표시

HLOOKUP

- **기능** : 표나 배열의 첫째 행에서 특정 값을 찾아 지정한 행에서 같은 열에 있는 값을 표시하며 비교값이 데이터 표의 첫째 행에 있고 지정한 행 수만큼 아래를 검색할 때 사용
- **형식** : =HLOOKUP(찾을 값, 셀 범위, 행 번호, 찾을 방법)
  - 찾을 값 : 표의 첫째 행에 있는 값(참조 영역, 문자열 등을 지정)
  - 셀 범위 : 데이터를 찾을 정보 표(셀 범위, 범위 이름 등을 사용)
  - 행 번호 : 구하려는 값이 있는 '셀 범위'의 행 번호
  - 찾을 방법 : HLOOKUP이 정확하게 일치하는 값을 찾을 것인지, 근사값을 찾을 것인지를 결정

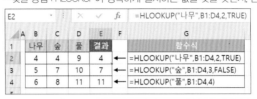

INDEX

- **기능** : 셀 범위에서 행 번호와 열 번호가 교차하는 값을 구해주는 함수
- **형식** : =INDEX(셀 범위, 행 번호, 열 번호)

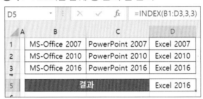

CHOOSE

- **기능** : 인수 목록에서 번호에 해당하는 값을 찾아주는 함수
- **형식** : =CHOOSE(번호, 값1, 값2, … 값29)
- **사용 예** : 주민등록번호의 왼쪽으로부터 8번째 값이 1 또는 3이면 "남", 2 또는 4이면 "여"를 표시

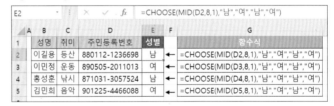

COLUMN

- **기능** : 현재 셀의 열 번호를 표시하는 함수
- **형식** : =COLUMN(셀 or 셀 범위)

▲ [B2] 셀의 경우 인수를 지정하지 않았으므로 함수식이 입력된 B열의 값 '2'를 표시

COLUMNS

- **기능** : 셀 범위에 포함된 열의 개수를 표시하는 함수
- **형식** : =COLUMNS(셀 범위)

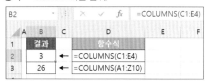

	A	B	C	D	E	F
1		결과		함수식		
2		3	←	=COLUMNS(C1:E4)		
3		26	←	=COLUMNS(A1:Z10)		

▲ [B3] 셀의 경우 [A1~Z10] 영역의 열의 개수인 '26'을 표시

ROW

- **기능** : 현재 셀의 행 번호를 표시하는 함수
- **형식** : =ROW(셀 or 셀 범위)

B2			×	✓	fx	=ROW()	

	A	B	C	D	E
1		결과		함수식	
2		2	←	=ROW()	
3		4	←	=ROW(D4)	

▲ [B2] 셀의 경우 인수를 지정하지 않았으므로 함수식이 입력된 2행의 값 '2'를 표시

ROWS

- **기능** : 셀 범위에 포함된 행의 개수를 표시하는 함수
- **형식** : =ROWS(셀 범위)

B2			×	✓	fx	=ROWS(C1:E4)	

	A	B	C	D	E
1		결과		함수식	
2		4	←	=ROWS(C1:E4)	
3		10	←	=ROWS(A1:Z10)	

▲ [B3] 셀의 경우 [A1~Z10] 영역의 행의 개수인 '10'을 표시

MATCH

- **기능** : 배열에서 지정된 값과 일치하는 항목의 상대 위치를 표시하는 함수
- **형식** : =MATCH(찾을 값, 찾을 범위, 찾을 방법)
- **사용 예** : 다운횟수를 기준으로 상대 위치를 표시

H2			×	✓	fx	=MATCH(G2,$D$2:$D$11,0)		

	A	B	C	D	E	F	G	H
1		번호	곡명	다운횟수		순위	다운횟수	위치
2		1	노을	70		1위	100	3
3		2	허수아비	40		2위	90	8
4		3	목장길따라	100		3위	80	6
5		4	섬마을아기	20				↑
6		5	파란나라	30			함수식	
7		6	과수원길	80		[H2] 셀 : =MATCH(G2,$D$2:$D$11,0)		
8		7	그대로멈춰라	60		[H3] 셀 : =MATCH(G3,$D$2:$D$11,0)		
9		8	아빠힘내세요	90		[H4] 셀 : =MATCH(G4,$D$2:$D$11,0)		
10		9	꿀벌여행	50				
11		10	네잎클로버	10				

7) 데이터베이스 함수

DSUM	• **기능** : 데이터베이스 필드(열)에서 조건에 만족하는 값들의 합계를 구하는 함수 • **형식** : =DSUM(데이터베이스, 필드(열) 제목, 조건범위) • **사용 예** : 부서가 '인사과'인 사람들의 급여 합계를 계산 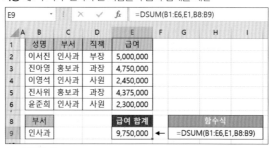
DAVERAGE	• **기능** : 데이터베이스 필드(열)에서 조건에 만족하는 값들의 평균을 구하는 함수 • **형식** : =DAVERAGE(데이터베이스, 필드(열) 제목, 조건범위) • **사용 예** : 부서가 '인사과'인 사람들의 급여 평균을 계산 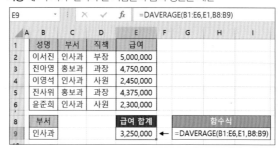
DCOUNT	• **기능** : 데이터베이스 필드(열)에서 조건에 만족하는 숫자가 들어있는 셀의 개수를 구하는 함수 • **형식** : =DCOUNT(데이터베이스, 필드(열) 제목, 조건범위) • **사용 예** : 기본급이 '3,000,000' 이상인 사람의 인원을 계산

DCOUNT 표:

E9   =DCOUNT(B1:E6,C1,D8:D9)

	성명	기본급	수당	급여	F	G	H	I
1	성명	기본급	수당	급여				
2	이서진	3,500,000	1,500,000	5,000,000				
3	진아영	3,100,000	1,650,000	4,750,000				
4	이영석	1,700,000	750,000	2,450,000				
5	진사위	3,150,000	1,585,000	4,375,000				
6	윤준희	2,700,000	900,000	3,600,000				
8			기본급	인원	함수식			
9			>=3000000	3	← =DCOUNT(B1:E6,C1,D8:D9)			

DCOUNTA

- **기능** : 데이터베이스 필드(열)에서 조건에 만족하는 셀 중 공백을 제외한 셀의 개수를 구하는 함수
- **형식** : =DCOUNTA(데이터베이스, 필드(열) 제목, 조건범위)
- **사용 예** : 부서가 '영업부'인 사람 중 평가 결과가 있는 사람의 인원 수를 계산

DMAX

- **기능** : 데이터베이스 필드(열)에서 조건에 만족하는 값 중 최고값을 구하는 함수
- **형식** : =DMAX(데이터베이스, 필드(열) 제목, 조건범위)
- **사용 예** : 직책이 '사원'인 사람 중 최고 급여액을 표시

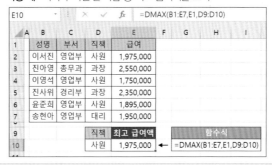

DMIN

- **기능** : 데이터베이스 필드(열)에서 조건에 만족하는 값 중 최소값을 구하는 함수
- **형식** : =DMIN(데이터베이스, 필드(열) 제목, 조건범위)
- **사용 예** : 직책이 '사원'인 사람 중 최저 급여액을 표시

단 / 원 / 평 / 가 / 문 / 제

01 다음 중 수식에서 셀 참조가 유효하지 않을 때 발생하는 오류 메시지는?

① #REF!
② #VALUE!
③ #N/A
④ #NUM!

02 수식을 복사할 때에 셀 주소를 고정시키기 위해서 셀 주소에 $를 입력하는 기능을 갖는 기능키는?

① Shift + Enter 키
② F4 키
③ F6 키
④ F5 키

03 다음 시트에서 [B7] 셀에 수식 =SUM(B2:CHOOSE (2,B3,B4,B5))을 입력하였을 때 표시되는 결과값으로 옳은 것은?

	A	B
1	성명	점수
2	윤준희	23
3	이지영	45
4	임제이	12
5	김보경	10
6		
7	부분합계	

① 23
② 68
③ 80
④ 90

04 다음 중 함수식에 대한 설명으로 옳은 것은?

① LARGE( ) - 인수 중에서 가장 큰 값을 구한다.
② SMALL( ) - 인수 중에서 가장 작은 값을 구한다.
③ COUNTA( ) - 인수 중에서 공백이 아닌 셀의 개수를 구한다.
④ COUNTIF( ) - 인수 중에서 숫자 데이터의 개수를 구한다.

05 어떤 시트의 [D2] 셀에 문자열 '123456-1234567'이 입력되어 있을 때 수식의 결과가 다른 하나는 무엇인가?

① =IF(MOD(MID(D2,8,1),2)=1,"남","여")
② =IF(OR(MID(D2,8,1)="2",MID(D2,8,1)="4"), "여","남")
③ =IF(AND(MID(D2,8,1)=1,MID(D2,8,1)=3), "남","여")
④ =CHOOSE(MID(D2, 8, 1), "남", "여", "남", "여")

06 다음 그림과 같이 월~금요일까지는 '업무'로, 토요일과 일요일에는 '휴무'로 표시하고자 할 때 [B2] 셀에 입력해야 할 함수식으로 옳지 않은 것은?

	A	B
1	일자	휴무, 업무
2	2021-05-11	업무
3	2021-05-12	업무
4	2021-05-13	업무
5	2021-05-14	업무
6	2021-05-15	휴무
7	2021-05-16	휴무
8	2021-05-17	업무

① =IF(OR(WEEKDAY(A2,0)=0,WEEKDAY(A 2,0)=6),"휴무","업무")
② =IF(OR(WEEKDAY(A2,1)=1,WEEKDAY(A 2,1)=7),"휴무","업무")
③ =IF(WEEKDAY(A2,2)>=6,"휴무","업무")
④ =IF(WEEKDAY(A2,3)>=5,"휴무","업무")

07 아래 표에서 주어진 함수식에 대한 결과값이 옳지 않은 것은?

번호	함수식	결과값
A	=POWER(3,3)	27
B	=NOT(4)5)	FALSE
C	=MODE(5,10,15,10)	10
D	=ROUND(13200,-3)	13000

① A
② B
③ C
④ D

08 다음 중 1982년 12월 4일에서 오늘까지 경과된 날짜를 구하는 수식으로 옳은 것은?

① =DATE(1982,12,4)-DAY( )
② =DAY( )-DATE(1982,12,4)
③ =YEAR( )-DATE(1982,12,4)
④ =TODAY( )-DATE(1982,12,4)

09 다음 중 영문 소문자로 입력된 텍스트에서 각 단어의 첫 글자만 대문자로 바꾸는 함수로 옳은 것은?

① TRIM 함수   ② UPPER 함수
③ LOWER 함수   ④ PROPER 함수

10 다음과 같은 함수를 실행하였을 때 출력되는 결과값으로 옳지 않은 것은?

① =LEFT("801225-1234567",2) : 80
② =MID("Are You Ready?",5, 3) : Rea
③ =UPPER("korea") : KOREA
④ =PROPER("seoul korea") : Seoul Korea

11 다음 중 100만원 이상 판매한 회사들의 판매금액에 대한 총 판매금액을 구하는 함수식으로 옳은 것은?

	A	B	C
1	회사명	판매금액	지출금액
2	상공상사	1,300,000	1,200,000
3	진성상사	1,600,000	1,500,000
4	우리상사	180,000	1,600,000
5	경원상사	950,000	820,000
6	100만원이상 판매한 총금액판매		

① =SUMIF(B2:B5,">=1000000")
② =SUMIF(C2:C5,">=1,000,000")
③ =SUMIF(B2:C5,">=1,000,000")
④ =SUM(B2:B5,">=1,000,000")

12 다음 수식의 결과가 나머지와 다른 것은?

① =MOD(10,3)+ROUND(4.456,0)
② =ROUNDUP(4.35,0)+IF(NOT(0),1,0)
③ =TRUNC(5.5)
④ =INT(ABS(-5))

13 다음 그림과 같이 [C9] 셀에 '=DSUM(A1:C7, C1, A9:A10)'함수를 입력했을 때 결과로 옳은 것은?

	A	B	C
1	이름	직책	상여금
2	윤채영	과장	1,200,000
3	최지선	대리	900,000
4	이영석	차장	1,300,000
5	윤기철	대리	850,000
6	문진호	사원	750,000
7	임태이	과장	950,000
8			
9	상여금		
10	>=1000000		

① 5,950,000   ② 2,500,000
③ 1,000,000   ④ 3,450,000

04 데이터 관리
CHAPTER

01 기본 데이터 관리

1) 정렬

1 정렬의 개요

• 목록의 데이터를 특정 필드의 크기 순서에 따라 재배열하는 기능으로 오름차순, 내림차순, 사용자 지정 목록 순으로 재배열 시킨다.

• 정렬 기준 필드가 하나인 경우 [데이터] 탭 – [정렬 및 필터] 그룹에서 [오름차순 정렬(🔼)]과 [내림차순 정렬(🔽)]을 이용한다.

• 많은 내용 중에서 특정 부분을 범위로 지정한 후, 정렬을 실행하면 선택된 범위의 내용만 정렬할 수 있다.

• 머리글의 값이 정렬 작업에 포함 또는 제외되도록 설정하거나 해제할 수 있다.

• 숨겨진 열이나 행은 정렬 시 이동되지 않으므로 정렬 대상에 포함시키려면 데이터를 정렬하기 전에 숨겨진 열과 행을 표시하는 것이 좋다.

• 정렬 대상 범위에 병합된 셀이 포함되어 있으면 정렬할 수 없고, 값/글꼴 색/셀 색/셀 아이콘을 '정렬 기준'으로 정렬할 수 있다.

> ✅ **TIP 오름차순 정렬 순서(내림차순은 반대)**
>
> • 숫자 → 특수문자 → 소문자 → 대문자 → 한글 → FALSE → TRUE → 오류값 → 공백 셀(빈 셀)
> • '공백 셀(빈 셀)'은 내림/오름차순에 상관없이 항상 마지막에 정렬

2 [정렬] 대화상자

• [데이터] 탭 – [정렬 및 필터] 그룹 – [정렬]을 실행한다.

• 정렬 기준 추가는 최대 64개까지 지정할 수 있으며, 정렬 기준과 정렬 방법을 설정할 수 있다.

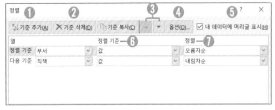

① 새로운 정렬 기준을 추가

② 선택한 정렬 기준을 삭제

③ 정렬 순서를 변경(위로 이동/아래로 이동)

④ 기본적으로 행 단위로 정렬, '대/소문자 구분', '위쪽에서 아래쪽'(열 기준 정렬), '왼쪽에서 오른쪽'(행 기준 정렬)

⑤ '내 데이터에 머리글 표시'가 선택되어 있으면 첫 행은 정렬 기준에서 제외

⑥ '값', '셀 색', '글꼴 색', '셀 아이콘' 중 하나의 기준을 정하여 정렬

⑦ 정렬 방식 지정(오름차순, 내림차순, 사용자 지정 목록)

3 사용자 지정 정렬

[정렬] 대화상자의 〈정렬〉에서 〈사용자 지정 목록〉을 선택하거나 [파일] 탭 – [옵션] – [고급]에서 〈일반〉 항목 중 〈사용자 지정 목록 편집〉 단추를 클릭한 후, 〈목록 항목〉 부분에 정렬을 추가하거나 삭제할 수 있다.

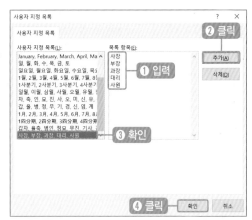

2) 레코드 관리

• 많은 데이터를 쉽고 빠르게 관리(추가, 삭제, 수정 등)하기 위하여 [레코드 관리] 기능을 이용한다.

• [레코드 관리] 대화상자에서는 새로운 필드명을 생성하거나 삭제할 수 없다.

• 필드 중 수식에 의한 결과 값을 표시하는 항목은 편집하거나 삭제할 수 없다.

✅ TIP 레코드 관리 아이콘 추가

- [파일] – [옵션] – [빠른 실행 도구 모음]에서 '명령 선택' 항목
  중 '리본 메뉴에 없는 명령'을 선택
- 여러 명령 중 🖼 레코드 관리... 를 찾아 선택한 후, 〈추가〉 단추
  를 클릭하여 [빠른 실행 도구 모음]에 🖼 아이콘을 추가

3) 자동 필터

- 조건에 해당하는 자료들을 추출하여 표시하는 기능
  이다.
- '자동 필터 목록(▾)' 단추를 이용하여 쉽게 필터 조건
  을 선택할 수 있다.
- 필터를 이용하여 추출한 데이터는 항상 레코드(행 단
  위)로 표시된다.
- 데이터에 필터를 적용하면 지정한 조건에 맞는 행만 표
  시되고 나머지 행은 숨겨진다.
- 자동 필터에서는 여러 열에 동시에 조건을 설정하면
  AND 조건으로 연결되고, OR 조건으로 결합시킬 수는
  없다.
- [데이터] 탭 – [정렬 및 필터] 그룹 – [필터]를 실행한다.

▲ 직위가 '과장'인 사람만 필터링

1 숫자 및 텍스트 필터 조건

숫자 필터 항목	같음, 같지 않음, 보다 큼, 크거나 같음, 보다 작음, 작거나 같음, 해당 범위, 상위 10, 평균 초과, 평균 미만, 사용자 지정 필터(상위 10 : 전체 데이터를 기준으로 상위 또는 하위 몇 번째까지 '항목'이나 '%'로 필터)
텍스트 필터 항목	같음, 같지 않음, 시작 문자, 끝 문자, 포함, 포함하지 않음, 사용자 지정 필터

2 사용자 지정 필터

- 연산자(=, 〈, 〈=, 〉, 〉=)와 만능 문자(*, ?)를 이용하여 한
  가지 또는 두 가지의 조건을 지정하고 필터할 수 있다.
- 두 가지 조건을 지정할 때는 AND(그리고) 또는 OR(또
  는) 조건으로 추출된다.

4) 고급 필터

- 특정 조건을 셀에 입력한 후 원하는 자료만 검출할 수
  있다.
- 현재 위치와 다른 장소에 검출 결과를 기록할 수 있으
  며, 특정 필드만을 검출할 수도 있다.
- 조건이 두 개 이상일 경우 필드를 AND나 OR 조건으
  로 결합할 수 있다.
- 고급 필터를 실행한 후, 조건식을 변경하여도 결과는
  변경되지 않는다.
- [데이터] 탭 – [정렬 및 필터] 그룹 – [고급]을 이용한다.
- 목록 범위로 지정할 원본 데이터가 있는 워크시트가 아
  닌 다른 워크시트에 결과를 추출하려면 그 워크시트에
  셀 포인터를 위치하고 고급 필터를 실행해야 한다.

▲ [B14:C15] 영역에 찾을 조건 입력 후 고급 필터 실행

❶ 원본 데이터 목록에 직접 필터 결과를 표시
❷ 다른 셀 범위에 필터 결과를 표시
❸ 원본 데이터 목록에서 필터링 할 범위를 지정
❹ 찾을 조건이 입력된 범위를 지정
❺ '다른 장소에 복사'를 선택했을 경우 필터 결과를 표시할 위치를 지정
❻ 필터링한 결과 중 같은 레코드가 있을 경우 하나만 표시

1 고급 필터 조건 지정

❶ AND 조건(~이면서, ~이고)
• 조건 내용을 같은 행에 입력한다.
• 조건을 모두 만족할 경우에만 결과를 출력한다.

부서가 '영업부'이면서, 직급이 '실장'인 데이터	이름이 '김'으로 시작하고, 직급이 '실장'인 데이터

❷ OR 조건(~또는, ~이거나)
• 조건 내용을 서로 다른 행에 입력한다.
• 조건 중 하나만 만족해도 결과를 출력한다

부서가 '영업부'이거나, 직급이 '실장'인 데이터	이름이 '김'으로 시작하거나, 직급이 '실장'인 데이터

> ✅ **TIP** **고급 필터의 조건을 수식으로 입력할 경우**
>
> • 고급 필터 기능을 이용하여 판매수량이 전체 판매수량의 평균 이상인 데이터를 추출하기 위한 조건
>
> | 평균이상 |
> | --- |
> | =B2>=AVERAGE($B$2:$B$8) |
>
> • 조건 범위를 지정할 첫 번째 셀에는 원본 데이터의 필드명이 아닌 다른 값을 입력하거나 비워둔다.
> • 조건식에 삽입될 전체 평균을 구하는 함수(AVERAGE) 인수에는 고정된 범위를 계속 참조하기 때문에 절대 참조를 사용해야 한다.

5) 텍스트 마법사/텍스트 나누기

1 텍스트 마법사
• 텍스트 형식의 문서 파일을 엑셀에서 사용할 수 있도록 불러오는 기능이다.

• [파일] – [열기] – [찾아보기]를 실행한 후 파일 형식을 '텍스트 파일'로 지정하고 불러오기 한다.
• [데이터] 탭 – [외부 데이터 가져오기] 그룹 – [텍스트]를 실행한 후 텍스트 파일을 불러온다.

2 텍스트 나누기
• [데이터] 탭 – [데이터 도구] 그룹 – [텍스트 나누기]를 실행한다.
• 한 셀에 입력되어 있는 데이터를 특정한 구분 기호를 기준으로 여러 열로 나누어주는 기능이다.
• 각 필드가 일정한 너비로 정렬되어 있는 경우 사용자가 열 구분선 위치를 지정하여 데이터를 분리할 수 있다.
• 텍스트 마법사에서는 탭, 세미콜론, 쉼표, 공백 등의 구분 기호가 기본으로 제공되며, 사용자가 원하는 구분 기호를 기타에 지정할 수도 있다.
• 텍스트 마법사 3단계에서는 분리된 데이터가 입력될 각 열의 데이터 서식을 설정할 수 있다.
• 데이터의 필드 사이에 두 가지 이상의 문자 구분 기호가 있는 경우에도 텍스트 나누기를 실행할 수 있다.

02 → 데이터 분석

1) 부분합

1 부분합의 개요
• 특정한 필드를 기준으로 분류하고 각 분류별로 필요한 계산을 할 수 있다.
• 부분합을 실행하려면 그룹화할 필드의 항목들이 반드시 정렬되어 있어야 한다.(오름차순 또는 내림차순)
• 부분합에 사용되는 함수 : 합계, 개수, 평균, 최대값, 최소값, 곱, 숫자 개수, 표본 표준 편차, 표준 편차, 표본 분산, 분산
• [데이터] 탭 – [윤곽선] 그룹 – [부분합]을 실행한다.

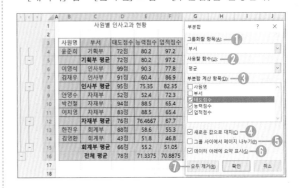

❶ 그룹화 할 필드를 선택

❷ 해당 필드에 대한 계산 방법을 선택

❸ 계산 항목을 표시할 필드를 선택

❹ 이전에 표시된 부분합 대신 새롭게 계산된 부분합으로 바꾸어 표시

❺ 부분합이 계산된 그룹을 각 페이지별로 분리

❻ 그룹별로 부분합이 구해져 그 결과값이 해당 그룹 아래에 표시(항목 설정이 해제되면 결과값이 해당 그룹 위쪽에 표시)

❼ 부분합 결과를 모두 제거

2 윤곽 기호

• ⊡ : 전체 계산 항목만을 표시(전체 평균만 표시)

• ⊡ : 그룹별 계산 항목과 전체 계산 항목만을 표시(부서별 평균만 표시)

• ⊡ : 모든 데이터를 표시

• ⊡ : 하위 수준의 데이터가 숨겨지면서 부분합 결과만 표시되며, 윤곽 기호가 ⊞ 로 변경됨

• ⊞ : 숨겨졌던 하위 수준의 데이터가 표시되며, 윤곽 기호가 ⊟ 로 변경됨

3 중첩 부분합의 사용

• 기존에 부분합이 만들어진 상태에서 다시 그룹에 대한 부분합을 중첩하여 만들 수 있다.

• 중첩 부분합을 작성하기 위해서는 반드시 '새로운 값으로 대치' 항목의 체크 표시를 취소시켜야 한다.

4 부분합의 제거

[데이터] 탭 – [윤곽선] 그룹 – [부분합]을 실행한 후 〈모두 제거〉 단추를 클릭한다.

> ⊘ TIP **그룹 및 윤곽 설정**
>
> • 그룹 및 윤곽 설정은 각 레코드를 특정 필드를 기준으로 그룹화시키는 기능을 말한다.
> • 그룹 및 윤곽 설정을 지정할 데이터는 특정 필드를 기준으로 오름차순 또는 내림차순으로 정렬이 되어 있어야 한다.
> • 그룹화하여 요약하려는 데이터 목록이 있는 경우 데이터에 최대 8개 수준의 윤곽을 설정할 수 있으며, 한 수준은 각 그룹에 해당한다.
> • 윤곽선을 사용하면 요약 행이나 열을 빠르게 표시하거나 각 그룹의 정보 데이터를 보여 줄 수 있다.
> • 행, 열 또는 행과 열 모두에 윤곽을 설정할 수 있다.
> • 그룹 및 윤곽 설정에서는 특정 필드에 대한 합계, 평균, 최대값, 최소값 등의 계산 항목을 자동 생성하지 않기 때문에 이 기능을 위해서는 부분합 명령이나 사용자가 직접 요약 행이나 열을 삽입해야 한다.

2) 데이터 표

• 수식의 특정 값을 변경했을 때 수식 결과가 어떻게 변하는지를 표로 나타내는 기능이다.

• 수식의 변수가 하나인 단일 변수 데이터 표와 수식의 변수가 2개인 이중 변수 데이터 표로 구분된다.

• [데이터] 탭 – [예측] 그룹 – [가상 분석] – [데이터 표]를 실행한다.

❶ 행의 값이 변화가 있을 때 수식 계산에서 행 값으로 지정한 셀 주소 선택

❷ 열의 값이 변화가 있을 때 수식 계산에서 열 값으로 지정한 셀 주소 선택

3) 데이터 통합

• 한 개 이상의 셀 범위 데이터에 특정 함수를 사용하여 하나의 데이터로 통합하는 기능이다.

• [데이터] 탭 – [데이터 도구] 그룹 – [통합]을 실행한다.

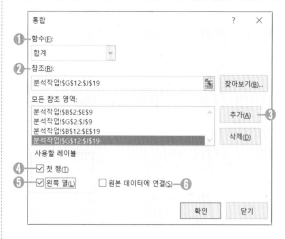

❶ 데이터 통합 시 사용할 함수를 지정(합계, 개수, 평균, 최대값, 최소값, 곱, 숫자 개수, 표본 표준 편차, 표준 편차, 표본 분산, 분산)

❷ 통합에 포함하고자 하는 데이터의 범위를 지정

❸ 참조에서 지정한 범위를 추가함

❹ 통합 범위의 첫 번째 행을 행 이름표로 지정

❺ 통합 범위의 왼쪽 열을 열 이름표로 지정

❻ 원본 데이터가 변경될 때 통합 시트가 자동으로 업데이트되도록 설정

4) 피벗 테이블/피벗 차트 보고서

1 피벗 테이블 작성

- 피벗 테이블이란 많은 양의 데이터를 손쉽게 요약, 분석할 수 있는 대화형 테이블을 말한다.
- 피벗 테이블 보고서는 현재 작업 중인 워크시트, 기존의 다른 워크시트, 새 워크시트에 작성할 수 있다.
- 마우스 포인터를 데이터 범위에 위치시킨 후, [삽입] 탭 – [표] 그룹 – [피벗 테이블(📊)]을 실행한다.
- [피벗 테이블 만들기] 대화상자에서 '표/범위'와 피벗 테이블을 '넣을 위치'를 지정한다.
- 피벗 테이블 보고서를 넣을 위치로 '기존 워크시트'로 지정하면 시작 위치를 선택하여 원하는 곳에 삽입할 수 있지만, '새 워크시트'는 시작 위치를 선택할 수 없고 자동으로 생성된다.

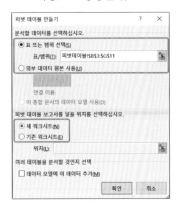

- [피벗 테이블 필드]에서 원하는 필드를 '필터', '열', '행', 'Σ 값'으로 이동시켜 피벗 테이블을 완성 시켜준다.

2 피벗 테이블의 구성 요소

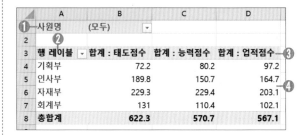

	A	B	C	D
1	사원명	(모두)		
2				
3	행 레이블	합계 : 태도점수	합계 : 능력점수	합계 : 업적점수
4	기획부	72.2	80.2	97.2
5	인사부	189.8	150.7	164.7
6	자재부	229.3	229.4	203.1
7	회계부	131	110.4	102.1
8	총합계	622.3	570.7	567.1

1 보고서 필드 2 행 필드 3 값 필드 4 값 영역

3 피벗 테이블 옵션

[피벗 테이블 도구] – [분석] 탭 – [피벗 테이블] 그룹 – [옵션]을 실행한다.

1 바깥쪽 행 및 열의 항목을 병합하여 가운데에 맞춤
2 빈 셀에 표시할 문자 또는 기호(*, ? 등) 입력
3 행의 총합계의 표시 여부 지정
4 열의 총합계의 표시 여부 지정

４ 함수 변경

- 함수를 변경할 값 위에서 [피벗 테이블 도구] – [분석] 탭 – [활성 필드] 그룹 – [필드 설정]을 실행한다.
- **사용 가능한 함수** : 합계, 개수, 평균, 최대값, 최소값, 곱, 숫자 개수, 표본 표준 편차, 표준 편차, 표본 분산, 분산

5) 목표값 찾기

- 수식에서 얻으려고 하는 값은 알고 있지만 그 결과 값을 얻기 위해 필요한 입력 값을 모를 때 이용하는 기능이다.
- 시나리오는 여러 개의 값을 분석하여 결과를 얻을 수 있지만, 목표값 찾기는 단 하나의 값에 대해서만 결과를 찾을 수 있다.
- [데이터] 탭 – [예측] 그룹 – [가상 분석] – [목표값 찾기]를 실행한다.

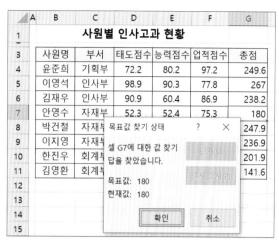

▲ 안영수의 총점[G7]이 '180'이 되기 위해선 업적점수[F7]가 얼마가 되어야 하는지 목표값 찾기를 이용

❶ 수식이 입력된 셀을 선택

❷ 찾는 숫자 데이터를 직접 입력

❸ 값을 바꿀 셀을 선택

- 수식 셀에서 '값을 바꿀 셀'을 반드시 참조하고 있어야 한다.

> ⊘ TIP **[목표값 찾기]에서 '찾는 값'**
>
> 목표값 찾기에서 '찾는 값'의 입력 데이터는 반드시 숫자만을 입력할 수 있으며, 문자/수식/셀 등은 입력할 수 없음

- [목표값 찾기 상태] 대화상자가 나오면 값을 확인하고 〈확인〉 단추를 클릭한다.

▲ 업적점수[F7]가 '72.3' → '75.3'으로 변경

6) 시나리오

１ 시나리오

- 변화 요소가 많아 계산의 결과 값을 예측하기 어렵거나 변화 요소마다 가상의 값을 지정하여 수식 결과를 비교 분석할 때 사용하는 기능이다.
- 하나의 시나리오는 최대 32개까지 변경 셀을 지정하여 결과를 추출할 수 있다.
- 시나리오 병합을 통하여 다른 통합문서나 다른 워크시트에 저장된 시나리오를 가져올 수 있고 요약 보고서나 피벗 테이블 보고서로 결과를 작성할 수 있다.

２ 시나리오 작성

- [데이터] 탭 – [예측] 그룹 – [가상 분석] – [시나리오 관리자]를 실행한다.
- [시나리오 관리자] 대화상자에서 〈추가〉 단추를 클릭한다.
- [시나리오 추가] 대화상자에서 '시나리오 이름'과 '변경 셀'을 지정한 후 〈확인〉 단추를 클릭한다.
- [시나리오 값] 대화상자에서 변경할 값(상여율 증가분)을 입력하고 〈추가〉 단추를 클릭한다.

- [시나리오 추가] 대화상자에서 '시나리오 이름'과 '변경 셀'을 지정한 후 〈확인〉 단추를 클릭한다.
- [시나리오 값] 대화상자에서 변경할 값(상여율 감소분)을 입력하고 〈확인〉 단추를 클릭한다.

- [시나리오 관리자] 대화상자에서 〈요약〉 단추를 클릭한다.
- [시나리오 요약] 대화상자에서 결과 셀을 지정하고 〈확인〉 단추를 클릭한다.

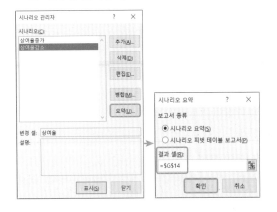

- [시나리오 요약] 시트가 생성되어 결과 값이 표시된다.

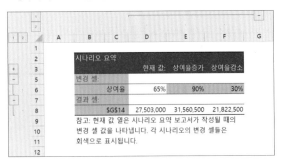

✅ TIP   데이터 유효성 검사

- 유효성 검사는 셀에 입력할 수 있거나 입력해야 할 데이터에 적용되는 제한 사항을 정의하는 데 사용한다.
- [데이터] 탭 – [데이터 도구] 그룹 – [데이터 유효성 검사] – [데이터 유효성 검사]를 실행한다.

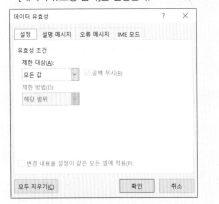

- 유효하지 않은 데이터를 사용자가 입력하지 못하도록 데이터 유효성 검사를 구성할 수 있다.
- 원하는 경우 유효하지 않은 데이터를 입력할 수도 있지만 사용자가 셀에 데이터를 입력하려 할 때 경고 메시지가 표시되도록 할 수 있다.
- 셀에 필요한 입력 데이터가 무엇인지 정의하여 보여 주는 메시지를 제공하고 사용자가 오류를 수정하는 데 도움이 되는 지침을 제공할 수도 있다.
- 목록상자에 없는 데이터 입력시 Excel이 어떻게 반응할지를 [오류 메시지] 탭에서 설정한다.
- 설정을 해제하려면 [데이터 유효성] 대화상자에서 〈모두 지우기〉 단추를 클릭한다.
- 목록을 유효성 조건의 원본에 정의하려면 쉼표(,)로 구분된 목록 값을 입력한다.
- 목록의 원본으로 정의된 이름의 범위를 사용하려면 등호(=)와 범위 이름을 입력한다.

[데이터 유효성] 기능에서 선택할 수 있는 오류 메시지의 스타일 세 가지

- **중지(⊗)** : 사용자가 셀에 잘못된 데이터를 입력하지 못하도록 막는다.
- **경고(⚠)** : 사용자가 잘못된 데이터를 입력할 경우 입력을 금지하지 않는 대신 입력한 데이터가 유효하지 않다는 사실을 사용자에게 경고로 알린다.
- **정보(ⓘ)** : 사용자가 잘못된 데이터를 입력할 경우 입력을 금지하지 않는 대신 입력한 데이터가 유효하지 않다는 사실을 사용자에게 알립니다.

MEMO

단 / 원 / 평 / 가 / 문 / 제

01 다음 중 부분합 계산에서 사용할 수 있는 함수로 옳지 않은 것은?

① 평균
② 표준 편차
③ 최대값
④ 절대 표준 편차

02 다음 중 그림에 표시된 시나리오 요약에 대한 설명으로 옳지 않은 것은?

시나리오 요약			
	현재 값:	판매량 감소	판매량 증가
변경 셀:			
$B$2	1,250	1,100	1,400
결과 셀:			
$D$2	₩ 6,250,000	₩ 5,500,000	₩ 7,000,000
참고: 현재 값 열은 시나리오 요약 보고서가 작성될 때의 변경 셀 값을 나타냅니다. 각 시나리오의 변경 셀들은 회색으로 표시됩니다.			

① 현재 2개의 시나리오가 작성되어 있다.
② [B2] 셀의 값이 변경될 때 [D2] 셀 값의 변화를 볼 수 있다.
③ [D2] 셀은 계산식이어야 하고 [B2] 셀은 [D2] 셀의 계산식에 포함되어 있어야 한다.
④ [B2] 셀 외에 최대 63개까지 변경 셀을 추가하여 지정할 수 있다.

03 다음 중 영문 대/소문자를 구분하도록 설정했을 때 오름차순 정렬의 순서가 옳은 것은?

① A-a-@-5-3
② 3-5-@-a-A
③ a-A-@-5-3
④ 3-5-@-A-a

04 다음 중 필터 기능에 대한 설명으로 잘못된 것은?

① 필터 기능은 워크시트에 입력된 자료들 중 특정한 조건에 맞는 자료만을 추출하여 나타내기 위한 기능이다.
② 자동 필터 기능은 조건에 맞는 자료들만을 다른 곳으로 추출할 수도 있고, 해당 시트에 표시할 수도 있다.
③ 자동 필터 기능은 두 개 이상의 열에 조건이 설정된 경우 AND 조건으로 결합시킬 수는 있지만, OR 조건으로 결합시킬 수는 없다.
④ 고급 필터를 사용할 때에는 먼저 조건을 시트에 입력해 두어야 한다.

05 워크시트에서 부분합의 기능을 이용하여, 성별로 점수 평균을 구하고자 한다. 부분합을 실행한 결과가 바르게 나오기 위해 가장 먼저 작업해야 하는 것은?

	A	B	C	D
1	컴퓨터활용 시험 결과표			
2				
3	이름	성별	점수	결과
4	유영석	남	85	합격
5	박지윤	여	62	합격
6	도연철	남	34	불합격
7	양희은	여	95	합격
8	정수라	여	45	불합격

① 평균 필드를 점수 필드 옆에 삽입해야 한다.
② 성별 필드를 기준으로 정렬해야 한다.
③ [부분합] 대화상자에서 [새로운 값으로 대치]를 설정해야 한다.
④ 점수 필드를 결과 필드 옆으로 이동해야 한다.

06 다음 중 피벗 테이블 보고서 만들기에 대한 설명으로 옳지 않은 것은?

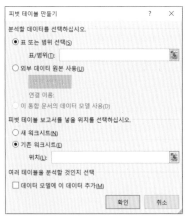

① 표/범위 상자에 셀 범위나 표 이름 참조를 입력한다.
② 새 워크시트를 클릭하면 피벗 테이블 보고서가 위치할 셀의 시작 위치를 지정할 수 있다.
③ 기존 워크시트를 선택하면 피벗 테이블 보고서를 배치할 셀 범위의 첫 번째 셀을 지정하여 작성할 수 있다.
④ 피벗 테이블 보고서는 각 필드에 다양한 조건을 지정할 수 있으며, 일정한 그룹별로 데이터 집계가 가능하다.

07 다음 중 고급 필터에 관한 설명으로 옳지 않은 것은?

① 고급 필터를 실행한 후 고급 필터에 사용된 조건식을 변경하면 필터 결과도 함께 변경된다.
② 특정 셀에 찾을 조건을 먼저 입력한 후 [데이터] – [정렬 및 필터] – [고급]을 실행한다.
③ 추출될 결과 중에서 동일한 레코드가 있을 경우 하나만 표시할 수 있다.
④ 조건에 만족하는 특정 필드만 추출할 경우에는 반드시 원본 데이터와 필드명이 같아야 한다.

08 상품 가격이 2500원짜리 물건에 대하여 총 판매액이 1,500,000원이 되게 하기 위해서는 판매수량이 얼마나 되어야 하는지 알아보기 위해 사용되는 유용한 기능은?

① 피벗 테이블   ② 고급 필터
③ 목표값 찾기   ④ 레코드 관리

09 다음 중 [데이터] – [정렬] 기능에 대한 설명으로 옳지 않은 것은?

① 데이터를 일정한 기준에 따라 정렬시키고자 할 때 사용한다.
② 정렬 방향은 항상 위쪽에서 아래쪽으로만 정렬시킬 수 있다.
③ 정렬 방식에는 오름차순과 내림차순이 있으며 셀 값에 따라 정렬이 수행된다.
④ 정렬 범위를 별도로 설정하지 않고 정렬 대상 범위 내에 셀 포인터를 두고 정렬을 실행하면 정렬 대상 범위 전체가 정렬 범위로 자동 설정된다.

10 다음 중 한 개 이상의 셀 범위 데이터에 특정 함수를 사용하여 하나의 데이터로 통합하는 기능을 무엇이라 하는가?

① 데이터 표   ② 데이터 통합
③ 시나리오   ④ 부분합

11 다음 중 목표값 찾기에서 반드시 지정해야 하는 항목이 아닌 것은?

① 수식 셀   ② 값을 바꿀 셀
③ 복사 위치   ④ 찾는 값

12 고급 필터에서 다음과 같은 조건을 설정하면 어떤 결과가 나타나는가?

	A	B	C
8			
9	부서	근무기간	성별
10	영업부		
11		10	남자

① 부서가 '영업부'이거나, 근무기간이 '10'이면서 성별이 '남자'인 데이터
② 부서가 '영업부'이면서, 근무기간이 '10'이고 성별이 '남자'인 데이터
③ 부서가 '영업부'이거나, 근무기간이 '10'이거나 성별이 '남자'인 데이터
④ 부서가 '영업부'이면서, 근무기간이 '10'이거나 성별이 '남자'인 데이터

13 하나 또는 두 개의 변수의 변화에 따른 수식의 결과 값을 표 형태로 만들 때 스프레드시트에서 사용하는 기능은?

① 데이터 표   ② 시나리오
③ 해 찾기   ④ 매크로

05 CHAPTER 차트 활용

01 차트 작성

1) 차트

1 차트

• 특정 항목의 구성 비율을 살펴보기 위하여 워크시트에 입력된 수치 값들을 막대나 선, 도형, 그림 등을 사용하여 시각적으로 표현한 것으로 데이터의 상호 관계나 경향 또는 추세를 쉽게 분석할 수 있다.

• 워크시트 데이터를 그림으로 만들어 한 눈에 데이터를 비교하고 그 추세를 보기가 용이하다.

2 차트 구성 요소

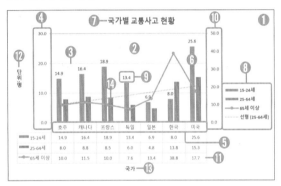

① 차트 영역 ② 그림 영역 ③ 주 눈금선 ④ 세로 (값) 축
⑤ 가로 (항목) 축 ⑥ 데이터 계열 ⑦ 차트 제목 ⑧ 범례
⑨ 데이터 레이블 ⑩ 보조 세로 (값) 축 ⑪ 데이터 표
⑫ 세로 (값) 축 제목 ⑬ 가로 (항목) 축 제목 ⑭ 추세선

2) 차트 작성 방법

• 차트를 만들 범위를 드래그하여 영역으로 지정한 후, [삽입] 탭 – [차트] 그룹 – [세로 또는 가로 막대형 차트 삽입(█▾)] – [묶은 세로 막대형]을 선택한다.

• 차트 범위 설정 후 F11 키를 누르면 기본형 차트(묶은 세로 막대형)가 별도의 차트 시트에 생성된다.

• Alt + F1 키를 누르면 원본 데이터가 있는 워크시트에 기본형 차트가 생성된다.

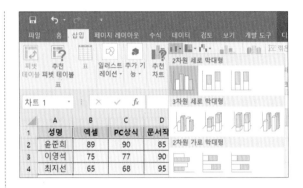

• [차트 도구] – [디자인] 탭 – [차트 레이아웃] 그룹의 [차트 요소 추가]에서 차트의 세부적인 요소를 작성해 준다.

① **차트 제목('성적현황')** : 생성된 차트 위에 기본 표시되는 '차트 제목'을 선택해서 수정, 삭제된 차트 제목을 재 표시하려면 [차트 도구] – [디자인] 탭 – [차트 레이아웃] 그룹 – [차트 요소 추가] – [차트 제목] – [차트 위] 선택

② **가로 (항목) 축 제목('과목')** : [차트 도구] – [디자인] 탭 – [차트 레이아웃] 그룹 – [차트 요소 추가] – [축 제목] – [기본 가로] 선택

③ **세로 (값) 축 제목('점수')** : [차트 도구] – [디자인] 탭 – [차트 레이아웃] 그룹 – [차트 요소 추가] – [축 제목] – [기본 세로] 선택

④ **데이터 레이블(과목별 점수)** : [차트 도구] – [디자인] 탭 – [차트 레이아웃] 그룹 – [차트 요소 추가] – [데이터 레이블] – [바깥쪽 끝에] 선택

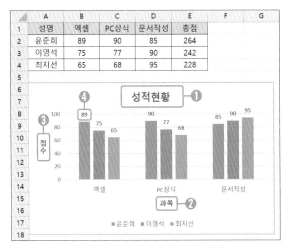

▲ 차트 작성 후 차트 조절점을 드래그하여 크기를 조절하고, 차트 영역을 선택 드래그 하여 원하는 위치로 이동

⊘ **TIP 특정 계열에 데이터 레이블**

'윤준희' 계열 또는 '윤준희' 계열의 '엑셀' 요소에만 데이터 레이블을 표시할 경우에는 해당 계열이나 해당 계열의 요소만 선택한 후, [차트 도구] – [디자인] 탭 – [차트 레이아웃] 그룹 – [차트 요소 추가] – [데이터 레이블]에서 표시할 위치를 지정하거나 바로 가기 메뉴에서 [데이터 레이블 추가]를 선택한다.

- 데이터 계열 값으로 참조되는 셀 영역에서 값과 표시 형식이 변경되면 차트에 표시되는 값에도 그대로 적용된다.
- 차트에 사용될 데이터 범위에 숨겨진 데이터가 있을 경우 차트에 표시되지 않는다.

3) 차트 편집

▣ 기본 차트 편집

차트 종류 변경	차트를 선택한 후, [차트 도구] – [디자인] 탭 – [종류] 그룹 – [차트 종류 변경]을 선택한 다음 원하는 유형의 차트로 변경
행/열 전환	차트를 선택한 후, [차트 도구] – [디자인] 탭 – [데이터] 그룹 – [행/열 전환]을 선택
원본 데이터 범위 변경	차트를 선택한 후, [차트 도구] – [디자인] 탭 – [데이터] 그룹 – [데이터 선택]을 선택한 다음 데이터 범위를 변경
범례 위치 변경	차트를 선택한 후, [차트 도구] – [디자인] 탭 – [차트 레이아웃] 그룹 – [차트 요소 추가] – [범례]에서 원하는 위치를 선택
데이터 레이블 위치 변경	차트를 선택한 후, [차트 도구] – [디자인] 탭 – [차트 레이아웃] 그룹 – [차트 요소 추가] – [데이터 레이블]에서 원하는 위치를 선택

차트 위치 변경	• 차트를 선택한 후, [차트 도구] – [디자인] 탭 – [위치] 그룹 – [차트 이동]을 선택하고 차트를 넣을 위치를 선택 • **차트 이동 위치** : 새 시트, 워크시트에 삽입 • **데이터 표를 나타낼 수 없는 차트** : 원형, 도넛형, 분산형, 거품형, 표면형, 방사형

⊘ **TIP 추세선**

- 일정 기간 동안 늘어난 판매량을 나타내기 위해 데이터 계열의 추세를 그래픽으로 표시
- 특정 계열을 선택한 후 [차트 도구] – [디자인] 탭 – [차트 레이아웃] 그룹 – [차트 요소 추가] – [추세선]에서 원하는 추세선을 선택
- **추세선을 사용할 수 없는 차트** : 3차원형, 표면형, 방사형, 원형, 도넛형 차트 등
- **종류** : 지수, 선형, 로그, 다항식, 거듭제곱, 이동 평균
- 차트에 표시된 추세선을 선택하고 Delete 키를 누르면 추세선이 삭제된다.

▣ 차트(그림) 영역 서식

- 차트(그림) 영역을 선택한 후, [차트 도구] – [서식] 탭 – [현재 선택 영역] 그룹 – [선택 영역 서식]을 실행한다.

❶ **채우기** : 차트(그림) 영역을 단색, 그라데이션, 그림, 질감 등으로 채움
❷ **테두리** : 차트(그림) 영역에 테두리 색을 지정하여 표시하고 테두리의 너비, 겹선 및 대시 종류, 둥근 모서리(차트 영역 서식에서만) 등을 설정
❸ **그림자** : 차트(그림) 영역에 그림자(오프셋 아래쪽, 오프셋 위쪽 등)를 지정
❹ **네온** : 차트(그림) 영역에 네온 변형 및 네온의 색, 크기, 투명도를 조정
❺ **부드러운 가장자리** : 차트(그림) 영역에 포인트별 부드러운 가장자리 지정 및 크기 설정

❻ **3차원 서식** : 차트(그림) 영역에 입체 효과, 깊이, 외형선, 재질, 조명 등을 설정

※ **사용자가 차트 요소에 지정한 서식 지우기** : 해당 요소를 선택 후 [차트 도구] – [서식] 탭 – [현재 선택 영역] 그룹 – [스타일에 맞게 다시 설정] 실행

❸ 고급 차트 편집

❶ **계열 겹치기 및 보조 축**

• 계열을 선택한 후, [차트 도구] – [서식] 탭 – [현재 선택 영역] 그룹 – [선택 영역 서식]을 실행한다.
• [데이터 계열 서식] 작업창의 [▮▮(계열 옵션)] – [계열 옵션]에서 '계열 겹치기' 값을 음수로 지정하면 계열간의 간격이 벌어지고, 양수로 지정하면 겹쳐진다.(−100% ~ 100%)

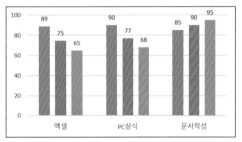

▲ 계열 겹치기 '−50%'

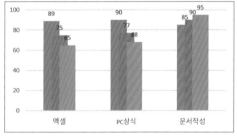

▲ 계열 겹치기 '50%'

• [▮▮(계열 옵션)] – [계열 옵션]에서 '간격 너비' 값이 커질수록 데이터 계열의 막대 너비는 작아지고, '간격 너비' 값이 작아질수록 막대 너비는 반대로 커진다.(0% ~ 500%)

❷ **축 서식 변경**

• 세로 (값) 축을 선택한 후 [차트 도구] – [서식] 탭 – [현재 선택 영역] 그룹 – [선택 영역 서식]을 실행한다.
• [축 서식] 작업창의 [▮▮(축 옵션)] – [축 옵션]에서 '최소, 최대, 주 단위, 보조 단위'에 원하는 값을 입력한다.

• [축 옵션] 설정 사항으로 '값을 거꾸로', '표시 단위'(백, 천, 백만 등), '가로 축 교차' 등을 지정할 수 있다.

❸ **데이터 계열 순서 변경**

• 차트를 선택한 후 [차트 도구] – [디자인] 탭 – [데이터] 그룹 – [데이터 선택]을 실행한다.
• [데이터 원본 선택] 대화상자에서 이동할 계열을 선택한 후, ▲, ▼ 단추를 이용하여 순서를 변경할 수 있다.

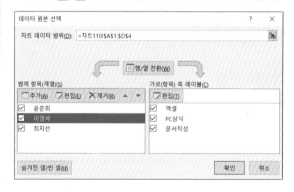

❹ **이중 축 차트(보조 축 지정)**

• 차트에 '보조 세로 (값) 축'을 만들어 이중으로 값을 표시하는 차트이다.
• 특정 계열을 선택한 후, [차트 도구] – [서식] 탭 – [현재 선택 영역] 그룹 – [선택 영역 서식]을 실행한다.
• [데이터 계열 서식] 작업창의 [▮▮(계열 옵션)] – [계열 옵션]에서 '보조 축'을 선택한다.

▲ [계열 옵션] 탭에서 '보조 축' 선택

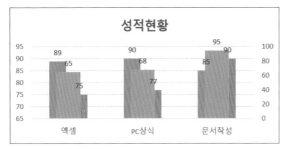

▲ '보조 세로 (값) 축'이 생성

⑤ 콤보 차트

- 특정 계열을 다른 차트로 변경하여 해당 계열을 강조하는 차트이다.
- 특정 계열을 선택한 후, [차트 도구] – [디자인] 탭 – [종류] 그룹 – [차트 종류 변경]을 실행한다.
- [차트 종류 변경] 대화상자에서 원하는 차트 모양을 선택한다.
- 콤보 차트는 2차원 차트만 가능하므로 주의한다.

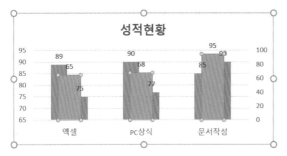

▲ 계열 선택

▲ 차트 종류 선택

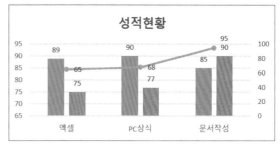

▲ 선택한 계열이 꺾은선 차트로 표시

- 3차원 차트, 거품형, 주식형, 표면형 등은 콤보 차트로 사용할 수 없다.

02 ▶ 차트 종류

1) 기본 차트 유형

세로 막대형	시간의 경과에 따른 데이터 변동을 표시하거나 항목별 비교를 나타내는 데 유용 
가로 막대형	개별 항목을 비교하여 보여줌 

꺾은선형	• 시간의 흐름에 따른 각 항목의 변화나 경향을 파악하고자 할 때 가장 적합한 차트 • 항목 레이블이 월, 분기, 연도와 같이 일정한 간격의 값을 나타내는 경우에 적합한 차트로 일정 간격에 따라 데이터의 추세를 표시하는 데 유용
원형	• 항상 하나의 데이터 계열만 보여 주므로 이 데이터에서 중요한 요소를 강조해야 할 때 유용하며 항상 한 개의 데이터 계열만 가지고 있으므로 축이 없음 • 전체 항목의 합에 대한 각 항목의 비율을 표시함 • 차트의 각 조각을 분리하거나, 첫째 조각의 각을 조정할 수 있음
분산형	• 여러 데이터 계열에 있는 숫자 값 사이의 관계를 보여 주거나, 두 개의 숫자 그룹을 X, Y 좌표로 이루어진 하나의 계열로 표시 • 과학, 통계 및 공학 데이터와 같은 숫자 값을 표시하고 비교하는 데 사용
영역형	시간에 따른 변동의 크기를 강조하여 보여 주며 합계 값을 추세와 함께 살펴볼 때 유용
도넛형	• 원형 차트와 마찬가지로 전체에 대한 각 부분의 관계를 보여 주지만 데이터 계열이 두 개 이상(다중 계열) 포함될 수 있다는 점이 다름 • 3차원 차트로 작성할 수 없음
방사형	각 데이터 요소의 중간 지점에 대한 값의 변화를 보여주고, 여러 데이터 계열의 집계 값을 비교하기에 좋음
표면형	두 데이터 집합 간의 최적 조합을 찾을 때 유용

거품형	분산형 차트의 일종, 세 값 집합을 비교하며 3차원 시각 효과를 적용할 수 있음 
주식형	• 주가 변동을 나타내는데 주로 사용 • 일일 기온 또는 연간 기온의 변동과 같은 과학 데이터에도 사용

⊘ TIP   **이중 축 차트**

특정 데이터 계열의 값이 다른 데이터 계열의 값과 현저하게 차이가 날 경우나 두 가지 이상의 데이터 계열을 가진 차트에 사용

⊘ TIP   **오차 막대**

• 데이터 계열의 오차량을 표시
• **오차 막대를 추가할 수 있는 차트 종류** : 영역형, 가로 막대형, 세로 막대형, 꺾은선형, 분산형, 거품형 차트 등의 데이터 계열에 오차 막대를 추가할 수 있음
• 3차원 차트에는 오차 막대를 표시할 수 없음

⊘ TIP   **데이터 표를 나타낼 수 없는 차트**

원형, 도넛형, 분산형, 거품형, 표면형, 방사형

⊘ TIP   **3차원 차트를 생성할 수 없는 차트**

분산형, 도넛형, 주식형, 방사형

MEMO

단 / 원 / 평 / 가 / 문 / 제

01 다음 중 차트에 대한 설명으로 옳지 않은 것은?

① 워크시트의 데이터 내용을 막대나 선, 도형, 그림 등을 사용하여 시각적으로 표현한 것이다.
② 데이터의 상태나 추세 등을 쉽고 빠르게 이해할 수 있다.
③ 많은 분량의 데이터를 간결하게 요약하여 제시한다.
④ 차트를 실행하기 전에 반드시 데이터 영역을 지정해야 한다.

02 다음 차트에서 설정되지 않은 옵션은?

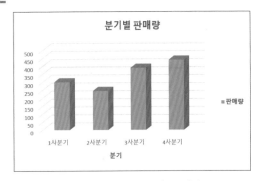

① 범례
② 차트 제목
③ 가로 (항목) 축 제목
④ 데이터 레이블

03 다음 중 차트 작성에 대한 설명으로 옳지 않은 것은?

① 차트의 종류를 바꿀 수 있다.
② 각 축의 제목을 삽입할 수 있다.
③ 범례는 아래와 오른쪽에만 위치할 수 있다.
④ 데이터의 레이블을 삽입할 수 있다.

04 다음 중 원형 차트를 개선한 것으로 여러 개의 계열을 가지는 차트는?

① 2차원 효과의 원형
② 도넛형
③ 방사형
④ 주식형

05 아래 시트의 1행부터 5행까지 전체 자료를 범위로 지정하여 차트를 작성하려고 한다. 가장 적당하지 않은 차트는?

	A	B	C	D	E
1	이름	국어	영어	수학	과학
2	윤채영	83	78	100	70
3	이지영	90	85	75	95
4	임태이	88	70	85	80
5	김보경	79	90	90	77

① 세로 막대형 차트
② 꺾은선형 차트
③ 원형 차트
④ 분산형 차트

06 다음 중 추세선을 사용할 수 없는 차트의 종류는?

① 가로 막대형
② 꺾은선형
③ 분산형
④ 방사형

07 다음 중 차트에 대한 설명으로 옳지 않은 것은?

① 세로 막대형 : 시간에 따른 변동의 크기를 강조하여 보여 주며 합계 값을 추세와 함께 살펴볼 때 유용
② 꺾은선형 : 시간의 흐름에 따른 각 항목의 변화나 경향을 파악하고자 할 때 가장 적합한 차트
③ 분산형 : 여러 데이터 계열에 있는 숫자 값 사이의 관계를 보여 주거나, 두 개의 숫자 그룹을 X, Y 좌표로 이루어진 하나의 계열로 표시
④ 주식형 : 주가 변동을 나타내는데 주로 사용하며, 일일 기온 또는 연간 기온의 변동과 같은 과학 데이터에도 사용

08 다음 차트에 대한 설명으로 옳지 않은 것은?

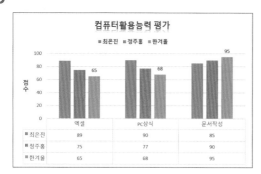

① 차트 제목에 텍스트 효과 중 반사 효과가 지정되어 있다.
② 세로 (값) 축의 축 서식 주 단위 값이 '20'으로 지정되어 있다.
③ 기본 주 가로 눈금선이 표시되어 있다.
④ 한겨울 계열에 데이터 표가 설정되어 있다.

09 다음 중 묶은 세로 막대형 차트의 편집 작업에 대한 설명으로 옳지 않은 것은?

① [차트 도구]-[디자인]-[차트 스타일] 그룹에서 여러가지 차트 스타일을 선택할 수 있다.
② 차트의 행 계열과 열 계열을 바꾸려면 [차트 도구]-[디자인]-[데이터] 그룹에서 [행/열 전환]을 클릭한다.
③ 새로운 데이터를 추가하려면 [차트 도구]-[디자인]-[차트 레이아웃] 그룹에서 [데이터 선택]을 클릭한다.
④ 차트 제목은 [차트 도구]-[서식]-[WordArt 스타일] 그룹에서 다양한 효과를 줄 수 있다.

10 아래 차트 그림 (가)를 (나)처럼 바꾸기 위해서는 어떤 방법을 이용해야 하는가?

(가)   (나)

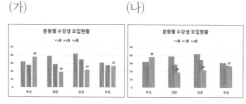

① 겹칠 계열을 선택한 후 [차트 도구]-[서식]-[현재 선택 영역]-[선택 영역 서식]을 클릭한 후, [계열 옵션] 작업창에서 '간격 너비' 값을 조정한다.
② 겹칠 계열을 선택한 후 [차트 도구]-[서식]-[현재 선택 영역]-[선택 영역 서식]을 클릭한 후, [계열 옵션] 작업창에서 '계열 겹치기' 값을 조정한다.
③ 겹칠 계열을 선택한 후 [차트 도구]-[디자인]-[데이터]-[데이터 선택]을 클릭한 후, [계열 옵션] 작업창에서 '계열 겹치기' 값을 조정한다.
④ 겹칠 계열을 선택한 후 [차트 도구]-[디자인]-[데이터]-[행/열 전환]을 클릭한 후, [계열 옵션] 작업창에서 '간격 너비' 값을 조정한다.

11 다음 중 차트에 대한 설명으로 옳지 않은 것은?

① 워크시트의 내용이 바뀌면 그 내용이 차트에 자동으로 반영된다.
② 차트에서 데이터 계열을 삭제하면 원본 데이터에 있던 값들도 삭제된다.
③ 차트에서 특정 계열을 선택한 후 계열 차트 종류 변경을 이용하여 콤보 차트를 만들 수 있다.
④ 차트를 만든 후 차트 제목, 축 제목, 범례 위치, 데이터 범위를 수정할 수 있다.

06 출력 작업
CHAPTER

01 ▶ 페이지 레이아웃 설정

1) 페이지 설정

1 [페이지] 탭

용지 방향, 확대/축소 배율, 자동 맞춤, 용지 크기, 인쇄 품질, 시작 페이지 번호 등을 설정할 수 있다.

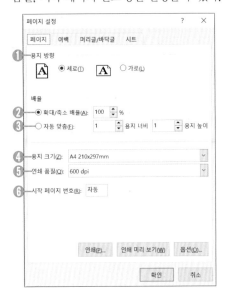

① 용지 방향 : 인쇄 방향('세로', '가로' 방향)을 설정
② 확대/축소 배율 : 10~400%까지 배율을 조정
③ 자동 맞춤 : 지정한 페이지 수에 맞게 인쇄할 수 있도록 확대/축소 배율이 자동으로 조정
④ 용지 크기 : 인쇄할 용지의 크기를 설정
⑤ 인쇄 품질 : 인쇄의 해상도를 설정
⑥ 시작 페이지 번호 : 시작 페이지에 페이지 번호를 지정
(기본 페이지는 '1')

2 [여백] 탭

- 용지의 여백을 설정(위쪽, 아래쪽, 왼쪽, 오른쪽, 머리글, 바닥글)한다.
- '가로'나 '세로' 또는 두 확인란을 모두 선택하여 데이터가 여백 안에서 페이지 가운데에 놓이도록 '페이지 가운데 맞춤'을 설정한다.

3 [머리글/바닥글] 탭

- 워크시트의 내용 외에 추가적인 정보를 머리글이나 바닥글로 입력할 수 있다.
- 페이지 번호나 문서의 제목 또는 사용자 이름, 작성 날짜 등을 표시할 때 사용한다.

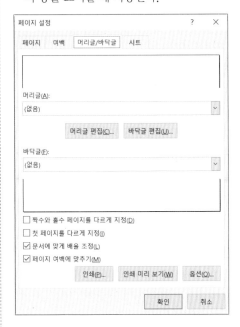

✓ TIP 머리글/바닥글 편집 도구

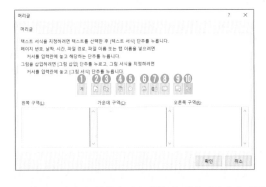

① 텍스트 서식 **②** 페이지 번호 삽입 **③** 전체 페이지 수 삽입
④ 날짜 삽입 **⑤** 시간 삽입 **⑥** 파일 경로 삽입 **⑦** 파일 이름 삽입
⑧ 시트 이름 삽입 **⑨** 그림 삽입 **⑩** 그림 서식

④ [시트] 탭

인쇄 영역, 인쇄 제목, 눈금선, 메모, 행/열 머리글, 페이지 순서 등에 관한 옵션을 설정할 수 있다.

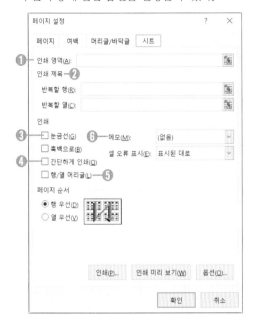

❶ **인쇄 영역** : 워크시트에서 인쇄할 영역을 범위로 지정함

❷ **인쇄 제목** : 매 페이지마다 같은 행이나 열을 제목으로 반복해서 인쇄할 경우 원하는 열이나 행을 선택

❸ **눈금선** : 인쇄 시 셀 눈금선의 출력 여부를 설정

❹ **간단하게 인쇄** : 차트, 도형, 워드아트, 괘선 등의 요소를 제외하고 텍스트만 빠르게 인쇄

❺ **행/열 머리글** : 행/열 머리글의 인쇄 여부를 지정

❻ **메모** : 시트에 포함된 메모 인쇄 위치를 지정(시트 끝, 시트에 표시된 대로), 기본 설정은 '없음'으로 메모는 인쇄되지 않음

2) 페이지 나누기

- 작성한 문서를 페이지 단위로 나누어 인쇄하기 위해 페이지를 구분하는 것이다.
- [페이지 레이아웃] 탭 – [페이지 설정] 그룹 – [나누기] – [페이지 나누기 삽입]을 실행한다.
- 설정된 페이지 나누기를 해제하려면 [페이지 레이아웃] 탭 – [페이지 설정] 그룹 – [나누기] – [페이지 나누기 제거]를 실행한다.

3) 페이지 나누기 미리 보기

① 페이지 나누기 미리 보기

- [보기] 탭 – [통합 문서 보기] 그룹 – [페이지 나누기 미리 보기]를 실행한다.
- 화면에 페이지 나누기와 페이지 번호, 인쇄 영역 경계선 등이 표시된다.
- [페이지 나누기 미리 보기] 상태에서도 데이터를 입력하거나 편집할 수 있다.
- [보기] 탭 – [통합 문서 보기] 그룹 – [기본]을 실행하면 [페이지 나누기 미리 보기] 상태가 해제된다.

② 인쇄 영역 조정 및 페이지 나누기 이동

- 자동으로 추가된 페이지 나누기는 파선으로 표시되고, 수동으로 삽입한 페이지 나누기의 인쇄 영역은 파란색 굵은 실선으로 둘러싸여 흰색과 구분되어 표시된다.
- 인쇄 영역을 조정하려면 마우스로 파란색 실선을 드래그한다.
- 페이지 나누기 선을 드래그하여 페이지 범위를 조정할 수 있다.
- 자동 페이지 나누기 구분선을 이동하면 수동 페이지로 바뀐다.
- 수동으로 삽입한 페이지 나누기를 제거하려면 페이지 나누기 선을 페이지 나누기 미리 보기 영역 밖으로 끌어 놓는다.

	A	B	C	D	E	F	G
1			고객별 대출현황				
2							
3	고객명	대출상품	대출금액	대출기간	대출일		
4	윤채영	일반대출	₩ 15,000,000	36	2020-12-21		
5	이지영	결혼자금	₩ 5,000,000	24	2020-05-06		
6	임태이	자유대출	₩ 32,000,000	60	2020-05-09		
7	김보경	출산	₩ 6,000,000	24	2020-05-19		
8	박은지	학자금A형	₩ 7,000,000	24	2020-12-30		
9	황태균	일반대출	₩ 24,000,000	36	2020-07-28		
10	이영서	자유대출	₩ 9,000,000	24	2020-02-23		
11	박보영	출산	₩ 14,500,000	36	2020-04-20		
12	윤준희	학자금B형	₩ 5,500,000	12	2020		
13	최지선	학자금A형	₩ 7,800,000	12	2020		
14	이재관	자유대출	₩ 12,500,000	36	2020-06-08		
15	손봉주	자유대출	₩ 25,000,000	60	2020-08-07		
16	이민우	일반대출	₩ 45,000,000	60	2020-07-09		
17							

4) 출력에 필요한 창 작업

① 창 정렬

- 여러 개의 통합 문서가 열려 있을 경우 문서의 정렬 방식을 선택할 수 있다.
- [보기] 탭 – [창] 그룹 – [모두 정렬]을 이용한다.(바둑판식, 가로, 세로, 계단식)

② 창 나누기

- 워크시트의 내용이 많아 하나의 화면으로는 모두 표시하기가 어려워 불편할 때 멀리 떨어져 있는 데이터를 한 화면에 표시할 수 있도록 분할하는 기능이다.
- [보기] 탭 – [창] 그룹 – [나누기]를 실행한다. (한 번 더 실행하면 나누기가 취소 됨)
- 워크시트를 여러 개의 창으로 분리하는 기능이다. (최대 4개까지 분할)
- 첫 행과 왼쪽 열을 제외한 나머지 셀에서 창 나누기를 실행하면 셀 포인터의 왼쪽과 위쪽으로 창 구분선이 표시된다.
- 창이 나누어진 상태에서 창 구분선을 마우스로 끌어서 분할된 지점을 변경할 수 있다.
- 분할선()을 마우스로 더블 클릭할 경우 창 나누기가 해제된다.

	A	B	C	D	E	F	G
1			고객별 대출현황				
2							
3	고객명	대출상품	대출금액	대출기간	대출일		
4	윤채영	일반대출	₩ 15,000,000	36	2020-12-21		
5	이지영	결혼자금	₩ 5,000,000	12	2020-05-06		
6	임태아	자유대출	₩ 32,000,000	60	2020-05-09		
7	김보경	출산	₩ 6,000,000	24	2020-05-19		
8	박은지	학자금A형	₩ 7,000,000	24	2020-12-30		
9	황태균	일반대출	₩ 24,000,000	36	2020-07-28		
10	이영서	자유대출	₩ 9,000,000	24	2020-02-23		
11	박보영	출산	₩ 14,500,000	36	2020-04-20		
12	윤준희	학자금B형	₩ 5,500,000	24	2020-05-02		
13	최지선	학자금A형	₩ 7,800,000	12	2020-06-20		
14	이재관	자유대출	₩ 12,500,000	36	2020-06-08		
15	손봉주	자유대출	₩ 25,000,000	60	2020-08-07		
16	이민우	일반대출	₩ 45,000,000	60	2020-07-09		
17							

- 화면에 표시되는 창 나누기 형태는 인쇄 시 적용되지 않는다.
- 현재의 창 나누기 상태를 유지하면서 추가로 창 나누기를 지정할 수 없다.

5) 창 숨기기 및 틀 고정
① 창 숨기기 / 숨기기 취소
- 작업 중인 통합 문서 창을 숨기는 기능이다.
- [보기] 탭 – [창] 그룹 – [숨기기] / [숨기기 취소]를 실행한다.

② 틀 고정
- 많은 분량의 데이터를 이용하여 작업할 경우 특정한 범위의 열 또는 행을 고정시켜 화면이 스크롤 되어도 화면에서 계속 보이도록 하는 기능이다.
- 틀 고정 선을 마우스로 끌어서 위치를 변경시킬 수는 없다.

● 틀 고정하기
- 틀을 고정하고자 하는 행의 아래 또는 열의 오른쪽에 셀 포인터를 위치시킨다.
- [보기] 탭 – [창] 그룹 – [틀 고정] – [틀 고정]을 선택하면 현재 셀의 위쪽과 왼쪽으로 틀 고정선이 표시된다.

	A	C	D	E	F	G	H
1		고객별 대출현황					
2							
3	고객명	대출금액	대출기간	대출일			
8	박은지	₩ 7,000,000	24	2020-12-30			
9	황태균	₩ 24,000,000	36	2020-07-28			
10	이영서	₩ 9,000,000	24	2020-02-23			
11	박보영	₩ 14,500,000	36	2020-04-20			
12	윤준희	₩ 5,500,000	24	2020-05-02			
13	최지선	₩ 7,800,000	12	2020-06-20			
14	이재관	₩ 12,500,000	36	2020-06-08			
15	손봉주	₩ 25,000,000	60	2020-08-07			
16	이민우	₩ 45,000,000	60	2020-07-09			

▲ 3행과 A열이 틀 고정된 상태

- [틀 고정] 기능에는 현재 선택 영역을 기준으로 하는 '틀 고정' 외에도 '첫 행 고정', '첫 열 고정' 등의 옵션이 있다.

② 틀 고정 취소하기
[보기] 탭 – [창] 그룹 – [틀 고정] – [틀 고정 취소]를 선택하면 틀 고정선이 취소된다.

(02) 인쇄 작업

1) 인쇄 미리 보기
- 설정한 옵션에 맞추어 인쇄될 내용을 화면상에서 미리 보여주는 기능이다.
- 마우스를 이용하여 여백과 셀 너비를 조절할 수 있으나 행 높이는 조절할 수 없다.
- [파일] – [인쇄]를 실행한다.

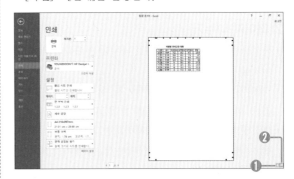

- ❶ **여백표시** : 인쇄 여백이 표시되면 마우스를 이용하여 조정이 가능함
- ❷ **페이지 확대/축소** : 인쇄 미리 보기 화면을 확대/축소할 수 있음

2) 워크시트 인쇄

[파일] – [인쇄]를 실행하거나 Ctrl + P 키를 누른다.

❶ 인쇄에 사용할 프린터를 지정 ❷ 인쇄할 부분을 지정
❸ 인쇄 방향을 지정 ❹ 인쇄 용지를 지정 ❺ 여백 지정

3) 인쇄 영역

• 워크시트의 내용 중 인쇄할 영역을 의미한다.
• 특별한 지정이 없다면 전체 워크시트에 입력된 내용 모
  두를 포함시킨다.
• 인쇄할 셀 범위를 선택한 후, [페이지 레이아웃]
  탭 – [페이지 설정] 그룹 – [인쇄 영역] – [인쇄 영역
  설정]을 실행한다.
• 설정된 인쇄 영역을 해제하려면 [페이지 레이아웃]
  탭 – [페이지 설정] 그룹 – [인쇄 영역] – [인쇄 영역
  해제]를 실행한다.

단 / 원 / 평 / 가 / 문 / 제

01 다음 중 엑셀에서 출력에 대한 설명으로 옳지 않은 것은?

① [페이지 레이아웃] 탭에서 [페이지 설정] 그룹의 [배경]을 사용하여 워크시트에 추가한 배경 무늬를 인쇄할 수 있다.
② 워크시트를 인쇄하기 전에 [인쇄 미리 보기]를 눌러 시트를 인쇄했을 때의 모양을 미리 볼 수 있다.
③ 워크시트에 삽입된 SmartArt도 인쇄할 수 있다.
④ 셀 음영도 인쇄할 수 있다.

02 다음 중 [페이지 설정] 대화상자에 대한 설명으로 옳지 않은 것은?

① [페이지] : 용지 크기 및 인쇄 영역을 설정할 수 있다.
② [여백] : 인쇄할 내용이 페이지의 가로 및 세로 가운데에 위치하도록 설정할 수 있다.
③ [머리글/바닥글] : 페이지마다 고정적으로 표시되는 머리글이나 바닥글을 설정한다.
④ [시트] : 모든 페이지에 제목으로 반복 인쇄할 행이나 열을 지정할 수 있다.

03 다음 중 페이지 레이아웃 및 인쇄 관련 설정에 대한 설명으로 옳지 않은 것은?

① [인쇄 미리 보기] 상태에서는 마우스를 이용하여 페이지 여백을 조정할 수 있다.
② [페이지 설정] 대화상자의 [페이지] 탭에서 확대/축소 배율을 지정할 수 있다.
③ [보기] 탭 [통합 문서 보기] 그룹의 '페이지 나누기 미리 보기'를 클릭하면 머리글 및 바닥글을 쉽게 삽입할 수 있다.
④ [페이지 레이아웃] 탭의 [페이지 설정] 그룹에서 [나누기] - [페이지 나누기 삽입]은 새 페이지가 시작되는 위치를 지정하는 것으로 선택 영역의 위쪽과 왼쪽에 페이지 나누기가 삽입된다.

04 창 나누기는 데이터의 양이 많아 필요한 데이터를 한 화면으로 보기 어려운 경우, 서로 떨어져 있는 데이터를 한 화면에 표시하기 위해 이용되는 기능이다. 아래 그림과 같이 나누기를 하려면 먼저 셀 포인터를 어느 셀에 위치시켜야 하는가?

▲	A	B	C		A	B	C	
1	이름	부서	직급		이름	부서	직급	
2	윤채영	기획부	실장		윤채영	기획부	실장	
3	이영석	인사부	차장		이영석	인사부	차장	▼
1	이름	부서	직급		이름	부서	직급	
2	윤채영	기획부	실장		윤채영	기획부	실장	
3	이영석	인사부	차장		이영석	인사부	차장	
4								

① C3   ② D3
③ C4   ④ D4

05 다음 중 [보기] - [창] - [나누기]에 대한 설명으로 올바르지 않은 것은?

① 워크시트를 여러 개의 창으로 분리하는 기능으로 최대 4개로 분할할 수 있다.
② 작업 중인 창을 분할하면 별도의 이동 표시줄이 분할된 창마다 표시된다.
③ 창 나누기 분할선을 마우스로 끌어서 위치를 변경시킬 수 있다.
④ 창 나누기를 해제할 경우 [보기] - [창] - [숨기기 취소] 메뉴를 실행한다.

06 다음 중 [페이지 설정] 대화상자에 대한 설명으로 옳지 않은 것은?

① 용지의 방향을 가로나 세로로 지정할 수 있다.
② 인쇄 품질은 인쇄 해상도를 지정하며, 해상도가 높을수록 출력물이 선명하다.
③ 시작 페이지 번호의 기본 값은 0페이지부터 부여된다.
④ 시트의 행/열 머리글의 인쇄 여부를 지정할 수 있다.

07 다음 중 화면 제어 방법에 대한 설명으로 옳지 않은 것은?

① [창 나누기]는 워크시트를 여러 개의 창으로 분리하는 기능으로 화면은 최대 4개로 분할할 수 있다.
② [창 나누기]를 위해서는 셀 포인터를 창을 나눌 기준 위치로 옮긴 후, [보기] – [창] – [나누기]를 클릭하면 셀 포인터의 위치를 기준으로 화면을 수평/수직으로 분할해 준다.
③ 틀 고정은 특정한 범위의 열 또는 행을 고정시켜 셀 포인터의 이동에 관계없이 화면에 항상 표시하고자할 때 설정한다.
④ 통합 문서 창을 [보기] – [창] – [숨기기]를 이용하여 숨긴 채로 엑셀을 종료하면 다음에 파일을 열 때 숨겨진 창에 대해 숨기기 취소를 할 수 없으므로 주의하여야 한다.

08 워크시트 출력 시 머리글 또는 바닥글에 페이지 번호가 포함되어 있는 경우, 시작 페이지 번호를 100으로 지정하려고 한다. 다음 중 설명이 옳은 것은?

① [페이지 설정] – [여백] 탭에서 [바닥글] 상자에 워크시트의 시작 페이지에 표시할 페이지 번호(100)를 입력한다.
② [페이지 설정] – [페이지] 탭에서 [자동 맞춤]에서 [용지 높이]를 워크시트의 시작 페이지에 표시할 페이지 번호(100)를 입력한다.
③ [페이지 설정] – [페이지] 탭에서 [시작 페이지 번호] 상자에 워크시트의 시작 페이지에 표시할 페이지 번호(100)를 입력한다.
④ [페이지 설정] – [설정] 탭에서 [시작 페이지 번호] 상자에 '자동'이라고 입력한다.

09 다음 중 엑셀의 [보기] 탭에 대한 설명으로 옳지 않은 것은?

① [통합 문서 보기] 그룹 : 기본, 페이지 레이아웃, 페이지 나누기 미리 보기, 사용자 지정 보기 등을 이용하여 화면 보기를 전환할 수 있다.
② [표시] 그룹 : 눈금자, 수식 입력줄, 눈금선, 머리글 등을 표시하거나 숨길 수 있다.
③ [확대/축소] 그룹 : 확대/축소, 100%, 선택 영역 확대/축소 등을 이용하여 화면의 보기 비율을 조정할 수 있다.
④ [창] 그룹 : 열 숨기기, 행 숨기기, 표 서식, 셀 스타일 등을 이용하여 창에 다양한 효과를 지정할 수 있다.

10 다음 중 [보기] – [창] – [틀 고정]에 대한 설명으로 옳지 않은 것은?

① 셀 포인터의 이동에 상관없이 항상 제목 행이나 제목 열을 표시하고자 할 때 설정한다.
② 제목 행으로 설정된 행은 셀 포인터를 화면의 아래쪽으로 이동시켜도 항상 화면에 표시된다.
③ 제목 열로 설정된 열은 셀 포인터를 화면의 오른쪽으로 이동시켜도 항상 화면에 표시된다.
④ 틀 고정을 취소할 때는 셀 포인터를 틀 고정된 우측 하단에 반드시 위치시키고 [보기] – [창] – [틀 고정 취소]를 클릭해야 한다.

07 매크로 활용
CHAPTER

01 매크로 작성

1) 매크로 작성

1 매크로

- 매크로란 엑셀에서 자주 수행하는 작업을 자동화하기 위한 것으로 해당 작업이 필요할 때마다 실행할 수 있도록 일련의 명령과 함수를 Microsoft Visual Basic 모듈로 저장해 놓은 것을 말한다.
- 매크로를 사용함으로써 반복되는 작업을 자동으로 처리하여 작업 도중 일어나는 실수를 줄일 수 있으며, 작업 시간을 단축시킬 수 있다.
- 엑셀 매크로는 VBE(Visual Basic Editor)를 이용하여 VBA(Visual Basic for Applications) 언어로 된 코드를 직접 생성하고 수정할 수 있다.
- 엑셀 매크로의 작성은 마우스나 키보드를 이용한 자동 기록 매크로(VBA문 자동 생성)와 VBA문을 직접 작성하는 방법이 있다.

2 자동 기록 매크로 작성

❶ [매크로 기록] 대화상자

- [파일] – [옵션] – [리본 사용자 지정] – 〈리본 메뉴 사용자 지정〉에서 '개발 도구'를 선택하여 체크 표시를 지정한다.
- [개발 도구] 탭 – [코드] 그룹 – [매크로 기록]을 실행한다.
- [매크로 기록] 대화상자에서 '매크로 이름', '바로 가기 키', '저장 위치' 등을 지정한다.

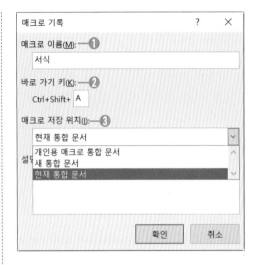

❶ 첫 글자는 반드시 문자여야 하며 나머지는 문자, 숫자, 밑줄(_) 등이 될 수 있음(단, 문자 사이에 공백은 포함할 수 없고 ?, /, 〉, ', ', −, ※ 등의 문자도 사용할 수 없다.)

- 똑같은 매크로 이름을 사용할 수 없고 사용자가 매크로 이름을 지정하지 않으면 매크로 1, 매크로 2 … 이름으로 자동 부여된다.

❷ 영문자로만 대/소문자를 구분하여 입력(**Ctrl**+영문 소문자, **Ctrl**+**Shift**+영문 대문자)할 수 있고, 생략 가능함.

(※ 매크로에서 지정한 바로 가기 키와 엑셀의 바로 가기 키가 같은 경우 매크로에서 지정한 바로 가기 키가 우선 적용)

❸ 매크로 저장 위치 선택

- **개인용 매크로 통합 문서** : PERSONAL.XLSB에 저장하여 엑셀을 실행할 때마다 사용할 수 있음
- **새 통합 문서** : 새 통합 문서를 열어서 저장
- **현재 통합 문서** : 현재 활성화된 통합 문서에 저장, 현재 통합 문서에서만 사용할 매크로를 저장할 때 사용

❷ [매크로] 대화상자

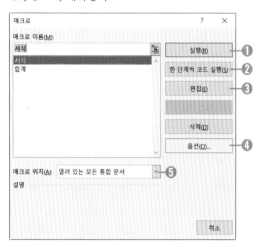

❶ 매크로를 실행
❷ VBE를 이용하여 한 줄씩 실행(디버깅)
❸ VBE를 이용하여 매크로를 수정
❹ 해당 매크로의 바로 가기 키를 지정하거나 설명 입력
❺ 매크로의 위치 지정

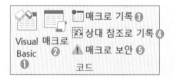

❶ Visual Basic Editor를 실행
❷ 매크로 보기(매크로 실행/수정/삭제 가능)
❸ 매크로를 기록
❹ 상대 참조로 기록(상대 참조로 기록을 선택하지 않으면 절대 참조로 기록)
❺ 매크로를 불러오는 방법을 설정(모든 매크로 제외(알림 표시 없음), 모든 매크로 제외(알림 표시), 디지털 서명된 매크로만 포함, 모든 매크로 포함)
   (※ 기본 설정은 '모든 매크로 제외(알림 표시)'로 설정)

---

2) 매크로 실행

실행1	[개발 도구] 탭 – [코드] 그룹 – [매크로]를 실행하거나 [Alt]+[F8] 키를 누름
실행2	매크로 바로 가기 키를 이용하여 실행
실행3	개체를 이용하여 실행 • [삽입] 탭 – [일러스트레이션] 그룹 – [도형]을 선택하여 그린 후, 바로 가기 키를 이용하여 매크로 지정 • [삽입] 탭 – [텍스트] 그룹 – [워드아트]를 선택하여 작성한 후, 바로 가기 키를 이용하여 매크로 지정 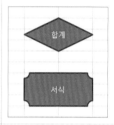
실행4	양식 컨트롤을 이용하여 실행 [개발 도구] 탭 – [컨트롤] 그룹 – [삽입]에서 '양식 컨트롤'이용 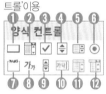 ❶ 단추 ❷ 콤보 상자 ❸ 확인란 ❹ 스핀 단추 ❺ 목록 상자 ❻ 옵션 단추 ❼ 그룹 상자 ❽ 레이블 ❾ 스크롤 막대 ❿ 텍스트 필드 ⓫ 콤보 목록 – 편집 ⓬ 콤보 드롭다운 – 편집 • 양식 컨트롤에서 원하는 컨트롤을 선택하여 그린 후, 바로 가기 키를 이용하여 [매크로 지정]을 작업한 후 클릭하여 실행 
실행5	Visual Basic 도구의 실행 아이콘을 이용 • [개발 도구] 탭 – [코드] 그룹 – [Visual Basic]을 클릭 • Visual Basic 도구의 '매크로 실행(▶)' 아이콘을 클릭하면 [매크로] 대화 상자가 표시(실행할 매크로를 선택한 후 〈실행〉 단추를 클릭)

• [개발 도구] 탭 – [코드] 그룹 – [매크로] – 매크로를 선택 – [옵션] 단추
• 매크로 이름은 [매크로 옵션] 창에서는 변경할 수 없고 확인만 가능하므로 수정하려면 VBE에서 수정해야 한다.
• 해당 매크로의 바로 가기 키를 변경 지정하거나 설명을 입력할 수 있다.

3) 매크로 중지/수정/삭제

매크로 중지	현재 실행 중인 매크로를 중지하려면 **Esc** 키를 누름
매크로 수정	• 매크로를 편집하려면 Visual Basic Editor를 사용하여 엑셀 통합 문서에 첨부된 매크로를 작성하고 편집할 수 있음 • [개발 도구] 탭 – [코드] 그룹 – [매크로] – 편집할 매크로 선택 – 〈편집〉 단추 선택
매크로 삭제	[개발 도구] 탭 – [코드] 그룹 – [매크로] – 삭제할 매크로 선택 – 〈삭제〉 단추 선택

⊘ TIP

[개발 도구] 탭 – [코드] 그룹 – [매크로 보안] – [매크로 설정] 항목
모든 매크로 제외(알림 표시 없음), 모든 매크로 제외(알림 표시), 디지털 서명된 매크로만 포함, 모든 매크로 포함(위험성 있는 코드가 실행될 수 있으므로 권장하지 않음)

4) VBA 제어문

1 조건문

If 문	• '조건식'을 만족하면 '문장1'을 실행하고, 만족하지 않을 경우 '문장2'를 실행
	• 'Else'구문은 생략 가능하나 'End If'는 생략할 수 없음
	
	If 조건식 Then
	
	　문장1
	
	Else
	
	　문장2
	
	End If

• 하나의 식을 다른 여러 값과 비교할 때 주로 사용
• If 문의 경우 '조건식'이 '참'이 아닐 때 다른 조건식을 계속해서 나타낼 수 있는 반면, 'Select Case'문은 제어 구조의 맨 위에서 식을 한 번만 검토할 수 있음

Select Case 문	Select Case 수식 또는 비교할 값 　Case 조건식1 　문장1 　Case 조건식2 　문장2 　Case 조건식3 　문장3 End Select

2 반복문

For~Next 문	• For~Next 문은 정해진 횟수만큼 명령문 블록을 반복할 수 있음 • For 루프는 루프를 반복할 때마다 값이 증가되거나 감소되는 카운터 변수를 사용 For 변수=초기값 To 최종값 　명령문 Next
Do~Loop 문	Do~Loop 문의 경우 주어진 조건이 참이거나 참이 될 때까지 명령문을 무제한으로 실행할 수 있음 Do While 조건식 　명령문 Loop

MEMO

단/원/평/가/문/제

01 다음 중 매크로에 대한 설명으로 옳지 않은 것은?

① 반복적인 작업을 매크로로 기록한 후 쉽고 빠르게 실행할 수 있다.
② 매크로는 해당 작업에 대한 일련의 명령과 함수를 Microsoft Visual Basic 모듈로 저장한 것이다.
③ 매크로의 바로 가기 키는 **Ctrl**과 영문자 또는 숫자로 조합할 수 있다.
④ 매크로 저장 위치는 '현재 통합 문서', '개인용 매크로 통합 문서', '새 통합 문서' 등의 옵션이 있다.

02 다음 중 엑셀의 매크로 사용에 대한 설명으로 옳지 않은 것은?

① 리본 메뉴에 [개발 도구] 탭의 표시 여부는 [Excel 옵션]에서 선택할 수 있다.
② 엑셀에서 기본적으로 사용하는 통합 문서(.xlsx)는 매크로 제외 통합 문서이다.
③ 엑셀의 매크로 보안 설정은 기본적으로 '디지털 서명된 매크로만 포함'으로 설정되어 있다.
④ [개발 도구] 탭을 사용하면 매크로와 양식 컨트롤을 쉽게 사용할 수 있다.

03 다음 중 매크로 작성 시 '매크로 기록' 대화상자에서 지정할 수 있는 매크로의 저장 위치로 옳지 않은 것은?

① 개인용 매크로 통합 문서
② 새 통합 문서
③ 현재 통합 문서
④ 작업 통합 문서

04 다음 중 매크로 이름으로 적합한 것은?

① 합계_생성   ② 2014년_합계
③ Chart-1   ④ 1사분기실적

05 다음 매크로 대화상자에 대한 설명으로 옳지 않은 것은?

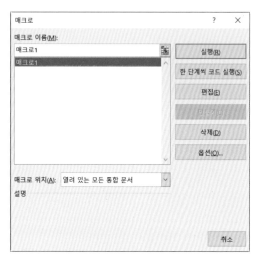

① 매크로 이름을 선택한 후 실행 단추를 누르면 매크로가 실행된다.
② '한 단계씩 코드 실행' 단추를 클릭하면 VBE가 실행되어 매크로 실행과정을 확인할 수 있다.
③ 매크로 대화상자에서는 새 매크로를 작성할 수 없다.
④ '옵션' 단추를 클릭하면 매크로 바로 가기 키를 수정할 수 있다.

06 다음 중 매크로에 관한 설명으로 옳지 않은 것은?

① 서로 다른 매크로에 동일한 이름을 부여할 수 없다.
② 매크로는 반복적인 작업을 자동화하여 복잡한 작업을 단순한 명령으로 실행할 수 있도록 한다.
③ 사용자의 마우스 동작은 그대로 기록되지만, 키보드 동작은 그대로 기록되지 않는다.
④ 현재 셀의 위치를 기준으로 실행되게 하려면 상대 셀 참조를 사용하여 매크로를 기록하면 된다.

07 다음 중 매크로와 관련된 바로 가기 키에 대한 설명으로 옳지 않은 것은?

① **Alt**+**M** 키를 누르면 [매크로 기록] 대화상자가 표시되어 매크로를 기록할 수 있다.
② **Alt**+**F11** 키를 누르면 Visual Basic Editor가 실행되며 매크로를 수정할 수 있다.
③ **Alt**+**F8** 키를 누르면 [매크로] 대화상자가 표시되어 매크로 목록에서 매크로를 선택하여 실행할 수 있다.
④ 매크로 기록 시 **Ctrl** 키와 영문 문자를 조합하여 해당 매크로의 바로 가기 키를 지정할 수 있다.

08 다음 중 매크로의 특징에 대한 설명으로 옳지 않은 것은?

① 매크로를 기록할 때 리본 메뉴에서의 탐색은 기록된 단계에 포함되지 않는다.
② 매크로로 작성한 내용은 필요에 따라 삭제, 편집이 가능하다.
③ '절대 참조'를 이용하면 현재 셀의 위치에 따라 작업의 대상이 되는 영역을 달리할 수 있다.
④ 매크로는 반복적인 작업이나 시간이 많이 걸리는 작업을 보다 신속하게 처리하기 위해 사용된다.

09 다음 중 엑셀의 매크로 기능에 대한 설명으로 옳지 않은 것은?

① 매크로를 저장할 때 '개인용 매크로 통합 문서'로 설정하면 'Personal.XLSB'에 저장된다.
② 키보드나 마우스로 매크로를 작성했더라도 VBA 언어로된 코드가 자동으로 생성되고, VBA 문을 이용하여 직접 코드를 작성할 수도 있다.
③ 매크로 이름의 첫 글자를 제외하고는 문자, 숫자 등을 혼합하여 사용할 수 있으며 공백은 사용할 수 없다.
④ 매크로 저장시 바로 가기 키는 한글과 영문자만 가능하고, 입력하지 않아도 매크로를 생성할 수 있다.

10 다음 중 매크로 기록과 실행에 관련된 항목들의 설명으로 옳지 않은 것은?

① 자주 사용되는 매크로는 DEFAULT.XLSB로 저장하여 엑셀이 실행될 때 자동으로 열리도록 한다.
② 매크로 기록 기능을 통해 작성된 매크로는 'VBA 편집기'에서 실행할 수 있다.
③ 매크로 기록 기능을 이용할 때 기본 저장 위치는 '현재 통합 문서'가 된다.
④ 매크로 실행을 위한 바로가기 키는 **Ctrl**+<영문 소문자> 또는 **Ctrl**+**Shift**+<영문 대문자>로 지정할 수 있다.

11 다음 중 [매크로 기록] 대화상자에 대한 설명으로 옳지 않은 것은?

① 매크로 이름에는 공백을 포함할 수 없다.
② 바로 가기 키에 사용할 수 있는 문자는 영문자(대소문자), '@', '#' 등이 있다.
③ 설명은 사용자가 임의로 수정할 수 있다.
④ 엑셀을 사용할 때마다 매크로를 사용할 수 있게 하려면 매크로 저장 위치를 '개인용 매크로 통합 문서'를 선택한다.

12 다음 중 작성된 매크로 내용을 수정하기 위한 방법으로 적합한 것은?

① [개발 도구] – [코드] – [Visual Basic]
② [개발 도구] – [코드] – [매크로] – [옵션]
③ [개발 도구] – [코드] – [매크로 보안]
④ [개발 도구] – [컨트롤] – [속성]

MEMO

컴퓨터활용능력 2급 필기

PART

03 합격 모의고사

제 01 회 합격 모의고사

제1과목 **컴퓨터 일반**

01 다음 중 레지스터(Register)에 관한 설명으로 거리가 먼 것은?

① CPU 내에서 자료를 일시적으로 저장하는 저장장치이다.

② 주기억장치보다 저장 용량이 적고 속도가 느리다.

③ ALU(산술/논리장치)에서 연산된 자료를 일시적으로 저장한다.

④ 레지스터는 명령 레지스터, 주소 레지스터, 프로그램 레지스터 등 여러 유형의 레지스터가 있다.

02 다음 중 Windows의 클립보드에 대한 설명으로 옳지 않은 것은?

① 클립보드는 Windows 뿐만 아니라 설치된 모든 응용 앱에서 공동으로 이용한다.

② 화면 전체 내용을 그대로 클립보드에 복사하는 키는 [Print Screen] 키이다.

③ 현재 사용 중인 활성 창을 클립보드에 복사하는 키는 [Ctrl]+[Print Screen] 키이다.

④ 정보를 클립보드로 복사할 때마다 클립보드의 이전 내용이 복사한 새 정보로 바뀌어 저장된다.

03 다음 중 Windows에서 PC를 사용하는 도중 예기치 않은 상황에서 응답하지 않는 응용 프로그램을 종료시키기 위해 [작업 관리자] 창을 호출하는 바로 가기 키는?

① [Ctrl]+[Esc] 키

② [Ctrl]+[Alt]+[Space Bar] 키

③ [Ctrl]+[Shift]+[Esc] 키

④ [Ctrl]+[Shift]+[Delete] 키

04 다음 중 스풀링(Spooling)에 대한 설명으로 옳지 않은 것은?

① 스풀링은 CPU 작업시간과 프린터 인쇄 작업 시간 사이의 차이를 완충하는 기능을 한다.

② 사용자는 프린터 옵션 설정을 통하여 스풀링 기능 사용을 취소할 수도 있다.

③ 모든 인쇄 작업은 문서 전체에 대한 스풀링 작업이 완료되었을 경우에만 인쇄 작업을 시작할 수 있다.

④ 스풀링 중인 인쇄 작업도 취소를 할 수 있다.

05 다음 중 Windows의 [휴지통]에 관한 설명으로 옳지 않은 것은?

① 네트워크 드라이브에서 삭제한 파일은 [휴지통]에 들어가지 않는다.

② [휴지통] 공간이 부족하면 [휴지통]에 최근에 들어 온 순서대로 파일이나 폴더가 차례로 지워진다.

③ 각 디스크 드라이브마다 [휴지통]의 크기를 다르게 설정할 수 있다.

④ [휴지통]에서 항목을 삭제하면 컴퓨터에서 영구적으로 제거된다.

06 다음 중 전자우편과 관련하여 스팸(SPAM)에 관한 설명으로 옳은 것은?

① 바이러스를 유포시키는 행위이다.

② 수신인이 원하지 않는 메시지나 정보를 일방적으로 보내는 행위이다.

③ 다른 사용자의 개인 정보를 허락없이 가져가는 행위이다.

④ 고의로 컴퓨터 파일상의 데이터를 파괴시키는 행위이다.

07 다음 중 컴퓨터 시스템에서 사용하는 펌웨어에 관한 설명으로 옳은 것은?

① 치명적인 컴퓨터 바이러스 프로그램이다.
② 주로 RAM에 반영구적으로 저장된다.
③ 하드웨어를 제어하고 관리하는 역할을 수행한다.
④ 서로 다른 응용프로그램을 보완해서 연결해 주는 역할을 한다.

08 다음 중 한국(KRNIC)에서 부여하는 기관 분류 도메인에 대한 설명으로 가장 옳지 않은 것은?

① or : 비영리기관
② re : 국가기관
③ ne : 네트워크
④ co : 기업체(회사)

09 다음 중 디지털 컴퓨터의 특성을 설명한 것으로 옳지 않은 것은?

① 부호화된 숫자와 문자, 이산 데이터 등을 사용한다.
② 산술논리 연산을 주로 한다.
③ 증폭 회로를 사용한다.
④ 연산속도가 아날로그 컴퓨터보다 느리다.

10 다음 중 Windows 설정의 [장치] – [프린터 및 스캐너]에 수록된 기본 프린터의 [대기열 열기]를 클릭할 경우 표시되는 내용으로 옳은 것은?

① 기본 프린터 드라이버 재설치 대화 상자가 표시된다.
② 인쇄 범위와 인쇄 방식에 관한 창이 표시된다.
③ 기본 프린터의 인쇄 대기열 창이 표시된다.
④ 프린터 추가에 대한 대화 상자가 표시된다.

11 다음 중 한글 Windows 10에서 하드 디스크에 저장된 파일을 다시 정렬하는 단편화 제거 과정을 통해 디스크의 파일 읽기/쓰기 성능을 향상 시키는 앱으로 옳은 것은?

① 디스크 정리
② 오류 검사
③ 디스크 포맷
④ 드라이브 조각 모음 및 최적화

12 웹 브라우저가 처리하지 못하는 형태의 파일들과 이를 처리할 수 있도록 도와주는 플러그 인(Plug–In) 프로그램들을 연결한 것으로 잘못된 것은?

① PDF : Acrobat Reader
② ASF : Windows Media Player
③ ASX : Almap
④ SWF : Shockwave Player

13 다음 중 컴퓨터 범죄의 예방법으로 가장 적절하지 않은 것은?

① 서버를 운영하고 있는 경우에는 시스템 침입 방지를 위해 보안 시스템을 설치하고 고급 보안 기술을 개발한다.
② 정기적으로 패스워드를 변경하여 사용한다.
③ 바이러스 예방 프로그램을 설치하여 사용한다.
④ 인터넷에서 무료로 제공되는 프로그램은 가급적 모두 설치하여 실행해 본다.

14 다음 중 스파이웨어의 주요 감염 경로로 옳지 않은 것은?

① 공개 소프트웨어를 설치할 때 번들로 함께 설치
② 다른 악성코드에 의해 다운로드되어 설치
③ MS Windows Update시 함께 설치
④ P2P 프로그램을 통한 유포

15 그래픽 파일 형식 중 다음과 같은 특징을 가지는 파일 형식은 무엇인가?

- 인터넷 표준 형식으로 색상은 최대 256가지의 색 표현
- 애니메이션 기능 제공
- 높은 파일 압축률과 빠른 실행 속도

① BMP
② GIF
③ JPG
④ PCX

16 다음 중 인터넷과 관련하여 스트리밍(Streaming) 기술에 관한 설명으로 옳은 것은?

① 정지 화상의 프레임에서 중복되는 정보를 삭제하여 데이터를 압축하는 기술이다.
② 네트워크를 통해 대용량의 멀티미디어 데이터 파일을 다운 받을 때 사용자가 전체 파일을 다운 받을때까지 기다릴 필요없이 전송되는 대로 재생시키는 기술이다.
③ 하이퍼텍스트와 멀티미디어를 통합한 개념으로 문자뿐만 아니라 그래픽, 사운드, 동영상 등의 정보를 연결해 놓은 미디어 통합 기술이다.
④ 카메라로 촬영한 아날로그 영상을 디지털 영상으로 변환, 캡쳐하여 편집, 저장시키는 기술이다.

17 하드 디스크를 파티션(Partition) 하고자 할 때 사용되는 명령어는?

① FORMAT ② INSTALL
③ FDISK   ④ MAKE

18 다음 중 언어 번역 프로그램에 해당되지 않는 것은?

① 컴파일러   ② 디버거
③ 어셈블러   ④ 인터프리터

19 다음 중 Windows에서 파일 탐색기를 열기 위한 바로 가기 키로 적절한 것은?

① Ctrl + E   ② ⊞ + E
③ Alt + F   ④ Alt + Tab

20 다음 중 SNS(Social Network Service)의 종류로 보기 어려운 것은?

① 페이스북   ② 크롬
③ 트위터   ④ 카카오스토리

제2과목   **스프레드시트 일반**

21 다음 중 데이터 입력에 대한 설명으로 옳지 않은 것은?

① 숫자 데이터 입력시 '(777)'을 입력하면 '−777'이 표시된다.
② '0 4/2'로 입력하면 '2'가 출력되고 '4/2'로 입력하면 날짜형으로 표시된다.
③ 입력된 수치 데이터가 셀보다 긴 경우 '지수형식(E)'으로 표시되거나 셀의 폭 만큼 '#'으로 표시되고, 셀의 폭을 넓히면 '#'으로 표시된 수치 데이터가 반올림되어 표시된다.
④ 연도를 두 자리로 입력하는 경우 연도가 '30' 이상이면 '1900년대'로 인식하고 년도가 '29' 이하면 '2000'년대로 인식된다.

22 다음 시트에서 [B6:B8] 셀 영역의 수식으로 옳은 것은?

	A	B	C	D
1	이름	한글능력점수		
2	이산	650		
3	홍길동	850		
4	박문수	700		
5	박제가	900		
6	평균	775		
7	최대값	900		
8	3번째 작은 값	850		
9				

① =AVG(B2:B5), =MAX(B2:B5),
   =LARGE(B2:B5,−3)
② =AVG(B2:B5), =LARGE(B2:B5,1),
   =LARGE(B2:B5,−3)
③ =MEDIAN(B2:B5), =LARGE(B2:B5,3),
   =SMALL(B2:B5,3)
④ =AVERAGE(B2:B5), =MAX(B2:B5),
   =SMALL(B2:B5,3)

23 다음 중 함수에 대한 설명으로 옳지 않은 것은?

① COUNTA : 값이 있거나 비어있지 않은 셀의 개수를 구한다.
② DSUM : 데이터베이스의 필드에서 찾을 조건과 일치하는 값들의 합을 구한다.
③ AVERAGEIF : 범위 내에서 주어진 조건을 만족하는 셀의 평균을 구한다.
④ COUNTIF : 데이터베이스 범위 내에서 조건에 맞는 숫자 데이터만의 개수를 구한다.

24 다음 중 부분합 기능에서 사용할 수 있는 함수 목록으로 옳지 않은 것은?

① 표준 편차　　② 곱
③ 수치 개수　　④ 순위

25 다음 중 차트에 대한 설명으로 옳지 않은 것은?

① 워크시트의 내용이 바뀌면 그 내용이 차트에 자동으로 반영된다.
② 차트에서 데이터 계열을 삭제하면 원본 데이터에 있던 값들도 삭제된다.
③ 차트에서 특정 계열을 선택한 후 계열 차트 종류 변경을 이용하여 콤보 차트를 만들 수 있다.
④ 차트를 만든 후 차트 제목, 축 제목, 범례 위치, 데이터 범위를 수정할 수 있다.

26 창 나누기는 데이터의 양이 많아 필요한 데이터를 한 화면으로 보기 어려운 경우, 서로 떨어져 있는 데이터를 한 화면에 표시하기 위해 이용되는 기능이다. 아래 그림과 같이 나누기를 하려면 먼저 셀 포인터를 어느 셀에 위치시켜야 하는가?

	A	B	C	A	B	C
1	이름	부서	직급	이름	부서	직급
2	김인식	기획부	부장	김인식	기획부	부장
3	이정진	총무부	과장	이정진	총무부	과장
1	이름	부서	직급	이름	부서	직급
2	김인식	기획부	부장	김인식	기획부	부장
3	이정진	총무부	과장	이정진	총무부	과장
4						

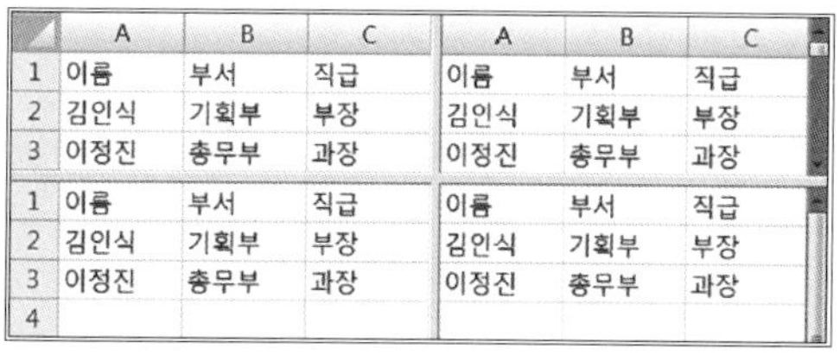

① C3　　② D3
③ C4　　④ D4

27 다음 중 [홈]–[편집] 그룹의 [찾기 및 선택]에서 [찾기]를 실행하였을 경우 설정할 수 있는 항목이 아닌 것은?

① 대/소문자 구분　　② 위/아래로 찾기
③ 전자/반자 구분　　④ 전체 셀 내용 일치

28 다음 중 [파일]–[옵션]에서 설정할 수 있는 작업으로 옳지 않은 것은?

① 새 통합 문서에 포함할 시트 수를 변경할 수 있다.
② 정렬 및 채우기 순서는 엑셀 2016에서 지정한 목록만 사용할 수 있다.
③ 데이터 입력 후 Enter 키를 치면 오른쪽으로 이동하게 할 수 있다.
④ 리본 메뉴에 없는 여러 가지 기능을 추가하거나 삭제할 수 있다.

29 [A1] 셀에 금액 '56780'이 입력되어 있다. 십의 자리에서 내림하여 100단위 이상의 금액(56700)을 [B1] 셀에 표시하고자 한다. 수식 표현으로 옳은 것은?

① =ROUND(A1,2)
② =ROUND(A1,−2)
③ =ROUNDDOWN(A1,2)
④ =ROUNDDOWN(A1,−2)

30 다음 중 [페이지 설정] 대화상자에 대한 설명으로 옳지 않은 것은?

① [페이지] : 용지 크기 및 인쇄 영역을 설정할 수 있다.
② [여백] : 인쇄할 내용이 페이지의 가로 및 세로 가운데에 위치하도록 설정할 수 있다.
③ [머리글/바닥글] : 페이지마다 고정적으로 표시되는 머리글이나 바닥글을 설정한다.
④ [시트] : 모든 페이지에 제목으로 반복 인쇄할 행이나 열을 지정할 수 있다.

31 다음 중 워크시트 상에서 셀 포인터 이동 및 범위를 설정하는 방법에 대한 설명으로 옳지 않은 것은?

① 행이나 열 단위로 범위를 지정할 경우에는 행 머리글이나 열 머리글을 누른다.
② **Shift** 키를 누른 채로 방향키를 누르면 연속된 범위를 설정할 수 있다.
③ 워크시트에서 한 번에 [A1] 셀로 이동할 경우에는 **Alt**+**Home** 키를 누른다.
④ **F5** 키를 누른 후 이동해 갈 셀 주소를 입력한다.

32 다음 중 한자와 특수문자 입력에 대한 설명으로 틀린 것은?

① 한글 자음(ㄱ, ㄴ, …, ㅎ) 중 하나를 입력한 후 **한자** 키를 누르면 특수문자 목록이 표시된다.
② '도'와 같이 한자의 음이되는 한 글자를 입력한 후 **한자** 키를 누르면 해당 글자에 대한 한자 목록이 표시된다.
③ 한글 쌍자음 'ㄸ'을 입력한 후 **한자** 키를 누르면 어떤 목록도 표시되지 않는다.
④ [삽입] − [기호] 그룹에서 [기호(Ω)]를 눌러 특수 문자를 입력한다.

33 다음 시트에서 주민번호를 이용하여 [C2], [C3] 셀에 현재의 나이를 계산하려한다. 다음 중 [C2] 셀의 수식으로 옳은 것은?

	A	B	C	D
1	성명	주민번호	나이	성별
2	윤준희	790212-*******	35	남
3	이영석	780917-*******	36	남
4				

① =YEAR((TODAY( )−LEFT(B2,2))+1900)
② =YEAR(TODAY( )−(LEFT(B2,2))+1900)
③ =YEAR(TODAY( ))−(LEFT(B2,2)+1900)
④ =YEAR(TODAY( ))−(LEFT(B2,2))+1900

34 Visual Basic Editor에서 매크로 실행을 하기 위해 사용되는 바로 가기 키는?

① **F5** 키　　② **F8** 키
③ **F9** 키　　④ **F11** 키

35 다음 중 작업할 셀 범위를 선택하는 방법으로 잘못된 것은?

① 연속된 셀 범위를 선택하려면 마우스로 셀 범위 전체를 드래그한다.
② 연속되지 않은 셀 범위의 선택은 **Ctrl** 키를 누른 채 마우스로 드래그한다.
③ 키보드를 이용하여 셀 범위를 선택하고자 할 때는 **Shift** 키를 누른 상태에서 방향키를 사용한다.
④ **Ctrl**+**Alt**+**Space Bar** 키를 사용하면 워크시트 전체를 선택할 수 있다.

36 다음 그림과 같이 셀 범위를 지정하고 [홈] − [셀] − [삽입] − [시트 행 삽입]을 실행하면 어떻게 되는가?

	A	B	C	D	E	F
1		부서별 간부사원 연봉현황				
2		성명	부서	직책	입사년도	연봉
3		박광정	인사부	부장	2000년	65,000,000
4		김나연	개발부	차장	2001년	58,000,000
5		성준호	영업 1부	과장	2002년	48,000,000
6		이충기	영업 2부	과장	2000년	50,000,000
7		김재희	인사부	차장	2002년	58,500,000
8		나영광	개발부	차장	2001년	49,500,000
9		정율성	영업 1부	과장	2003년	47,500,000
10						

① 4, 5, 6, 7 행에 4개의 빈 행이 삽입된다.
② 3, 4, 6, 7 행에 4개의 빈 행이 삽입된다.
③ 6, 7, 9, 10 행에 4개의 빈 행이 삽입된다.
④ 4, 5, 9, 10 행에 4개의 빈 행이 삽입된다.

37 셀에 데이터 입력시 **Alt**+**Enter** 키를 사용할 수 있다. 이 키의 기능은 무엇인가?

① 데이터 입력 후 다음 셀로 자동 이동시키는 기능이다.
② 입력된 데이터의 속성을 보여주는 키이다.
③ 범위로 지정한 여러 셀에 동일한 데이터를 한 번에 입력할 때 사용되는 키이다.
④ 한 셀에 두 줄 이상의 데이터를 입력할 수 있게 줄 바꿈을 한다.

38 다음은 워크시트에 대한 일반적인 설명이다. 잘못 된 것은 어느 것인가?

① 하나의 워크시트는 A~XFD 열과 1,048,576 행으로 구성되어 있다.

② 필요에 따라 새로운 워크시트를 추가하거나 삭제할 수 있다.

③ 통합 문서에서 제공되는 워크시트의 수는 최대 300개까지 변경할 수 있다.

④ 열/행 머리글을 화면에 숨기거나 보이게 하기 위해서는 [보기] 탭의 [표시] 그룹에서 [머리글]을 클릭한다.

39 다음 중 매크로에 관한 설명으로 옳은 것은?

① 매크로 이름은 공백이 포함될 수 없으며 항상 문자로 시작하여야 하므로 숫자로만 작성할 수는 없다.

② 엑셀에서 이미 사용하고 있는 바로 가기 키를 매크로의 바로 가기 키로 지정하면 오류가 발생하므로 지정할 수 없다.

③ 바로 가기 키를 지정할 때 대문자를 입력하면 자동으로 **Alt** 가 앞에 붙고, 바로 가기 키에 **Shift** 를 지정할 수는 없다.

④ 기록한 매크로는 나중에 다시 편집할 수 없으므로 기능을 추가 또는 삭제할 수 없다.

40 아래 차트와 같이 하나의 막대에만 값을 표시하고자 할 때 사용해야 할 바로 가기 메뉴는?

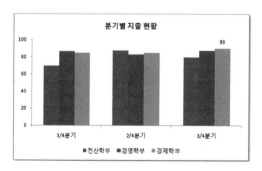

① [데이터 계열 서식]
② [데이터 레이블 추가]
③ [추세선 추가]
④ [스타일에 맞게 다시 설정]

제 02 회 합격 모의고사

제1과목 **제1과목** **컴퓨터 일반**

01 다음 중 전자계산기와 특징이 올바르게 나열되지 않은 것은?

① ENIAC : 세계 최초의 전자계산기
② EDSAC : 세계 최초로 프로그램 내장 방식을 도입한 전자계산기
③ EDVAC : 프로그램 내장 방식과 2진법을 사용한 전자계산기
④ UNIVAC-I : 세계 최초의 대형 전자계산기

02 정보화 시대, 인터넷 시대에 중요한 요소로 자리하고 있는 멀티미디어의 특징과 그에 대한 설명으로 옳지 않은 것은?

① 디지털화 : 다양한 아날로그 데이터를 디지털 데이터로 변환하여 통합 처리한다.
② 쌍방향성 : 정보 제공자와 사용자 간의 의견을 통한 상호 작용에 의해 데이터가 전달된다.
③ 정보의 통합성 : 텍스트, 그래픽, 사운드, 동영상, 애니메이션 등의 여러 미디어를 통합하여 처리한다.
④ 선형성 : 데이터가 일정한 방향으로 처리되고 순서에 관계없이 원하는 부분을 선택적으로 처리한다.

03 다음 중에서 주소와 관련이 없는 레지스터는 어느 것인가?

① 명령 레지스터(Instruction Register)
② 인덱스 레지스터(Index Register)
③ 베이스 레지스터(Base Register)
④ 프로그램 카운터(Program Counter)

04 다음 중 컴퓨터 중앙처리장치의 제어장치에 있는 레지스터의 설명으로 옳은 것은?

① 프로그램 카운터(PC)는 다음번에 실행할 명령어의 번지를 기억하는 레지스터이다.
② 명령 레지스터(IR)는 현재 실행중인 명령어를 해독하는 레지스터이다.
③ 부호기(Encoder)는 연산된 결과의 음수와 양수를 결정하는 회로이다.
④ 메모리 버퍼 레지스터(MBR)는 기억장치에 입출력되는 데이터의 주소 번지를 기억한다.

05 다음 중 인터넷에서 네트워크를 연결하는데 사용되는 장비로 가장 거리가 먼 것은?

① 라우터(router)
② 방화벽(firewall)
③ 브릿지(bridge)
④ 허브(hub)

06 다음 중 동영상을 표현하기 위한 파일 형식이 아닌 것은?

① *.ra
② *.avi
③ *.asf
④ *.mov

07 사용권한에 따라 소프트웨어를 분류하고자 할 때 다음은 무엇에 대한 설명인가?

> 일정 기간 동안 무료로 사용하다가 마음에 들면 금액을 지불해야 정식으로 사용할 수 있는 제품으로, 일부 기능을 제한한 프로그램이다.

① 번들 프로그램
② 셰어웨어
③ 프리웨어
④ 데모 버전

08 다음 중 파일을 삭제한 후, 휴지통에서 [복원] 명령으로 되살릴 수 있는 작업은?

① 하드 디스크에 수록된 파일을 **Shift**+**Delete** 키로 삭제한 경우
② USB 메모리에 수록된 파일을 **Delete** 키로 삭제한 경우
③ 네트워크 드라이브의 파일을 휴지통으로 드래그하여 삭제한 경우
④ [파일 탐색기]에서 [삭제] 명령으로 C: 드라이브의 파일을 삭제한 경우

09 다음 중 컴퓨터 내부의 디지털 신호를 전화선을 통해 전송할 수 있도록 아날로그 신호로 변조해 주고 전화선을 통해 전송된 아날로그 신호를 컴퓨터 내부에서 처리할 수 있도록 디지털 신호로 복조해 주는 역할을 담당하는 것은?

① 모뎀   ② 게이트웨이
③ 라우터   ④ 허브

10 여러 대의 컴퓨터에 작업을 나누어 처리한 후 그 내용이나 결과를 통신망을 이용하여 상호 교환되도록 연결되어 있는 시스템은 무엇인가?

① 오프라인 시스템(Off-line System)
② 일괄처리 시스템(Batch Processing System)
③ 집중식처리 시스템(Centralized Processing System)
④ 분산처리 시스템(Distributed Processing System)

11 다음 중 Windows에서 사용하는 바로 가기 키에 대한 설명으로 옳지 않은 것은?

① **Alt**+**Print Screen** : 전체 화면을 캡처한다.
② **Alt**+**Enter** : 선택된 항목의 속성을 보여준다.
③ **Alt**+**Tab** : 현재 실행 중인 프로그램 목록을 보여주고 그 중에서 하나를 선택하여 실행 창을 바꾸게 한다.
④ **Alt**+**F4** : 활성화된 창이나 프로그램을 닫는다.

12 다음 중 픽셀과 해상도에 대한 설명으로 옳지 않은 것은?

① 픽셀이란 그래픽 화면에 표시되는 점의 수 또는 모니터 화면을 구성하는 가장 작은 단위를 말한다.
② 해상도는 모니터 등의 출력장치가 내용을 얼마나 선명하게 표현할 수 있느냐를 나타내는 단위이다.
③ 바탕 화면의 아이콘은 모니터의 화면 해상도가 낮은 경우보다 높은 경우 더 크게 보인다.
④ 화면 해상도 1024×768은 가로 1024개, 세로 768개의 픽셀로 화면을 표시한다.

13 다음 중 Windows의 [접근성]에서 실행할 수 있는 기능으로 옳지 않은 것은?

① 화면 일부를 확대시켜 보여주는 돋보기 기능 실행
② 화면의 텍스트를 소리내어 읽어주는 내레이터 기능 실행
③ 마우스나 다른 포인팅 장치로 키보드 이미지의 키를 클릭하여 입력할 수 있는 화상 키보드 기능 실행
④ 마우스의 오른쪽 단추와 왼쪽 단추의 기능을 서로 바꾸어 주는 마우스 기능 실행

14 다음 중 Windows에서 기본 프린터에 관한 설명으로 옳지 않은 것은?

① 사용자가 인쇄 명령을 수행하였을 경우에 자동으로 인쇄가 수행되는 프린터를 의미한다.
② 기본 프린터는 여러 대 설정할 수 있다.
③ 기본 프린터이면서 공유 프린터로도 사용이 가능하다.
④ [프린터 및 스캐너]에서 프린터를 선택하고 [관리]를 클릭한 후, [디바이스 관리] 창의 [기본값으로 설정] 항목을 클릭하면 기본 프린터로 설정된다.

15 주기억 장치인 RAM과 ROM에 대한 설명으로 옳은 것은?

① DRAM이 SRAM 보다 속도가 빠르고 가격도 저렴하여 일반적으로 컴퓨터 주 메모리로 많이 쓰인다.
② EEPROM은 Read Only Memory로 한 번 저장하면 절대 지워지지 않는다.
③ DRAM은 기억을 유지하기 위해 주기적으로 재충전해 주어야 한다.
④ DRAM은 일반적으로 말하는 캐시 메모리로 SRAM에 비해 집적도가 낮다.

16 10cm 이내의 가까운 거리에서 단말기간 데이터를 전송할 수 있으며, 데이터 전송 및 기기간 연동을 비롯하여 교통카드, 티켓, 전자지불 등 여러 서비스에 활용되고 있는 기술을 무엇이라 하는가?

① USIM   ② 앱(App)
③ 테더링   ④ NFC

17 다음 중 2차원 그래픽에서 개체의 경계면 픽셀을 개체의 색상과 배경의 색상을 혼합해서 표현함으로써 경계면을 부드럽게 보이도록 하는 기법으로 옳은 것은?

① 디더링(Dithering)
② 안티앨리어싱(Antialiasing)
③ 랜더링(Rendering)
④ 모델링(Modeling)

18 다음 내용이 의미하는 것은 무엇인가?

> 개인정보의 처리 및 보호에 관한 사항을 정함으로써 개인의 자유와 권리를 보호하고, 나아가 개인의 존엄과 가치를 구현함을 목적으로 한다.

① 개인정보 처리법
② 개인자유 권리 보호법
③ 개인정보 보호법
④ 개인존엄 가치 보호법

19 다음 중 컴퓨터 시스템의 정보 보안 요건에 해당되지 않은 것은?

① 기밀성   ② 무결성
③ 가용성   ④ 공유성

20 다음 중 Windows에서 마우스 끌어놓기(Drag & Drop) 기능을 이용한 파일의 이동 작업에 관한 설명으로 옳은 것은?

① 실행 파일을 다른 드라이브에 있는 폴더에 마우스로 끌어놓기를 하면 파일의 이동이 수행된다.
② 실행 파일을 같은 드라이브에 있는 폴더에 **Ctrl** 키를 누른 상태로 마우스로 끌어놓기를 하면 파일의 이동이 수행된다.
③ 비실행 파일을 같은 드라이브에 있는 폴더에 **Shift** 키를 누른 상태로 마우스로 끌어놓기를 하면 파일의 이동이 수행된다.
④ 비실행 파일을 하드 디스크에서 USB에 있는 폴더에 마우스로 끌어놓기를 하면 파일의 이동이 수행된다.

제2과목 **스프레드시트 일반**

21 다음 중 엑셀의 통합 문서와 워크시트에 대한 설명으로 옳지 않은 것은?

① 워크시트의 복사는 **Alt** 키를 누르면서 원본 워크시트 탭을 마우스로 이동시키면 된다.
② 통합 문서는 여러 개의 시트를 포함할 수 있으며 최소한 한 개 이상의 시트를 포함해야 한다.
③ 통합 문서에서 동일한 레이아웃이나 데이터를 자주 사용하는 경우 서식 파일로 저장할 수 있다.
④ 통합 문서 보호 기능을 통해 시트의 삭제, 이름 변경, 이동, 숨기기, 숨기기 해제 등과 같은 작업을 할 수 없도록 할 수 있다.

22 다음 중 영문 대·소문자를 구분하도록 설정했을 때의 오름차순 정렬의 순서를 바르게 표시한 것은?

① 3 – $ – f – F – 사
② 3 – $ – F – f – 사
③ $ – 3 – 사 – F - f
④ $ – 3 – 사 – f - F

23 다음 중 인쇄 기능에 관한 설명으로 옳지 않은 것은?

① [페이지 설정]에서 '눈금선'을 선택하면 셀 구분선을 포함하여 출력할 수 있다.
② [페이지 설정]에서 '인쇄 제목'에 반복할 행을 설정해두면 인쇄되는 페이지마다 설정된 행이 반복된다.
③ [페이지 설정]에서 '행/열 머리글'을 선택하면 열 문자와 행 번호를 함께 인쇄할 수 있다.
④ 인쇄 대상은 활성 시트만 선택 가능하며, 전체 통합 문서를 인쇄하려면 시트별로 인쇄 명령을 주어야한다.

24 다음 그림의 [D2] 셀의 값을 VLOOKUP 함수를 이용하여 나타내었다. 채우기 핸들로 모든 단가를 계산할 생각이다. 이때 [D2] 셀에 사용된 함수식으로 옳은 것은?

	A	B	C	D	E
1	판매일	상품코드	수량	단가	금액
2	05-01	A01	50	100	5000
3	05-02	A02	300		
4	05-03	A01	45		
5	05-04	A02	30		
6	05-05	B01	75		
7	05-06	B02	20		
8	05-07	A01	51		
9	05-08	B01	71		
10	05-09	A02	65		
11					
12		상품코드	단가		
13		A01	100		
14		A02	500		
15		B01	300		
16		B02	200		
17					

① =VLOOKUP($B$13:$C$16,2,B2)
② =VLOOKUP($B$13:$C$16,B2,2)
③ =VLOOKUP($B$2,B13:C16,3)
④ =VLOOKUP(B2,$B$13:$C$16,2,0)

25 엑셀에서는 작업한 파일을 다른 사람이 열 수 없도록 암호를 지정하여 저장할 수 있다. 다음 중 암호 설정에 관한 내용으로 옳지 않은 것은?

① 암호에는 문자, 숫자, 기호 등을 사용할 수 있다.
② 암호 입력 시 열기 암호와 쓰기 암호로 구분된다.
③ [다른 이름으로 저장] 대화상자에서 [도구] – [일반 옵션]을 선택하여 암호를 지정할 수 있다.
④ 열기 암호는 대소문자 구별이 없으나, 쓰기 암호는 대소문자를 구별해야 한다.

26 다음 중 아래의 워크시트에서 [A1:B2] 영역을 선택한 후 채우기 핸들을 이용하여 [B4] 셀까지 드래그 했을 때 [A3:B3] 영역의 값으로 옳은 것은?

	A	B
1	월	7
2	화	8
3		

① 월, 7　　　　② 수, 9
③ 수, 8　　　　④ 목, 10

27 아래 그림의 결과([A23:C23])를 참고하여 '강남지역 대리점의 판매금액 평균'을 구하는 함수식으로 옳은 것은?

	A	B	C
12	[표3]		
13	지역	대리점명	판매금액
14	강남	일등대리점	8,100,000
15	구로	명성대리점	8,388,000
16	종로	유창대리점	3,371,000
17	신촌	마석대리점	8,936,000
18	강남	경우대리점	2,080,000
19	종로	신영대리점	6,041,000
20	강남	최영대리점	6,531,000
21	강남	만족대리점	5,045,000
22	강남지역 대리점의 판매금액 평균		
23			5,439,000
24			

① =AVERAGE(A14:A21,"강남",C14:C21)
② =AVERAGE(A14:A21,C14:C21,"강남")
③ =AVERAGEIF(A14:A21,C14:C21,"강남")
④ =AVERAGEIF(A14:A21,"강남",C14:C21)

28 [A1] 셀에 9000을 입력한 후 [셀 서식] 메뉴의 [표시 형식]에서 '백분율'을 설정하면 [A1] 셀의 값은 어떻게 표시되는가?

① 9000%
② 900%
③ 900000%
④ 90%

29 다음 중 차트 편집에 관한 설명으로 틀린 것은?

① 만들어진 차트를 마우스로 클릭한 다음 크기를 조절할 수 있다.
② 만들어진 차트를 마우스로 클릭한 다음 위치를 이동할 수 있다.
③ 차트 크기를 조절할 때는 차트의 조절점을 드래그한다.
④ 차트 위치를 이동할 때는 차트가 선택된 상태에서 차트 바깥쪽을 드래그한다.

30 다음 중 [매크로 기록] 대화상자에서 매크로 저장 위치와 관계없는 것은?

① 새 통합 문서
② 새 매크로 통합 문서
③ 현재 통합 문서
④ 개인용 매크로 통합 문서

31 다음 시나리오 요약 시트에 대한 설명으로 옳지 않은 것은?

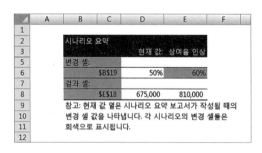

① 시나리오 이름은 '상여율 인상'이다.
② 시나리오에서 변경할 셀은 [B19]이며, [B19] 셀에는 반드시 %를 붙여 입력해야 한다.
③ [E18]은 [B19] 셀을 참조하는 수식으로 입력되어 있어야 한다.
④ 시나리오 요약 시트의 결과를 원본 데이터에 바로 적용할 수 있다.

32 −2,132.5 수치에 다음과 같이 [사용자 지정] 형식을 지정하였다. 다음 중 결과가 옳지 않은 것은?

번호	형식	결과
A	$0,	−$2
B	0.00	−2132.50
C	#,##0	−2,132
D	0.00%	−213250.00%

① A
② B
③ C
④ D

33 다음 중 문서의 왼쪽 머리글로 '현재 시간'과 오른쪽 머리글로 '현재 날짜'를 삽입하여 인쇄하려고 한다. [왼쪽 구역(L)]과 [오른쪽 구역(R)]에 입력할 내용으로 옳은 것은?

① &[시간], &[날짜]
② *[시간], *[날짜]
③ &[time], &[Date]
④ *[Minute], *[Date]

34 다음 중 수식의 결과가 다른 셋과 다른 것은?

① =SEARCH("E","Excel2010")
② =SEARCH("e","Excel2010")
③ =FIND("e","Excel2010")
④ =FIND("E","Excel2010")

35 다음 시트의 데이터 [A2:F5]를 이용하여 아래 고급 필터를 실행하였을 경우, 다음 중 추출될 행 번호로 옳은 것은?

	A	B	C	D	E	F
1						
2	이름	부서명	직급	연차	고과점수	TOEIC
3	홍길동	기술부	대리	6	88	520
4	이철수	관리부	사원	4	76	460
5	이명희	기술부	대리	3	89	670
6						
7						
8		직급	TOEIC	TOEIC	연차	
9		대리	>=600	<700		고급필터
10		대리			>=3	
11						

① 없음
② 3, 4, 5행
③ 4, 5행
④ 3, 5행

36 다음 중 부분합에 대한 설명으로 틀린 것은?

① 부분합을 구하기 위해서는 그룹화할 필드의 항목들을 정렬 시킨 후 사용해야 올바른 결과를 얻을 수 있다.
② 특정한 필드를 기준으로 데이터를 분류하고 각 분류별로 합이나 평균 등을 쉽게 계산할 수 있다.
③ 부분합을 구하기 전의 원래 데이터로 돌아가기 위해서는 [데이터] – [윤곽선] – [부분합 삭제]를 클릭한다.
④ [그룹 사이에서 페이지 나누기] 옵션을 선택하면 그룹 사이에 구분선이 그어져서 부분합이 계산된 그룹을 각 페이지별로 인쇄할 수 있다.

37 다음 중 메모에 대한 설명으로 옳지 않은 것은?

① 메모는 데이터 위에 들어가는 주석문으로 문자 데이터에만 삽입할 수 있다.
② 워크시트 항목을 정렬하면 메모는 정렬된 행이나 열의 항목을 따라 새로운 위치로 옮겨진다.
③ 메모가 입력된 셀에서 Delete 키를 누르면 메모는 삭제되지 않고 셀의 내용만 삭제된다.
④ 메모가 있는 셀은 오른쪽 위 모서리에 삼각형 표식이 있어 쉽게 구분된다.

38 다음 중 함수의 설명으로 옳지 않은 것은?

① COUNTIF : 배열에서 조건에 맞는 셀의 개수를 구한다.
② RANK.EQ : 배열의 순위를 구한다.
③ INT : 나머지 값을 구한다.
④ ROUND : 수를 지정한 자릿수로 반올림한다.

39 [차트1]을 완성한 후 [차트2]와 같이 변경하려고 한다. 이때 사용되지 않은 기능은?

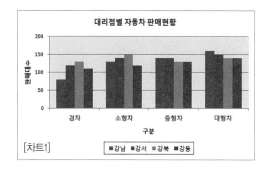

[차트1]

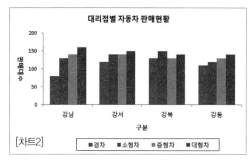

[차트2]

① [차트 도구] – [디자인] – [데이터] – [행/열 전환]을 선택하였다.
② [차트 도구] – [디자인] – [차트 요소 추가] – [축 제목]에서 '기본 세로'를 선택하였다.
③ [차트 도구] – [디자인] – [차트 요소 추가] – [눈금선]에서 '기본 주 가로'를 선택하였다.
④ [그림 영역 서식] 작업창에서 [채우기]를 '채우기 없음'으로 선택하였다.

40 다음 중 작성된 매크로 내용을 수정하기 위한 방법으로 적합한 것은?

① [개발 도구] – [코드] – [Visual Basic]
② [개발 도구] – [코드] – [매크로] – [옵션]
③ [개발 도구] – [코드] – [매크로 보안]
④ [개발 도구] – [컨트롤] – [속성]

제 03 회 합격 모의고사

01 컴퓨터에 의한 정보처리 방식으로 데이터가 발생한 시점에서 필요한 계산처리를 즉석에서 처리하여 그 결과를 데이터가 발생한 곳에 되돌려 보내는 방식으로 예약 시스템, 예금업무 등에 주로 사용되는 방식을 무엇이라 하는가?

① 예약 업무 시스템
② 실시간 처리 시스템
③ 일괄 처리 시스템
④ 듀플렉스 시스템

02 다음 중 정보통신 관련 용어의 설명으로 옳지 않은 것은?

① 네티켓은 인터넷에 연결된 컴퓨터들 간에 데이터를 주고받을 수 있도록 하는 표준 프로토콜이다.
② 웹서버는 정보 공유를 위해 웹 사이트를 쉽게 호스팅하고 관리하며, 웹 기반의 업무 어플리케이션을 만들고 파일, 인쇄, 미디어, 통신 서비스를 웹으로 확장할 수 있는 컴퓨터를 말한다.
③ PCS는 개인 휴대통신(Personal Communication Services)을 줄인 말이다.
④ 유비쿼터스란 사용자가 네트워크나 컴퓨터를 의식하지 않고 장소에 상관없이 자유롭게 네트워크에 접속할 수 있는 환경을 말한다.

03 다음 중 컴퓨터 시스템에서 사용하는 펌웨어에 관한 설명으로 옳은 것은?

① 치명적인 컴퓨터 바이러스 프로그램이다.
② 주로 RAM에 반영구적으로 저장된다.
③ 하드웨어를 제어하고 관리하는 역할을 수행한다.
④ 서로 다른 응용프로그램을 보완해서 연결해 주는 역할을 한다.

04 다음 중 컴퓨터 바이러스 감염 증상으로 옳지 않은 것은?

① 시스템 파일이 손상되어 부팅이 정상적으로 수행되지 않을 수 있다.
② 감염된 실행 파일은 실행되지 않거나 속도가 빨라질 수 있다.
③ 특정한 날짜가 되면 컴퓨터 화면에 이상한 메시지가 표시될 수 있다.
④ 디스크를 인식 못하거나 감염 파일의 크기가 커질 수 있다.

05 다음 중 소프트웨어 버전과 관련하여 패치(Patch) 프로그램에 관한 설명으로 옳은 것은?

① 정식 프로그램의 기능을 홍보하기 위하여 사용 기간이나 기능을 제한하여 배포하는 프로그램이다.
② 베타 테스트를 하기 전에 제작 회사 내에서 테스트할 목적으로 제작하는 프로그램이다.
③ 정식 프로그램을 출시하기 전에 테스트를 목적으로 일반인에게 공개하는 프로그램이다.
④ 이미 제작하여 배포된 프로그램의 오류 수정이나 성능 향상을 위해 프로그램의 일부를 변경해 주는 프로그램이다.

06 다음 중 문서를 인쇄할 때 발생하는 문제와 그에 대한 조치로 옳지 않은 것은?

① 글자가 이상하게 인쇄될 경우 프린터 드라이버를 다시 설치한다.
② 인쇄 결과물이 번지거나 얼룩 자국이 발생할 경우 헤드 및 카트리지를 청소한다.
③ 인쇄가 되지 않을 경우 케이블 연결 상태 또는 시스템 속성을 점검 및 수정한다.
④ 스풀 에러가 발생할 경우 CMOS Setup을 다시 설정하고 재부팅한다.

07 다음 중 모바일기기의 기능에 대한 설명으로 옳지 않은 것은?

① 근접센서 : 물체가 접근했을 때 위치를 검출하는 센서
② 증강현실(AR) : 위성에서 보내는 신호를 수신해 사용자의 현재 위치를 알아내는 시스템
③ DMB : 영상이나 음성을 디지털로 변환하는 기술을 이용하여 휴대용 IT기기에서 방송하는 서비스
④ NFC : 무선태그 기술로 10cm 이내의 가까운 거리에서 기기 간의 설정 없이 다양한 무선 데이터를 주고받는 통신기술

08 다음 중 Windows에서 시스템을 효율적으로 활용하기 위한 방법으로 옳지 않은 것은?

① 불필요한 파일을 제거하기 위하여 [디스크 정리]를 수행한다.
② 시스템 장애시 응급 복구를 위하여 디스크에 있는 파일이나 폴더에 대하여 [백업]을 수행한다.
③ 사용 가능한 디스크 공간을 늘리기 위하여 [드라이브 조각 모음 및 최적화]을 수행한다.
④ 디스크의 오류를 검사하기 위하여 정기적으로 [오류 검사]를 수행한다.

09 다음 중 정보통신망의 네트워크 관련 장비에서 게이트웨이(Gateway)에 대한 설명으로 옳은 것은?

① 네트워크를 구성할 때 한꺼번에 여러 대의 컴퓨터를 연결하는 장치이다.
② 정보를 가장 적절한 통신 통로를 이용하여 다른 통신망으로 전송하는 장치이다.
③ 프로토콜의 전환이 필요한 다른 네트워크와 연결하여 데이터를 전달하는 장치이다.
④ 디지털 방식의 통신 선로에서 전송 신호를 재생하여 전달하는 장치이다.

10 다음 중 Windows에서 키보드를 사용하기 쉽게 설정하는 방법에 대한 설명으로 옳지 않은 것은?

① [고정 키 사용]을 '켬'으로 설정하면 **Ctrl**+**Alt**+**Delete**와 같은 바로 가기 키를 한 번에 하나씩 입력하도록 할 수 있다.
② [필터 키 사용]을 '켬'으로 설정하면 짧게 입력한 키나 반복되게 입력한 키를 무시하거나 늦추고 키보드의 반복 속도를 조정할 수 있다.
③ [토글 키 사용]을 '켬'으로 설정하면 **Caps Lock**, **Num Lock**, **Scroll Lock** 키를 누를 때 신호음을 들을 수 있도록 지정할 수 있다.
④ [키패드로 마우스 제어]를 '켬'으로 설정하면 마우스를 좀 더 쉽게 사용할 수 있도록 지정할 수 있다.

11 다음 중 새로운 하드 디스크를 인식하지 못하는 경우 취해야 할 작업으로 잘못된 것은?

① 시스템 파일을 전송하거나 오류 검사로 부트 섹터를 복구 한다.
② 하드 디스크의 전원 선이 연결되었는지 확인한다.
③ 하드 디스크에 연결되는 데이터 케이블 선이 핀에 맞게 연결되었는지 확인한다.
④ 메인보드에서 지원하는 규격의 하드 디스크인지 확인한다.

12 다음 중 멀티미디어에 관련된 설명으로 거리가 먼 것은?

① 다중(Multi)과 매체(Media)의 합성어로 그래픽, 이미지, 텍스트, 오디오, 비디오 등의 매체들이 통합된 것을 의미한다.
② 멀티미디어는 매체 정보를 디지털화하여 다중화 하므로 데이터가 대용량으로 증가하게 되어 이를 저장할 수 있는 저장장치를 사용해야 한다.
③ 대용량의 멀티미디어 정보를 효율적으로 저장하기 위해 다양한 압축 기술이 개발되었으나 아직 동영상과 같은 압축 기술은 개발되지 않았다.
④ 초고속 통신망 기술이 발달되어 대용량의 멀티미디어 정보를 통신망을 통해 전송할 수 있다.

13 다음에 대한 설명으로 올바른 것은?

> • 스마트폰 등에 다운받아 사용할 수 있는 응용 프로그램
> • '애플리케이션(Application)' 또는 '어플'이라고도 함

① 유틸리티 프로그램　　② 앱(App)
③ 아이콘　　　　　　　④ 테더링

14 다음 중 인터넷과 관련하여 웹 브라우저에서 쿠키 (Cookie)에 관한 설명으로 옳은 것은?

① 자주 방문하는 웹 페이지를 따로 저장하고 있다 가 사용자가 다시 그 페이지를 요구하면 미리 저장한 페이지를 빠르게 보여주는 기능이다.
② 인터넷 상에서 특정 사이트로 동시에 많은 사 용자들이 접속하는 것을 방지하기 위하여 같 은 내용을 복사해 놓은 사이트이다.
③ 인터넷 사용자에 대한 특정 웹 사이트의 접속 정보를 저장하고 있는 파일이며 인터넷 접속 시 매번 아이디와 비밀번호를 입력하지 않아 도 자동으로 로그인 되게 할 수 있다.
④ 웹 브라우저만으로는 실행할 수 없는 기능을 보완하기 위해 추가로 설치하여 사용하는 프 로그램이다.

15 전문가나 기관 등 콘텐츠 제공자가 아닌 일반 사용자 가 직접 제작한 콘텐츠를 말하며 상업적인 의도없이 제작한 콘텐츠를 온라인(Online)상으로 나타낸 것을 무엇이라 하는가?

① 이베이(eBay)
② 판도라(Pandora)
③ 구글(Google)
④ UCC(User Created Contents)

16 다음 중 Windows에서 [파일 탐색기]를 통해 작업할 수 있는 사항으로 보기 어려운 것은?

① 파일의 내용 편집
② 디스크 복사와 초기화
③ 파일이나 폴더의 바로 가기 아이콘 작성
④ 파일이나 폴더의 이동 및 복사

17 다음 중 Windows에서 [제어판]의 [장치 관리자]에 대 한 설명으로 옳지 않은 것은?

① 하드웨어가 제대로 작동하는지 확인하고 하드 웨어 구성 설정을 변경할 수 있다.
② 하드웨어의 교체 시기를 체크하여 알려준다.
③ 각 장치의 고급 설정 및 속성을 변경하고 업데 이트된 장치 드라이버를 설치할 수 있다.
④ 장치를 사용 및 사용 안 함으로 설정하거나 제 거할 수 있다.

18 다음 중 보기에서 디지털 컴퓨터의 특징으로만 나열 된 것은?

> ⓐ 논리 회로 사용　　　ⓑ 수치, 문자 데이터 사용
> ⓒ 프로그램의 불필요　 ⓓ 특수 목적용
> ⓔ 기억이 용이함　　　 ⓕ 정밀도가 제한적임
> ⓖ 연속적인 데이터 계산　ⓗ 사칙 연산

① ⓐ, ⓑ, ⓔ, ⓗ　　② ⓑ, ⓓ, ⓕ, ⓗ
③ ⓐ, ⓒ, ⓓ, ⓕ　　④ ⓑ, ⓒ, ⓔ, ⓕ

19 다음 중 Windows의 [Windows 보조프로그램]에 관 한 설명으로 옳지 않은 것은?

① [캡처 도구]는 화면 전체 또는 특정 부분을 캡 처하여 파일로 저장할 수 있다.
② [Windows Media Player]를 사용하면 소리를 녹음하여 파일로 저장할 수 있다.
③ [워드패드]는 다양한 글꼴과 단락 등 서식이 있는 문서 작업에 적합하다.
④ [메모장]은 서식이 필요 없는 간단한 텍스트 파일을 작성할 때 주로 사용한다.

20 컴퓨터 시스템의 보안 예방책을 침입하여 시스템에 무단 접근하기 위해 사용되는 일종의 비상구를 무엇 이라고 하는가?

① 클리퍼 칩　　　　② 백 도어
③ 부인봉쇄　　　　　④ 스트리핑

21 메뉴 대신 키보드를 이용하여 새 통합 문서를 삽입하고자 한다. 바르게 연결된 것은?

① **Alt**+**N** 키
② **Shift**+**N** 키
③ **Ctrl**+**N** 키
④ **Alt**+**O** 키

22 다음 중 [데이터]-[정렬]에 대한 설명으로 옳지 않은 것은?

① 빈 셀은 항상 위에 정렬된다.
② [내 데이터에 머리글 표시]를 선택하면, 머리글 행은 정렬에서 제외된다.
③ 영어는 대소문자를 구별해서 정렬할 수 있다.
④ 혼합된 자료를 오름차순으로 정렬하면 숫자, 특수문자, 영문, 한글 순서로 정렬된다.

23 다음 중 엑셀에서 작성할 수 있는 차트의 종류가 아닌 것은?

① 도식형
② 도넛형
③ 영역형
④ 방사형

24 다음 중 그리기 도구 모음에 관련된 설명으로 옳은 것은?

① **Alt** 키를 누른 채 도형을 그리면 가로/세로 비율이 동일한 도형이 그려진다.
② 직선을 그릴 때 **Ctrl** 키를 누른 채 선을 그리면 각도가 정확한 수평선/수직선이 그려진다.
③ **Shift** 키를 누른 채 사각형 도형을 그리면 정사각형이 된다.
④ **Shift** 키를 누른 채 도형을 드래그하고 마우스 단추에서 손을 떼면 해당 도형이 복사된다.

25 다음 워크시트에서 [A] 열에 [셀 서식]-[표시 형식]-[사용자 지정] 형식을 이용하여 [C] 열과 같이 나타내고자 한다. 다음 중 입력해야 할 사용자 지정 형식으로 옳은 것은?

	A	B	C
1	김대일		김대일님
2	김보람	→	김보람님
3	홍길동		홍길동님
4	남일동		남일동님

① G/표준님
② @'님'
③ G/표준'님'
④ @"님"

26 다음 중 엑셀에서 정렬 기준으로 사용할 수 없는 것은?

① 셀 색
② 셀 아이콘
③ 글꼴 색
④ 글꼴 크기

27 [A1] 셀에 '0#.00'과 같은 사용자 서식 코드를 지정한 뒤 '0123.555'라고 입력했을 때 셀에 표시되는 값은 얼마인가?

① 0123.56
② 123.56
③ 0123.55
④ 123.55

28 다음 그림의 [C2:C3] 셀처럼 수식을 작성한 셀에 결과 값 대신 수식 자체가 표시되도록 하는 방법으로 옳은 것은?

	A	B	C
1	국어	국사	총점
2	93	94	=SUM(A2:B2)
3	92	88	=SUM(A3:B3)

① [파일]-[옵션]-[고급]-[이 워크시트의 표시 옵션]에서 '계산 결과 대신 수식을 셀에 표시'를 선택한다.
② [파일]-[옵션]-[고급]-[수식]에서 '계산 결과 대신 수식을 셀에 표시'를 선택한다.
③ [셀 서식]-[표시 형식]-[사용자 지정]에서 '수식'을 선택한다.
④ [셀 서식]-[표시 형식]에서 '계산 결과 대신 수식을 셀에 표시'를 선택한다.

29 다음 행 높이 설정에 관한 설명 중 틀린 것은?

① 행 머리글의 구분선에서 마우스를 더블 클릭
하면 그 행의 가장 작은 글자 크기에 맞추어
행 높이가 조정된다.

② 복수개의 행을 범위로 설정한 상태에서 행의
높이를 조절하면 범위로 설정된 모든 행의 높
이가 동일하게 설정된다.

③ 행 높이를 설정하려는 행에 셀 포인터를 위치
시킨 후 [홈] - [셀] - [서식] - [행 높이]를 실
행하여 표시되는 대화상자에 원하는 값을 입
력한다.

④ 행에 입력된 데이터의 글자 크기를 크게 설정
하면 자동으로 행의 높이가 조절된다.

30 다음 중 함수의 결과 값이 다른 것은?

① =POWER(2,5)

② =SUM(3,11,25,0,1,-8)

③ =MAX(32,-4,0,12,42)

④ =INT(32.2)

31 다음 중 매크로 기록에 관한 설명으로 옳지 않은
것은?

① 작업에 영향을 끼칠 수 있는 동작이 기록되
며, 틀린 동작과 불필요한 동작까지 함께 기
록된다.

② 기본적으로 상대 참조로 기록되므로 절대 참
조를 해야 할 경우 '절대 참조로 기록'을 클릭
하여 전환해야 한다.

③ 매크로의 작성에 소요된 시간은 기록되지 않
는다.

④ 미리 어떤 동작, 어떤 기능을 기록할 것인지
순서를 정하여 두고 작업하는 것이 좋다.

32 [차트1]을 완성한 후 [차트2]와 같이 변경하려고 한
다. 이때 사용되지 않은 기능은?

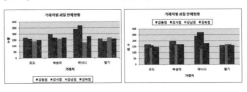

[차트1]　　　　　　　[차트2]

① 기본 세로 축 제목의 텍스트 방향을 [세로]로
변경하였다.

② [데이터 계열 서식]을 이용하여 계열 겹치기를
지정하였다.

③ 계열을 겹치기 위하여 [보조 축]을 지정하였다.

④ 범례 표시 위치를 [위쪽]으로 변경하였다.

33 다음 중 엑셀의 틀 고정에 대한 설명으로 옳지 않은
것은?

① 화면에 표시되는 틀 고정 형태는 인쇄 시 적용
되지 않는다.

② 틀 고정 구분선의 위치는 지우고 새로 만들기
전에는 마우스를 이용하여 변경할 수 없다.

③ 틀 고정을 수행하면 셀 포인터의 왼쪽과 위쪽
으로 고정선이 표시되므로 고정하고자 하는
행의 아래쪽, 열의 오른쪽에 셀 포인터를 놓고
틀 고정을 수행해야 한다.

④ 틀 고정의 분할선을 마우스로 더블 클릭할 경
우 틀 고정이 해제된다.

34 다음 중 셀 스타일에 대한 설명으로 옳지 않은 것은?

① '표준' 셀 스타일은 삭제할 수 없다.

② 셀 스타일은 글꼴과 글꼴 크기, 표시 형식, 셀
테두리 및 셀 음영 등의 서식 특성이 정의된
집합이다.

③ 사용자가 만든 셀 스타일은 기본적으로 모든
엑셀 통합 문서에서 사용할 수 있다.

④ 셀 스타일을 삭제하면 해당 스타일이 적용됐
던 영역의 스타일이 '표준' 셀 스타일로 변경되
어 적용된다.

35 [데이터]−[외부 데이터 가져오기]−[텍스트]를 실행하여 텍스트 파일을 워크시트로 불러오는 작업에 대한 설명으로 올바른 것은?

① 데이터의 구분 기호로 탭과 세미콜론, 쉼표만 설정할 수 있다.
② 일단 워크시트로 불러온 텍스트 파일을 사용하려면 데이터를 다른 워크시트로 복사해야 사용할 수 있다.
③ 원본 텍스트 파일이 수정되어도 불러온 데이터는 원본의 수정된 내용으로 수정할 수 없다.
④ 불러온 텍스트 파일에서 필요 없는 '열'은 제외한 후 가져올 수 있다.

36 다음에서 설명하고 있는 엑셀의 기능은?

- 워크시트에 입력된 많은 양의 자료를 효율적으로 분석하고 요약하는 기능이다.
- 필터, 행, 열, 값 영역에 배치한 항목은 작성 후에도 마음대로 이동시키거나 새로운 항목을 추가할 수도 있다.
- 작성한 후 원본 데이터를 변경하면 자동으로 반영하지 않으므로 [피벗 테이블 도구]−[옵션]−[새로 고침]을 실행하여야 한다.

① 고급 필터   ② 피벗 테이블
③ 차트(Chart)   ④ 카메라 기능

37 다음과 같이 범위를 지정한 후 **Ctrl** 키를 누른 상태에서 [A5] 셀까지 자동 채우기를 실행할 경우 [A5] 셀에 표시되는 값으로 옳은 것은?

	A
1	
2	2016-12-01
3	2016-12-03
4	
5	
6	

① 2016−12−01   ② 2016−12−03
③ 2016−12−05   ④ 2016−12−07

38 워크시트의 바닥글에 '1/2'와 같이 앞에는 '현재 페이지 번호'를 뒤에는 '전체 페이지 수'를 삽입하여 인쇄하려고 한다. 다음 중 입력 내용으로 옳은 것은?

① &[페이지 번호]/&[전체 페이지 수]
② &[전체 페이지 수]/&[페이지 번호]
③ &[Page Num]/&[Total Page Num]
④ &[Page]/&[Total Page]

39 아래 그림의 결과([H23])를 참고하여 '평가점수가 400 이상인 2학년의 수'를 구하는 함수식으로 옳은 것은?

	F	G	H	I
12	[표4]			
13	학과	학년	성명	평가점수
14	디자인	1	정승해	465
15	미디어	2	이민철	604
16	미디어	3	진설희	383
17	디자인	2	남동진	465
18	미디어	1	윤준희	382
19	미디어	2	임제이	391
20	디자인	3	이하진	572
21				
22			400점 이상인 2학년	
23			2명	
24				

① =COUNT(G14:G20, "400", I14:I20, ">=2")&"명"
② =COUNT(G14:G20, "2", I14:I20, ">=400")&"명"
③ =COUNTIFS(G14:G20, "400", I14:I20, ">=2")&"명"
④ =COUNTIFS(G14:G20, "2", I14:I20, ">=400")&"명"

40 다음 중 엑셀의 매크로 기능에 대한 설명으로 옳지 않은 것은?

① 매크로를 저장할 때 '개인용 매크로 통합 문서'로 설정하면 'Personal.XLSB'에 저장된다.
② 키보드나 마우스로 매크로를 작성했더라도 VBA 언어로된 코드가 자동으로 생성되고, VBA 문을 이용하여 직접 코드를 작성할 수도 있다.
③ 매크로 이름의 첫 글자를 제외하고는 문자, 숫자 등을 혼합하여 사용할 수 있으며 공백은 사용할 수 없다.
④ 매크로 저장 시 바로 가기 키는 한글과 영문자만 가능하고, 입력하지 않아도 매크로를 생성할 수 있다.

제 04 회 합격 모의고사

01 전원이 계속 공급되더라도 주기적으로 재충전되어야 기억된 내용을 유지할 수 있는 기억 소자이며, 회로가 비교적 간단하고 가격이 저렴하다. 또한, 집적도가 높기 때문에 대용량의 기억장치에 주로 사용되는 메모리는?

① SRAM(Static RAM)
② DRAM(Dynamic RAM)
③ PROM(Programmable ROM)
④ EPROM(Erasable ROM)

02 다음 중 진공관을 이용한 세계 최초의 계산기는 어느 것인가?

① ENIAC
② MARK-1
③ EDVAC
④ EDSAC

03 다음 중 Windows에서 바로 가기 아이콘에 대한 설명으로 옳지 않은 것은?

① 바로 가기 아이콘은 바탕 화면에서만 만들 수 있다.
② 파일의 바로 가기 아이콘은 삭제해도 원본 파일에는 영향이 없다.
③ 폴더의 바로 가기 아이콘을 만들 수도 있다.
④ 일반 아이콘과 구분하기 위하여 아이콘 그림의 왼쪽 아래에 화살표가 표시된다.

04 다음 중 Windows에서 파일과 폴더에 대한 설명으로 가장 옳지 않은 것은?

① *, /, ₩ 등은 파일과 폴더의 이름으로 사용할 수 있다.
② 하나의 컴퓨터에서 동일한 폴더의 위치에 동일한 이름을 가진 파일을 여러 개 작성할 수 없다.
③ 파일 또는 폴더에서 마우스 오른쪽 단추를 눌러 [속성]을 선택하면 파일 또는 폴더의 속성을 확인할 수 있다.
④ 파일과 폴더는 이름 바꾸기, 삭제가 가능하며 하위 폴더나 파일이 포함된 폴더도 삭제할 수 있다.

05 다음 중 네트워크에서 데이터 전달의 흐름을 방해하여 가용성에 영향을 미치는 컴퓨터 시스템의 정보 보안 위협 유형으로 옳은 것은?

① 가로막기(Interruption)
② 가로채기(Interception)
③ 수정(Modification)
④ 위조(Fabrication)

06 인터넷 서비스 제공업체가 독립적인 인터넷 서버를 운영하기 어려운 기업을 위해 웹 서버를 임대해 주고 자체 도메인을 가질 수 있도록 관리해 주는 서비스를 무엇이라 하는가?

① 웹 호스팅(Web Hosting) 서비스
② 전용회선 서비스
③ IP(Information Provider) 서비스
④ 통신망 서비스

07 다음 중 화상을 통한 의료 상담 및 진찰 프로그램을 일컫는 말로 인체 각 부분의 발달 과정 등에 관한 의학 진찰용 응용 분야에 대한 서비스를 의미하는 약어는?

① VOD
② KIOSK
③ VCS
④ PACS

08 다음은 무엇에 대한 설명인가?

> • 7비트의 크기 → 128개의 문자 표현 가능
> • 자료 처리나 통신 시스템에 사용

① BCD 코드   ② ASCII 코드
③ EBCDIC 코드   ④ GRAY 코드

09 다음 중 컴퓨터 네트워크에서의 모뎀(MODEM)에 관한 설명으로 옳은 것은?

① 컴퓨터 내부의 디지털 신호를 아날로그 신호로 바꾸어 보내는 장치
② 음성과 같은 아날로그 신호를 디지털로 처리한 후 다시 아날로그로 신호를 바꾸는 장치
③ 통신망에서 정보를 전송하기 위해 경로를 설정하는 장치
④ 혼잡한 네트워크상에서 수송해야 하는 데이터양을 분리하는 장치

10 HTML의 단점을 보완하고 클라이언트의 복잡한 데이터 처리를 쉽게 할 수 있으며, 자신의 목적에 맞게 태그를 정의할 수 있는 마크업 언어는?

① DHTML   ② ASP
③ XML   ④ WML

11 스마트폰 자체가 무선 모뎀 역할을 하는 것으로 노트북과 같은 IT 기기를 스마트폰에 연결하여 무선 인터넷을 사용할 수 있게 하는 기능을 무엇이라 하는가?

① 공유기능   ② NFC
③ 테더링   ④ 모바일

12 다음 중 PNG 파일 포맷의 특징으로 옳지 않은 것은?

① 익스플로러 4.0 이상에서만 PNG 파일을 볼 수 있다.
② JPG 파일보다 파일 용량이 늘어나는 단점이 있다.
③ GIF와 달리 애니메이션을 만들 수 없다.
④ 이미지의 일부를 투명하게 나타낼 수 없다.

13 다음 중 컴퓨터가 가지고 있는 특징으로 가장 옳지 않은 것은?

① 범용성   ② 능동성
③ 호환성   ④ 신속성

14 다음 중 Windows에서 디스크의 여유 공간을 확보하기 위하여 필요 없는 파일을 삭제하는데 사용하는 시스템 도구는?

① 시스템 복원
② 시스템 정보
③ 드라이브 조각 모음 및 최적화
④ 디스크 정리

15 다음 중 멀티미디어 관련 설명으로 잘못된 것은?

① 사운드 파일 포맷으로는 WAV, MID, PNG 등이 있다.
② 정지영상 파일 포맷으로는 JPEG, GIF, BMP 등이 있다.
③ 동영상 파일 포맷으로는 MPEG, AVI, MOV 등이 있다.
④ 멀티미디어 데이터란 텍스트, 사운드, 정지영상, 동영상 등을 말한다.

16 다음 중에서 스파이웨어가 컴퓨터에 있는 경우에 발생하는 증상으로 가장 적절하지 않은 것은?

① 웹 브라우저에 의도적으로 추가하지 않은 즐겨찾기가 있다.
② 인터넷에 연결되어 있지 않아도 팝업 광고가 나타난다.
③ 컴퓨터가 갑자기 재부팅되거나 실행 속도가 빨라진다.
④ 특정 웹 사이트에 대한 주소를 입력하는데 예고 없이 다른 웹 사이트로 이동한다.

17 PC를 켰더니 'CMOS checksum error' 메시지가 표시되어 CMOS 셋업(Setup)에 들어가서 CMOS 재설정을 해주었다. 그런데 PC 종료 후 1시간 뒤에 다시 PC를 켰더니 똑같은 메시지가 표시된다면 이때 해주어야 할 작업으로 가장 적절한 것은?

① CMOS 셋업에서 하드웨어 사양을 정확히 설정해준다.
② CMOS의 배터리를 교환해 준다.
③ CPU와 RAM을 교환해 준다.
④ CMOS 셋업에서 컴퓨터의 부팅 순서를 변경해준다.

18 다음 중 Windows에서 마우스를 이용한 파일의 이동이나 복사에 대한 설명으로 옳지 않은 것은?

① 파일을 다른 드라이브로 드래그한 경우 복사된다.
② 파일을 같은 드라이브 내의 다른 폴더로 드래그한 경우 이동된다.
③ Ctrl 키를 누른 채 파일을 다른 폴더로 드래그한 경우 복사된다.
④ Alt 키를 누른 채 파일을 다른 드라이브로 드래그한 경우 복사된다.

19 개인을 식별할 수 있는 중요한 사적 정보로서 성명, 주민등록번호 및 영상 등을 지칭하는 용어는?

① 기초정보　　　② 지식정보
③ 보안정보　　　④ 개인정보

20 다음 중 Windows의 [작업 관리자] 창에서 할 수 있는 작업으로 옳지 않은 것은?

① 컴퓨터 성능에 대한 주요 표시기를 모니터링할 수 있다.
② 실행 중인 응용 앱의 작업 끝내기를 할 수 있다.
③ 실행 중인 응용 앱의 삭제 및 이름을 변경할 수 있다.
④ 사용자 전환을 할 수 있다.

21 입력된 문자열이 셀의 너비보다 클 경우 입력 문자열의 글꼴 크기를 줄여 한 줄로 셀에 표시되게 하려면 셀 서식에서 어느 항목을 선택해 주어야 하는가?

① 텍스트 줄 바꿈　　② 셀에 맞춤
③ 셀 병합　　　　　④ 균등 분할

22 다음 중 [데이터 유효성 검사]에 대한 설명으로 옳지 않은 것은?

① 셀에 입력할 수 있거나 입력해야 할 데이터에 적용되는 제한 사항을 정의하는데 사용할 수 있다.
② 유효하지 않은 데이터를 사용자가 입력하지 못하도록 구성할 수 있다.
③ 유효하지 않은 데이터를 셀에 입력하려 할 때 경고 메시지가 표시되도록 할 수 있다
④ 셀에 유효하지 않은 데이터를 입력할 경우 나타낼 메시지로는 중지, 경고, 수정 등이 있다.

23 아래의 워크시트를 보고 수식에 대한 결과 값이 옳지 않은 것은?

	A	B	C	D
1	이름	국어	영어	수학
2	박나래	80	95	85
3	이민자	95	불응시	
4	송은주	88		불응시
5				

① =COUNTA(A1:D4) → 14
② =COUNT(A1:D4) → 16
③ =COUNTIF(B2:D4,">85") → 3
④ =COUNTBLANK(A1:D4) → 2

24 다음 중 [보기]-[창]-[나누기]에 대한 설명으로 올바르지 않은 것은?

① 워크시트를 여러 개의 창으로 분리하는 기능으로 최대 4개로 분할할 수 있다.
② 작업 중인 창을 분할하면 별도의 이동 표시줄이 분할된 창마다 표시된다.
③ 창 나누기 분할선을 마우스로 끌어서 위치를 변경시킬 수 있다.
④ 창 나누기를 해제할 경우 [보기]-[창]-[숨기기 취소] 메뉴를 실행한다.

25 다음 워크시트에서 마감일이 3월인 레코드를 검색하려고 할 때 고급 필터의 조건으로 올바르게 표현된 것은?

	A	B	
1	인원수	마감일	
2	15	2016-03-19	
3	25	2016-04-28	
4	10	2016-03-30	
5	5	2016-02-15	
6			

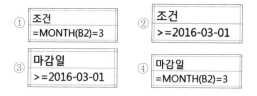

① 조건
　=MONTH(B2)=3

② 조건
　>=2016-03-01

③ 마감일
　>=2016-03-01

④ 마감일
　=MONTH(B2)=3

26 통합 문서를 용지에 인쇄하려고 한다. 다음 중 인쇄 설정 항목으로 옳지 않은 것은?

① 인쇄할 페이지의 시작과 끝 페이지 지정
② 인쇄 매수의 지정
③ 양면 인쇄로 지정
④ 인쇄 대상을 전체 통합 문서로 지정

27 다음 중 빠른 실행 도구 모음에 대한 설명으로 옳지 않은 것은?

① [빠른 실행 도구 모음 사용자 지정(▾)]을 클릭한 후 추가할 도구를 선택한다.
② 리본 메뉴에서 추가할 도구를 선택한 후 마우스 오른쪽 단추를 눌러 [빠른 실행 도구 모음에 추가]를 클릭한다.
③ [빠른 실행 도구 모음]에서 삭제할 도구를 선택한 후 마우스 오른쪽 단추를 눌러 [빠른 실행 도구 모음에서 제거]를 클릭한다.
④ [보기] 탭 [표시] 그룹에서 [기타] 명령을 선택하여 [빠른 실행 도구 모음]을 편집한다.

28 다음 그림의 [사용자 지정 자동 필터] 대화 상자에 대한 설명으로 옳지 않은 것은?

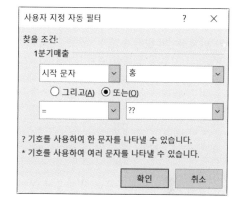

① 한 필드를 대상으로 두 가지의 조건을 지정할 때 사용할 수 있다.
② 위의 대화 상자는 1분기매출이 '홍'으로 시작하며 두 글자인 데이터만 추출하여 보여준다.
③ 한 필드를 대상으로 두 가지 조건을 AND나 OR로 연결하여 지정할 수 있다.
④ 현재 필드의 이름은 '1분기매출'로 되어 있다.

29 다음은 [차트 도구]-[디자인]-[차트 레이아웃]에 대한 설명이다. 해당되지 않는 것은 어느 것인가?

① [차트 요소 추가] - [데이터 선택]에서 행/열을 변경할 수 있다.
② [차트 요소 추가] - [데이터 레이블]에서 데이터 레이블의 표시 여부를 변경할 수 있다.
③ [차트 요소 추가] - [눈금선]에서 기본 눈금선의 표시 여부를 변경할 수 있다.
④ [차트 요소 추가] - [추세선]에서 추세선의 표시 여부를 변경할 수 있다.

30 다음 중 지정된 셀 범위에서 빈도수가 가장 높은 값을 구하는 함수는?

① STDEV 함수 ② MODE 함수
③ MEDIAN 함수 ④ MOD 함수

31 아래 [그림A]와 같이 수입과 지출을 기록하려고 표를 만들었다. 수입을 입력할 열을 [그림B]와 같이 삽입하려고 할 때 가장 적절하지 않은 것은?

[그림A]

	A	B	C
1		수입/지출	
2	날짜	지출	잔액
3			
4			

[그림B]

	A	B	C	D
1			수입/지출	
2	날짜	수입	지출	잔액
3				

① [B2] 셀에서 마우스 오른쪽 단추를 눌러 '삽입'을 클릭한 후 팝업 메뉴에서 '행 전체'를 선택한다.
② [B] 열의 머리글을 선택하고 마우스 오른쪽 단추를 눌러 '삽입'을 선택한다.
③ [B3] 셀에서 마우스 오른쪽 단추를 눌러 '삽입'을 클릭한 후 팝업 메뉴에서 '열 전체'를 선택한다.
④ [B2:B3] 영역을 선택한 후 마우스 오른쪽 단추를 눌러 '삽입'을 클릭하고 팝업 메뉴에서 '셀을 오른쪽으로 밀기'를 선택한다.

32 다음 중 시나리오 작성에 관한 설명으로 옳지 않은 것은?

① 시나리오는 결과 값을 예측하기 어려울 때 변화 요소마다 가상 값을 지정하여 결과 값의 변환을 예측해 볼 수 있다.
② 시나리오 결과를 요약 보고서나 피벗 테이블 형식으로 만들 수 없다.
③ 시나리오를 작성할 때 변경 셀에는 데이터를 변경할 셀의 범위를 지정한다.
④ 정의된 시나리오를 변경할 수 없도록 보호할 수 있다.

33 필요금액이 300,000 이상 400,000 미만인 금액의 총합을 SUMIF 함수를 이용하여 [C9] 셀에 계산하려 한다. 다음 중 [C9] 셀의 수식으로 올바른 것은?

	A	B	C
1	성명	날짜	필요금액
2	김기득	10월 04일	₩ 350,000
3	최득영	10월 07일	₩ 445,000
4	이민영	10월 09일	₩ 805,000
5	성호남	10월 12일	₩ 220,000
6	이재민	10월 18일	₩ 334,000
7	유호석	10월 22일	₩ 223,500
8	박창순	10월 28일	₩ 358,000
9		합계	₩ 1,042,000
10			

① =SUMIF(C2:C8,>=300000,C2:C8)-SUMIF(C2:C8,<400000,C2:C8)
② =SUMIF(C2:C8,">=300000",C2:C8)-SUMIF(C2:C8,"<400000",C2:C8)
③ =SUMIF(C2:C8,<400000,C2:C8)-SUMIF(C2:C8,<300000,C2:C8)
④ =SUMIF(C2:C8,"<400000",C2:C8)-SUMIF(C2:C8,"<300000",C2:C8)

34 다음의 도구 모음에서 매크로 기록을 중지하는 [기록 중지] 도구는?

①   ②

③   ④ ■

35 다음 중 엑셀의 [인쇄 미리 보기] 상태에서 사용할 수 없는 기능은 무엇인가?

① 다음 페이지   ② 인쇄 영역
③ 페이지 확대/축소   ④ 여백 표시

36 셀에 입력된 데이터에 사용자 지정을 이용하여 각각의 서식을 적용하였을 때 그 결과로 옳은 것은?

① 0.775 → 0#.#% → 0.7%
② 0.57 → #.# → 0.5
③ 90.445 → #,##0.0 → 90.4
④ 77 → #,###;@"점" → 77점

37 아래 숫자의 아이콘 표시가 순서대로 바르게 연결된 것은?

① a : 페이지 번호 삽입, b : 전체 페이지 수 삽입,
　c : 파일 이름 삽입, d : 시트 이름 삽입
② a : 전체 페이지 수 삽입, b : 페이지 번호 삽입,
　c : 시트 이름 삽입, d : 파일 이름 삽입
③ a : 페이지 번호 삽입, b : 전체 페이지 수 삽입,
　c : 시트 이름 삽입, d : 파일 이름 삽입
④ a : 전체 페이지 수 삽입, b : 페이지 번호 삽입,
　c : 파일 이름 삽입, d : 시트 이름 삽입

38 아래 그림의 차트에 적용된 기능으로 옳지 않은 것은?

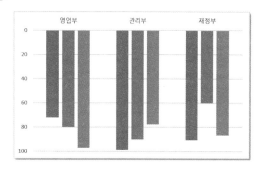

① 차트의 종류는 묶은 세로 막대형이다.
② 세로 (값) 축의 눈금이 축 반전(값을 거꾸로) 되었다.
③ 데이터 계열에 보조 축이 사용되었다.
④ 차트 영역에 그림자 서식이 지정되었다.

39 다음 중 매크로에 대한 설명으로 옳지 않은 것은?

① 워크시트에서 그림, 온라인 그림, 도형 또는 SmartArt 같은 그래픽 개체에 매크로를 지정할 수 있다.
② 매크로 저장 위치로 개인용 매크로 통합 문서, 새 통합 문서, 현재 통합 문서 중 하나를 선택할 수 있다.
③ 그래픽 개체에 작성된 매크로는 반드시 그래픽 개체를 클릭해야만 실행할 수 있다.
④ Visual Basic Editor를 이용하여 작성된 매크로를 편집할 수 있다.

40 다음 중 아래의 시트에서 수식 =DSUM(A1:D7, 4, B1:B2)을 실행했을 때의 결과 값으로 옳은 것은?

◢	A	B	C	D
1	성명	부서	1/4분기	2/4분기
2	이영석	영업1부	10	15
3	임제이	영업2부	20	25
4	김보경	영업1부	15	20
5	이하진	영업2부	10	10
6	이순범	영업2부	20	15
7	윤채영	영업1부	15	20

① 10   ② 15
③ 40   ④ 55

제 05 회 합격 모의고사

제1과목 컴퓨터 일반

01 다음 중 데이터 종류에 따른 컴퓨터의 분류로 옳지 않은 것은?

① 하이브리드 컴퓨터　② 디지털 컴퓨터
③ 슈퍼 컴퓨터　④ 아날로그 컴퓨터

02 다음 중 아래의 보기에서 설명하는 운영체제의 운영 방식으로 옳은 것은?

- 속도가 빠른 CPU의 처리 시간을 분할하여 여러 개의 작업을 연속으로 처리하는 방식
- 일정 시간 단위로 CPU 사용권을 신속하게 전환하여 각 사용자들이 자신만이 컴퓨터를 사용하고 있는 것처럼 느끼게 하는 방식

① 일괄 처리 시스템　② 듀플렉스 시스템
③ 분산 처리 시스템　④ 시분할 시스템

03 다음 중 텔레비전 드라마나 뉴스 등의 프로그램을 원하는 시간에 다시 볼 수 있는 서비스를 가리키는 용어로 옳은 것은?

① VLAN　② VOD
③ VDT　④ VPN

04 다음 중 Windows에서 [삭제] 명령 후 휴지통에서 [복원] 명령으로 되살릴 수 없는 파일은 무엇인가?

① USB 메모리에 저장되어 있는 파일을 휴지통으로 드래그하여 삭제
② 파일 탐색기에서 [삭제] 명령으로 삭제한 하드 디스크의 파일
③ Delete 키로 삭제한 하드 디스크의 파일
④ 마우스를 이용하여 휴지통으로 드래그하여 삭제한 하드 디스크 파일

05 다음 중 컴퓨터에서 사용하는 기억장치와 관련하여 EPROM(Erasable Programmable ROM)에 관한 설명으로 옳은 것은?

① 전기적인 방법을 이용하여 기록된 내용을 여러 번 수정하거나 새로운 내용을 기록할 수 있는 ROM이다.
② 자외선을 이용하여 기록된 내용을 여러 번 수정하거나 새로운 내용을 기록할 수 있는 ROM이다.
③ 특수 프로그램을 이용하여 한 번만 기록할 수 있으며 이후에는 읽기만 가능한 ROM이다.
④ 제조 과정에서 미리 내용을 기억시켜 놓아 사용자가 임의로 수정할 수 없는 ROM이다.

06 다음 중 Windows에서 [메모장]에 대한 설명으로 옳지 않은 것은?

① 작성한 문서는 자동적으로 txt라는 확장자가 사용된다.
② 특정한 문자열을 찾을 수 있는 찾기 기능이 있다.
③ 그림, 차트 등의 OLE 개체를 삽입할 수 있다.
④ 시간과 날짜를 문서에 삽입하는 기능이 있다.

07 다음 중 인터프리터 언어에 대한 설명으로 옳지 않은 것은?

① 대화형 언어로서 목적 프로그램을 생성하지 않는다.
② 디버깅이 컴파일러 보다 쉬우나 실행 속도가 느리다.
③ 전체 프로그램을 한 번에 처리하여 실행한다.
④ BASIC, LISP, APL과 같은 언어가 있다.

08 IPv4와 IPv6의 주소 구성은 몇 비트로 구성되어 있나?

① IPv4 : 32비트, IPv6 : 64비트
② IPv4 : 64비트, IPv6 : 32비트
③ IPv4 : 32비트, IPv6 : 128비트
④ IPv4 : 128비트, IPv6 : 32비트

09 다음 중 멀티미디어 정보의 특징에 관한 설명으로 옳지 않은 것은?

① 선형성을 가지고 데이터가 일정한 방향으로 순차 처리된다.
② 다양한 아날로그 데이터를 디지털 데이터로 변환하여 통합 처리한다.
③ 정보 제공자와 사용자간의 상호작용이 쌍방향성으로 전달된다.
④ 텍스트, 그래픽, 사운드, 동영상, 애니메이션 등의 여러 미디어를 통합 처리한다.

10 다음 중 오디오 파일 포맷에 대한 설명으로 옳지 않은 것은?

① 비압축 포맷으로는 WAV, AIFF, AU 등이 있다.
② MP3는 MPEG-3의 오디오 규격으로 개발된 손실압축 포맷으로 컴퓨터 디스크 등의 PCM 음성을 일반적으로 들을 만한 음질로 압축하여 크기를 1/20까지 줄일 수 있다.
③ WMA는 마이크로소프트사가 개발한 윈도 미디어 오디오 포맷으로 디지털 권리 관리(DRM)기능을 포함하고 있다.
④ 오디오 데이터를 저장하는 방식에는 압축 방식과 비압축 방식이 있으며, 압축하는 방식에 따라서 손실 압축 포맷과 비손실 압축 포맷으로 나뉜다.

11 다음 중 프로그램 내장 방식의 컴퓨터와 거리가 먼 것은?

① ENIAC
② EDSAC
③ UNIVAC-I
④ EDVAC

12 중앙처리장치(CPU)를 통하지 않고 시스템 메모리와 하드웨어 장치 사이에 데이터를 전송하는 방식을 무엇이라 하는가?

① 채널(Channel)
② DMA(Direct Memory Access)
③ 인터럽트(Interrupt)
④ 듀얼 시스템(Dual System)

13 다음 중 Windows에서 시스템 도구로 사용되는 [드라이브 조각 모음 및 최적화]에 관한 설명으로 옳지 않은 것은?

① [드라이브 조각 모음 및 최적화]는 조각난 데이터를 다시 정렬하므로 디스크 및 드라이브를 더 효율적으로 사용할 수 있다.
② [드라이브 조각 모음 및 최적화]는 자동으로 실행되므로 사용자가 수동으로 디스크 및 드라이브를 분석하고 조각을 모을 수는 없다.
③ [드라이브 조각 모음 및 최적화]를 하기 전에 디스크에 조각 모음이 필요한지 디스크 분석을 통해 확인할 수 있다.
④ [드라이브 조각 모음 및 최적화]를 하기 위한 일정을 예약하기 위해 주기, 일, 시간, 디스크 선택 등을 할 수 있다.

14 다음은 무엇에 대한 설명인가?

> • 인터넷을 기반으로 사람과 사물, 사물과 사물 간의 정보를 상호 소통하는 지능형 기술 및 서비스를 말한다.
> • 인터넷에 연결된 기기가 사람의 개입 없이 상호간에 알아서 정보를 주고받아 처리한다.

① RFID(Radio Frequency Identification)
② IoT(Internet of Things)
③ VNC(Virtual Network Computing)
④ WMN(Wireless Mesh Network)

15 다음 중 개인정보 보호법상 "개인정보"에 해당하지 않는 것은?

① 개인정보란 살아있는 개인에 관한 정보를 말하며 성명, 주민등록번호 등이 속한다.
② 게시판에 사용자가 기록한 문의내용도 개인정보에 해당한다.
③ 영상 등을 통하여 개인을 알아볼 수 있는 정보도 개인정보에 해당한다.
④ 해당 정보만으로는 특정 개인을 알아볼 수 없더라도 다른 정보와 쉽게 결합하여 알아볼 수 있는 것을 포함한다.

16 다음 중 Windows에서 바탕 화면에 있는 아이콘을 정렬하려 할 때 기본적으로 제공하는 아이콘 정렬 기준이 아닌 것은?

① 계단식 정렬   ② 크기별 정렬
③ 이름별 정렬   ④ 항목 유형별 정렬

17 다음 중 채팅 서비스(IRC) 사용상의 네티켓(Netiquette)에 대한 설명으로 가장 올바르지 않은 것은?

① 대화방에 처음 들어가면 잠시 동안 경청하여 분위기를 파악한다.
② 의사소통을 위해 어떤 단어를 쓰기 전에 한 번 더 생각하는 자세가 필요하다.
③ 대화의 자세에 부합하여 이야기하며 함부로 대화의 주제를 바꾸어서는 안된다.
④ Smile Faces 문자나 약자, 속어 등을 많이 사용하여 재미있게 유도한다.

18 특정 사이트를 모방한 유사 사이트를 만들어 로그인이나 카드 결제를 하는 것처럼 속여 개인정보를 빼가는 방법을 무엇이라 하는가?

① 슬래머 웜   ② 악성 봇
③ 코드레드   ④ 피싱

19 다음 중 클라이언트-서버에 관한 설명으로 가장 적절하지 않은 것은?

① 클라이언트는 연산 처리 능력과 저장 장치의 크기가 서버에 비해 크고 빠른 네트워크 환경을 갖춘 시스템에서 동작한다.
② 클라이언트-서버의 가장 대표적인 예는 웹 브라우저와 웹 서버이다.
③ 클라이언트는 서버 컴퓨터나 네트워크로 연결된 다른 컴퓨터로서 서버에게 연결을 요청하고 연결이 이루어지면 서버에 서비스를 요청한다.
④ 서버는 클라이언트로부터 요청 받은 여러 가지 서비스에 응답을 한다.

20 다음 중 Windows에서 기본 프린터 설정에 관한 설명으로 옳지 않은 것은?

① [프린터 및 스캐너] 창에서 기본 프린터로 설정하고자 하는 프린터를 선택한 후, [관리]를 클릭하여 [기본값으로 설정] 항목을 선택한다.
② 기본 프린터로 설정하고자 하는 프린터는 공유가 설정되어야 한다.
③ [프린터 및 스캐너] 창에서 기본 프린터로 설정하고자 하는 프린터를 선택한 후, [대기열 열기] – [프린터] – [기본 프린터로 설정] 항목을 선택한다.
④ 네트워크 프린터도 기본 프린터로 지정이 가능하다.

제2과목   **스프레드시트 일반**

21 다음 중에서 셀에 입력한 내용 중 기본적으로 셀의 왼쪽으로 정렬되지 않는 것은?

① '2016   ② 2016-12-25
③ 2000원   ④ FIFA2020

22 다음 중 [홈] 탭 [편집] 그룹의 [찾기 및 선택] 명령을 이용하여 찾을 수 없는 것으로 옳은 것은?

① 수식   ② 메모
③ 조건부 서식   ④ 표 서식

23 다음 그림과 같은 시트에서 함수식의 결과가 잘못 된 것은?

	A	B	C	D
1	5	10	15	20
2	10	0.02	0.51	0.78
3	15	0.88	0.44	2.22
4	20	4.33	1.27	3.33
5	25	1.95	2.35	4.44
6				

① =VLOOKUP(28,A1:D5,3) ⇒ 2.35
② =VLOOKUP(22,A1:D5,3) ⇒ 2.22
③ =HLOOKUP(17,A1:D5,4) ⇒ 1.27
④ =INDEX(A1:D5,3,4) ⇒ 2.22

24 다음 중 아래 차트에 대한 설명으로 옳지 않은 것은?

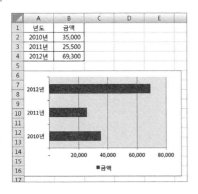

① 표의 데이터를 수정하면 차트도 자동으로 수정된다.
② [차트 도구] – [디자인] – [데이터] – [데이터 선택]을 클릭하여 데이터를 추가하거나 삭제할 수 있다.
③ 표의 [A5:B5] 셀에 새로운 데이터를 추가하면 차트에도 자동으로 추가된다.
④ 표의 [A3:B3] 셀과 [A4:B4] 셀 사이에 행을 추가한 후 새로운 데이터를 입력하면 차트에도 자동으로 삽입된다.

25 [A1] 셀에 '###.##'와 같은 사용자 서식 코드를 지정한 뒤 12345.678이라고 입력했을 때 셀에 표시되는 값은?

① 12345.68
② 12345.678
③ 123.46
④ 123.45

26 다음 중 셀에 데이터 입력시 **Ctrl**+**Enter** 키의 기능은 무엇인가?

① 입력된 데이터의 속성을 보여주는 키이다.
② 데이터 입력 후 다음 셀로 자동 이동시키는 기능이다.
③ 범위로 지정한 여러 셀에 동일한 데이터를 입력할 때 사용되는 키이다.
④ 한 셀에 두 줄 이상의 데이터를 입력할 수 있게 줄바꿈을 한다.

27 다음에서 설명하고 있는 차트는?

• 분산형 차트의 한 종류로서 세 값의 집합을 비교하는 것으로 데이터 요소 당 적어도 두 개의 값이 필요하다.
• 다른 차트와 혼합하여 작성할 수 없다.
• 데이터 값이 세 개인 경우에만 사용할 수 있으며 첫 번째 값이 X축, 두 번째 값이 Y축, 세 번째 값이 데이터 표식의 크기로 사용된다.

① 도넛형 차트
② 분산형 차트
③ 방사형 차트
④ 거품형 차트

28 다음 중 엑셀을 종료하는 방법으로 옳지 않은 것은?

① **Ctrl**+**F4** 키를 누른다.
② [파일] – [닫기]를 클릭한다.
③ **Alt**+**F** 키를 누른 다음 **X** 키를 누른다.
④ 제목 표시줄의 오른쪽에 있는 닫기 단추(✕)를 클릭한다.

29 다음 중 '#NAME?' 오류가 발생하는 수식은 무엇인가?

① =LEFT("대한민국만세", A1)
② =MIN(A1 B1 C1)
③ =50/A&1
④ =10/0

30 다음 중 [페이지 설정] 대화 상자에 대한 설명으로 옳지 않은 것은?

① 용지의 방향을 가로나 세로로 지정할 수 있다.
② 인쇄 품질은 인쇄 해상도를 지정하며, 해상도가 높을수록 출력물이 선명하다.
③ 시작 페이지 번호의 기본값은 0페이지부터 부여된다.
④ 시트의 행/열 머리글의 인쇄 여부를 지정할 수 있다.

31 다음 중 [개발 도구] – [컨트롤] – [삽입]에서 양식 컨트롤의 기능에 대한 설명으로 바르지 못한 것은?

① ▭ : 단추
② 🖅 : 콤보 상자
③ 🖳 : 목록 상자
④ 가 : 글꼴

32 [조건부 서식]의 [새 서식 규칙] 중 '다음을 포함하는 셀만 서식 지정'에 대한 설명으로 옳은 것은?

① 셀 값 중 값이 200 이하인 셀 값에 채우기 서식을 지정하는 조건부 서식이다.
② 셀 값 중 값이 200 이상인 셀 값에 채우기 서식을 지정하는 조건부 서식이다.
③ 셀 값 중 상위 200 이상인 셀 값에 채우기 서식을 지정하는 조건부 서식이다.
④ 셀 값 중 하위 200 이상인 셀 값에 채우기 서식을 지정하는 조건부 서식이다.

33 다음 중 엑셀의 인쇄 기능에 대한 설명으로 올바른 것은?

① 인쇄 시 숨긴 열이나 행도 모두 출력된다.
② [페이지 레이아웃] – [페이지 설정] 그룹에서 페이지 설정 단추(⤡)를 클릭한 후, [페이지] 탭에서 '자동 맞춤'을 지정하면 확대/축소 배율을 지정할 수 있다.
③ [페이지 레이아웃] – [페이지 설정] – [나누기] – [페이지 나누기 삽입]을 이용하여 사용자가 인위적으로 페이지를 구분할 수도 있다.
④ [페이지 레이아웃] – [페이지 설정] 그룹에서 페이지 설정 단추(⤡)를 클릭한 후, [인쇄] 탭에서 '반복할 행'을 지정하면 인쇄되는 모든 페이지에 열 제목행이 표시된다.

34 아래 그림의 결과([J35])를 참고하여 '제조사가 삼선이면서 제품명이 LED-TV인 판매 수량 합계'를 구하는 함수식으로 옳은 것은?

	G	H	I	J
24	[표5]			
25	대리점	제품명	제조사	판매수량
26	강남점	PDP-TV	삼선	35
27	강동점	LED-TV	삼선	15
28	구로점	LED-TV	청진	45
29	여의도점	PDP-TV	엘림	27
30	성수점	아모레드	엘림	115
31	미아점	LED-TV	삼선	17
32	대림점	LED-TV	엘림	85
33	신촌점	LED-TV	삼선	22
34	구의점	PDP-TV	삼선	18
35	삼선 LED-TV 판매수량 합계			54
36				

① =SUMIF(J26:J34,H26:H34,"LED-TV",I26:I34,"삼선")
② =SUMIFS(J26:J34,H26:H34,"LED-TV",I26:I34,"삼선")
③ =SUMIFS(J26:J34,H26:H34,"삼선",I26:I34,"LED-TV")
④ =SUMIF(J26:J34,H26:H34,"삼선",I26:I34,"LED-TV")

35 [그리기 도구] 탭을 이용하여 아래 그림처럼 도형의 위치를 바꾸려고 한다. 올바른 방법은 무엇인가?

[변경 전]   [변경 후]

① [그리기 도구] – [서식] – [도형 스타일] – [맨 뒤로 보내기] 클릭
② [그리기 도구] – [서식] – [도형 스타일] – [맨 앞으로 가져오기] 클릭
③ [그리기 도구] – [서식] – [정렬] – [맨 뒤로 보내기] 클릭
④ [그리기 도구] – [서식] – [정렬] – [맨 앞으로 가져오기] 클릭

36 다음 중 부분합에 대한 설명으로 옳지 않은 것은?

① 부분합을 제거하려면 부분합 대화 상자에서 〈모두 제거〉 단추를 클릭한다.
② 중첩 부분합을 작성하기 위해서는 '새로운 값으로 대치' 항목의 체크 표시를 반드시 취소해야 한다.
③ 부분합을 실행하기 전에 그룹화할 항목을 기준으로 반드시 오름차순으로 정렬이 되어 있어야 한다.
④ '데이터 아래에 요약 표시' 항목이 해제되면 부분합의 결과 값은 해당 그룹 위쪽에 표시된다.

37 다음 중 피벗 테이블에 대한 설명으로 옳지 않은 것은?

① 원본 데이터가 수정이 되더라도 피벗 테이블 보고서의 데이터는 자동으로 변경되지 않기 때문에 '새로 고침'을 해야 한다.
② 피벗 테이블을 삭제하면 피벗 테이블과 연결된 피벗 차트도 함께 삭제된다.
③ 피벗 테이블이 수정되면 피벗 테이블과 연결된 피벗 차트도 함께 변경된다.
④ 피벗 차트를 생성하면 피벗 테이블도 자동으로 생성된다.

38 아래 주어진 피벗 테이블의 레이아웃에서 필터, 행, 열, Σ 값에 대한 항목 설정이 바르게 나열된 것은?

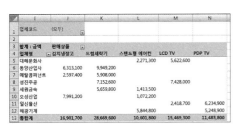

	필터	행	열	Σ값
①	업체명	판매상품	업체코드	금액
②	업체명	업체코드	판매상품	금액
③	업체코드	업체명	판매상품	금액
④	업체코드	판매상품	업체명	금액

39 워크시트의 각 셀에 '55500', '−77700', '0', '아름다운'을 차례대로 입력한 후 아래의 표시 형식을 적용했을 때 표시되는 결과로 옳은 것은?

> #0.0,"만원";(#0.0,"만원");0.0;@"세상"

① 55.5만원 / (77.7만원) / 0.0 / 아름다운세상
② 555.5만원 / (777.7만원) / 0 / 아름다운세상
③ 55.6만원 / (77.8만원) / 0.0 / 아름다운 세상
④ 555.6만원 / (777.8만원) / 0 / 아름다운 세상

40 다음 그림과 같이 매크로를 기록했을 때 매크로를 실행할 수 있는 방법으로 옳지 않은 것은?

① [보기] − [매크로] − [Visual Basic]을 클릭하여 VBA를 실행한 후, [실행] − [매크로 실행]을 클릭하여 '문자열' 매크로 이름을 선택하고 〈실행〉 단추를 클릭한다.
② **Ctrl**+**Shift**+**A** 키를 누른다.
③ [보기] − [매크로] − [매크로 보기]를 클릭하여 '문자열' 매크로 이름을 선택한 후, 〈실행〉 단추를 클릭한다.
④ **Alt**+**F8** 키를 눌러 '문자열' 매크로를 선택한 후, 〈실행〉 단추를 클릭한다.

제 06 회 합격 모의고사

컴퓨터 일반

01 다음 중 컴퓨터의 기억장치 속도가 가장 빠른 기억장치로 옳은 것은?

① 하드 디스크(HDD)
② 플래시 메모리(Flash Memory)
③ 광학디스크(ODD)
④ 레지스터(Register)

02 다음에서 설명하는 신기술은 무엇인가?

> • 현실 세계의 배경에 3D의 가상 이미지를 중첩하여 영상으로 보여 주는 기술이다.
> • 스마트폰 카메라로 주변을 비추면 인근에 있는 상점의 위치, 전화번호 등의 정보가 입체영상으로 표시된다.

① SSO(Single Sign On)
② 증강현실(Augmented Reality)
③ RSS(Rich Site Summary)
④ 가상현실(Virtual Reality)

03 다음 중 Windows에 대한 설명으로 옳지 않은 것은?

① [Windows Update] 기능을 사용하여 Windows를 최신 정보로 유지할 수 있다.
② [시스템 복원] 기능을 사용하여 시스템 사용에 문제가 생기는 경우에 컴퓨터를 이전 상태로 복원할 수 있다.
③ [작업 스케줄러] 기능을 사용하여 특정 프로그램을 지정한 시간에 컴퓨터에서 자동으로 수행되도록 지정할 수 있다.
④ [Windows 방화벽] 기능을 사용하여 시스템 바이러스를 발견하고 삭제할 수 있다.

04 다음 중 컴퓨터 하드웨어와 관련하여 시스템 버스에 해당하지 않는 것은?

① 제어 버스   ② 주소 버스
③ 드라이버 버스   ④ 데이터 버스

05 다음 중 손바닥 위에 올려 놓고 사용할 수 있을 정도로 아주 작은 크기의 컴퓨터는 어느 것인가?

① 팜톱 컴퓨터   ② 랩톱 컴퓨터
③ 데스크톱 컴퓨터   ④ 슈퍼 컴퓨터

06 다음 중 인터넷 서비스에서 PING(Packet InterNet Groper)의 기능에 관한 설명으로 옳은 것은?

① 인터넷 상에서 채팅을 할 수 있도록 하는 기능이다.
② 인터넷 속도가 느릴 경우에 어느 구간에서 정체가 있는 가를 알기 위하여 인터넷 서버까지의 경로를 추적하는 기능이다.
③ 원격 컴퓨터가 현재 인터넷에 연결되어 정상적으로 네트워크가 작동하고 있는지 파악할 수 있는 서비스이다.
④ 여러 지역에 분산되어 있는 데이터베이스로부터 정보를 검색할 수 있게 하는 서비스이다.

07 다음 중 Windows의 대화상자에서 하나 이상의 관련된 항목을 동시에 선택할 수 있는 것은 어느 것인가?

① 명령 단추   ② 확인란
③ 옵션 단추   ④ 목록 상자

08 아래의 내용은 컴퓨터에서 프로그램 개발 과정에 관한 내용이다. (가), (나)에 들어갈 용어로 옳은 것은?

> 원시프로그램을 (가)가 목적프로그램으로 번역해주며, 번역된 목적프로그램을 (나)가 실행 가능한 형태의 모듈로 만드는 역할을 한다.

	(가)	(나)
①	어셈블러	컴파일러
②	컴파일러	링커
③	링커	어셈블러
④	컴파일러	어셈블러

09 다음 중 컴퓨터 보안 관련 용어에 대한 설명으로 적절하지 않은 것은?

① 백도어란 프로그래머들이 프로그램이나 시스템을 관리하기 위해 만들어 놓은 비밀통로이나 해커에게 악용되기도 한다.
② 크래킹이란 컴퓨터 시스템에 불법적으로 접근, 침투하여 시스템과 데이터를 파괴하는 행위이다.
③ 디지털 서명이란 공개키 암호 방식을 이용한 전자서명의 한 종류로 메시지를 보내는 사람을 인증한다.
④ 스니핑이란 정보를 빼내가거나 익스플로러의 시작 페이지를 자신들의 사이트로 고정시키거나 팝업창을 마음대로 띄우는 행위를 말한다.

10 다음 중 사용권에 따른 소프트웨어 분류에 대한 설명으로 옳은 것은?

① 셰어웨어 : 기능 혹은 사용 기간에 제한을 두어 정식 프로그램의 구입을 유도하기 위해 배포하는 버전
② 프리웨어 : 정식 프로그램의 기능을 홍보하기 위해 사용 기간이나 기능을 제한하여 배포하는 프로그램
③ 패치버전 : 베타 테스트를 하기 전 제작 회사 내에서 테스트할 목적으로 제작하는 프로그램
④ 데모버전 : 이미 제작하여 배포된 프로그램의 오류 수정이나 성능 향상을 위해 프로그램의 일부 파일을 변경해 주는 프로그램

11 다음 중 Windows에서 제공하는 [메모장]에 대한 설명으로 옳은 것은?

① 용량이 큰 텍스트 파일을 작성할 수 있고 기본 저장 파일은 .doc 이다.
② OLE 개체 삽입, 그림이나 차트 등의 고급 기능을 사용할 수 있다.
③ 찾기 기능을 사용하여 문장 내에서 원하는 문자열을 찾을 수 있다.
④ 특정 영역을 지정하여 일부 문자의 글꼴을 설정할 수 있다.

12 페이스북(Facebook)이나 트위터(Twitter)와 같이 온라인상에서 특정한 관심이나 활동을 공유하는 사람들 사이의 관계망을 구축해 주는 온라인 서비스를 무엇이라 하는가?

① LTE   ② SNS
③ 유튜브   ④ 모바일

13 압축 프로그램 중 하나인 알집(Alzip)에 대한 설명으로 옳지 않은 것은?

① 압축 파일에 암호를 설정할 수 있다.
② 분할 압축 기능을 이용하여 파일을 저장할 수 있다.
③ 이미 압축된 파일에 새로운 파일을 추가하여 압축할 수는 없다.
④ 알집 EXE 만들기 기능을 지원하므로 압축된 *.zip, *.alz 파일을 알집 EXE 파일로 만들면 알집이 설치되지 않은 컴퓨터에서도 압축을 풀 수 있다.

14 다음 중 Windows의 폴더 속성 창에서 설정할 수 있는 기능으로 옳지 않은 것은?

① 폴더의 위치를 변경할 수 있다.
② 폴더의 이름을 변경할 수 있다.
③ 읽기 전용 여부와 숨김 설정을 할 수 있다.
④ 폴더 안의 파일과 폴더의 개수를 알 수 있다.

15 다음 중 컴퓨터 범죄의 예방과 대책에 대한 설명으로 옳지 않은 것은?

① 자신의 ID를 빌려주거나 타인의 ID를 사용할 경우에는 신중을 기하여야 하며, 처음 만든 패스워드는 변경하지 않아야 하고 다른 사용자에게 노출되지 않도록 한다.
② 중요한 자료를 암호화하여 저장하고 정보 손실에 대비하여 백업을 철저히 한다.
③ 전자 상거래를 이용하거나 개인의 정보를 제공할 경우 반드시 이용 약관이나 개인 정보 보호 방침을 숙지한다.
④ 백신 프로그램을 설치하고 수시로 업데이트를 실행하여 최신 버전을 유지한다.

16 다음 중 정밀 과학기술 연구를 위해 속도나 온도와 같은 연속 데이터를 처리하는 용도로 특수 목적 컴퓨터를 사용한다고 했을 때, 이 컴퓨터에 대한 컴퓨터 규모와 데이터 형태, 그리고 하드웨어 용도의 분류로 옳은 것은?

① 미니컴퓨터 – 아날로그 컴퓨터 – 범용 컴퓨터
② 슈퍼컴퓨터 – 아날로그 컴퓨터 – 전용 컴퓨터
③ 메인프레임 컴퓨터 – 디지털 컴퓨터 – 전용 컴퓨터
④ 메인프레임 컴퓨터 – 하이브리드 컴퓨터 – 범용 컴퓨터

17 다음 중 ⓐ와 ⓑ에 해당하는 내용으로 옳은 것은?

> 컴퓨터의 처리 대상이 되는 것으로 어떤 조건이나 상황을 나타내는 문자, 숫자, 그림, 음성, 영상 등을 (ⓐ) (이)라고 하며, (ⓐ)를 가공한 것으로 유용하게 사용되는 것을 (ⓑ) (이)라고 한다.

① ⓐ : 파일   ⓑ : 미디어
② ⓐ : 멀티미디어   ⓑ : 미디어
③ ⓐ : 데이터베이스   ⓑ : 소프트웨어
④ ⓐ : 자료   ⓑ : 정보

18 다음 중 Windows에 설치된 프린터의 [인쇄 대기열] 창에서 [프린터] 메뉴를 이용하여 할 수 있는 작업으로 옳지 않은 것은?

① 해당 프린터가 기본 프린터로 설정되었는지 파악할 수 있다.
② 해당 프린터의 공유를 설정할 수 있다.
③ 문서 인쇄를 일시적으로 중지시킬 수 있다.
④ 해당 프린터에 인쇄 중인 모든 파일을 디스크에서 삭제할 수 있다.

19 다음에서 설명하는 장치로 알맞은 것은?

> • 직렬 포트의 일종으로서 오디오 플레이어, 디지털 카메라, 마우스, 키보드, 스캐너 및 프린터 등과 같은 주변기기와 컴퓨터간의 플러그 앤 플레이 인터페이스이다.
> • 12Mbps 이상의 데이터 전송 속도를 지원하고, 최대 127개까지 장치들을 사슬처럼 연결할 수 있다.
> • 컴퓨터를 사용하는 도중에 이 방식의 주변 장치를 연결해도 인식할 수 있다.

① AGP   ② USB
③ SCSI   ④ IEEE1394

20 다음 중 WMA 파일에 대한 설명으로 옳지 않은 것은?

① 악기음은 사운드 카드에 내장되어 있는 음원 모듈을 사용한다.
② 거의 CD 수준의 음질로 스트리밍 재생이 가능하다.
③ 음질대비 용량이 MP3 파일의 절반 정도 밖에 되지 않는다.
④ 윈도우에서 기본적인 코덱을 지원함으로 PC에서 안정적으로 재생된다.

제2과목 스프레드시트 일반

21 다음 중 엑셀의 각종 데이터 입력에 관한 설명으로 옳지 않은 것은?

① 오늘 날짜를 간단히 입력하기 위해서는 TODAY 함수나 **Ctrl**+**;** 키를 누르면 된다.
② 시간 데이터는 콜론(:)으로 시, 분, 초를 구분하여 입력한다.
③ 범위를 지정하고 데이터를 입력한 후 **Ctrl**+**Alt**+**Enter** 키를 누르면 동일한 데이터가 한 번에 입력된다.
④ 날짜 데이터 입력 시 연도를 생략하고 월, 일만 입력하면 자동으로 올해의 연도가 추가되어 입력된다.

22 다음 중 [보기] – [창] – [틀 고정]에 대한 설명으로 옳지 않은 것은?

① 셀 포인터의 이동에 상관없이 항상 제목 행이나 제목 열을 표시하고자 할 때 설정한다.
② 제목 행으로 설정된 행은 셀 포인터를 화면의 아래쪽으로 이동시켜도 항상 화면에 표시된다.
③ 제목 열로 설정된 열은 셀 포인터를 화면의 오른쪽으로 이동시켜도 항상 화면에 표시된다.
④ 틀 고정을 취소할 때는 셀 포인터를 틀 고정된 우측 하단에 반드시 위치시키고 [보기] – [창] – [틀 고정 취소]를 클릭해야 한다.

23 다음 중 엑셀에서 사용하는 이름에 대한 설명으로 옳지 않은 것은?

① 'A1'처럼 셀 주소와 같은 형태의 이름을 사용할 수 있다.
② 이름의 첫 글자는 반드시 문자(한글, 영문)나 밑줄(_)만 쓸 수 있다.
③ 같은 통합 문서에서 동일한 이름을 중복하여 사용할 수 없다.
④ 이름 상자의 화살표 단추를 누르고 정의된 이름 중 하나를 클릭하면 해당 셀 또는 셀 범위가 선택된다.

24 다음 중 메모에 대한 설명으로 옳지 않은 것은?

① 새 메모를 작성하려면 바로 가기 키 **Shift**+**F2** 키를 누르거나 [검토] 탭 [메모] 그룹에서 '새 메모'를 클릭한다.
② 셀을 이동하면 메모를 제외한 수식, 결과 값, 셀 서식 등이 이동된다.
③ 한 시트에 여러 개의 메모가 삽입되어 있는 경우 [검토] 탭 [메모] 그룹의 '이전' 또는 '다음'을 이용하여 메모들을 탐색할 수 있다.
④ 통합 문서에 포함된 메모를 시트에 표시된 대로 인쇄하거나 시트 끝에 인쇄할 수 있다.

25 [차트1]을 완성한 후 [차트2]와 같이 변경하려고 한다. 이 때 사용되지 않는 기능은?

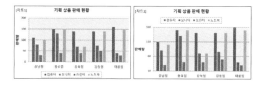

① [축 제목 서식]의 작업창에서 '텍스트 방향'을 [가로]로 변경하였다.
② [데이터] - [행/열 전환]으로 계열 방향을 변경하였다.
③ 축 서식을 사용하여 최소값, 최대값을 변경하였다.
④ [범례 서식]의 작업창에서 '범례 위치'를 [위쪽]으로 변경하였다.

26 다음 중 엑셀의 화면 제어에 관한 설명으로 옳지 않은 것은?

① 숨겨진 통합 문서를 표시하려면 [보기] - [창] - [숨기기 취소]를 실행한다.
② 틀 고정에 의해 분할된 왼쪽 또는 위쪽 부분은 인쇄 시 반복할 행과 반복할 열로 자동 설정된다.
③ [파일] - [옵션]의 [고급] 탭에서 'IntelliMouse로 화면 확대/축소' 옵션을 설정하면 **Ctrl** 키를 누르지 않은 상태에서 마우스 휠의 스크롤만으로 화면의 축소 및 확대가 가능하다.
④ 확대/축소 배율은 선택된 시트에만 적용된다.

27 다음 그림과 같은 상태에서 〈확인〉 단추를 누를 경우 얻을 수 있는 목표값은 무엇인가?

	A	B	C
1	계산식	항목	3월 계획
2		생산량(개)	4,000
3	생산량+판매량	판매량(개)	2,000
4	재고량*단위비용	재고량(개)	2,000
5		재고비용(원)	200,000
6		단위비용(원)	100

목표값 찾기   ? ×

수식 셀(E): C5
찾는 값(V): 100000
값을 바꿀 셀(C): $C$3

확인   취소

① 재고비용을 100,000으로 조정했을 때의 판매량
② 재고비용을 100,000으로 조정했을 때의 생산량
③ 재고비용을 100,000으로 조정했을 때의 재고량
④ 재고비용을 100,000으로 조정했을 때의 단위비용

28 다음 중 매크로의 특징에 대한 설명으로 옳지 않은 것은?

① 키보드나 마우스 동작에 의해 매크로를 작성하면 VBA 언어로 작성된 매크로 프로그램이 자동으로 생성된다.
② 매크로로 작성한 내용은 필요에 따라 삭제, 편집이 가능하다.
③ '절대 참조'를 이용하면 현재 셀의 위치에 따라 다른 방식으로 작동하게 할 수 있다.
④ 매크로는 반복적인 작업이나 시간이 많이 걸리는 작업을 보다 신속하게 처리할 수 있다.

29 다음 그림과 같이 [B1:B3] 셀에 입력된 문자열을 [B4] 셀에서 목록으로 표시하여 입력하기 위한 키 조작으로 올바른 것은?

	A	B
1	A	상
2	B	중
3	C	하
4	D	
5	E	상/중/하
6	F	하

① **Tab**+**↓** 　　② **Shift**+**↓**
③ **Ctrl**+**↓** 　　④ **Alt**+**↓**

30 고급 필터에서 다음과 같은 조건을 설정하였다. 다음 중 고급 필터 실행 후 추출된 결과로 옳지 않은 것은?

	A	B	C
1	주소	점수	점수
2	인천	>=80	<90
3	파주	>80	<=89

① 거주지가 파주이고 점수가 81 이상 89 이하인 경우의 자료
② 거주지가 인천이고 점수가 80 이상 89 이하인 경우의 자료
③ 거주지가 파주이고 점수가 80 이상 89 이하인 경우의 자료
④ 거주지가 인천이고 점수가 80 이상 90 미만인 경우의 자료

31 다음 중 [홈]-[스타일]-[셀 스타일]에 대한 설명으로 옳지 않은 것은?

① 셀 스타일을 사용하면 여러 가지 서식을 한 번에 적용할 수 있다.
② 새 셀 스타일에는 '스타일에 포함할 항목'으로 '표시 형식, 맞춤, 글꼴, 테두리, 채우기, 보호' 등이 있다.
③ 숫자 서식에는 '음수, 회계, 통화, 분수'로 빠르게 변경할 수 있다.
④ 선택된 셀에서만 셀 스타일을 제거하려면 '좋음, 나쁨 및 보통'에서 '표준'을 클릭한다.

32 다음 시트와 같이 합계가 260 이상인 행에 밑줄 '실선', 글꼴 스타일 '굵게', 색 '빨강'을 지정하려고 한다. [조건부 서식]에서 '수식을 사용하여 서식을 지정할 셀 결정'을 이용할 경우 올바른 수식은?

	A	B	C	D	E	F
1						
2		성명	1과목	2과목	3과목	합계
3		정을영	85	88	92	265
4		이종수	75	83	78	236
5		박경영	90	90	95	275
6		진경대	80	65	70	215
7		나은수	65	75	80	220
8						

① =F$3〉=260 　　② =$F3〉=260
③ =$F$3〉=260 　　④ =F3〉=260

33 다음 중 매크로 작성에 대한 설명으로 옳지 않은 것은?

① 매크로 이름은 공백을 포함하여 작성할 수 있으며 항상 문자로 시작하여야 한다.
② 바로 가기 키는 기본적으로 **Ctrl** 키가 지정되어 있다.
③ 매크로 이름은 첫 글자 외에는 문자, 숫자 등을 혼합하여 사용할 수 있다.
④ 바로 가기 키 지정시 대문자를 입력하면 자동으로 **Shift** 키가 붙여진다.

34 다음은 일일 강우량에 따른 부유물질 수준을 보여주는 차트이다. 어느 유형의 차트를 사용한 것인가?

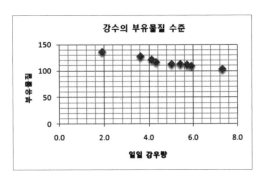

① 분산형 차트 　　② 표면형 차트
③ 거품형 차트 　　④ 영역형 차트

35 워크시트에서 셀의 값이 1000 이상일 경우 빨강 색으로 표시하면서 끝에 "Won"자가 붙게 하고, 1000 미만일 경우 파랑색으로 표시하면서 끝에 "Won"자를 표시하고자 한다. 올바른 사용자 지정 서식은?

① [빨강][>1000]#,###"Won";[파랑]
   [<=1000]#,###"Won"
② [빨강][>=1000]#,###"Won";[파랑]
   [<1000]#,###"Won"
③ [빨강][=>1000]#,###"Won";[파랑]
   [>1000]#,###"Won"
④ [빨강][>=1000 #,###"Won'];[파랑]
   [<1000 #,###"Won']

36 '가격'에 '인상률'을 적용하여 '인상가격'을 계산하고자 한다. [C2] 셀의 수식을 [C4] 셀까지 채우기 핸들로 끌어 계산하고자 할 때 [C2] 셀에 들어갈 수식으로 알맞은 것은?

	A	B	C
1	상품	가격	인상가격
2	SHD-TV	5,500,000	6,050,000
3	노트북	1,050,000	
4	프로젝터	750,000	
5			
6	인상률		
7	10%		

① =B2+B2*$A7   ② =B2+B2*A7$
③ =B2+B2*$A$7   ④ =B2+B2*A7

37 다음 중 페이지 레이아웃 및 인쇄 관련 설정에 대한 설명으로 옳지 않은 것은?

① [인쇄 미리 보기] 상태에서는 마우스를 이용하여 페이지 여백을 조정할 수 있다.
② [페이지 설정] 대화상자의 [페이지] 탭에서 확대/축소 배율을 지정할 수 있다.
③ [보기] 탭 – [통합 문서 보기] 그룹의 '페이지 나누기 미리 보기'를 클릭하면 머리글 및 바닥글을 쉽게 삽입할 수 있다.
④ [페이지 레이아웃] 탭 – [페이지 설정] 그룹에서 [나누기] – [페이지 나누기 삽입]은 새 페이지가 시작되는 위치를 지정하는 것으로 선택 영역의 위쪽과 왼쪽에 페이지 나누기가 삽입된다.

38 다음과 같이 데이터를 입력한 후 범위를 지정하고 마우스 오른쪽 단추를 이용하여 [B5] 셀까지 자동 채우기를 실행하였다. 이때, 표시되는 바로 가기 메뉴의 [셀 복사]를 선택할 경우 [B4] 셀과 [B5] 셀에 표시되는 값으로 올바른 것은?

① [B4] 셀 : 20, [B5] 셀 : 25
② [B4] 셀 : 10, [B5] 셀 : 5
③ [B4] 셀 : 10, [B5] 셀 : 10
④ [B4] 셀 : 5, [B5] 셀 : 5

39 다음 중 [시나리오 관리자]의 실행 단추에 대한 설명으로 잘못된 것은?

① 〈삭제〉 단추는 선택한 시나리오를 제거할 때 사용하는 것으로 '실행 취소' 단추를 이용하여 삭제된 시나리오를 복원할 수 있다.
② 〈편집〉 단추는 선택한 시나리오를 수정할 때 사용하는 것으로 시나리오 이름과 대상 셀의 범위를 지정할 수 있다.
③ 〈병합〉 단추는 다른 시트에 있는 시나리오를 불러와서 추가할 때 사용하는 것이다.
④ 〈요약〉 단추는 선택한 시나리오의 요약 보고서나 시나리오 피벗 테이블 보고서를 작성할 때 사용하는 것이다.

40 다음 중 시스템의 현재 날짜에서 년도를 구하는 수식으로 가장 올바른 것은?

① =year(days( ))   ② =year(day( ))
③ =year(today( ))   ④ =year(date( ))

제 07 회 합격 모의고사

01 다음 중 CPU가 프로그램의 명령어를 수행하는 중에 산술 및 논리 연산의 결과를 일시적으로 저장하는 레지스터로 옳은 것은?

① 주소 레지스터(MAR)
② 누산기(AC)
③ 명령어 레지스터(IR)
④ 프로그램 카운터(PC)

02 다음 중 4세대 컴퓨터의 특징으로 볼 수 없는 것은?

① 개인용 컴퓨터(PC)가 등장하였다.
② 다중 프로그램이 처음으로 도입되었다.
③ 가상 기억 장치가 도입되었다.
④ 기억 소자로 고밀도 집적 회로(LSI)가 사용되었다.

03 다음 중 컴퓨터에서 중앙처리장치(CPU)와 입출력장치 사이의 속도 차이로 인한 문제점을 해결해 주는 것은?

① DMA   ② 캐시
③ 콘솔   ④ 채널

04 다음 보기 중 전자우편을 위한 프로토콜끼리 올바르게 짝지어진 것은?

> ㉠ SMTP   ㉡ FTP   ㉢ POP3
> ㉣ IMAP   ㉤ MIME   ㉥ DNS

① ㉡, ㉢, ㉣, ㉤
② ㉠, ㉢, ㉣, ㉤
③ ㉠, ㉡, ㉣, ㉤
④ ㉠, ㉢, ㉣, ㉥

05 다음 중 정보 사회의 부작용과 가장 관련이 없는 것은?

① 정보의 과다로 인한 혼란과 정보의 편중에 의한 계층 간의 정보 차이가 생긴다.
② 인간관계에서의 유대감이 강화되고, 인간의 고유 판단 능력이 향상된다.
③ 기술의 인간 지배와 이로 인한 인간의 소외 현상이 생긴다.
④ 정보 이용 기회의 불균등으로 인하여 정보 소외 현상이 생긴다.

06 다음 중 효율적인 정보검색 방법으로 적절하지 않은 것은?

① 한 가지 검색엔진을 사용한다.
② 웹 브라우저의 사용법을 숙달한다.
③ 핵심 단어와 문장으로 검색한다.
④ 적절한 연산자를 함께 사용한다.

07 다음 중 상용 소프트웨어가 출시되기 전에 미리 정해진 고객들에게 프로그램에 대한 평가를 수행하고자 제작한 소프트웨어로 옳은 것은?

① 알파(Alpha) 버전
② 베타(Beta) 버전
③ 패치(Patch) 버전
④ 데모(Demo) 버전

08 다음 중 컴퓨터에서 사용하는 코드체계에서 에러 검출뿐만 아니라 교정도 할 수 있는 코드로 옳은 것은?

① Hamming Code
② Parity Code
③ ASCII Code
④ BCD Code

09 다음 중 Windows에서 [디스크 정리]에 관한 설명으로 옳은 것은?

① 디스크의 공간을 확보하기 위해 컴퓨터에 더 이상 필요하지 않은 임시 파일을 찾아 제거하는 기능이다.
② 분산되어 있는 저장 파일들을 연속된 공간에 저장함으로써 디스크 접근 속도를 향상시킨다.
③ 디스크에 오류가 없는지 검사하여 일부 컴퓨터 문제를 해결하고 컴퓨터 성능을 향상시킬 수 있다.
④ 원본 데이터의 손실에 대비하여 외부 저장 장치에 저장한다.

10 다음 중 속도가 빠른 저장 장치부터 나열한 것은?

① 보조기억장치 〉 주기억장치 〉 캐시메모리 〉 레지스터
② 레지스터 〉 캐시메모리 〉 주기억장치 〉 보조기억장치
③ 주기억장치 〉 캐시메모리 〉 보조기억장치 〉 레지스터
④ 레지스터 〉 주기억장치 〉 캐시메모리 〉 보조기억장치

11 다음 중 아이콘 정렬 기준에 대한 설명으로 옳지 않은 것은?

① 수정한 날짜 : 아이콘을 날짜순으로 정렬한다.
② 이름 : 아이콘의 이름을 최신의 순서로 정렬한다.
③ 크기 : 아이콘이 나타내는 파일의 크기(용량)순으로 정렬한다.
④ 항목 유형 : 아이콘을 같은 종류별로 정렬한다.

12 다음 중 입출력장치에 대한 설명으로 옳지 않은 것은?

① 레이저 프린터나 잉크젯 프린터에서 주로 사용하는 인쇄 속도의 단위는 PPM이다.
② 디지타이저는 태블릿 위에 광펜을 움직여 도형이나 그림등의 좌표를 입력하는 장치이다.
③ 플로터는 그래프, CAD 도면, 그림, 사진 등을 정밀하게 입력할 때 사용하는 입력장치이다.
④ 스캐너, 터치스크린, 디지털카메라는 입력장치이다.

13 다음 중 Windows 설정의 [장치] – [마우스] 항목에서 설정할 수 있는 기능으로 옳지 않은 것은?

① 왼손잡이를 위한 마우스 단추를 설정할 수 있다.
② 숫자 키패드를 사용하여 마우스 포인터를 이동할 수 있다.
③ 마우스 포인터가 움직이는 속도를 조절할 수 있다.
④ 휠을 한 번 돌리면 스크롤할 양을 설정할 수 있다.

14 3세대 이동통신(3G)을 장기적으로 진화시킨 기술이라는 뜻에서 붙여진 명칭으로 WCDMA와 CDMA로 대별되는 3세대 이동통신과 4세대 이동통신(4G)의 중간에 해당하는 기술을 말하는 것은?

① DTE   ② NFC
③ LTE   ④ SNS

15 다음 중 Windows 설정의 [시스템]에 관한 설명으로 옳지 않은 것은?

① 창을 화면의 측면이나 모서리로 끌면 크기가 자동으로 맞춰지는 '창 맞춤' 사용 여부를 설정할 수 있다.
② 임시 파일이나 휴지통의 콘텐츠 등과 같은 필요하지 않은 파일을 제거함으로써 공간을 자동으로 확보하는 '저장소 센스'의 사용 여부를 설정할 수 있다.
③ 컴퓨터에 로그인할 때 앱이 자동으로 실행되도록 '시작 앱'의 실행 여부를 지정할 수 있다.
④ 알림을 받거나 받지 않을 시간을 제어할 수 있는 '집중 지원'의 옵션을 설정할 수 있다.

16 다음 중 도메인 네임(Domain Name)에 대한 설명으로 옳지 않은 것은?

① 숫자로 구성된 IP 주소를 사람들이 기억하고 이해하기 쉽도록 문자열로 만든 주소이다.
② 국제적으로 한국의 Domain Name의 총괄은 KRNIC에서 한다.
③ 인터넷의 모든 Domain은 전 세계적으로 고유하게 존재해야 한다.
④ 도메인 네임은 한글과 숫자를 섞어서 만들 수 없다.

17 다음 중 유틸리티에 대한 설명이 옳지 않은 것은?

① 알집(Alzip) 프로그램은 파일의 압축 및 해제 시 사용할 수 있다.

② FTP는 파일전송 프로토콜로 서버에 파일을 올리거나 내려받을 때 사용할 수 있다.

③ 무료로 배포되는 Adobe Reader 프로그램은 PDF(Portable Document Format) 파일을 읽거나 검색할 수는 있지만 인쇄를 할 수는 없다.

④ V3 유틸리티는 바이러스 감염 여부의 점검 및 치료를 할 때 사용할 수 있다.

18 다음 내용에 해당하는 대표적인 악성 프로그램으로 알맞은 것은?

> 컴퓨터 바이러스와 달리 자기 복제 능력이 없으며, 유틸리티 프로그램 내에 악의의 기능을 갖는 코드를 내장하여 배포하거나 그 자체를 유틸리티 프로그램으로 위장하여 배포한다. 특정한 환경에 따라 사용자의 정보 유출이나 자료 파괴와 같은 피해를 입을 수도 있다.

① 트로이목마   ② 버그(Bug)
③ 네트워크 벌레   ④ 웜(Worm)

19 다음 중 Windows에서 바로 가기 아이콘에 관한 설명으로 옳지 않은 것은?

① 바로 가기로 만들 폴더나 파일을 선택한 후, 마우스 오른쪽 단추를 눌러 바로 가기 메뉴 중 [바로 가기 만들기]를 이용한다.

② 바로 가기 아이콘의 속성 정보 창에서 바로 가기 아이콘의 이름을 변경할 수 있다.

③ 바로 가기 아이콘을 삭제할 경우 연결된 대상 파일도 삭제되어 실행이 불가능해 진다.

④ 컴퓨터 시스템에 설치된 소프트웨어 및 하드웨어는 바로가기 아이콘으로 만들 수 있다.

20 사이버 공간에서 자신의 감정이나 의사를 전달할 때 사용하는 특유한 언어로 컴퓨터 자판의 문자·기호·숫자 등을 조합하여 사용하는 기호를 의미하는 것은?

① 아바타   ② 이모티콘
③ 아이콘   ④ 에니모션

제2과목 | **스프레드시트 일반**

21 아래 [A1] 셀과 같이 한 셀에 두 줄 이상의 데이터를 입력하려고 할 때 사용하는 키는?

	A	B
1	대한 상공회의소	
2		

① **Tab** 키   ② **Ctrl**+**Enter** 키
③ **Shift**+**Enter** 키   ④ **Alt**+**Enter** 키

22 페이지 번호를 삽입하여 인쇄하려고 한다. 다음 중 입력 내용으로 옳은 것은?

① ![페이지 번호]   ② &[PAGE]
③ &[페이지 번호]   ④ ![PAGE]

23 아래 시트에서 [표1]의 할인율[B3]을 적용한 할인가 [B4]를 이용하여 [표2]의 각 정가에 해당하는 할인가 [E3:E6]를 계산하고자 한다. 다음 중 이때 가장 적합한 데이터 도구는?

	A	B	C	D	E
1	[표1] 할인 금액			[표2] 할인 금액표	
2	정가	₩ 10,000		정가	₩ 9,500
3	할인율	5%			₩ 10,000
4	할인가	₩ 9,500			₩ 15,000
5					₩ 24,000
6					₩ 30,000
7					

① 통합   ② 데이터 표
③ 부분합   ④ 시나리오 관리자

24 다음 중 메모를 인쇄하는 방법으로 옳지 않은 것은?

① 워크시트의 특정 셀에 위치한 메모를 인쇄하려면 우선 [검토] – [메모] – [메모 모두 표시]를 선택하여 메모를 표시한다.
② 시트 끝에 메모를 인쇄하려면 [페이지 설정] 대화상자의 [시트] 탭에 있는 메모 상자에서 '시트 끝'을 선택한다.
③ 워크시트의 특정 셀에 위치한 메모를 인쇄하려면 [페이지 설정] 대화상자의 [시트] 탭에 있는 메모에서 '시트에 표시된 대로'를 선택한다.
④ 워크시트를 제외하고 메모만을 모아서 인쇄하려면 [페이지 설정] 대화상자의 [시트] 탭에 있는 메모에서 '없음'을 선택한다.

25 다음 그림과 같은 이중 축 차트에 관한 설명으로 옳지 않은 것은?

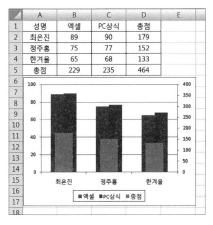

① 가로(항목) 축과의 교점이 0으로 설정된 상태이다.
② 이중 축 차트는 특정 계열의 값이 다른 계열과 크게 차이나는 경우에 주로 사용한다.
③ 세로 (값) 축의 축 서식은 최소값을 0, 최대값을 400으로 설정한 상태이다.
④ 데이터 계열은 엑셀, PC상식, 총점이다.

26 다음 중 데이터 정렬에 관한 설명으로 옳지 않은 것은?

① 정렬 기준을 여러 개 지정할 수 있으며, 내림차순과 오름차순을 함께 사용할 수 있다.
② 데이터 목록을 전체가 아닌 사용자가 블록으로 지정한 부분만 정렬할 수 있다.
③ 머리글 행에 위치한 필드명은 정렬 대상에서 제외할 수 있다.
④ 내림차순과 오름차순 그리고 프로그램 설치 시 기본적으로 제공되는 사용자 지정 목록 순서로만 정렬이 가능하다.

27 조건부 서식은 선택한 셀이 사용자가 지정한 값이나 수식에 따른 조건을 만족할 때 서식을 적용할 수 있는 기능이다. 다음 중 조건부 서식에서 설정할 수 없는 셀 서식은 어느 것인가?

① 맞춤   ② 글꼴
③ 테두리   ④ 채우기

28 다음 중 목표값 찾기 기능에 대한 설명으로 옳지 않은 것은?

① 목표값 찾기는 특정한 결과를 얻기 위해 데이터가 어떻게 변하는지 알아보는 기능이다.
② [목표값 찾기] 대화 상자에서는 수식 셀, 찾는 값, 값을 바꿀 셀 등을 지정할 수 있다.
③ 목표값 찾기에서 변하는 데이터를 여러 개 지정할 수 없다.
④ 목표값 찾기에서 찾는 값은 사용자가 원하는 데이터를 직접 입력하거나 셀 주소를 지정할 수 있다.

29 [다른 이름으로 저장] 메뉴 중 [도구] – [일반 옵션]에서 설정할 수 있는 기능이 아닌 것은?

① 백업 파일 항상 만들기
② 열기 암호 설정
③ 읽기 전용 권장
④ 통합 문서 공유

30 다음은 월별 원예 용품 계열의 집계 값을 비교한 차트이다. 어느 유형의 차트를 사용한 것인가?

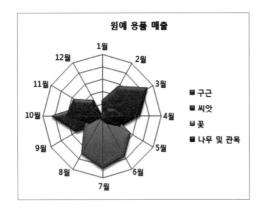

① 방사형 차트　　② 분산형 차트
③ 원형 차트　　　④ 거품형 차트

31 다음 중 셀 편집에 대한 설명으로 올바르지 않은 것은?

① 셀의 내용을 직접 편집하려면 F2 키를 사용하고 셀 내용을 지우려면 Delete 키를 사용한다.
② [잘라내기]한 내용을 [홈] – [클립보드] – [붙여넣기]를 이용하여 실행할 경우 붙여넣기 할 위치에 자료가 있으면 기존 자료를 밀어내면서 붙여넣기가 실행된다.
③ F5 키를 사용하면 원하는 주소를 직접 입력하여 한 번에 원하는 셀로 이동할 수 있다.
④ [선택하여 붙여넣기]는 잘라내기 한 경우에는 사용할 수 없다.

32 다음 함수 중 표의 가장 왼쪽 열에서 특정 값을 찾아, 지정한 열에서 같은 행에 있는 값을 표시하기 위한 함수는 무엇인가?

① IF 함수
② VLOOKUP 함수
③ LARGE 함수
④ MAX 함수

33 다음 중 매크로를 실행하는 방법에 대한 설명으로 옳지 않은 것은?

① [개발 도구] – [코드] – [매크로]를 클릭하여 매크로 이름을 선택한 후 [실행]을 선택한다.
② 셀에서 마우스 오른쪽 단추를 눌러 [매크로 지정]에서 연결한 후 실행한다.
③ 매크로를 기록할 때 지정한 바로 가기 키를 눌러 실행한다.
④ Alt + F8 키를 눌러 매크로 이름을 선택한 후 [실행]을 선택한다.

34 다음 시트에서 [C1] 셀에 수식 '=AVERAGE(A$1:$B1)'을 입력한 후 [C3] 셀까지 채우기 핸들을 이용하여 값을 채울 경우 [C3] 셀에 표시되는 결과값으로 옳은 것은?

	A	B	C
1	3	6	
2	4	8	
3	5	10	
4			

① 9　　　　　　② 6
③ 12　　　　　④ 5.25

35 다음 중 [홈] – [셀] – [삽입] – [셀 삽입]을 실행할 경우 나타나는 항목이 아닌 것은?

① 셀을 오른쪽으로 밀기
② 셀을 위로 밀기
③ 행 전체
④ 열 전체

36 아래 시트와 같이 고급 필터를 실행 했을 경우 추출되지 않는 성명은?

	A	B	C	D	E
1	성명	부서	직위	호봉	가족수
2	박은지	기획실	대리	24	6
3	김연희	기획실	사원	16	1
4	황석영	기획실	사원	6	3
5	박의찬	영업부	과장	28	4
6	오태호	영업부	과장	17	5
7	김태평	전산실	부장	35	1
8	송도순	전산실	사원	35	6
9	배철수	총무부	대리	24	6
10	이지원	총무부	대리	25	1
11					
12	성명	직위	호봉		
13	김*				
14		대리	>=20		
15					

① 박은지   ② 김연희
③ 송도순   ④ 배철수

37 다음 중 모든 통합 문서에서 매크로를 실행시키고자 할 때 저상해야 할 위치는?

① 새 통합 문서
② 개인용 매크로 통합 문서
③ 현재 통합 문서
④ Visual Basic 소스 파일

38 다음 중 원본 데이터에 사용자 지정 서식을 적용하였을 때의 표시 결과가 옳은 것은?

① 원본 데이터 : 6000000
   사용자 지정 서식 : #,###,"백만원"
   표시 데이터 : 6백만원
② 원본 데이터 : kim
   사용자 지정 서식 : @"daehan.go.kr"
   표시 데이터 : kim@daehan.go.kr
③ 원본 데이터 : 2016/12/25
   사용자 지정 서식 : dddd, mmm dd yyyy
   표시 데이터 : Sunday, Dec 25 2016
④ 원본 데이터 : 16:08:15
   사용자 지정 서식 : h:m:s AM/PM
   표시 데이터 : 4:08:15 PM

39 다음 중 '3'을 넣으면 화면에 '3000'이 입력되는 것처럼 일정한 소수점의 위치를 지정하여 입력을 빠르게 하기 위한 방법으로 옳은 것은?

① [파일] – [옵션] – [수식] – [데이터 범위의 서식과 수식을 확장]에서 소수점의 위치를 지정한다.
② [파일] – [옵션] – [고급] – [소수점 자동 삽입]에서 소수점의 위치를 지정한다.
③ [파일] – [옵션] – [편집] – [셀에서 직접 편집]에서 소수점의 위치를 지정한다.
④ [파일] – [옵션] – [고급] – [셀 내용 자동 완성]에서 소수점의 위치를 지정한다.

40 아래 그림의 결과([D2:D7])를 참고하여 '제품구입일의 달을 기준으로 A/S 기간이 1년이면 12, 2년이면 24를 더하는' 함수식으로 옳은 것은?

	A	B	C	D
1	성명	제품구입일	A/S 기간	A/S 만료일
2	이영석	2016-01-20	1년	2017-01-31
3	윤준희	2016-07-05	2년	2018-07-31
4	박한준	2016-02-10	1년	2017-02-28
5	서영아	2016-06-15	2년	2018-06-30
6	나영기	2016-08-25	2년	2018-08-31
7	임제이	2016-03-10	1년	2017-03-31
8				

① =EOMONTH(B2,IF(C2="2년",12,24))
② =EOMONTH(B2,IF(C2="1년",12,24))
③ =MONTH(B2,IF(C2="1년",12,24))
④ =MONTH(B2,IF(C2="2년",12,24))

제 08 회 합격 모의고사

제1과목 **컴퓨터 일반**

01 컴퓨터 사용 중에 '디스크 공간 부족 메시지'가 나타났을 때 현재 사용 중인 파일을 삭제하지 않고 디스크 공간을 확보하려고 할 때 다음 중 옳지 않은 방법은?

① [휴지통] – [휴지통 비우기]를 실행하여 공간을 확보한다.
② 인터넷 브라우저에서 사용한 캐시 폴더의 내용을 삭제하여 공간을 확보한다.
③ 확장명이 .bak과 .tmp인 파일을 삭제하여 공간을 확보한다.
④ 드라이브 조각 모음 및 최적화를 실행하여 공간을 확보한다.

02 다음 중 [프린터 추가] 창에서 프린터를 수동으로 설치할 수 있는 방법에 대한 설명으로 옳지 않은 것은?

① 로컬 프린터 또는 네트워크 프린터를 선택하여 설치할 수 있다.
② 프린터에서 사용할 포트는 LPT1로 고정되어 있다.
③ 설치할 프린터의 종류를 선택하고 기본적인 프린터 모델은 프린터 목록에서 모델을 선택할 수 있다.
④ 프린터 이름을 변경하여 입력할 수 있다.

03 다음 중 보조기억장치에 대한 설명으로 옳지 않은 것은?

① DVD는 선명한 화질과 입체 음향이 가능한 멀티미디어 저장 매체로 4.7GB 이상 기록 가능하다.
② USB 메모리는 USB 포트에 꽂아 사용할 수 있는 소형 이동 저장 장치이다.
③ CD-R은 읽기와 쓰기가 모두 가능한 광디스크로 데이터 백업용으로 많이 사용된다.
④ SD 메모리 카드는 디지털카메라, MP3 플레이어 등 휴대용 장치에서 많이 사용된다.

04 다음 중 멀티미디어와 관련하여 JPG 파일 형식에 관한 설명으로 옳지 않은 것은?

① 사진과 같은 정지 영상을 표현하기 위한 국제 표준 압축 방식이다.
② 24비트 컬러를 사용하여 트루컬러로 이미지를 표현한다.
③ 사용자가 압축률을 지정해서 이미지를 압축하는 압축 기법을 사용할 수 있다.
④ 이미지를 확대해도 테두리가 거칠어지지 않고 매끄럽게 표현된다.

05 다음 중 Windows에서 [디스크 정리] 앱을 수행할 때 대상 파일로 옳지 않은 것은?

① 임시 인터넷 파일
② 사용하지 않은 응용 프로그램 파일
③ 휴지통에 있는 파일
④ 다운로드한 프로그램 파일

06 다음 중 [Windows 보조프로그램]에 관한 설명으로 옳지 않은 것은?

① [캡처 도구]는 화면 전체 또는 특정 부분을 캡처하여 png, gif, jpg, html 파일로 저장할 수 있다.
② [메모장]에서 문서에 시간과 날짜를 삽입하려면 [편집] 메뉴에서 [시간/날짜]를 클릭한다.
③ [그림판]은 간단한 그림을 그릴 수 있으며, 파일 형식은 bmp, gif, jpg등으로 저장할 수 있다.
④ [Window Media Player]는 음악, 동영상 파일을 재생할 수 있고, 자신만의 CD나 DVD 만들기 및 편집이 가능한 앱이다.

07 컴퓨터의 발전 과정을 세대별로 구분할 때 5세대 컴퓨터의 특성으로 볼 수 없는 것은?

① 퍼지 컴퓨터   ② 인공지능
③ 패턴 인식   ④ 온라인 방식

08 다음 중 인터넷 주소 체계인 IPv6에 대한 설명으로 옳은 것은?

① 주소의 각 부분은 10진수로 표현한다.
② 주소의 각 부분은 세미콜론(;)으로 구분한다.
③ 주소의 전체 길이가 64비트이다.
④ 주소 유형은 유니캐스트, 멀티캐스트, 애니캐스트 3가지이다.

09 다음 설명과 관련있는 용어로 알맞은 것은?

• CPU의 간섭 없이 주기억 장치와 입, 출력 장치 사이에서 직접 전송이 이루어지는 방법
• 고속으로 대량의 데이터를 전송하여 입, 출력이 이루어짐

① 교착상태(DeadLock)
② DMA(Direct Memory Access)
③ 인터럽트(Interrupt)
④ IRQ(Interrupt ReQuest)

10 다음 중 컴퓨터의 처리시간 단위가 가장 빠른 것과 가장 느린 것이 올바르게 나열된 것은?

① ps, μs   ② as, ms
③ ms, as   ④ fs, ms

11 다음 중 컴퓨터에서 사용되는 운영체제에 관한 설명으로 옳지 않은 것은?

① 사용자에게 편리함을 제공하고, 시스템의 생산성을 높여주는 역할을 한다.
② 주 기능은 프로세스, 기억장치, 주변장치, 파일 등의 관리이다.
③ 중앙처리장치, 기억장치, 입출력장치로 구성되어 계산을 위한 기본적인 자원을 제공한다.
④ 제어 프로그램과 서비스 프로그램으로 구성된다.

12 다음 중 7개의 데이터 비트(data bit)와 1개의 패리티 비트(parity bit)를 사용하며, 128개의 문자를 표현할 수 있는 코드로 옳은 것은?

① BCD 코드   ② ASCII 코드
③ EBCDIC 코드   ④ UNI 코드

13 다음 중 Windows에서 마우스의 끌어놓기 (Drag&Drop) 기능을 이용하여 할 수 있는 작업으로 옳지 않은 것은?

① 파일이나 폴더를 다른 폴더로 이동하거나 복사할 수 있다.
② 폴더 창의 크기를 조절하거나 이동을 할 수 있다.
③ 선택된 파일이나 폴더의 이름 바꾸기를 할 수 있다.
④ 파일이나 폴더의 바로 가기 아이콘을 만들 때 사용할 수 있다.

14 다음 중 PC 관리 방법으로 잘못된 것은?

① 백신 프로그램과 운영체제는 자주 업데이트를 해준다.
② 하드 디스크를 새로 장착할 때는 전원을 끄고 작업한다.
③ 운영체제의 오류에 대비해서 하드 디스크를 분할하여 D드라이브에 데이터를 백업해 놓는다.
④ 먼지가 쌓이면 오류가 발생할 수 있으므로 본체 전체에 덮개를 씌워 밀봉한다.

15 다음 중 USB(Universal Serial Bus)에 대한 설명으로 옳지 않은 것은?

① 플러그 앤 플레이 설치를 지원하는 외부 버스이다.
② USB를 사용하면 컴퓨터를 종료하거나 다시 시작 하지 않아도 장치를 연결하거나 연결을 끊을 수 있다.
③ USB는 범용 병렬 장치를 연결할 수 있게 해주는 컴퓨터 인터페이스이며 12Mbps의 속도로 데이터를 전송할 수 있다.
④ 주변기기를 최대 127개까지 연결할 수 있다.

16 다음 중 상점에서 바코드를 읽어 들일 때 많이 사용하는 입력장치로 빛을 주사하여 반사되는 빛의 차이를 인식하여 디지털 그래픽 정보로 만들어주는 장치는?

① 스캐너(Scanner)
② 트랙볼(Track Ball)
③ 디지타이저(Digitizer)
④ 광전 펜(Light Pen)

17 다음 중 플러그 앤 플레이(Plug & Play) 기능에 대한 설명으로 가장 올바른 것은?

① 컴퓨터에 연결된 CD-ROM 드라이브에서 오디오 CD를 재생할 수 있게 한다.
② 컴퓨터의 시스템 날짜와 시간을 사용하여 예약된 작업을 실행할 수 있도록 한다.
③ Intel이 개발한 규격으로 컴퓨터가 자동으로 장치를 검색하고, 장치 드라이버를 쉽게 설치할 수 있도록 한다.
④ 프린터로 보낸 문서를 관리하는 방식으로 작업의 우선 순위나 작업 완료시 알릴 사람 등과 같은 작업 설정 사항을 관리한다.

18 다음 중 캐시 메모리(Cache Memory)의 설명으로 옳은 것은?

① CPU와 보조기억장치 사이에 위치한다.
② 데이터의 영구적인 저장을 위해서 사용되는 보조기억장치이다.
③ 주기억 장치의 속도를 보완하기 위한 초고속 메모리이다.
④ DRAM으로 만들어진다.

19 다음 중 화면 보호기에 대한 설명으로 가장 적절 하지 않은 것은?

① 하나의 고정된 화면을 지속적으로 스크린에 뿌릴 경우 인광체 손상의 위험으로부터 보호한다.
② 사용자가 잠시 자리를 비웠을 때 다른 사람이 화면에 있는 내용을 보지 못하도록 하는데 사용된다.
③ 화면 보호기의 대기시간 설정과 사용자가 원하는 화면 보호기를 지정할 수 있다.
④ 키보드를 누르거나 마우스를 움직이면 화면 보호기가 중단되고 반드시 암호를 입력해야 원래의 화면 작업을 할 수 있다.

20 다음 중 컴퓨터 바이러스 예방법으로 적절하지 않은 것은?

① 최신 버전의 백신 프로그램을 사용하여 정기적으로 바이러스를 검사한다.
② 컴퓨터 바이러스의 감염으로 의심가는 전자우편은 수신하지 않고 즉시 제거한다.
③ 인터넷을 통해 다운로드 받은 자료는 이름을 변경한 후 실행해야 안전하다.
④ 중요한 데이터는 주기적으로 백업을 받아 보관한다.

제2과목 | 스프레드시트 일반

21 다음 중 날짜 데이터의 자동 채우기 옵션에 포함 되지 않는 내용은?

① 일 단위 채우기 ② 주 단위 채우기
③ 월 단위 채우기 ④ 평일 단위 채우기

22 아래 시트에서 참석인원이 20명 미만인 부서의 수를 구하는 수식을 [C7] 셀에 입력하려고 한다. 다음 중 옳은 것은?

	A	B	C
1	번호	부서명	참석인원
2	1	경리부	19
3	2	자재부	20
4	3	영업부	35
5	4	기획실	23
6	5	연구소	9
7	20명 미만 참석 부서 수 :		2
8			

① =COUNTIF(C2:C6, "<20")
② =COUNTIF("<20",C2:C6)
③ =COUNT(C2:C6,"<20")
④ =COUNT("<20",C2:C6)

23 다음과 같은 함수를 실행하였을 때 출력되는 결과 값으로 옳지 않은 것은?

① =LEFT("700320−1234567",2) : 70
② =MID("Are You Busy?",5, 3) : Bus
③ =INT(−5.6) : −6
④ =ROUND(3789450, −3) : 3789000

24 데이터와 차트가 함께 있는 워크시트 인쇄에 관한 설명으로 옳지 않은 것은?

① 차트를 제외하고 워크시트만 별도로 인쇄할 수 있다.
② 차트와 워크시트 안의 데이터를 함께 인쇄할 수 있다.
③ 차트만 인쇄하기 위해서는 먼저 차트를 선택해야 한다.
④ 워크시트만 인쇄하기 위해서는 먼저 차트 영역을 감추기 한 후 인쇄를 해야 한다.

25 다음 중 시트 보호에 대한 설명으로 옳지 않은 것은?

① 사용자가 행과 열을 삽입 혹은 삭제하거나, 서식을 지정하거나, 잠긴 셀 내용을 변경하거나, 커서를 잠긴 셀 또는 잠기지 않은 셀로 이동하는 것을 막을 수 있다.
② 시트 보호 설정은 [검토] – [변경 내용] – [시트 보호]를 실행한 후 [시트 보호] 대화 상자에서 해당 항목을 체크한다.
③ 시트의 내용이나 개체, 시나리오를 보호하도록 설정하는 기능이다.
④ 차트 시트의 경우에 차트 내용을 변경하지 못하도록 보호할 수 없다.

26 아래 그림과 같이 채우기 핸들을 이용하여 [D1] 셀까지 드래그 하였을 때 [D1] 셀의 값으로 옳은 것은?

	A	B	C	D
1	10:01			
2				

A1 = 10:01:00 AM

① 10:00
② 10:04
③ 13:01
④ 13:04

27 다음 중 작업에 필요한 여러 개의 통합 문서를 한 화면에 함께 표시하여 비교하면서 작업하기에 편리한 기능은?

① 창 나누기
② 모두 정렬
③ 틀 고정
④ 페이지 나누기

28 아래 차트 그림 (a)를 (b)처럼 바꾸기 위해서는 어떤 방법을 이용해야 하는가?

(a)

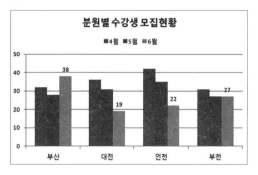

(b)

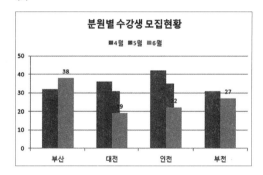

① 겹칠 계열을 선택한 후 [차트 도구] – [서식] – [현재 선택 영역] – [선택 영역 서식]을 클릭한 후, [데이터 계열 서식] 작업창의 [계열 옵션]에서 '간격 너비' 값을 조정한다.
② 겹칠 계열을 선택한 후 [차트 도구] – [서식] – [현재 선택 영역] – [선택 영역 서식]을 클릭한 후, [데이터 계열 서식] 작업창의 [계열 옵션]에서 '계열 겹치기' 값을 조정한다.
③ 겹칠 계열을 선택한 후 [차트 도구] – [디자인] – [데이터] – [데이터 선택]을 클릭한 후, [계열 옵션] 에서 '계열 겹치기' 값을 조정한다.
④ 겹칠 계열을 선택한 후 [차트 도구] – [디자인] – [데이터] – [행/열 전환]을 클릭한 후, [계열 옵션] 에서 '간격 너비' 값을 조정한다.

29 다음 중 인쇄 미리 보기에 대한 설명으로 옳지 않은 것은?

① 차트를 선택한 후 [파일] – [인쇄]를 클릭하면 인쇄 미리보기 부분에서 차트만 미리볼 수 있다.
② 인쇄 미리 보기 상태에서 [여백 표시]를 클릭하면 인쇄 시 적용할 여백 값을 키보드로 입력할 수 있다.
③ 인쇄 미리 보기 상태에서 [페이지 설정]을 클릭하면 [머리글], [바닥글], [여백] 등을 확인할 수 있다.
④ 인쇄 미리 보기를 종료하려면 **Esc** 키를 누른다.

30 수식 =MIN(Sheet3!C9:E12,[판매실적.xlsx]상반기!B$7:C$10)에서 '상반기'의 의미로 옳은 것은?

① 엑셀 파일의 이름
② 워크시트의 이름
③ 셀의 이름
④ 셀의 범위에 지정된 이름

31 다음 중 매크로에 대한 설명으로 옳지 않은 것은?

① 매크로는 VBA 언어로 기록된다.
② 특정 셀이나 범위를 참조할 때는 절대 주소와 상대 주소 모두 가능하다.
③ 매크로 이름에서 첫 글자는 숫자를 사용할 수 있다.
④ 매크로란 일련의 명령들을 하나의 명령처럼 사용할 수 있게 지정한 프로그램이다.

32 다음 중 사용자 지정 서식 대한 설명으로 옳지 않은 것은?

① 서식 코드 부분은 최대 3개까지 지정할 수 있다.
② 세미콜론(;)으로 구분된 부분은 양수, 음수, 0, 텍스트 순서로 서식을 정의한다.
③ 조건이나 글꼴색은 대괄호([ ])로 묶어준다.
④ [DBNUM1]은 숫자를 한자로 표시할 수 있다.

33 도루 [C4:C11]가 30 이상인 인원수와 홈런[D4:D11]이 20 이상인 인원수를 합하여 [B14] 셀에 계산하려 한다. 다음 중 [B14] 셀의 수식으로 올바른 것은?

	A	B	C	D
1	야구 선수 개인 기록표			
2				
3	성명	안타	도루	홈런
4	박철순	112	14	20
5	김준만	98	20	13
6	홍병기	127	30	30
7	이한규	1475	28	25
8	민중열	82	5	35
9	홍상준	134	15	50
10	박건태	129	56	15
11	조동기	152	49	10
12				
13	도루(30)+홈런(20)			
14	8명			
15				

① =COUNTIF(C4:C11,"<=30")+COUNTIF(D4:D11,"<=20")&명
② =COUNTIF(C4:C11,>=30)+COUNTIF(D4:D11,>=20)&"명"
③ =COUNTIF(C4:C11,">=30")+COUNTIF(D4:D11,">=20")&"명"
④ =COUNTIF(C4:C11,'<=30')+COUNTIF(D4:D11,'<=20')&'명'

34 [그림1]을 [그림2]와 같이 사용자 지정 표시 형식을 이용하여 반복되는 문자열의 입력을 자동화 하려면 A열의 표시 형식을 어떻게 지정해야 하는가?

[그림1]

	A	B
1	1월	
2	2월	
3	3월	
4	4월	
5	5월	
6		

[그림2]

	A	B
1	1월결산	
2	2월결산	
3	3월결산	
4	4월결산	
5	5월결산	
6		

① @[결산]
② @"결산"
③ @결산@
④ 결산@

35 25,000원짜리 복숭아를 판매하면서 판매이익이 2,500,000원이 되게 하기 위해서는 판매 수량이 얼마나 되어야 하는지 알아보기 위해 사용되는 유용한 기능은?

① 데이터 통합
② 목표값 찾기
③ 피벗 테이블
④ 시나리오

36 다음 중 아래 차트에 대한 설명이 올바르지 않은 것은?

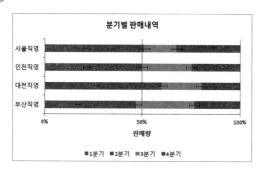

① 차트의 종류는 '100% 기준 누적 가로 막대형'이다.
② 추세선이 추가되어 데이터 계열에 대한 변화 경향을 알기 쉽게 시각적으로 표현하였다.
③ 가로 (값) 축의 축 옵션 값은 최소값(0.0), 최대값(1.0), 주 단위(0.5)로 지정되어 있다.
④ 범례의 위치를 왼쪽, 오른쪽, 위쪽 등으로 변경할 수 있다.

37 다음 중 [수식] – [정의된 이름] – [이름 정의]에서 정의된 이름을 지정하는 규칙에 대한 설명으로 옳지 않은 것은?

① 첫 글자는 문자(영문, 한글) 또는 밑줄(_)이어야 한다.
② 중간에 공란을 포함할 수 없다.
③ 소문자만 사용하여야 한다.
④ 숫자만을 단독으로 사용하거나 셀 주소 형식으로는 사용할 수 없다.

38 텍스트 입력 시 영문 상태에서 'eogksalsrnr'을 입력하였을 경우 자동으로 한글로 전환(대한민국)하는 Excel [옵션] 메뉴는?

① [기본 설정] – [사용자 지정 목록 편집] – [한/영 자동 고침]
② [언어 교정] – [자동 고침 옵션] – [한/영 자동 고침]
③ [고급] – [수식 입력줄 표시] – [한/영 자동 고침]
④ [기본 설정] – [언어 설정] – [한/영 자동 고침]

39 다음 중 매크로 작성시에 지정하는 바로 가기 키에 대한 설명으로 옳은 것은?

① 매크로에서 지정한 것 보다 엑셀의 바로 가기 키가 우선 실행된다.
② 엑셀에서 지정되어 있는 바로 가기 키를 지정하면 에러가 발생한다.
③ 등록된 바로 가기 키는 **Ctrl** 키 또는 **Ctrl** +**Shift** 키와 함께 실행한다.
④ 바로 가기 키는 매크로를 처음 작성할 때에만 지정할 수 있다.

40 부분합 기능을 이용하여 1차로 부서별 총점에 대한 '최대값'을 구한 뒤, 2차로 부서별 '평균'을 구하고자 할 때 2차 부분합을 작성하기 위한 설명으로 옳지 않은 것은?

① 그룹화할 항목을 '부서명'으로 선택한다.
② 사용할 함수를 '평균'으로 선택한다.
③ 부분합 계산 항목을 '총점'으로 선택한다.
④ '새로운 값으로 대치' 항목을 선택하여 체크 표시를 지정한다.

제 09 회 합격 모의고사

01 다음 중 자료의 단위가 작은 것부터 큰 순으로 바르게 나열된 것은?

① Bit - Byte - Item - Record - Word
② Bit - Byte - Word - Item - Record
③ Bit - Byte - Item - Word - Record
④ Bit - Byte - Word - Record - Item

02 다음 중 컴퓨터 업그레이드에 관한 설명으로 적절하지 않은 것은?

① 컴퓨터 처리 성능의 개선을 위해 하드웨어 업그레이드를 한다.
② 장치 제어기를 업그레이드하면 하드웨어를 교체하지 않더라도 보다 향상된 기능으로 하드웨어를 사용할 수 있다.
③ 하드 디스크 업그레이드의 경우에는 부족한 공간 확보를 위해 파티션이 여러 개로 나뉘는 제품을 선택한다.
④ 고사양을 요구하는 소프트웨어가 늘어남에 따라 컴퓨터의 처리 속도가 느려지거나 제대로 동작하지 않을 경우 가장 먼저 고려하는 것은 RAM 업그레이드이다.

03 다음 중 Windows에서 [작업 표시줄]의 바로 가기 메뉴에 있는 [도구 모음]에서 선택할 수 없는 것은?

① 새 도구 모음   ② 링크
③ 바탕 화면   ④ 날짜 및 시간 설정

04 다음 중 도메인 네임(Domain Name)에 대한 설명으로 옳지 않은 것은?

① 숫자로 구성된 IP 주소를 사람들이 기억하고 이해하기 쉽도록 문자열로 만든 주소이다.
② 전 세계의 Domain Name의 총괄은 KRNIC에서 한다.
③ 인터넷의 모든 Domain은 전 세계적으로 고유하게 존재해야 한다.
④ 도메인 네임은 한글과 숫자를 섞어서 만들 수 있다.

05 다음 중 컴퓨터 하드 디스크의 인터페이스 방식에 해당되지 않는 것은?

① IDE   ② EIDE
③ SATA   ④ DLL

06 다음 중 한글 Window 10에서 [설정] - [시스템] - [디스플레이] 항목에서 설정할 수 없는 것은?

① 바탕 화면 배경으로 설정할 사진을 선택하고, 화면 보호기를 설정할 수 있다.
② 두 개 이상의 모니터를 연결하고 작업하는 '여러 디스플레이' 등을 설정하고, 눈의 피로를 줄이기 위한 야간 모드의 사용 여부를 지정할 수 있다.
③ 모니터에 표시되는 텍스트, 앱 및 기타 항목의 크기를 읽기 쉽도록 변경할 수 있다.
④ 모니터의 해상도 및 모니터의 방향을 변경할 수 있다.

07 다음 중 멀티미디어 자료와 관련하여 압축 기술에 관한 설명으로 옳지 않은 것은?

① JPEG은 사진과 같은 정지 영상 압축표준 기술이다.
② PNG 포맷은 비손실 그래픽 파일 포맷의 하나로 GIF 포맷의 문제점을 개선하기 위해 고안되었다.
③ MPEG은 동영상 데이터를 압축하여 실시간 재생 가능한 동영상 표준 압축기술이다.
④ GIF 포맷은 이미지 표현 방식으로 벡터 방식의 손실압축 방식을 이용한다.

08 다음 중 멀티미디어에 대한 설명으로 옳지 않은 것은?

① 멀티미디어 데이터는 다양한 하드웨어 및 소프트웨어 환경에서 생성, 처리, 전송, 이용되므로 상호 호환되기 위한 표준이 필요하다.
② 정보사회의 멀티미디어는 텍스트, 이미지, 사운드, 애니메이션, 동영상 능을 아날로그화 시킨 복합 구성매체이다.
③ 가상현실, 전자출판, 화상 회의, 방송, 교육, 의료 등 사회 전 분야에 응용 가능하다.
④ 사용자는 정보 제공자와의 상호작용을 통해 어떤 정보를 언제 어떠한 형태로 얻을 것인지 결정하여 데이터를 전달 받을 수도 있다.

09 다음 중 Windows의 바탕 화면에 있는 바로 가기 아이콘에 대한 설명으로 옳은 것은?

① 파일, 폴더 등의 바로 가기 메뉴에서 [보내기] – [바탕 화면에 바로 가기 만들기]를 클릭하면 바탕 화면에 바로 가기 아이콘을 만들 수 있다.
② 바로 가기 아이콘을 만들려고 하는 파일, 폴더, 프린터 등의 항목 위에서 마우스 오른쪽 단추를 더블 클릭하면 바로 가기 아이콘이 만들어진다.
③ 바탕 화면에 있는 바로 가기 아이콘 위에서 마우스 오른쪽 단추를 더블 클릭하면 바로 가기 아이콘이 삭제된다.
④ 실행 프로그램에 대한 바로 가기 아이콘을 삭제하려면 반드시 [프로그램 제거 또는 변경]을 사용해야만 한다.

10 파일을 다운로드 하거나 전자 우편의 첨부 파일을 열 때 유의 사항으로 옳지 않은 것은?

① 문서 파일은 바이러스 검사를 하지 않아도 된다.
② P2P 서비스를 이용하는 경우 다운로드 한 파일은 백신 프로그램으로 검사하여야 한다.
③ 여러 가지 백신 프로그램을 사용하여 검사하는 것이 안전하다.
④ 모르는 사람이 보낸 우편의 첨부파일은 열어 보지 않는 것이 안전하다.

11 광고성 E-mail이라는 점에서는 스팸 메일과 같으나, 스팸 메일이 불특정 다수에게 보내는 불법 메일인 데 비해 이것은 광고성 E-mail을 받기로 사전에 선택한 것으로 고객의 권리를 존중하고 고객의 의사에 준해 메일을 발송하는 것을 무엇이라 하는가?

① 넷(Net) 메일   ② 정크(Junk) 메일
③ 그린(Green) 메일   ④ 옵트 인(Opt-in) 메일

12 다음 중 컴퓨터의 정상적인 작동을 방해하여 운영체제나 저장된 데이터에 손상을 입힐 수 있는 보안 위협의 종류는?

① 바이러스   ② 키로거
③ 애드웨어   ④ 스파이웨어

13 다음 중 Windows의 [휴지통]에 관한 설명으로 옳지 않은 것은?

① 하드 디스크의 파일이나 폴더를 `Delete` 키를 눌러서 삭제하면 [휴지통]에 넣어지며, [휴지통] 아이콘은 빈 휴지통에서 가득찬 휴지통 아이콘으로 바뀐다.
② [휴지통]에 보관된 실행형 파일은 복원이 가능하며 복원하기 전에도 실행시킬 수 있다.
③ 드라이브마다 휴지통의 용량을 따로 설정할 수 있다.
④ [휴지통]에 있는 항목은 사용자가 컴퓨터에서 영구적으로 삭제하기 전까지 휴지통에 그대로 있으며 사용자가 삭제를 취소하거나 원래 위치로 복원할 수 있다.

14 스마트 폰에 탑재할 수 있는 다양한 응용 프로그램을 판매 또는 배포하는 온라인 장터를 무엇이라 하는가?

① 앱 스토어　　② 모바일 마트
③ 앱 마켓　　④ 앱 장터

15 인터넷 서비스에 대한 설명으로 올바르지 않은 것은?

① Telnet : 인터넷상의 다른 컴퓨터에 로그인 (Login)하여 사용할 수 있게 하는 서비스
② WAIS(Wide-Area Information Service) : 인터넷에 흩어져 있는 여러 곳의 데이터베이스로부터 데이터를 검색할 수 있게 하는 서비스
③ IRC(Internet Relay Chat) : 인터넷을 통해 채팅을 할 수 있도록 하는 서비스
④ PING(Packet Internet Gopher) : 원격 컴퓨터의 사용자 정보를 알아보기 위해 사용되는 서비스

16 다음 중 배너 광고를 보는 대가로 무료로 사용하는 소프트웨어를 무엇이라 하는가?

① 프리웨어　　② 셰어웨어
③ 애드웨어　　④ 번들 프로그램

17 다음 중 Windows에서 사용하는 바로 가기 키의 설명으로 옳지 않은 것은?

① Alt + Tab : 작업 전환 창을 열고 원하는 창으로 이동
② Alt + F4 : 사용 중인 항목 닫기 또는 실행 중인 프로그램 종료
③ Ctrl + Shift + Esc : 선택한 항목에 대한 바로 가기 메뉴 표시
④ Alt + Enter : 선택한 항목의 속성 대화상자 열기

18 다음 중 전자우편 관련 프로토콜로 적당하지 않은 것은?

① SMTP　　② NINE
③ IMAP　　④ POP

19 다음 중 컴퓨터의 발전 과정으로 3세대 이후의 특징에 해당하지 않는 것은?

① 개인용 컴퓨터의 사용　　② 전문가 시스템
③ 일괄처리 시스템　　④ 집적회로의 사용

20 다음 중 컴퓨터에서 사용하는 기억장치와 관련하여 EEPROM(Electrically Erasable Programmable ROM)에 관한 설명으로 옳은 것은?

① 전기적인 방법을 이용하여 기록된 내용을 여러 번 수정하거나 새로운 내용을 기록할 수 있는 ROM이다.
② 자외선을 이용하여 기록된 내용을 여러 번 수정하거나 새로운 내용을 기록할 수 있는 ROM이다.
③ 특수 프로그램을 이용하여 한 번만 기록할 수 있으며 이후에는 읽기만 가능한 ROM이다.
④ 제조 과정에서 미리 내용을 기억시켜 놓아 사용자가 임의로 수정할 수 없는 ROM이다.

제2과목　스프레드시트 일반

21 다음 중 [삽입] 탭의 [일러스트레이션] 그룹에서 삽입 가능한 개체에 해당하지 않는 것은?

① WordArt　　② 온라인 그림
③ 스크린샷　　④ SmartArt

22 다음 중 [인쇄 미리 보기] 상태에서의 [페이지 설정] 대화 상자에 대한 설명으로 옳은 것은?

① [페이지] 탭에서 [배율]을 '자동 맞춤'으로 선택하고 '용지 너비'와 '용지 높이'를 1로 지정하는 경우 여러 페이지가 한 페이지에 출력되도록 확대/축소 배율이 자동으로 조정된다.
② 눈금선이나 행/열 머리글의 인쇄 여부를 설정할 수 없다.
③ 인쇄 배율을 수동으로 설정할 수 있고, 배율은 워크시트 표준 크기의 10%에서 200%까지 가능하다.
④ 셀에 설정된 메모를 시트에 표시된 대로 인쇄하거나 시트 끝에만 인쇄할 수 있도록 설정할 수 있다.

23 다음 중 [데이터]-[정렬 및 필터] 그룹에서 필터의 조건 설정에 관한 설명으로 옳지 않은 것은?

① 문자열 데이터의 경우 와일드 카드 문자(*, ?)를 사용하여 조건을 설정할 수 있다.
② 고급 필터에서 다른 필드와의 결합을 OR 조건으로 지정하려면 조건을 모두 같은 행에 입력한다.
③ 자동 필터는 항목이나 백분율로 지정하여 조건 범위안에 들어가는 행을 표시할 수 있다.
④ 고급 필터는 다양한 조건을 사용자가 직접 설정하여 추출할 수 있다.

24 다음 중 차트에 대한 설명으로 옳지 않은 것은?

① 차트를 만들 데이터를 선택한 후 **Alt**+**F1** 키를 누르면 별도의 차트 시트가 생성된다.
② 표에서 특정 셀 한 개를 선택하여 차트를 생성하면 해당 셀을 직접 둘러싸는 표의 데이터 영역이 모두 차트에 표시된다.
③ 기본적으로 워크시트의 행과 열에서 숨겨진 데이터는 차트에 표시되지 않으며 빈 셀은 간격으로 표시된다.
④ 차트에 두 개 이상의 차트 종류를 사용하여 콤보 차트를 만들 수도 있다.

25 여러 시트를 선택하여 그룹화한 상태에서 [A1] 셀에 '컴퓨터'를 입력하였을 때 나타나는 결과로 옳은 것은?

① 첫 번째 시트에만 입력되어 나타난다.
② 선택한 시트의 [A1] 셀에 모두 입력되어 나타난다.
③ 입력 오류 메세지가 나타난다.
④ 마지막 시트에만 입력되어 나타난다.

26 다음 중 매크로를 연결시킬 수 없는 개체로 옳은 것은?

① 셀   ② SmartArt
③ 도형   ④ WordArt

27 다음 중 찾기 및 바꾸기에 대한 설명으로 옳지 않은 것은?

① 찾을 내용에 물음표(?)를 사용하면 찾고자 하는 단어의 길이를 제한할 수 있고, 별표(*)를 사용하면 단어의 길이에 상관없이 모든 단어를 검색할 수 있다.
② 서식을 사용하면 서식 조건에 맞는 셀을 검색할 수 있다.
③ 범위 항목에서 현재 워크시트에서만 검색하려면 '시트'를 선택하고 현재 통합 문서의 모든 시트를 검색하려면 '통합 문서'를 선택한다.
④ 대/소문자 구분에 체크 표시를 지정한 경우 영문자의 첫 글자만 대/소문자를 구분하여 찾기 한다.

28 [다른 이름으로 저장] 메뉴 중 [도구]에서 설정할 수 있는 기능이 아닌 것은?

① 웹 옵션   ② 암호 설정
③ 일반 옵션   ④ 그림 압축

29 다음 시트와 같이 영역을 지정한 후, [편집] 그룹의 자동 합계 도구(∑)를 선택할 경우 결과로 옳은 것은?

A	B	C	D	E
1	영업사원	소속지점	기본급	상여금
2	김길동	강남	2,000	460
3	홍길동	강서	2,400	552
4	박길동	강북	3,000	690
5	이길동	강동	1,500	345

① [F2:F5] 셀에 합계 결과가 출력된다.
② [D5:E5] 셀에 합계 결과가 출력된다.
③ [D6:E6] 셀에 합계 결과가 출력된다.
④ [D6:E6], [F2:F5] 셀에 합계 결과가 출력된다.

30 다음 중 화면 제어 방법에 대한 설명으로 옳지 않은 것은?

① [나누기]는 워크시트를 여러 개의 창으로 분리하는 기능으로 화면은 최대 4개로 분할할 수 있다.

② [나누기]를 위해서는 셀 포인터를 창을 나눌 기준 위치로 옮긴 후, [보기] – [창] – [나누기]를 클릭하면 셀 포인터의 위치를 기준으로 화면을 수평/수직으로 분할해 준다.

③ 틀 고정은 특정한 범위의 열 또는 행을 고정시켜 셀 포인터의 이동에 관계없이 화면에 항상 표시하고자 할 때 설정한다.

④ 통합 문서 창을 [보기] – [창] – [숨기기]를 이용하여 숨긴 채로 엑셀을 종료하면 다음에 파일을 열때 숨겨진 창에 대해 숨기기 취소를 할 수 없으므로 주의하여야 한다.

31 채우기 핸들에 대한 설명으로 다음 중 옳지 못한 것은?

① 문자와 숫자가 혼합된 자료가 입력되었다면 문자는 복사되며, 숫자는 1씩 증가되어 입력된다.

② 채우기 핸들의 값은 Excel [옵션]에서 [고급]의 [사용자 지정 목록 편집]에서 추가 및 삭제할 수 있다.

③ 숫자가 입력된 두 개의 셀이라면 두 숫자의 차이만큼 선형 추세로 증가되어 입력된다.

④ 날짜와 시간이 혼합된 자료가 입력되었다면 날짜의 '일'과 시간의 '분'이 동시에 증가되어 입력된다.

32 아래 그림의 결과([F32:I32])를 참고하여 '키가 180 이상인 20대의 몸무게 평균'을 구하는 함수식으로 옳은 것은?

	F	G	H	I
20	[표5]			
21	이름	구분	키(Cm)	몸무게(Kg)
22	김성남	20대	190	90
23	황윤기	30대	175	80
24	남성호	20대	176	65
25	이미남	20대	187	80
26	강동일	30대	173	70
27	최철호	20대	183	78
28	박연기	30대	168	68
29	유성철	20대	178	85
30	이남자	20대	181	72
31	키가 180 이상인 20대의 몸무게 평균			
32	80Kg			
33				

① =AVERAGEIF(I22:I30,G22:G30,"20대",H22:H30,">=180")&"Kg"

② =AVERAGE(I22:I30,G22:G30,"20대",H22:H30,">=180")&"Kg"

③ =AVERAGEIFS(I22:I30,G22:G30,"20대",H22:H30,">=180")&"Kg"

④ =IFSAVERAGE(I22:I30,G22:G30,"20대",H22:H30,">=180")&"Kg"

33 다음 중 정렬 기능에 대한 설명으로 가장 옳지 않은 것은?

① 공백(빈) 셀의 경우 내림차순, 오름차순 모두에서 항상 맨 앞으로 정렬된다.

② 서식이 들어간 셀의 경우 정렬 기준을 '값'으로 지정하면 서식이 아니라 결과 값을 기준으로 정렬된다.

③ 사용자 지정 목록 편집을 이용하면 월, 화, 수, 목, 금, 토, 일과 같은 방식으로 정렬할 수 있다.

④ 선택한 범위의 첫 행을 '내 데이터에 머리글 표시'로 설정하지 않으면 첫 행도 정렬에 포함되며 정렬 기준이 '열 A', '열 B'와 같은 형식으로 표시된다.

34 다음 중 윗주에 대한 설명으로 옳지 않은 것은?

① 윗주를 삽입할 셀을 선택한 후 [홈] – [글꼴] – [윗주 필드 표시/숨기기]의 단추(▣)를 클릭하여 [윗주 편집]을 선택한 후 내용을 입력한다.
② 윗주 입력이 가능한 셀은 문자와 숫자 데이터가 입력된 셀만 가능하다.
③ 입력된 윗주를 화면에 보이기 위해서는 [홈] – [글꼴] – [윗주 필드 표시]를 지정해야 한다.
④ 윗주가 삽입된 셀의 내용을 삭제하면 윗주 내용도 함께 삭제된다.

35 아래의 시트에서 채우기 핸들을 끌었을 때 [B3] 셀에 입력되는 값으로 올바른 것은?

	A	B	C
1		100	
2		100.5	
3			
4			

① 100
② 101
③ 100.5
④ 102

36 다음 중 [매크로 기록]에 대한 설명으로 옳지 않은 것은?

① 매크로 이름을 '매크로 연습'으로 입력하였다.
② 바로 가기 키 값을 'm'으로 입력하였다.
③ 매크로 저장 위치를 '새 통합 문서'로 지정하였다.
④ 매크로 설명에 매크로 기록자의 이름, 기록한 날짜, 간단한 설명 등을 기록하였다.

37 워크시트에서 숨겨져 있는 [E열]과 [F열]을 다시 표시하기 위한 작업 과정으로 옳은 것은?

① D열을 선택한 다음 마우스 오른쪽 단추를 눌러 숨기기 취소를 선택한다.
② D열에서 G열까지 드래그한 다음 [보기] – [창] – [숨기기 취소]를 선택한다.
③ D열에서 G열까지 드래그한 다음 마우스 오른쪽 단추를 눌러 [숨기기 취소]를 선택한다.
④ G열을 선택한 다음 마우스 오른쪽 단추를 눌러 [숨기기 취소]를 선택한다.

38 다음 시트에서 [A7], [A8], [A9] 셀에 입력된 함수식의 결과 값이 순서대로 바르게 나열된 것은?

	A	B	C	D	E
1	상품명	단가	수량		단가
2	축구화	30	15		>25
3	농구화	50	20		
4	등산화	20	7		
5	골프화	25	10		
6					
7	=DSUM(A1:C5,B1,E1:E2)				
8	=DMAX(A1:C5,B1,E1:E2)				
9	=DCOUNTA(A1:C5,B1,E1:E2)				
10					

① 80, 20, 0
② 80, 50, 2
③ 35, 20, 2
④ 25, 25, 2

39 다음 중 셀의 내용을 편집할 수 있는 셀의 편집 모드로 전환하는 방법에 대한 설명으로 옳지 않은 것은?

① 편집하려는 데이터가 있는 셀을 더블 클릭한다.
② 편집하려는 셀을 클릭하고 수식 입력줄을 클릭한다.
③ 셀을 선택한 후 F2 키를 누르면 셀에 입력된 내용의 맨 앞에 삽입 포인터가 나타난다.
④ 새 문자를 입력하여 기존 문자를 즉시 바꿀 수 있도록 겹쳐 쓰기 모드를 활성화하려면 편집 모드 상태에서 Insert 키를 누른다.

40 아래 차트 그림을 확인한 후 해당 차트에 적용된 구성 요소로 옳지 않은 것은?

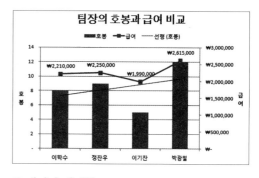

① 데이터 레이블
② 축 제목
③ 데이터 표-범례 표지 포함
④ 추세선

제 10 회 합격 모의고사

제1과목 **컴퓨터 일반**

01 다음 중 기억장치의 처리 속도를 빠른 것에서 느린 순으로 바르게 나열한 것은?

① 하드 디스크 – CD-RW – 플로피디스크 – RAM
② RAM – 하드 디스크 – CD-RW – 플로피 디스크
③ CD-RW – 하드 디스크 – RAM – 플로피 디스크
④ 하드 디스크 – RAM – CD-RW – 플로피 디스크

02 다음 중 쿠키에 대한 설명으로 옳은 것은?

① 인터넷 사용 시 네트워크에 접속하기 위한 프로그램이다.
② 특정 웹 사이트 접속 시 반복적으로 사용되는 접속 정보를 가지고 있는 파일이다.
③ 웹 브라우저에서 기본으로 제공하지 않는 기능을 부가적으로 설치하여 구현되도록 한다.
④ 자주 사용하는 사이트의 자료를 저장한 후 다시 동일한 사이트 접속 시 자동으로 자료를 불러온다.

03 다음 중 Windows 설정의 [시스템] – [알림 및 작업]에 대한 설명으로 옳지 않은 것은?

① 우선 순위 목록에서 선택한 알림만 표시되도록 '우선 순위 목록 사용자 지정'을 설정할 수 있다.
② 알림 센터에 표시되는 바로 가기를 추가, 제거, 정렬할 수 있다.
③ 모든 앱의 알림을 받지 않도록 설정할 수 있다.
④ 잠금 화면에 알림 표시 여부와 알림 소리 재생 허용 여부를 설정할 수 있다.

04 다음 중 통신 관련 장비에 관한 설명으로 옳은 것은?

① 리피터 : 동일한 전송 계층 이상의 프로토콜을 사용하는 분리된 네트워크를 연결하는 것으로 네트워크 층간을 연결하는 장비이다.
② 브리지 : 두 개 이상의 동일한 LAN 사이를 연결하여 네트워크의 범위를 확장할 때 사용하는 장비이다.
③ 라우터 : 동일한 프로토콜을 사용하는 네트워크에서 물리 계층이 서로 다른 LAN간에 연결되는 장비이다.
④ 게이트웨이 : 프로토콜이 전혀 다른 네트워크 사이를 결합하는 장비이다.

05 다음 중 Windows 설정의 [장치] – [마우스]를 이용하여 설정할 수 없는 것은?

① 두 번 클릭 속도 조정하기
② 마우스 포인터의 이동 속도 조정하기
③ 비활성 창을 가리킬 때 스크롤 사용 여부 지정하기
④ 한 번 클릭을 두 번 클릭으로 인식하게 변경하기

06 다음 중 Windows의 파일 탐색기에서 사용하는 바로 가기 키에 대한 설명으로 옳지 않은 것은?

① F1 키 : 도움말 표시
② F2 키 : 선택한 항목 이름 바꾸기
③ F3 키 : 파일 또는 폴더 검색
④ F4 키 : 창이나 바탕 화면의 화면 요소를 차례로 선택

07 다음 중 픽셀들이 밝게 빛나는 것을 유지하도록 하기 위한 1초당 재충전 횟수를 의미하는 것은?

① 재생률(refresh rate)
② 해상도(resolution)
③ 색깊이(color depth)
④ 색공간(color space)

08 다음 중 캐시(Cache) 메모리에 관한 설명으로 옳은 것은?

① 캐시 메모리로 DRAM이 사용되어 접근 속도가 매우 빠르다.
② 캐시 적중률이 높을수록 컴퓨터 시스템의 전체 처리 속도가 저하된다.
③ 캐시 메모리는 보조기억장치의 일부를 주기억장치처럼 사용하는 메모리이다.
④ CPU와 주기억장치 사이에서 처리속도를 향상시키기 위한 일종의 버퍼 메모리 역할을 한다.

09 다음 중 현재 인터넷에서 사용하는 IPv6 주소 체계에 관한 설명으로 옳지 않은 것은?

① IPv4 주소 체제의 주소 부족 문제를 해결할 수 있다.
② 주소는 유니캐스트, 멀티캐스트, 브로드캐스트 3종류의 형태로 분류한다.
③ 각 부분은 콜론(:)으로 구분하고 16진수로 표시한다.
④ 16비트씩 8부분으로 총 128비트가 사용된다.

10 다음 중 Windows에서 항목 삭제와 복원에 관련된 내용으로 옳지 않은 것은?

① 네트워크 위치에서 삭제된 항목은 복원할 수 없다.
② USB 메모리와 같은 이동식 미디어에서 삭제된 항목은 복원할 수 없다.
③ 파일을 휴지통에 버리지 않고 삭제할 때 바로 제거되게 할 수는 없다.
④ 휴지통 비우기를 한 상태에서는 복원할 수 없다.

11 인기있는 무료 동영상 공유 사이트로 사용자가 영상 클립을 업로드하거나 공유할 수 있으며, 2005년 2월에 PayPal 직원이었던 채드 헐리, 스티브 첸, 자웨드 카림이 공동으로 창립하였다. 사이트 콘텐츠의 대부분은 영화와 텔레비전 클립, 뮤직 비디오이고 아마추어들이 만든 것도 있다. 이것은 무엇에 대한 설명인가?

① 야후(Yahoo)　　② 이베이(eBay)
③ 구글(Google)　　④ 유튜브(YouTube)

12 다음 중 PC 관리에 대한 설명으로 옳지 않은 것은?

① 직사광선과 습기가 많거나 자성이 강한 물체가 있는 곳은 피하는 것이 좋다.
② 무정전 전원 공급장치(UPS)를 설치하면 전압이나 전류가 갑자기 증가할 경우 발생할 수 있는 시스템 손상을 방지할 수 있다.
③ 컴퓨터 전용 전원 장치를 단독으로 사용하고, 전원을 끌 때는 사용 중인 프로그램을 먼저 종료하는 것이 좋다.
④ 컴퓨터의 성능 향상을 위해 주기적으로 디스크 정리, 오류 검사, 드라이브 조각 모음 및 최적화 등을 실행하는 것이 좋다.

13 다음 중 DRAM(Dynamic RAM)의 특성으로 맞는 것은?

① SRAM에 비해 대용량이다.
② 주로 캐시 메모리로 사용된다.
③ SRAM에 비해 고속이다.
④ SRAM에 비해 비트당 가격이 비싸다.

14 3세대 이동통신 단말기에 삽입되는 칩으로 이동 통신 사업자를 변경하여도 스마트 폰에 이것을 삽입하면 사용하던 단말기를 그대로 사용할 수 있으며 저장된 개인정보를 기반으로 보안기능과 가입자 인증 등을 할 수 있는 것은 무엇인가?

① USIM　　　　② RFID
③ PSI　　　　　④ CHIP

15 다음 중 전송 메시지를 송신자와 적법한 수신자를 제외한 제3자가 볼 수 없도록 하는 보안 기능은?

① 인증(Authentication)
② 무결성(Integrity)
③ 기밀성(Confidentiality)
④ 부인방지(Nonrepudiation)

16 다음 중 Windows의 '연결 프로그램'에 대한 설명으로 옳지 않은 것은?

① 특정한 파일을 더블 클릭했을 때 실행될 앱을 설정하는 것을 의미하며, 파일의 확장자에 따라 연결 앱이 결정된다.
② 서로 다른 확장자를 갖는 파일들을 하나의 연결 앱으로 지정할 수는 없다.
③ 파일을 실행했을 때 연결 앱 대화상자가 나타나면 현재 연결된 앱이 없다는 의미이며, 해당 앱을 지정해야 실행된다.
④ 특정 파일의 바로 가기 메뉴에서 [연결 프로그램]을 선택하면 해당 파일을 실행할 수 있는 앱 목록이 표시된다.

17 IMT-2000 멀티미디어 서비스, 차세대 대화형 인터넷 방송의 핵심 기술로 다양한 형태의 디지털 오디오, 비디오 신호를 효율적으로 처리해 전송하는 국제 표준의 멀티미디어 동영상 압축 기술은?

① MPEG-1　　② MPEG-2
③ MPEG-3　　④ MPEG-4

18 다음 중 연산장치의 구성에 대한 설명으로 옳지 않은 것은?

① 연산장치에서 사칙연산을 수행하는 기본 회로는 가산기(Adder)이다.
② 연산 장치에는 연산한 결과가 기억되는 누산기(Accumulator)가 있다.
③ 연산장치에는 주기억장치에서 가져온 명령어를 기억하기 위한 기억 레지스터가 있다.
④ 연산장치에서 뺄셈은 보수기(Complementer)에 의해 만들어진 보수를 이용하여 가산한다.

19 다음 중 소프트웨어의 저작권에 따른 분류에서 데모 버전과 가장 유사한 분류에 해당하는 것은?

① 프리웨어(Freeware)
② 셰어웨어(Shareware)
③ 포스트카드웨어(Postcardware)
④ 상용 소프트웨어(Commercial Software)

20 다음 중 다른 사람의 컴퓨터에 잠입해 개인신상정보 등과 같은 타인의 정보를 사용자 모르게 수집하는 프로그램을 무엇이라고 하는가?

① 백도어(Back Door)
② 드롭퍼(Dropper)
③ 훅스(Hoax)
④ 스파이웨어(Spyware)

제2과목　스프레드시트 일반

21 다음 중 날짜 및 시간 데이터에 관한 설명으로 옳지 않은 것은?

① 날짜를 입력할 때 일을 입력하지 않으면 자동으로 해당 월의 1일로 입력된다.
② 셀에 4/9를 입력하고 **Enter** 키를 누르면 셀에 04월 09일로 표시된다.
③ 날짜 및 시간 데이터는 자동으로 왼쪽을 기준으로 정렬된다.
④ **Ctrl**+**;** 키를 누르면 시스템의 오늘 날짜, **Ctrl**+**Shift**+**;** 키를 누르면 현재 시간이 입력된다.

22 다음 중 수식 입력줄의 기능에 대한 설명으로 옳지 않은 것은?

① 현재 셀에 입력된 문자 데이터를 그대로 표시한다.
② 수식 입력줄을 이용하여 입력된 데이터를 수정할 수 있다.
③ 수식 입력줄을 이용하여 셀의 특정 범위에 이름을 정의할 수 있다.
④ 셀의 내용을 입력 시 수식 입력줄에 직접 입력이 가능하다.

23 다음 [부분합] 대화 상자에 나타난 대로 부분합을 구한 결과를 설명한 것으로 옳지 않은 것은?

① 부서별 총점의 평균과 전체 평균을 알 수 있다.
② 부분합 수행 결과가 이전에 수행된 부분합 수행 결과에 추가되어 같이 나온다.
③ 부서별로 페이지 나누기가 자동으로 삽입된다.
④ 부서별 요약 데이터는 각 부서 데이터의 위쪽에 위치한다.

24 다음 중 차트에 대한 설명으로 옳지 않은 것은?

① 세로 (값) 축의 단위를 변경하기 위해서는 세로 (값) 축을 선택한 후 '축 서식'의 작업창 옵션에서 설정한다.
② 원형 차트는 항상 한 개의 데이터 계열만 가지고 있으므로 축이 없다.
③ 연속되지 않은 영역의 데이터를 이용하여 차트를 작성하려면 **Shift** 키를 누르고 영역을 선택해야 한다.
④ 2차원 차트에서는 차트의 원근감, 상하 회전, 좌우 회전 등을 변경할 수 없다.

25 다음 중 자동 필터에 대한 설명으로 옳지 않은 것은?

① 사용자 지정 필터는 비교 연산자〉, 〈, =) 등을 사용하여 조건에 만족하는 레코드만 표시하는 기능이다.
② '상위 10' 기능을 사용하면 상위 항목 또는 하위 항목을 찾을 수 있다.
③ '상위 10' 기능은 숫자 또는 문자 데이터 열에 적용할 수 있다.
④ '상위 10' 기능은 퍼센트(%)를 지정해서 일정한 비율 안에 포함되는 레코드만 표시할 수 있다.

26 [A1] 셀에 '01-Excel2016'이 입력된 상태에서 [A4] 셀까지 채우기 핸들을 드래그할 경우 [A4] 셀에 입력되는 데이터는?

① 01-Excel2016   ② 04-Excel2016
③ 04-Excel2019   ④ 01-Excel2019

27 다음에 나열된 작업 과정을 매크로를 작성하는 순서대로 올바르게 나열한 것은?

> ⓐ [개발 도구] - [코드] - [매크로 기록]을 선택한다.
> ⓑ 원하는 작업을 실행한다.
> ⓒ 매크로 이름을 정의하고 바로 가기 키를 설정한다.
> ⓓ [기록 중지] 단추를 클릭한다.

① ⓐ-ⓑ-ⓒ-ⓓ   ② ⓓ-ⓑ-ⓒ-ⓐ
③ ⓐ-ⓒ-ⓑ-ⓓ   ④ ⓓ-ⓒ-ⓑ-ⓐ

28 다음 중 시트 탭에 관한 설명으로 옳지 않은 것은?

① 시트 탭에 마우스를 위치시킨 후 드래그하여 왼쪽이나 오른쪽으로 위치를 이동시킬 수 있다.
② **Shift** 키를 누른 상태에서 시트 탭을 드래그할 경우 시트 탭을 복사할 수 있다.
③ **Shift**+**F11** 키를 누르면 새로운 시트를 삽입할 수 있다.
④ 시트 탭의 바로 가기 메뉴를 이용하여 이동/복사 및 탭 색을 변경할 수 있다.

29 다음 중 피벗 테이블의 [피벗 테이블 옵션] 대화상자에서 설정할 수 있는 사항이 아닌 것은?

① 레이블이 있는 셀 병합 및 가운데 맞춤
② 행 총합계 표시
③ 빈 셀 표시 기능
④ 그룹 사이에서 페이지 나누기 기능

30 여러 시트를 선택하여 그룹화한 상태에서 [A1] 셀에 '컴퓨터활용능력2급'을 입력하였을 때 나타나는 결과로 옳은 것은?

① 선택한 첫 번째 시트는 [A1] 셀에 두 번째 시트는 [B1] 셀에 입력한 데이터가 나타난다.
② 선택한 여러 시트의 [A1] 셀에 모두 입력되어 나타난다.
③ 선택한 시트의 첫 번째 시트와 마지막 시트의 [A1] 셀에만 입력한 데이터가 나타난다.
④ 여러 시트를 선택한 후 데이터를 입력할 경우 오류 메시지가 나타난다.

31 [D7] 셀에 판매금액이 1,000만원 이상인 대리점의 판매금액 합계를 구하고자 한다. 함수식으로 알맞은 것은?

	A	B	C	D
1	카(CAR) 네비게이션	CEO	판매수량	판매금액
2	강남대리점	박동수	35	₩ 12,075,000
3	강북대리점	김동완	30	₩ 10,350,000
4	강서대리점	최성훈	18	₩ 6,210,000
5	강동대리점	민정기	29	₩ 10,005,000
6	인천대리점	나홍식	15	₩ 5,175,000
7	판매금액이 1,000만 원 이상인 대리점의 판매금액 합계			
8				

① =SUMIF(D2:D6,">=10000000")
② =SUMIF(D2:D6,'>=10000000')
③ =SUMIF(D2:D6,"<=10000000")
④ =SUMIF(A2:A6,">=10000000",D2:D6)

32 셀의 값이 300 이상이면 '파랑', 300미만 100 이상이면 '빨강', 100 미만이면 색을 지정하지 않고, 천 단위 구분 기호와 소수 이하 첫째 자리까지 표시하기 위한 사용자 지정 표시 형식으로 올바른 것은?

① 〈파랑〉[〉=300]#,##0;〈빨강〉[〉=100]
#,##0;#,##0
② [파랑][〉=300]#,##0;[빨강][〉=100]
#,##0;#,##0
③ 〈파랑〉[〉=300]#,##0.0;〈빨강〉[〉=100]
#,##0.0;#,##0.0
④ [파랑][〉=300]#,##0.0;[빨강][〉=100]
#,##0.0;#,##0.0

33 다음 중 매크로의 실행 방법에 대한 설명으로 옳지 않은 것은?

① [매크로 기록] 대화 상자에서 지정한 바로 가기 키를 눌러 매크로를 실행할 수 있다.
② Microsoft Visual Basic 모듈에서 **F5** 키를 누른 다음 매크로 이름을 선택한 후 〈실행〉 단추를 클릭한다.
③ **Ctrl**+**F8** 키의 조합을 통해 매크로 이름을 선택한 후 〈실행〉 단추를 클릭한다.
④ [개발 도구] – [코드] – [매크로]를 실행하여 매크로 이름을 선택한 후 〈실행〉 단추를 클릭한다.

34 아래의 워크시트에서 [D9] 셀에 '직급'이 대리이면서 기본급이 10000 이상인 직원들의 평균 연령을 나타내고자 한다. 다음 중 [D9] 셀에 들어갈 수식으로 옳은 것은?

	A	B	C	D
1	이름	직급	기본급	나이
2	김철수	대리	8000	25
3	나문희	과장	15000	30
4	홍길동	부장	20000	46
5	정철희	대리	13000	28
6	박재성	대리	14000	29
7				
8				평균연령
9	직급	기본급		
10	대리	>=10000		
11				

① =DAVERAGE(A1:D6,D1,A9:A10)
② =DAVERAGE(A9:B10,D1,A1:D6)
③ =DAVERAGE(A1:D6,D1,A9:B10)
④ =DAVERAGE(A9:A10,D1,A1:D6)

35 워크시트에서 셀에 입력된 음수 '-1219'를 빨간색의 '(1219)'로 나타나도록 하려면 어떻게 하여야 하는가?

① 셀에 값을 입력할 때 '-1219'가 아닌 '(1219)'를 입력하면 자동으로 빨간색으로 변경된다.
② [홈] – [클립보드]에서 ✔ 도구를 누르면 된다.
③ [셀 서식] 대화 상자의 [표시 형식]의 '숫자' 범주에서 빨간색의 (1234)를 선택하면 변경된다.
④ 원래 워크시트에서는 음수를 괄호로 보이게 하는 방법은 없다.

36 다음 중 [보기] – [창] – [모두 정렬]에서 설정할 수 있는 정렬 방식이 아닌 것은?

① 바둑판식　　② 계단식
③ 채우기식　　④ 세로

37 아래의 시트에서 [B2] 셀에 30, [B3] 셀에 4, [C2] 셀에 8, [C3] 셀에 8, [D2] 셀에 2를 각각 입력하고 [B4] 셀에 수식 '=C2^2−B2/D2−B3*C3'을 입력했을 때 나타나는 값으로 옳은 것은?

	A	B	C	D
1				
2		30	8	2
3		4	8	
4		=C2^2-B2/D2-B3*C3		
5				

① 104　　　　② −15
③ −31　　　　④ 17

38 다음 중 한 개 이상의 셀 범위 데이터에 특정 함수를 사용하여 하나의 데이터로 통합하는 기능을 무엇이라 하는가?

① 데이터 표　　② 데이터 통합
③ 시나리오　　④ 부분합

39 아래와 같이 차트를 작성하기 위하여 설정해야 될 원본 데이터의 범위로 옳은 것은?

	A	B	C	D	E	F
1		이름	컴퓨터	엑셀	파워포인트	데이터베이스
2		최민석	80	89	88	90
3		김유진	98	96	97	98
4		장기선	89	90	95	92
5		박형대	75	77	75	79
6		이진환	92	93	94	95
7		구진수	68	69	65	64

① [B1:D7]　　　　② [C1:C7], [D1:D7]
③ [B1:B7], [D1:D7]　④ [B2:B8], [C2:C8]

40 다음은 부분합 목록에서 하위 데이터 숨기기와 표시에 대한 설명이다. 잘못 표현된 것은 어느 것인가?

① 하위 수준 데이터를 표시하려면 표시하려는 데이터 그룹에 대한 ⊞ 단추를 누른다.
② 하위 수준 데이터를 숨기려면 숨기려는 데이터 그룹에 대한 ⊟ 단추를 누른다.
③ 행이나 열을 모두 표시하려면 가장 높은 수준의 행과 열에 대한 기호를 누른다. 예를 들어 1 2 3 수준을 표시하려면 1을 누른다.
④ 윤곽선이 나타나면 각각의 수준 단추 1 2 3 이 나타난다. 수준 단위의 숫자가 적을수록 숨겨지는 행과 열이 많다.

제 11 회 합격 모의고사

컴퓨터 일반

01 다음 중 컴퓨터의 연산장치(ALU)에 사용되는 레지스터로 옳지 않은 것은?

① 상태 레지스터(Status Register)
② 프로그램 카운터(Program Counter)
③ 누산기(Accumulator)
④ 보수기(Complementer)

02 다음 중 Windows 설정의 [접근성] – [키보드] 항목에 대한 설명으로 옳지 않은 것은?

① 화상 키보드의 사용 여부를 지정할 수 있다.
② Caps Lock, Num Lock 또는 Scroll Lock 키를 누를 때 경고음을 내도록 지정할 수 있다.
③ 짧게 입력한 키나 반복되게 입력한 키를 무시하거나 늦추고 키보드의 반복 속도를 조정할 수 있다.
④ 숫자 키패드를 사용하여 화면에서 마우스를 이동할 수 있도록 설정할 수 있다.

03 다음 중 Windows에서 작업 표시줄에 프로그램을 고정시키기 위한 방법으로 옳지 않은 것은?

① 작업 표시줄의 실행 중인 프로그램 아이콘 위에서 마우스 오른쪽 단추를 눌러 작업 표시줄에 고정 메뉴를 선택한다.
② [시작] 메뉴를 클릭한 후, 프로그램 아이콘을 찾아 마우스 오른쪽 단추를 눌러 [작업 표시줄에 고정]을 선택한다.
③ 작업 표시줄에서 고정된 프로그램을 제거하려면 제거할 프로그램 아이콘 위에서 Delete 키를 누른다.
④ [시작] 메뉴의 프로그램을 작업 표시줄에 고정할 수는 있지만 작업 표시줄의 프로그램을 [시작] 메뉴에 고정할 수는 없다.

04 다음 중 전자음향장치나 디지털 악기들을 연결하여 음악의 연주 정보 및 여러 가지 기능에 대한 정보를 전달할 수 있는 인터페이스로 옳은 것은?

① WAV
② RA/RM
③ MP3
④ MIDI

05 다음 중 도메인 이름을 IP 주소로 바꾸어 주는 역할을 하는 것은?

① IP 컨버터(Converter)
② DNS(Domain Name Server)
③ 인터넷 시스템(Internet System)
④ 인터넷 정보 서비스(IIS)

06 다음 중 컴퓨터에서 사용하는 ASCII 코드에 관한 설명으로 옳지 않은 것은?

① 한글 문자 표현을 고려하여 구성된 코드이다.
② 데이터 통신을 고려한 코드이다.
③ 128개의 문자를 표현할 수 있다.
④ 7비트로 구성되어 있으나 실제 사용은 패리티 비트를 포함하여 8비트로 사용한다.

07 다음 중 컴퓨터 CPU 내의 구성 요소에 관한 설명으로 옳지 않은 것은?

① 명령어 레지스터는 현재 실행 중인 명령의 내용을 기억하는 레지스터이다.
② 프로그램 카운터(PC)는 앞으로 실행할 명령어의 수를 계산할 때 사용한다.
③ 명령어 해독기는 명령 레지스터에 있는 명령어를 해독하는 회로이다.
④ 제어장치는 컴퓨터에 있는 모든 장치들의 동작을 지시하고 제어하는 장치이다.

08 다음 중 Windows 설정의 [시스템] – [저장소]에서 설정할 수 있는 것으로 옳지 않은 것은?

① 앱을 제거할 수는 없지만 임시 파일이나 휴지통의 불필요한 파일은 제거할 수 있다.
② 디스크 공간이 부족할 때 불필요한 파일을 제거하여 공간을 자동으로 확보하려면 '저장소 센스'를 켬으로 설정한다.
③ 저장소 센스가 매일, 매주, 매월 또는 사용 가능한 공간이 부족할 때 실행되도록 설정할 수 있다.
④ 60일 이상 휴지통이나 다운로드 폴더에 있는 파일이 삭제되도록 설정할 수 있다.

09 다음 중 바이러스 예방 방법으로 적절하지 않은 것은?

① 데이터를 정기적으로 백업하고 복구 디스켓을 작성한다.
② 파일을 다운로드 받은 경우 바이러스 감염 여부를 검사한 후 사용한다.
③ 명확하지 않은 발신처로부터 받은 메일은 읽지 않고 삭제한다.
④ 웹 브라우저에서 팝업 차단 기능을 설정한다.

10 다음 중 컴퓨터에서 사용하는 하드 디스크의 파티션에 관한 설명으로 옳지 않은 것은?

① 파티션 작업을 실행한 후에는 반드시 포맷을 실행하여야 하드 디스크를 사용할 수 있다.
② 각 파티션 영역에는 다른 운영체제를 설치할 수 있다.
③ 하나의 파티션에 여러 개의 파일 시스템을 사용할 수 있다.
④ 하나의 물리적인 하드 디스크를 여러 개의 논리적 영역으로 분할하거나 다시 합치는 작업이다.

11 다음 중 IPv6 주소 체계에 대한 설명으로 옳지 않은 것은?

① 총 128비트로 구성되어 있다.
② 각 부분은 세미콜론(;)으로 구분한다.
③ 각 부분은 16진수로 표현한다.
④ 8개의 부분으로 구성되어 있다.

12 다음 중 Windows에서 레지스트리(Registry)에 대한 설명으로 옳지 않은 것은?

① 시스템 하드웨어, 설치된 프로그램 및 설정, 컴퓨터에 있는 각 사용자 계정의 프로필 등에 대한 중요한 정보가 포함된 Windows의 데이터베이스이다.
② 일반적으로 설치된 응용 프로그램에서 필요한 내용이 변경될 경우 사용자가 수동으로 레지스트리 내용을 반드시 변경해 주어야 한다.
③ 레지스트리의 내용을 잘못 변경할 경우 컴퓨터가 작동하지 않을 수 있으니 주의해야 한다.
④ 레지스트리의 내용을 변경하기 전에는 반드시 백업해 두는 것이 바람직하다.

13 웹 브라우저의 기본 기능으로 적절하지 않은 것은?

① 자주 방문하는 URL 관리 기능
② 웹 페이지 저장 및 인쇄 기능
③ 팝업 창을 차단하는 기능
④ 불법 사이트를 검색하고 차단하는 기능

14 스마트 폰의 모바일 앱 환경에서 제공되는 QR코드는 몇 차원적 코드인가?

① 1차원 코드   ② 2차원 코드
③ 3차원 코드   ④ 4차원 코드

15 다음 중 컴퓨터의 유지보수와 관련하여 컴퓨터에서 발생하는 문제를 예방하기 위한 설명으로 옳지 않은 것은?

① 시스템에 문제가 발생할 것을 대비하여 부팅 디스크를 만들어 둔다.
② 정기적으로 컴퓨터 바이러스 치료 프로그램을 업그레이드하고 실행한다.
③ 파일의 복원을 편리하게 하기 위하여 정기적으로 하드 디스크의 파티션을 다시 설정한다.
④ 프로그램의 정상적인 제거를 위하여 [설정] – [앱] – [앱 및 기능]을 이용한다.

16 다음 중 컴퓨터가 바이러스에 걸렸을 때 나타나는 증상으로 거리가 먼 것은?

① 파일의 크기가 커져 기억장소의 크기가 감소한다.
② 이상한 에러 메시지가 나타난다.
③ CMOS의 정보가 사라지거나 변경되어 나타난다.
④ 컴퓨터가 갑자기 켜지거나 꺼진다.

17 다음 중 Windows의 [폴더 옵션] 창에서 설정할 수 없는 작업은?

① 폴더에 일반 작업 표시를 설정할 수 있다.
② 같은 창에서 폴더 열기를 설정할 수 있다.
③ 마우스 한 번 클릭으로 파일이나 폴더 열기를 설정할 수 있다.
④ 폴더에 표시되는 글자의 폰트를 새로이 설정할 수 있다.

18 네트워크 환경에서 외부의 악의적인 침투와 우리가 모르는 사이에 주요 정보가 외부로 유출되는 것을 막기 위해 사용하는 것은?

① 방화벽   ② 패킷 필터
③ 안전 모드   ④ 안티 스팸

19 다음에서 설명하는 용어로 옳은 것은?

- 전자태그 기술로 IC칩과 무선을 통해 식품·동물·사물 등 다양한 개체의 정보를 관리할 수 있는 인식기술
- 무선 주파수를 이용해 빛을 전파하여 먼 거리의 태그도 읽고 정보를 수신할 수 있음
- 사용자의 컴퓨터에서 작성된 메일을 다른 사람의 계정이 있는 곳으로 전송하는 프로토콜

① SSO(Single Sign On)   ② Trackback
③ Tethering   ④ RFID

20 다음 중 컴퓨터 네트워크와 관련하여 인트라넷(Intranet)에 대한 설명으로 옳은 것은?

① 음성이나 비디오 등의 아날로그 신호를 전송에 적합한 디지털 신호로 변환하고, 그 역의 작업을 수행하는 네트워크 장치이다.
② 기업체, 연구소 등 조직 내부의 각종 업무를 인터넷 기술을 활용하여 손쉬운 방법으로 처리할 수 있도록 한 것이다.
③ 지역적으로 분산된 여러 대의 컴퓨터를 연결하여 작업을 분담하여 처리하는 네트워크 형태이다.
④ 기업체가 협력업체와 고객간의 정보 공유를 목적으로 구성한 네트워크이다.

제2과목   스프레드시트 일반

21 다음 중 워크시트에 데이터를 입력하는 방법에 대한 설명으로 옳지 않은 것은?

① 숫자 데이터를 문자로 입력하려면 숫자 앞에 큰 따옴표(") 기호를 붙여 입력한다.
② 여러 개의 셀에 동일한 데이터를 한 번에 입력하려면 범위를 설정한 후 데이터를 입력하고 **Ctrl**+**Enter** 키를 누른다.
③ 수식 또는 함수식을 입력할 때는 = 기호를 붙여 입력한다.
④ 입력 데이터가 숫자인 경우는 오른쪽, 문자는 왼쪽으로 자동 정렬된다.

22 다음 중 시트 전체를 범위로 선택하는 방법으로 옳지 않은 것은?

① 하나의 행이 선택되어 있는 상태에서 **Shift**+**Space Bar** 키를 누른다.
② 시트의 임의 셀에서 **Ctrl**+**A** 키를 누른다.
③ 하나의 열이 선택되어 있는 상태에서 **Shift**+**Space Bar** 키를 누른다.
④ 시트 전체 선택 단추를 클릭한다.

23 다음 중 공유 통합 문서에 대한 설명으로 옳지 않은 것은?

① [검토] – [변경 내용] – [통합 문서 공유]를 선택하여 실행한다.
② 공유된 통합 문서의 워크시트에서 행이나 열은 삽입하거나 삭제할 수 있다.
③ 워크시트나 차트 시트를 삭제할 수 있다.
④ 공유 통합 문서를 열면 창의 제목 표시줄에 [공유]가 표시된다.

24 다음 중 고급 필터 검색 기준의 의미로 올바른 것은?

판매지점	판매원
	나한일
서초점	

① 판매지점이 서초점이거나 판매원이 나한일인 레코드
② 판매지점이 서초점이고, 판매사원이 나한일이 아닌 레코드
③ 판매지점이 서초점인 레코드 중 판매원이 나한일인 레코드
④ 판매원이 나한일인 레코드 중 판매지점이 서초점인 레코드

25 다음 중 시나리오에 대한 설명으로 옳지 않은 것은?

① 시나리오는 별도의 파일로 저장하고 자동으로 바꿀 수 있는 값의 집합이다.
② 시나리오를 사용하여 워크시트 모델의 결과를 예측할 수 있다.
③ 여러 시나리오를 비교하기 위해 시나리오를 한 페이지의 피벗 테이블로 요약할 수 있다.
④ [데이터] – [예측] – [가상 분석] – [시나리오 관리자]에서 실행한다.

26 다음 중 목표값 찾기에 대한 설명으로 옳지 않은 것은?

① 수식의 원하는 결과만 알고 그 결과를 확인하기 위해 수식에 필요한 입력 값을 결정하고자 할 때 사용할 수 있다.
② 목표값 찾기는 여러 개의 값을 조정하여 특정한 목표값을 찾을 때 유용하다.
③ [수식 셀]은 값을 바꿀 셀을 참조하고 있는 수식이 입력되어 있는 셀을 선택해야 한다.
④ [찾는 값]에는 셀 주소가 입력될 수 없다.

27 다음 중 피벗 테이블에 대한 설명으로 옳지 않은 것은?

① 예싱 값을 계산하는데 유용하나.
② 합계, 개수, 평균, 최대값, 최소값, 곱 등의 값을 구할 수 있다.
③ 피벗 테이블의 필터, 행, 열에 설정된 항목을 이동시키거나, 새로운 항목을 추가할 수 있다.
④ 원본 데이터가 변경되었을 때 [피벗 테이블 도구] – [옵션] – [새로 고침]을 실행해야 한다.

28 다음 중 차트에 관한 설명으로 옳지 않은 것은?

① 차트는 차트 영역, 그림 영역, 차트 제목, 세로 (값) 축, 가로 (항목) 축, 범례 등의 개체로 구성되어 있다.
② F11 키를 누르면 자동적으로 만들어지는 기본형 차트는 2차원 가로 막대형 차트이다.
③ 특정 계열에 대한 변화 추세를 파악하기 위해서는 [디자인] – [차트 요소 추가]에서 추세선을 삽입한다.
④ 이중 축 차트로 만들기 위해서는 특정 계열을 '보조 축'으로 지정한 후 차트 모양을 바꾼다.

29 다음 중 함수식에 대한 설명으로 옳은 것은?

① COUNTBLANK : 인수 중에서 공백이 아닌 셀의 개수를 구한다.

② COUNT : 인수 중에서 날짜를 제외한 숫자가 입력된 셀의 개수를 구한다.

③ COUNTA : 인수 중에서 문자가 입력된 셀의 개수만 구한다.

④ COUNTIF : 인수 중에서 특정 조건을 만족하는 셀의 개수를 구한다.

30 다음 워크시트에서 B열에 [셀 서식] - [표시 형식] - [사용자 지정] 서식을 이용하여 D열과 같이 나타내고자 한다. 다음 중 입력해야 할 사용자 지정 서식으로 옳은 것은?

	A	B	C	D
1		관광지		관광지
2		천지연폭포		멋있는 천지연 폭포 방문
3		성산일출봉	→	멋있는 성산일출봉 방문
4		여미지식물원		멋있는 여미지식물원 방문
5		한림공원		멋있는 한림공원 방문
6				

① 멋있는 G/표준 방문

② '멋있는'@'방문'

③ '멋있는' G/표준 '방문'

④ "멋있는" @ "방문"

31 다음 중 엑셀의 리본 메뉴와 도구 사용 방법에 대한 설명으로 옳지 않은 것은?

① 엑셀 2016에는 기본적으로 '파일, 홈, 삽입, 페이지 레이아웃, 수식, 데이터, 검토, 보기'로 총 8개의 리본 메뉴로 구성되어 있다.

② [홈] 탭 : 일반적으로 많이 사용되는 도구들로 구성된 리본 메뉴로 '복사, 글꼴 크기, 정렬, 병합' 등으로 구성되어 있다.

③ [데이터] 탭 : 데이터를 관리하고 분석하는 도구들로 구성된 리본 메뉴로 [예측] - [가상분석]에는 '시나리오 관리자, 목표값 찾기, 조건부 서식'이 포함되어 있다.

④ [보기] 탭 : 워크시트의 전체적인 화면을 제어하는 리본 메뉴로 '눈금선, 확대/축소, 페이지 레이아웃'등으로 구성되어 있다.

32 다음 중 고급 필터에 관한 설명으로 옳지 않은 것은?

① 고급 필터를 실행한 후 고급 필터에 사용된 조건식을 변경하면 필터 결과도 함께 변경된다.

② 특정 셀에 찾을 조건을 먼저 입력한 후 [데이터] - [정렬 및 필터] - [고급]을 실행한다.

③ 추출될 결과 중에서 동일한 레코드가 있을 경우 하나만 표시할 수 있다.

④ 조건에 만족하는 특정 필드만 추출할 경우에는 반드시 원본 데이터와 필드명이 같아야 한다.

33 계산 값이 70,000 이상일 때 0만 0000원으로 표시하고자 한다. 올바르게 지정된 셀 서식은?

> 표시 예 : 77000 → 7만7000원

① [<70000]#"만"###"원";#,#"원"

② [>70000]#"만"###"원";#,#"원"

③ [<=70000]#"만"####"원";#,###"원"

④ [>=70000]#"만"####"원";#,###"원"

34 아래 워크시트에서 '부산' 대리점의 공급단가의 합계를 구하려고 한다. 다음 중 합계를 구하기 위한 수식으로 옳지 않은 것은?

	A	B	C	D
1	대리점	판매수량	판매단가	공급단가
2	부산	120	500	450
3	인천	150	500	420
4	부산	170	500	450
5	서울	250	500	410
6	광주	300	500	440
7	이천	260	500	420
8	광주	310	500	440
9	부산	290	500	450
10				
11	부산 공급단가 합계			
12				

① =SUM(D2,D4,D9)

② =SUMIF(A2:A9,"부산",D2:D9)

③ =DSUM(A1:D9,D1,A2)

④ =SUMIF(A2:D9,A2,D2:D9)

35 다음은 엑셀의 차트 기능을 설명한 것이다. ⓐ ~ ⓒ 에 들어갈 내용을 순서대로 나열한 것은?

> 차트를 작성하기 위해서는 원본 데이터를 선택한 후 (ⓐ) 키를 누르면 (ⓑ)에 자동으로 차트가 생성되며, 별도로 설정하지 않았을 경우 기본 차트는 (ⓒ)차트이다.

① F11 – 새로운 차트 시트 – 묶은 세로 막대형
② F11 – 현재 통합문서에 있는 워크시트 – 묶은 가로 막대형
③ F8 – 새로운 차트 시트 – 묶은 가로 막대형
④ F8 – 현재 통합문서에 있는 워크시트 – 묶은 가로 막대형

36 다음 중 매크로에 대한 설명으로 잘못된 것은?

① 매크로를 작성할 때 바로 가기 키를 이용하면 매크로를 실행할 수 있다.
② 매크로에서 할당되는 도구 버튼을 만들어 실행할 수 있다.
③ 동작이 끝나기 전에 매크로를 중지시키려면 Esc 키를 누른다.
④ 바로 가기 키를 이용할 때는 반드시 기본적으로 Alt 키를 사용하여야 한다.

37 다음은 외부 텍스트 데이터를 가져오기 위한 방법이다. 작업 순서가 올바르게 표시된 것은?

> (ㄱ) [데이터] – [외부 데이터 가져오기] – [텍스트]를 선택한다.
> (ㄴ) [텍스트 마법사]가 실행되면 1단계부터 3단계까지 실행한다.
> (ㄷ) 가져올 텍스트 파일을 선택한 후 〈가져오기〉를 실행한다.
> (ㄹ) 데이터가 들어갈 위치에서 기존 워크시트 또는 새 워크시트 중 하나를 선택한다.

① (ㄱ)–(ㄷ)–(ㄴ)–(ㄹ)
② (ㄹ)–(ㄱ)–(ㄷ)–(ㄴ)
③ (ㄹ)–(ㄴ)–(ㄱ)–(ㄷ)
④ (ㄴ)–(ㄱ)–(ㄷ)–(ㄹ)

38 다음 중 [삽입] – [일러스트레이션]에 대한 설명 중 맞지 않는 것은?

① 그림(📷) : 컴퓨터에 저장된 그림 파일을 불러와 시트에 삽입할 수 있다.
② 온라인 그림(🖼) : 온라인에서 Bing 이미지 또는 개인의 OneDrive 이미지를 검색해 삽입할 수 있다.
③ SmartArt(📊) : 조직도 또는 워드아트를 불러와 원하는 형태로 만든 후 삽입할 수 있다.
④ 도형(🔷) : 여러 가지 종류의 도형 중에서 필요한 도형을 선택하여 삽입할 수 있다.

39 다음 중 매크로가 포함되어 있는 파일을 열 때, 매크로를 포함할 것인지 묻는 대화 상자의 표시 여부를 설정할 수 있는 방법으로 옳은 것은?

① [개발 도구] – [코드] – [매크로 보안] – [매크로 설정]에서 설정할 수 있다.
② [개발 도구] – [코드] – [매크로 보안] – [ActiveX 설정]에서 설정할 수 있다.
③ [보기] – [매크로] – [매크로 설정]에서 설정할 수 있다.
④ [보기] – [매크로] – [ActiveX 설정]에서 설정할 수 있다.

40 [D3] 셀의 위치에서 [홈] – [편집] – [찾기 및 선택] – [찾기]를 선택한 후 아래와 같이 조건을 지정하고 〈다음 찾기〉를 두 번 눌렀을 때 셀 포인터가 위치할 셀의 주소로 옳은 것은?

> 찾을 내용 : 90, 검색 : 열, 찾는 위치 : 값

	A	B	C	D	E
1	번호	이름	국어	국사	윤리
2	1	김근태	85	95	85
3	2	정은주	75	90	80
4	3	황경민	87	87	90
5	4	송진원	95	78	90
6	5	유승철	90	90	85
7					

① [C6]
② [E3]
③ [D6]
④ [E4]

제 12 회 합격 모의고사

01 다음은 컴퓨터 세대와 주요회로를 연결한 것이다. 틀리게 연결된 것은?

① 1세대 – 진공관
② 2세대 – 트랜지스터
③ 3세대 – 자기드럼
④ 4세대 – 고밀도 직접회로

02 다음 설명 중 올바르지 않은 것은 어느 것인가?

① 컴퓨터의 정보처리는 기억장치에 기억되어 있는 정보를 중앙처리장치를 사용하여 처리하고 그 결과를 출력장치를 이용하여 사용자가 활용할 수 있도록 한다.
② 컴퓨터를 이용한 과학 기술적 계산응용은 주로 과학이나 공학에서 많이 쓰이는 복잡한 함수의 계산에 이용하는 것을 의미한다.
③ 컴퓨터를 이용한 사무 자동화 응용은 수치적 계산 능력의 이용보다도 컴퓨터의 문자 처리 능력과 대단히 많은 양의 정보를 동시에 처리할 수 있는 기능을 응용하는 것을 의미한다.
④ 컴퓨터는 성능에 따라 아날로그 컴퓨터, 디지털 컴퓨터, 하이브리드 컴퓨터로 분류할 수 있다.

03 다음 중 Windows 설정의 [개인 설정]에서 할 수 있는 작업으로 옳지 않은 것은?

① 계정 　　　　② 배경
③ 테마 　　　　④ 잠금 화면

04 다음 중 Windows의 파일 탐색기에서 창의 왼쪽에 있는 탐색창에 대한 설명으로 옳지 않은 것은?

① 폴더명이 'M'으로 시작하는 폴더가 있는 경우에 M 키를 누르면 해당 폴더가 선택된다.
② 숫자 키패드의 + 키를 누르면 선택된 폴더의 최하위까지 모든 하위 폴더를 항상 표시해 준다.
③ 왼쪽 방향키(←)를 누르면 선택된 폴더가 열려 있을 때는 닫고, 닫혀 있으면 상위 폴더가 선택된다.
④ Back space 키를 누르면 상위 폴더가 선택된다.

05 다음 중 Windows 설정의 [앱] 범주에서 할 수 있는 작업에 관한 설명으로 옳지 않은 것은?

① [앱 및 기능]에서 앱을 제거할 수 있으며, 삭제된 앱 파일을 복원할 수도 있다.
② [기본 앱]에서 웹 브라우저나 메일, 사진, 비디오 플레이어 등에 사용할 기본 앱을 설정할 수 있다.
③ [시작 프로그램] 로그인할 때 앱이 자동으로 시작되도록 설정할 수 있다.
④ [기본 앱]에서 파일 형식별 또는 프로토콜별 특정 앱이 열리도록 기본 앱을 선택할 수 있다.

06 다양한 멀티미디어 정보를 다루기 위해서는 보다 편리한 HCI(human computer interface) 기술이 요구된다. 다음 중 HCI 기술에 해당되는 것과 거리가 먼 것은?

① GUI 기술
② DVD 기술
③ 음성합성 및 인식기술
④ 영상 인식 기술

07 다음 중 Windows에서 설치된 기본 프린터의 인쇄 대기열 창에서 실행할 수 있는 작업으로 옳지 않은 것은?

① 인쇄 작업이 시작된 문서도 중간에 강제로 인쇄를 종료할 수 있으며 잠시 중지시켰다가 다시 인쇄할 수 있다.
② [프린터] 메뉴에서 [모든 문서 취소]를 선택하면 스풀러에 저장되어 있는 모든 인쇄 작업을 취소할 수 있다.
③ 인쇄 대기 중인 문서를 삭제하거나 출력 대기 순서를 임의로 조정할 수 있다.
④ 인쇄 중인 문서도 인쇄 대기 중인 문서와 인쇄 순서를 변경할 수 있다.

08 컴퓨터의 전원을 켰더니 부팅이 올바르게 수행되지 않았다. 다음 중 그 원인과 해결책으로 가장 적절한 것은?

① CMOS 배터리가 방전되어 CMOS의 내용이 지워졌기 때문이며 CMOS 배터리를 충전시켜야 한다.
② 모니터가 잘 연결되어 있지 않기 때문이며 케이블을 다시 연결해 주어야 한다.
③ 운영체제가 자동으로 지워졌기 때문이며 운영체제를 다시 설치해 주어야 한다.
④ 컴퓨터 라이센스의 만료일이 지났기 때문이며 제조 회사로부터 새로운 라이센스를 발급 받아야 한다.

09 다음 중 Windows 설정의 [업데이트 및 보안] – [Windows 보안]에서 할 수 있는 작업으로 옳지 않은 것은?

① 계정 및 로그인에 대한 보안을 강화하기 위해 로그인 옵션을 설정할 수 있다.
② 바이러스 및 위협을 검사하고 보호 설정을 지정할 수 있다.
③ 자녀를 보호하기 위해 사용 시간 제한 및 부적절한 콘텐츠를 차단할 수 있다.
④ Windows Defender 방화벽의 상태를 확인할 수 있지만, 설정하거나 해제할 수는 없다.

10 다음 중 처리 능력에 따라 컴퓨터를 분류하였을 경우 이에 속하지 않는 것은?

① 하이브리드 컴퓨터
② 미니 컴퓨터
③ 슈퍼 컴퓨터
④ 마이크로 컴퓨터

11 웹 브라우저를 통하여 여러 웹 사이트를 검색하다가 다음에 다시 방문하고 싶은 사이트를 발견하면 그 주소를 등록해 두었다가 다음에 쉽게 다시 연결할 수 있도록 하는 기능을 무엇이라고 하는가?

① 기록(History)
② 즐겨찾기(Bookmark)
③ 캐싱(Caching)
④ 쿠키(Cookie)

12 다음 중 주기억장치에 대한 설명으로 옳지 않은 것은?

① 주기억장치의 데이터 접근 시간은 캐시 메모리 보다 빠르다.
② 주기억장치의 각 위치는 주소에 의해서 표시된다.
③ 중앙처리장치는 처리할 명령어와 이에 대한 처리 결과를 저장하는 장소이다.
④ 주기억장치 내에 있는 데이터의 접근 시간은 저장된 위치에 관계없이 동일하다.

13 다음 중 객체 지향 언어들이 제공하는 공통적인 특징으로 옳지 않은 것은?

① 독립성(Independence)
② 다형성(Polymorphism)
③ 상속성(Inheritance)
④ 캡슐화(Encapsulation)

14 다음 중 모바일 컴퓨팅 환경과 거리가 먼 것은?

① 목적에 따른 응용 프로그램으로서 스마트 폰에서 실행이 가능한 프로그램을 어플리케이션이라고 한다.
② 소셜 네트워크 서비스(SNS)는 초기에는 주로 친목 도모, 엔터테인먼트 용도로 활용되었으나 근래에는 비즈니스 등 생산적 용도로 활용하는 경향이 생겨나고 있다.
③ 모바일 컴퓨팅은 휴대용 컴퓨터, 디지털 무선 통신 장치 등을 사용하여 장소에 구애 받지 않고 컴퓨터 업무와 네트워크에 접속할 수 있는 환경을 말한다.
④ 일반적으로 스마트폰 OS는 스마트폰 뿐만 아니라 컴퓨터에서도 사용되는 운영체제이다.

15 다음 중 데이터 저장 용량에 대한 설명으로 옳은 것은?

① 1GB는 1024TB의 데이터를 저장할 수 있다.
② 1MB는 1024GB의 데이터를 저장할 수 있다.
③ 1KB는 1024Byte의 데이터를 저장할 수 있다.
④ 1TB는 1024MB의 데이터를 저장할 수 있다.

16 다음은 전자우편에 사용되는 프로토콜 중 무엇에 대한 설명인가?

사용자의 컴퓨터에서 작성된 메일을 다른 사람의 계정이 있는 곳으로 전송하는 프로토콜

① IMAP   ② MIME
③ SMTP   ④ POP3

17 다음 중 컴퓨터에 의하여 다음에 수행될 명령어의 주소가 저장되어 있는 기억장소는?

① 프로그램 카운터(Program Counter)
② 기억 레지스터(Memory Register)
③ 명령 레지스터(Instruction Register)
④ 인덱스 레지스터(Index Register)

18 다음 중 프로그램 내장 방식을 가장 적절하게 설명한 것은?

① 프로그램은 항상 컴퓨터 내부에서 입력된다.
② 프로그램을 주기억장치에 기억시켜서 프로그램의 실행 효율을 향상시킨다.
③ 보조기억장치에 프로그램을 고정시켜 놓는다.
④ 입력장치를 통하여 명령어를 읽어 들인다.

19 다음 중 자료의 단위가 큰 것부터 작은 순으로 바르게 나열된 것은?

① Bit – Byte – Item – Word – Record
② Record – Item – Word – Byte – Bit
③ Bit – Byte – Word – Item – Record
④ Record – Word – Item – Byte – Bit

20 인터넷상의 중앙 서버에 데이터를 저장해 두고, 인터넷 기능이 있는 모든 IT 기기를 사용하여 언제 어디서든지 정보를 이용할 수 있다는 개념으로, 컴퓨팅 자원을 필요한 만큼 빌려 쓰고 사용 요금을 지불하는 방식으로 사용되는 컴퓨팅 개념을 무엇이라고 하는가?

① 모바일 컴퓨팅(Mobile Computing)
② 분산 컴퓨팅(Distributed Computing)
③ 클라우드 컴퓨팅(Cloud Computing)
④ 그리드 컴퓨팅(Grid Computing)

제2과목 **스프레드시트 일반**

21 다음 중 데이터 입력에 대한 설명으로 옳지 않은 것은?

① 숫자와 문자 데이터를 혼합해서 입력하면 모두 문자 데이터로 간주하여 자동으로 왼쪽 정렬을 한다.
② 0 5/7로 입력하면 분수로, 5/7로 입력하면 날짜형으로 표시된다.
③ 입력된 문자열이 셀보다 긴 경우 수식 입력 줄에는 모든 문자열이 표시되지만 해당 셀에서는 오른쪽 셀의 상태와 무관하게 잘려서 표시된다.
④ 연도를 두 자리로 입력하는 경우 연도가 30 이상이면 1900년대로 인식하고 연도가 29 이하면 2000년대로 인식된다.

22 아래의 시트에서 주민번호의 8번째 숫자가 1 또는 3 이면 '남', 아니면 '여'를 표시하려고 한다. 다음 중 옳지 않은 것은?

	A	B
1	주민번호	성별
2	030120-3******	
3	041012-4******	
4	020109-2******	
5	031203-1******	
6		

① =CHOOSE(MID(A2,8,1), "남", "여", "남", "여")

② =IF(OR(MID(A2,8,1)="1",MID(A2,8,1)="3"), "남", "여")

③ =IF(MID(A2,8,1)="1", "남", IF(MID(A2,8,1)= "2", "여", IF(MID(A2,8,1)="3", "남", "여")))

④ =IF(OR(MID(A2,8,1)=1, MID(A2,8,1) =3), "남", "여")

23 워크시트 출력 시 머리글 또는 바닥글에 페이지 번호 가 포함되어 있는 경우, 시작 페이지 번호를 100으로 지정하려고 한다. 다음 중 설명이 옳은 것은?

① [페이지 설정] – [여백] 탭에서 [바닥글] 상자 에 워크시트의 시작 페이지에 표시할 페이지 번호(100)를 입력한다.

② [페이지 설정] – [페이지] 탭에서 [자동 맞춤] 에서 [용지 높이]를 워크시트의 시작 페이지에 표시할 페이지 번호(100)를 입력한다.

③ [페이지 설정] – [페이지] 탭에서 [시작 페이지 번호] 상자에 워크시트의 시작 페이지에 표시 할 페이지 번호(100)를 입력한다.

④ [페이지 설정] – [설정] 탭에서 [시작 페이지 번호] 상자에 '자동'이라고 입력한다.

24 다음 그림의 차트에서 설정되지 않은 옵션은?

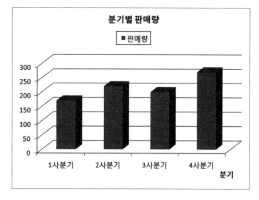

① 범례
② 차트 제목
③ 축 제목
④ 데이터 레이블

25 다음 시트 내에서 일정 영역을 복사한 다음 [홈] – [붙여넣기] – [선택하여 붙여넣기]를 할 경우에 옳지 않은 것은?

① 복사한 영역의 테두리만 제외하여 붙여넣을 수 없다.

② 복사한 영역의 수식이나 서식만 선택하여 붙 여넣기 할 수 있다.

③ 복사한 영역의 행과 열의 순서를 바꾸어서 붙 여넣기 할 수 있다.

④ 복사한 수식 또는 값을 붙여넣기 할 때 원래 수식 값에 연산(더하기, 곱하기, 빼기, 나누 기)하여 붙여넣기 할 수 있다.

26 다음 중 [사용자 지정] 셀 서식에 사용하는 기호에 대 한 설명으로 옳지 않은 것은?

① ? : ?기호 다음에 있는 특정 문자를 셀의 너비 만큼 반복하여 채운다.

② dddd : 요일을 영문자로 표시한다.

③ # : 유효한 자릿수만 표시하고, 유효하지 않은 0은 표시하지 않는다.

④ % : 입력된 숫자에 100을 곱한 후 % 기호를 붙인다.

27 다음 그림과 같이 범위를 지정하려고 한다. 어떤 키를 누른 상태에서 마우스를 드래그하면 되는가?

	A	B	C	D
1	제품명	등급	판매량	단가
2	TV	고급형	10	1200
3	비디오	고급형	14	800
4	오디오	고급형	10	1500
5				

① Shift ② Ctrl
③ Tab ④ Alt

28 수식을 복사할 때에 셀 주소를 고정시키기 위해서 셀 주소에 $를 입력하는 기능을 갖는 기능키는?

① Shift+Enter 키 ② F4 키
③ F6 키 ④ F5 키

29 다음 중 [매크로 옵션] 대화상자에서 확인할 수 있는 내용으로 옳지 않은 것은?

① 바로 가기 키 ② 매크로 저장 위치
③ 설명 ④ 매크로 이름

30 엑셀의 화면 구성 요소 중 상태 표시줄에 대한 설명으로 옳지 않은 것은?

① 수치 데이터 입력 후 셀 범위를 지정하면 상태 표시줄에서 셀 범위의 평균, 개수, 합계가 기본적으로 나타난다.
② 상태 표시줄에서 화면 보기 바로 가기를 이용하여 '기본, 페이지 레이아웃, 전체화면'으로 전환할 수 있다.
③ 상태 표시줄에서 Num Lock, Caps Lock, Scroll Lock 키 등 키보드의 설정 상태를 확인할 수 있다.
④ 상태 표시줄의 왼쪽 부분은 준비, 입력, 편집 등 현재의 작업 상황이 표시된다.

31 다음과 같이 [A1:A6]의 이름이 SAMPLE일 때 [A7] 셀에 아래의 함수를 입력하였다. 그 결과 값이 다른 하나는?

SAMPLE	
	A	B
1	10	
2	10	
3	0	
4	5	
5	5	
6	"ABC"	
7		

① =AVERAGE(A1:A6)
② =ROUNDUP(AVERAGE(SAMPLE),0)
③ =ROUND(INT(SUM(SAMPLE)/COUNT(SAMPLE)),0)
④ =SUM(SAMPLE)/COUNTA(SAMPLE)

32 다음 중 [데이터]-[외부 데이터 가져오기]-[텍스트]에서 구분 기호를 설정할 때 기타 부분을 제외하고 기본으로 지정할 수 있는 구분 기호가 아닌 것은?

① 마침표(.) ② 세미콜론(;)
③ 탭(Tab) ④ 쉼표(,)

33 다음 중 [매크로 기록] 대화상자에서 지정할 수 없는 항목은?

① 매크로 이름 ② 바로 가기 키
③ 매크로 저장 위치 ④ 매크로 편집

34 다음 워크시트의 [A1] 셀에서 Ctrl 키를 누른 채 채우기 핸들을 이용하여 드래그 했을 때 [C1] 셀에 표시되는 값은?

	A	B	C	D
1	29.5			
2				

① 29.5 ② 31.5
③ 29.7 ④ 49.5

35 다음 중 매크로에 대한 설명으로 옳지 않은 것은?

① Excel에서 반복적으로 수행하는 작업이 있는 경우 매크로를 기록하여 이러한 작업을 자동화할 수 있다.
② 매크로는 원하는 횟수만큼 실행할 수 있는 작업 또는 작업 집합이다.
③ 매크로를 만들 때는 마우스 클릭 및 키 입력을 기록한다.
④ 매크로를 만든 후 변경할 수 있고, 매크로 이름도 옵션 대화 상자에서 변경 가능하다.

36 다음 중 셀에 표시된 메모가 지워지는 작업에 해당하는 것은?

① 셀을 선택하고, 키보드의 Delete 키를 눌렀다.
② 셀의 바로 가기 메뉴에서 [메모 숨기기]를 선택하였다.
③ 셀을 선택하고, [홈] 탭 [편집] 그룹의 [지우기]에서 [모두 지우기]를 선택하였다.
④ 셀을 선택하고, 키보드의 Back space 키를 눌렀다.

37 고급 필터에서 다음과 같은 조건을 적용하였을 때 선택되는 데이터들은 어느 것인가?

목표액	목표액
>4500	<5000
<4000	

① [목표액]이 4000 미만이거나 [목표액]이 4500이 넘는 데이터를 모두 나타낸다.
② [목표액]이 4000 미만이거나 [목표액]이 5000이 넘는 데이터를 모두 나타낸다.
③ [목표액]이 4500을 초과하고 5000 미만이거나 [목표액]이 4000 미만인 데이터를 모두 나타낸다.
④ [목표액]이 5000 미만인 데이터를 모두 나타낸다.

38 [A1] 셀에 '131037'을 입력하였더니 '131-037'로 표시되었다. [A1] 셀에 지정된 [표시 형식]으로 옳은 것은?

① 텍스트로 설정하고 입력한 경우
② 회계로 설정하고 입력한 경우
③ 일반으로 설정하고 입력한 경우
④ 우편번호로 설정하고 입력한 경우

39 다음 중 도형 개체에 하이퍼링크를 지정하는 방법으로 옳지 않은 것은?

① 개체의 바로 가기 메뉴에서 [하이퍼링크]를 선택한다.
② 개체를 더블 클릭한 후, 표시되는 메뉴에서 [하이퍼링크]를 선택한다.
③ [삽입] − [링크] − [하이퍼링크]를 클릭한다.
④ 바로 가기 키 Ctrl + K 를 누른다.

40 다음 중 [페이지 설정] 대화상자의 [시트] 탭에 대한 설명으로 옳지 않은 것은?

① 페이지를 기준으로 가운데에 인쇄되도록 '페이지 가운데 맞춤'을 설정할 수 있다.
② 셀 구분선이나 그림 개체 등은 제외하고 셀에 입력된 데이터만 인쇄되도록 설정할 수 있다.
③ 워크시트의 행/열 머리글과 눈금선이 인쇄되도록 설정할 수 있다.
④ 셀에 삽입된 메모를 시트 끝에 인쇄되도록 설정 할 수 있다.

MEMO

컴퓨터활용능력 2급 필기

PART

04 최신유형 기출문제

제 01 회 최신유형기출문제

01 다음 중 오디오 데이터와 관련된 용어에 해당하지 않는 것은?

① 시퀀싱(Sequencing)
② 인터레이싱(Interlacing)
③ PCM(Pulse Code Modulation)
④ 샘플링(Sampling)

02 다음 중 지하철이나 버스 정류장에서 지역과 관련된 지도나 주변 상가 정보 또는 특정 정보를 인터넷과 연결하여 효과적으로 전달하는 입간판 형태의 정보 안내 기기는?

① 주문형 비디오(VOD)
② CAI(Computer Assisted Instruction)
③ 키오스크(Kiosk)
④ 화상회의 시스템(VCS)

03 다음 중 컴퓨터 바이러스에 대한 설명으로 가장 적절하지 않은 것은?

① 사용자가 인지하지 못한 사이 자가복제를 통해 다른 정상적인 프로그램을 감염시켜 해당 프로그램이나 다른 데이터 파일 등을 파괴한다.
② 보통 소프트웨어 형태로 감염되나 메일이나 첨부 파일은 감염의 확률이 매우적다.
③ 인터넷의 공개 자료실에 있는 파일을 다운로드하여 설치할 때 감염될 수 있다.
④ 온라인 채팅이나 인스턴트 메신저 프로그램을 통해서 전파되기도 한다.

04 다음 중 여러 대의 컴퓨터를 일제히 동작시켜 대량의 데이터를 한 곳의 서버 컴퓨터에 집중적으로 전송시킴으로써 특정 서버가 정상적으로 동작하지 못하게 하는 공격방식은?

① 스니핑(Sniffing)
② 분산서비스거부(DDoS)
③ 백도어(Back Door)
④ 해킹(Hacking)

05 다음 중 인터넷에서 사용하는 IPv6에 관한 설명으로 옳은 것은?

① IPv4의 주소 부족 문제를 해결하기 위하여 개발되었다.
② 64비트의 주소 체계를 가진다.
③ IPv4와는 호환성이 낮아 상호 전환이 어렵다.
④ IPv4에 비해 자료 전송 속도가 느리다.

06 다음 중 무선 랜(WLAN) 시스템을 구성하기 위한 주요 구성 요소에 해당하지 않는 것은?

① 무선 랜카드　　　② AP(Access Point)
③ 안테나(Antenna)　④ 리피터(Repeater)

07 다음 중 ISP(Internet Service Provider) 업체에서 각 컴퓨터의 IP 주소를 동적으로 할당해 주는 프로토콜은?

① HTTP　　　　② TCP/IP
③ SMTP　　　　④ DHCP

08 다음 중 운영체제를 구성하는 제어 프로그램의 종류에 해당하지 않는 것은?

① 감시 프로그램
② 언어 번역 프로그램
③ 작업 관리 프로그램
④ 데이터 관리 프로그램

09 다음 중 컴퓨터를 이용한 자료 처리 방식을 발달 과정 순서대로 옳게 나열한 것은?

① 실시간 처리 시스템 – 일괄 처리 시스템 – 분산 처리 시스템
② 일괄 처리 시스템 – 실시간 처리 시스템 – 분산 처리 시스템
③ 분산 처리 시스템 – 실시간 처리 시스템 – 일괄 처리 시스템
④ 실시간 처리 시스템 – 분산 처리 시스템 – 일괄 처리 시스템

10 다음 중 디지털 컴퓨터와 아날로그 컴퓨터의 차이점에 관한 설명으로 옳은 것은?

① 디지털 컴퓨터는 전류, 전압, 온도 등 다양한 입력 값을 처리하며, 아날로그 컴퓨터는 숫자 데이터만을 처리한다.
② 디지털 컴퓨터는 증폭 회로로 구성되며, 아날로그 컴퓨터는 논리회로로 구성된다.
③ 아날로그 컴퓨터는 미분이나 적분 연산을 주로하며, 디지털 컴퓨터는 산술이나 논리 연산을 주로 한다.
④ 아날로그 컴퓨터는 범용이며, 디지털 컴퓨터는 특수 목적용으로 많이 사용된다.

11 다음 중 소형화, 경량화를 비롯해 음성과 동작인식 등 다양한 기술이 적용되어 장소에 구애받지 않고 컴퓨터를 활용할 수 있도록 몸에 착용하는 컴퓨터를 의미하는 것은?

① 웨어러블 컴퓨터
② 마이크로 컴퓨터
③ 인공지능 컴퓨터
④ 서버 컴퓨터

12 다음 중 프로세서 레지스터에 대한 설명으로 옳은 것은?

① 하드 디스크의 부트 레코드에 위치한다.
② 하드웨어 입출력을 전담하는 장치로 속도가 빠르다.
③ 주기억장치보다 큰 프로그램을 실행시켜야 할 때 유용한 메모리이다.
④ 중앙처리장치에서 사용하는 임시기억장치로 메모리 중 가장 빠른 속도로 접근 가능하다.

13 다음 중 인터넷을 이용한 전자 우편에 관한 설명으로 옳지 않은 것은?

① 기본적으로 8비트의 유니코드를 사용하여 메시지를 전달한다.
② 전자 우편 주소는 '사용자ID@호스트 주소'의 형식으로 이루어진다.
③ SMTP, POP3, MIME 등의 프로토콜을 사용한다.
④ 보내기, 회신, 첨부, 전달, 답장 등의 기능이 있다.

14 다음 중 HD급 고화질 비디오를 저장할 수 있는 차세대 광학 장치로, 디스크 한 장에 25GB 이상을 저장할 수 있는 것은?

① CD-RW
② DVD
③ Blu-ray 디스크
④ ZIP 디스크

15 다음 중 컴퓨터 시스템을 안정적으로 사용하기 위한 관리 방법으로 적절하지 않은 것은?

① 컴퓨터를 이동하거나 부품을 교체할 때에는 반드시 전원을 끄고 작업하는 것이 좋다.
② 직사광선을 피하고 습기가 적으며 통풍이 잘 되고 먼지 발생이 적은 곳에 설치한다.
③ 시스템 백업 기능을 자주 사용하면 시스템 바이러스 감염 가능성이 높아진다.
④ 드라이브 조각 모음 및 최적화에 대해 예약 실행을 설정하여 정기적으로 최적화 시킨다.

16 다음 중 Windows에서 기본 프린터에 대한 설명으로 옳지 않은 것은?

① 인쇄 명령을 수행할 때 자동으로 인쇄 작업이 전달되는 프린터를 의미한다.
② 기본 프린터로 지정할 프린터를 선택한 후, [관리] – [기본값으로 설정]을 선택한다.
③ 사용자 임의대로 변경, 삭제가 가능하며 반드시 지정할 필요는 없다.
④ PC 한 대에 두 개까지 기본 프린터 설정을 할 수 있다.

17 다음 중 Windows에서 휴지통에 대한 설명으로 옳지 않은 것은?

① 휴지통에 삭제된 파일이 보관되어 있을 경우와 휴지통이 비워진 상태 모두 아이콘의 모양은 동일하다.
② 휴지통은 Windows에서 삭제된 파일이나 폴더를 임시로 보관하는 장소이다.
③ 휴지통의 용량이 꽉 찬 경우 새로운 파일을 삭제하면 가장 오래된 파일부터 완전히 삭제된다.
④ 드라이브마다 휴지통의 용량을 따로 설정할 수 있다.

18 다음 중 Windows의 설정에서 시각 장애가 있는 사용자가 컴퓨터를 사용하기에 편리하도록 설정할 수 있는 기능은?

① 동기화 센터
② 사용자 정의 문자 편집기
③ 접근성
④ 프로그램 호환성 마법사

19 다음 중 Windows에서 [표준 사용자 계정]의 사용자가 할 수 있는 작업으로 옳지 않은 것은?

① 사용자 자신의 암호를 변경할 수 있다.
② 마우스 포인터의 모양을 변경할 수 있다.
③ 관리자가 설정해 놓은 프린터를 프린터 목록에서 제거할 수 있다.
④ 사용자의 사진으로 자신만의 바탕 화면을 설정할 수 있다.

20 다음 중 Windows에서 연결 프로그램에 관한 설명으로 옳지 않은 것은?

① 특정한 파일을 더블 클릭했을 때 실행될 앱을 설정하는 것을 의미한다.
② 파일 이름에 따라 연결 프로그램이 결정된다.
③ 파일을 실행했을 때 연결 프로그램 대화상자가 나타나면 현재 연결된 앱이 없다는 의미이며, 해당 앱을 지정해야 실행된다.
④ 서로 다른 확장자를 갖는 파일들을 연결 프로그램으로 지정할 수 있다.

21 다음 중 데이터 유효성 검사에 대한 설명으로 옳지 않은 것은?

① 목록의 값들을 미리 지정하여 데이터 입력을 제한할 수 있다.
② 입력할 수 있는 정수의 범위를 제한할 수 있다.
③ 목록으로 값을 제한하는 경우 드롭다운 목록의 너비를 지정할 수 있다.
④ 유효성 조건 변경 시 변경 내용을 범위로 지정된 모든 셀에 적용할 수 있다.

22 다음 중 아래 워크시트의 [A1:E9] 영역에서 고급 필터를 실행하여 영어 점수가 영어 평균 점수를 초과하거나 성명의 두 번째 문자가 '영'인 데이터를 추출하고자 할 때, 조건으로 ㉮와 ㉯에 입력할 내용으로 옳은 것은?

	A	B	C	D	E	F	G	H
1	성명	반	국어	영어	수학		영어평균	성명
2	강동식	1	81	89	99		㉮	
3	남궁영	2	88	75	85			㉯
4	강영주	2	90	88	92			
5	이동수	1	86	93	90			
6	박영민	2	75	91	84			
7	윤영미래	1	88	80	73			
8	아순영	1	100	84	96			
9	영지오	2	95	75	88			
10								

① ㉮ =D2>AVERAGE(D2:D9)
　 ㉯ ="=?영*"
② ㉮ =D2>AVERAGE(D2:D9)
　 ㉯ ="=?영?"
③ ㉮ =D2>AVERAGE($D$2:$D$9)
　 ㉯ ="=?영*"
④ ㉮ =D2>AVERAGE($D$2:$D$9)
　 ㉯ ="=*영?"

23 다음 중 다양한 상황과 변수에 따른 여러 가지 결과값의 변화를 가상의 상황을 통해 예측하여 분석할 수 있는 도구는?

① 시나리오 관리자　　② 목표값 찾기
③ 부분합　　　　　　④ 통합

24 아래의 왼쪽 워크시트에서 성명 데이터를 오른쪽 워크시트와 같이 성과 이름 두 개의 열로 분리하기 위해 [텍스트 나누기] 기능을 사용하고자 한다. 다음 중 [텍스트 나누기]의 분리 방법으로 가장 적절한 것은?

▲	A
1	김철수
2	박선영
3	최영희
4	한국인

→

▲	A	B
1	김	철수
2	박	선영
3	최	영희
4	한	국인

① 열 구분선을 기준으로 내용 나누기
② 구분 기호를 기준으로 내용 나누기
③ 공백을 기준으로 내용 나누기
④ 탭을 기준으로 내용 나누기

25 다음 중 데이터 입력에 대한 설명으로 옳지 않은 것은?

① 셀 안에서 줄 바꿈을 하려면 **Alt** + **Enter** 키를 누른다.
② 한 행을 블록 설정한 상태에서 **Enter** 키를 누르면 블록 내의 셀이 오른쪽 방향으로 순차적으로 선택되어 행 단위로 데이터를 쉽게 입력할 수 있다.
③ 여러 셀에 숫자나 문자 데이터를 한 번에 입력하려면 여러 셀이 선택된 상태에서 데이터를 입력한 후 바로 **Shift** + **Enter** 키를 누른다.
④ 열의 너비가 좁아 입력된 날짜 데이터 전체를 표시하지 못하는 경우 셀의 너비에 맞춰 '#'이 반복 표시된다.

26 다음 중 아래 워크시트에서 [A1:B1] 영역을 선택한 후 채우기 핸들을 이용하여 [B3] 셀까지 드래그 했을 때 [A3] 셀, [B3] 셀의 값으로 옳은 것은?

▲	A	B
1	가-011	01월 15일
2		
3		
4		

① 다-011, 01월17일
② 가-013, 01월17일
③ 가-013, 03월15일
④ 다-011, 03월15일

27 다음 중 입력자료에 주어진 표시형식으로 지정한 경우 그 결과가 옳지 않은 것은?

① 표시형식: #,##0,
  입력자료: 12345
  표시결과: 12
② 표시형식: 0.00
  입력자료: 12345
  표시결과: 12345.00
③ 표시형식: dd-mmm-yy
  입력자료: 2015/06/25
  표시결과 : 25-June-15
④ 표시형식: @@"**"
  입력자료: 컴활
  표시결과: 컴활컴활**

28 아래 워크시트와 같이 평점이 3.0 미만인 행 전체에 셀 배경색을 지정하고자 한다. 다음 중 이를 위해 조건부 서식 설정에서 사용할 수식으로 옳은 것은?

▲	A	B	C	D
1	**학번**	**학년**	**이름**	**평점**
2	20959446	2	강혜민	3.38
3	21159458	1	김경식	2.6
4	21059466	2	김병찬	3.67
5	21159514	1	장현정	1.29
6	20959476	2	박동현	3.5
7	21159467	1	이승현	3.75
8	20859447	4	이병훈	2.93
9	20859461	3	강수빈	3.84
10				

① =$D2<3
② =$D&2<3
③ =D2<3
④ =D$2<3

29 다음 중 각 함수식과 그 결과가 옳지 않은 것은?

① =TRIM(" 1/4분기 수익") → 1/4분기 수익
② =SEARCH("세","세금 명세서", 3) → 5
③ =PROPER("republic of korea")
  → REPUBLIC OF KOREA
④ =LOWER("Republic of Korea")
  → republic of korea

30 다음 중 매크로의 바로 가기 키에 관한 설명으로 옳지 않은 것은?

① 기본적으로 조합 키 Ctrl과 함께 사용할 영문자를 지정한다.
② 바로 가기 키 지정 시 영문자를 대문자로 입력하면 조합 키는 Ctrl+Shift로 변경된다.
③ 바로 가기 키로 영문자와 숫자를 함께 지정할 때에는 조합 키로 Alt를 함께 사용해야 한다.
④ 바로 가기 키를 지정하지 않아도 매크로를 기록할 수 있다.

31 다음 중 매크로의 특징에 대한 설명으로 옳지 않은 것은?

① 매크로 기록을 시작한 후의 키보드나 마우스 동작은 VBA 언어로 작성된 매크로 프로그램으로 자동 생성된다.
② 기록한 매크로는 편집할 수 없으므로 기능과 조작을 추가 또는 삭제할 수 없다.
③ 매크로 실행의 바로 가기 키가 엑셀의 바로 가기 키보다 우선한다.
④ 도형을 이용하여 작성된 텍스트 상자에 매크로를 지정한 후 매크로를 실행할 수 있다.

32 다음 중 [A7] 셀에 수식 '=SUMIFS(D2:D6,A2:A6,"연필",B2:B6,"서울")'을 입력한 경우 그 결과 값은?

	A	B	C	D
1	품목	대리점	판매계획	판매실적
2	연필	경기	150	100
3	볼펜	서울	150	200
4	연필	서울	300	300
5	볼펜	경기	300	400
6	연필	서울	300	200
7	=SUMIFS(D2:D6,A2:A6,"연필",B2:B6,"서울")			

① 100
② 500
③ 600
④ 750

33 다음 중 차트의 데이터 계열 서식에 대한 설명으로 옳지 않은 것은?

① 계열 겹치기 수치를 양수로 지정하면 데이터 계열 사이가 벌어진다.
② 차트에서 데이터 계열의 간격을 넓게 또는 좁게 지정할 수 있다.
③ 특정 데이터 계열의 값이 다른 데이터 계열 값과 차이가 많이 나거나 데이터 형식이 혼합되어 있는 경우 하나 이상의 데이터 계열을 보조 세로 (값) 축에 표시할 수 있다.
④ 보조 축에 그려지는 데이터 계열을 구분하기 위하여 보조 축의 데이터 계열만 선택하여 차트 종류를 변경할 수 있다.

34 다음 중 아래의 워크시트를 참조하여 작성한 수식 '=INDEX(B2:D9,2,3)'의 결과는?

	A	B	C	D
1	코드	정가	판매수량	판매가격
2	L-001	25,400	503	12,776,200
3	D-001	23,200	1,000	23,200,000
4	D-002	19,500	805	15,698,000
5	C-001	28,000	3,500	98,000,000
6	C-002	20,000	6,000	96,000,000
7	L-002	24,000	750	18,000,000
8	C-003	26,500	935	24,778,000
9	D-003	22,000	850	18,700,000
10				

① 19,500
② 23,200,000
③ 1,000
④ 805

35 다음 중 아래의 워크시트에서 '박지성'의 결석 값을 찾기 위한 함수식은?

	A	B	C	D
1	성적표			
2	이름	중간	기말	결석
3	김남일	86	90	4
4	이천수	70	80	2
5	박지성	95	85	5
6				

① =VLOOKUP("박지성", $A$3:$D$5, 4, 1)
② =VLOOKUP("박지성", $A$3:$D$5, 4, 0)
③ =HLOOKUP("박지성", $A$3:$D$5, 4, 0)
④ =HLOOKUP("박지성", $A$3:$D$5, 4, 1)

36 다음 중 통합 문서 저장 시 설정할 수 있는 [일반 옵션]에 대한 설명으로 옳지 않은 것은?

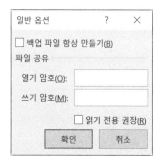

① '백업 파일 항상 만들기'에 체크 표시한 경우에는 파일 저장 시 자동으로 백업 파일이 만들어진다.
② '열기 암호'를 지정한 경우에는 열기 암호를 입력해야 파일을 열 수 있고 암호를 모르면 파일을 열 수 없다.
③ '쓰기 암호'가 지정된 경우에는 파일을 수정하고 다른 이름으로 저장 시 '쓰기 암호'를 입력해야 한다.
④ '읽기 전용 권장'에 체크 표시한 경우에는 파일을 열 때 읽기 전용으로 열지 여부를 묻는 메시지가 표시 된다.

37 다음 중 아래 차트에 설정되어 있지 않은 차트 요소는?

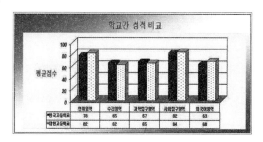

① 차트 제목
② 데이터 표
③ 데이터 레이블
④ 세로 (값) 축 제목

38 다음 중 틀 고정 및 창 나누기에 대한 설명으로 옳지 않은 것은?

① 화면에 나타나는 창 나누기 형태는 인쇄 시 적용되지 않는다.
② 창 나누기를 수행하면 셀 포인트의 오른쪽과 아래쪽으로 창 구분선이 표시된다.
③ 창 나누기는 셀 포인트의 위치에 따라 수직, 수평, 수직·수평 분할이 가능하다.
④ 첫 행을 고정하려면 셀 포인트의 위치에 상관없이 [틀 고정] – [첫 행 고정]을 선택한다.

39 다음 중 워크시트의 인쇄에 대한 설명으로 옳지 않은 것은?

① 인쇄 영역에 포함된 도형은 기본적으로 인쇄가 되지 않으므로 인쇄를 하려면 도형의 [크기 및 속성] 대화 상자에서 '개체 인쇄' 옵션을 선택해야 한다.
② 인쇄하기 전에 워크시트를 미리 보려면 Ctrl +F2 키를 누른다.
③ 기본적으로 화면에 표시되는 열 머리글(A, B, C 등)이나 행 머리글(1, 2, 3 등)은 인쇄되지 않는다.
④ 워크시트의 내용 중 특정 부분만을 인쇄 영역으로 설정하여 인쇄할 수 있다.

40 다음 중 추세선을 추가할 수 있는 차트 종류는?

① 방사형
② 분산형
③ 원형
④ 표면형

제 02 회 최신유형기출문제

제1과목 컴퓨터 일반

01 다음 중 모바일 멀티미디어 커뮤니케이션 서비스와 가장 거리가 먼 것은?

① 모바일 화상전화   ② LBS
③ DMB   ④ MMS

02 다음 중 멀티미디어 하드웨어에 대한 설명으로 옳지 않은 것은?

① 사운드 카드의 샘플링이란 아날로그 소리 파형을 일정 시간 간격으로 연속적인 측정을 통해 얻어진 각각의 소리의 진폭을 숫자로 표현하여 디지털 데이터로 생성 하는 것을 말한다.
② MPEG 보드란 압축된 동영상 파일을 빠른 속도로 복원 시켜 재생해 주는 장치이다.
③ 비디오 오버레이 보드란 TV나 비디오를 보면서 컴퓨터 작업을 동시에 할 수 있도록 동영상 데이터를 비디오 카드의 데이터와 합성시켜 표현하는 장치이다.
④ 그래픽 카드는 CPU에 의해 처리된 아날로그 데이터를 디지털로 변환하여 모니터로 보내는 장치이다.

03 다음 중 정보 사회의 컴퓨터 범죄 예방과 대책으로 적절 하지 않은 것은?

① 보호하고자 하는 컴퓨터나 정보에 비밀번호를 설정 하고 주기적으로 변경한다.
② 바이러스 백신 프로그램을 설치하고 자동 업데이트로 설정한다.
③ 정크메일로 의심이 가는 이메일은 본문을 확인한 후 즉시 삭제한다.
④ Windows Update는 자동 설치를 기본으로 설정한다.

04 다음 중 근거리 통신망(LAN)에 관한 설명으로 옳지 않은 것은?

① 비교적 전송 거리가 짧아 에러 발생률이 낮다.
② 반이중 방식의 통신을 한다.
③ 자원 공유를 목적으로 컴퓨터들을 상호 연결한다.
④ 프린터, 보조기억장치 등 주변장치들을 쉽게 공유할 수 있다.

05 다음 중 전자우편에서 사용하는 POP3 프로토콜에 관한 설명으로 옳은 것은?

① 이메일을 전송할 때 필요로 하는 프로토콜이다.
② 원격 서버에 접속하여 이메일을 사용자 컴퓨터로 가져 오기 위한 프로토콜이다.
③ 멀티미디어 이메일을 주고받기 위한 프로토콜이다.
④ 이메일의 회신과 전체 회신을 가능하게 하는 프로토콜이다.

06 다음 중 정보 보안을 위협하는 형태에 대한 설명으로 옳은 것은?

① 스니핑(Sniffing) : 검증된 사람이 네트워크를 통해 데이터를 보낸 것처럼 데이터를 변조하여 접속을 시도한다.
② 피싱(Phishing) : 적절한 사용자 동의 없이 사용자 정보를 수집하는 프로그램을 설치하여 사생활을 침해한다.
③ 스푸핑(Spoofing) : 실제로는 악성 코드로 행동하지 않으면서 겉으로는 악성 코드인 것처럼 가장한다.
④ 키로거(Key Logger) : 키보드 상의 키 입력 캐치 프로그램을 이용하여 개인 정보를 빼낸다.

07 다음 중 정보 통신 장비와 관련하여 리피터(Repeater)에 관한 설명으로 옳은 것은?

① 적절한 전송 경로를 선택하여 데이터를 전달하는 장비이다.
② 프로토콜이 다른 네트워크를 결합하는 장비이다.
③ 감쇠된 전송 신호를 증폭하여 다음 구간으로 전달하는 장비이다.
④ 같은 프로토콜을 사용하는 독립적인 2개의 근거리 통신망에 상호 접속하는 장비이다.

08 다음 중 인터넷에서 사용하는 도메인 네임에 관한 설명으로 옳은 것은?

① IP 주소를 사람이 이해하기 쉬운 숫자 형태로 표현한 것이다.
② 소속 국가명, 소속 기관명, 소속 기관 종류, 호스트 컴퓨터명의 순으로 구성된다.
③ 퀵돔(QuickDom)은 2단계 체제와 같이 도메인을 짧은 형태로 줄여 쓰는 것을 말한다.
④ 국가가 다른 경우에는 중복된 도메인 네임을 사용할 수 있다.

09 다음 중 추상화, 캡슐화, 상속성, 다형성 등의 특징을 지니고 있으며, 크고 복잡한 프로그램 구축이 어려운 절차형 언어의 문제점을 해결하기 위해 개발된 프로그래밍 기법은?

① 구조적 프로그래밍
② 객체지향 프로그래밍
③ 하향식 프로그래밍
④ 비주얼 프로그래밍

10 다음 중 상용 소프트웨어가 출시되기 전에 미리 고객들에게 프로그램에 대한 평가를 수행하고자 제작한 소프트웨어로 옳은 것은?

① 알파(Alpha) 버전
② 베타(Beta) 버전
③ 패치(Patch) 버전
④ 데모(Demo) 버전

11 다음 중 컴퓨터를 이용한 가상현실(Virtual Reality)에 관한 설명으로 옳은 것은?

① 고화질 영상을 제작하여 텔레비전에 나타내는 기술이다.
② 고도의 컴퓨터 그래픽 기술과 3차원 기법을 통하여 현실의 세계처럼 구현하는 기술이다.
③ 여러 영상을 통합하여 2차원 그래픽으로 표현하는 기술이다.
④ 복잡한 데이터를 단순화시켜 컴퓨터 화면에 나타내는 기술이다.

12 다음 중 컴퓨터에서 사용하는 ASCII 코드에 관한 설명으로 옳은 것은?

① 패리티 비트를 이용하여 오류 검출과 오류 교정이 가능하다.
② 표준 ASCII 코드는 3개의 존 비트와 4개의 디지트 비트로 구성되며, 주로 대형 컴퓨터의 범용 코드로 사용된다.
③ 표준 ASCII 코드는 7비트를 사용하여 영문 대소문자, 숫자, 문장 부호, 특수 제어 문자 등을 표현한다.
④ 확장 ASCII 코드는 8비트를 사용하며 멀티미디어 데이터 표현에 적합하도록 확장된 코드표이다.

13 다음 중 컴퓨터의 주기억장치인 RAM에 관한 설명으로 옳은 것은?

① 전원이 공급되지 않더라도 기억된 내용이 지워지지 않는다.
② 시스템에서 사용하는 BIOS, POST 등이 저장된다.
③ 현재 사용 중인 응용 프로그램이나 데이터가 저장된다.
④ 주로 하드 디스크에서 사용되는 기억장치이다.

14 다음 중 Windows에서 작업 표시줄의 바로 가기 메뉴에서 설정할 수 있는 항목으로 옳지 않은 것은?

① 계단식 창 배열
② 창 가로 정렬 보기
③ 작업 표시줄 잠금
④ 아이콘 자동 정렬

15 다음 중 컴퓨터의 저장 매체 관리 방법으로 옳지 않은 것은?

① 주기적으로 디스크 정리, 오류 검사, 드라이브 조각 모음 및 최적화를 수행한다.
② 강한 자성 물체를 외장 하드 디스크 주위에 놓지 않는다.
③ 오랜 기간 동안 저장된 데이터는 재 저장한다.
④ 예상치 않은 상황에 대비하여 주기적으로 백업하여 둔다.

16 다음 중 Windows의 사용자 계정을 통해 사용할 수 있는 기능으로 옳지 않은 것은?

① 관리자 계정의 사용자는 다른 계정의 컴퓨터 사용 시간을 제어할 수 있다.
② 관리자 계정의 사용자는 다른 계정의 등급 및 콘텐츠, 제목별로 게임을 제어할 수 있다.
③ 표준 계정의 사용자는 컴퓨터 보안에 영향을 주는 설정을 변경할 수 있다.
④ 표준 계정의 사용자는 컴퓨터에 설치된 대부분의 프로그램을 사용할 수 있고, 자신의 계정에 대한 암호 등을 설정할 수 있다.

17 다음 중 바로 가기 아이콘에 대한 설명으로 옳지 않은 것은?

① 바로 가기 아이콘을 삭제해도 해당 프로그램은 지워지지 않는다.
② 바로 가기 아이콘은 폴더, 디스크 드라이버, 프린터 등 모든 항목에 대해 만들 수 있다.
③ 바로 가기 아이콘은 실제 프로그램이 아니라 응용 프로그램의 경로를 기억하고 있는 아이콘이다.
④ 바로 가기 아이콘은 확장자는 '*.exe'이다.

18 다음 중 플래시 메모리에 대한 설명으로 옳지 않은 것은?

① 소비전력이 작다.
② 휘발성 메모리이다.
③ 정보의 입출력이 자유롭다.
④ 휴대전화, 디지털카메라, 게임기, USB 메모리 등에 널리 이용된다.

19 다음 중 Windows의 [파일 탐색기]에 대한 설명으로 옳지 않은 것은?

① 컴퓨터에 설치된 디스크 드라이브, 파일 및 폴더 등을 관리하는 기능을 가진다.
② 폴더와 파일을 계층 구조로 표시하며, 폴더 앞의 기호는 하위 폴더가 있음을 의미한다.
③ 현재 폴더에서 상위 폴더로 이동하려면 바로 가기 키인 **Home** 키를 누른다.
④ 검색 상자를 사용하여 파일이나 폴더를 찾을 수 있으며, 검색은 입력을 시작함과 동시에 시작된다.

20 다음 중 Windows 설정의 '앱'에 대한 설명으로 옳지 않은 것은?

① Windows에 포함되어 있는 일부 앱 및 기능을 해제할 수 있으며, 기능 해제 시 하드 디스크 공간의 크기도 줄어든다.
② 설치된 응용 앱을 제거하거나 변경할 수 있다.
③ 메일, 사진, 비디오 플레이어, 웹 브라우저 등의 기본 앱을 선택할 수 있다.
④ [앱 및 기능]을 이용하여 앱을 제거하면 Windows가 작동하는데 영향을 미치지 않도록 앱이 정상적으로 삭제된다.

제2과목   **스프레드시트 일반**

21 다음 중 [데이터 유효성] 대화상자의 [설정] 탭에서 '제한 대상' 목록에 해당하지 않는 것은?

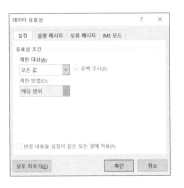

① 정수
② 소수점
③ 목록
④ 텍스트

22 아래 워크시트에서 총이익[G12]이 500000이 되려면 4분기 판매수량[G3]이 얼마가 되어야 하는지 목표값 찾기를 이용하여 계산하고자 한다. 다음 중 [목표값 찾기] 대화상자에 입력할 내용이 순서대로 바르게 나열된 것은?

	A	B	C	D	E	F	G
1		구 분		1사분기	2사분기	3사분기	4사분기
2							
3		판매수량		1,380	1,250	960	900
4		판매단가		100	100	120	120
5		판매금액		138,000	125,000	115,200	108,000
6		판매비	인건비용	3,000	3,100	3,100	3,200
7			광고비용	3,200	4,200	3,000	3,100
8			기타비용	1,900	1,980	2,178	2,396
9		소계		8,100	9,280	8,278	8,696
10		순이익		129,900	115,720	106,922	99,304
11							
12						총이익	451,846

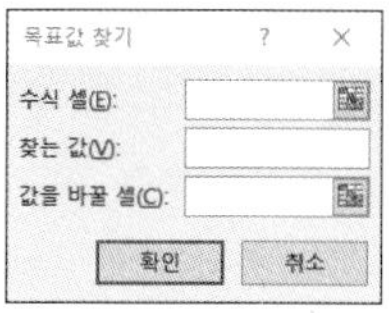

[목표값 찾기 대화상자]
수식 셀(E):
찾는 값(V):
값을 바꿀 셀(C):
확인   취소

① $G$12, 500000, $G$3
② $G$3, 500000, $G$12
③ $G$3, $G$12, 500000
④ $G$12, $G$3, 500000

23 다음 중 가상 분석 도구인 [데이터 표]에 대한 설명으로 옳지 않은 것은?

① 테스트 할 변수의 수에 따라 변수가 한 개이거나 두 개인 데이터 표를 만들 수 있다.
② 데이터 표를 이용하여 입력된 데이터는 부분적으로 수정 또는 삭제할 수 있다.
③ 워크시트가 다시 계산될 때마다 데이터 표도 변경 여부에 관계없이 다시 계산된다.
④ 데이터 표의 결과값은 반드시 변화하는 변수를 포함한 수식으로 작성해야 한다.

24 다음 중 아래 워크시트에서 [A1:B1] 영역을 선택한 후 채우기 핸들을 이용하여 [B3] 셀까지 드래그 했을 때 [A3] 셀, [B3] 셀의 값으로 옳은 것은?

	A	B
1	가-011	01월 15일
2		

① 다-011, 01월17일
② 가-013, 01월17일
③ 가-013, 03월15일
④ 다-011, 03월15일

25 다음 중 아래 그림의 표에서 조건 범위로 [A9:B11] 영역을 선택하여 고급필터를 실행한 결과의 레코드 수는 얼마인가?

	A	B	C	D
1	성명	이론	실기	합계
2	김진아	47	45	92
3	이은경	38	47	85
4	장영주	46	48	94
5	김시내	40	42	65
6	홍길동	49	48	97
7	박승수	37	43	80
8				
9	합계	합계		
10	<95	>90		
11		<70		

① 0
② 3
③ 4
④ 6

26 다음 중 데이터 입력에 대한 설명으로 옳지 않은 것은?

① 데이터를 입력하는 도중에 입력을 취소하려면 **Esc** 키를 누른다.
② 셀 안에서 줄을 바꾸어 데이터를 입력하려면 **Alt**+**Enter** 키를 누른다.
③ 텍스트, 텍스트/숫자 조합, 날짜, 시간 데이터는 셀에 입력하는 처음 몇 자가 해당 열의 기존 내용과 일치하면 자동으로 입력된다.
④ 여러 셀에 동일한 데이터를 입력하려면 해당 셀을 범위로 지정하여 데이터를 입력한 후 **Ctrl**+**Enter** 키를 누른다.

27 다음 중 매크로 작성시 [매크로 기록] 대화상자에서 선택할 수 있는 매크로의 저장 위치로 옳지 않은 것은?

① 새 통합 문서
② 개인용 매크로 통합 문서
③ 현재 통합 문서
④ 작업 통합 문서

28 다음 중 참조의 대상 범위로 사용하는 이름 정의 시 이름의 지정 방법에 대한 설명으로 옳지 않은 것은?

① 이름의 첫 글자로 밑줄(_)을 사용할 수 있다.
② 이름에 공백 문자는 포함할 수 없다.
③ 'A1'과 같은 셀 참조 주소 이름은 사용할 수 없다.
④ 여러 시트에서 동일한 이름으로 정의할 수 있다.

29 다음 중 조건부 서식을 이용하여 [A2:C5] 영역에 EXCEL과 ACCESS 점수의 합계가 170이하인 행 전체에 셀 배경색을 지정하기 위한 수식으로 옳은 것은?

	A	B	C
1	이름	EXCEL	ACCESS
2	김경희	75	73
3	원은형	89	88
4	나도향	65	68
5	최은심	98	96
6			

① =B$2+C$2<=170
② =$B2+$C2<=170
③ =$B$2+$C$2<=170
④ =B2+C2<=170

30 다음 중 매크로를 실행하는 방법으로 옳지 않은 것은?

① 매크로 기록 시 **Alt** 키 조합 바로 가기 키를 지정하여 매크로를 실행한다.
② 빠른 실행 도구 모음에 매크로 아이콘을 추가하여 매크로를 실행한다.
③ **Alt**+**F8** 키를 눌러 매크로 대화상자를 표시한 후 매크로를 선택하고 〈실행〉 단추를 클릭하여 실행한다.
④ 그림, 온라인 그림, 도형 등의 그래픽 개체에 매크로 이름을 연결한 후 그래픽 개체 영역을 클릭하여 실행한다.

31 다음 중 아래 워크시트의 [A2] 셀에 수식을 작성하는 경우 수식의 결과가 다른 하나는?

	A
1	대한상공대학교
2	

① =MID(A1,SEARCH("대",A1)+2,5)
② =RIGHT(A1,LEN(A1)-2)
③ =RIGHT(A1,FIND("대",A1)+5)
④ =MID(A1,FIND("대",A1)+2,5)

32 다음 중 엑셀의 날짜 및 시간 데이터 관련 함수에 대한 설명으로 옳지 않은 것은?

① 날짜 데이터는 순차적인 일련번호로 저장되기 때문에 날짜 데이터를 이용한 수식을 작성할 수 있다.
② 시간 데이터는 날짜의 일부로 인식하여 소수로 저장되며, 낮 12시는 0.5로 계산된다.
③ TODAY 함수는 셀이 활성화 되거나 워크시트가 계산될 때 또는 함수가 포함된 매크로가 실행될 때마다 시스템으로부터 현재 날짜를 업데이트한다.
④ WEEKDAY 함수는 날짜에 해당하는 요일을 구하는 함수로 Return_type 인수를 생략하는 경우 '일월화수목금토' 중 해당하는 한 자리 요일이 텍스트 값으로 반환된다.

33 다음 중 시트 보호에 관한 설명으로 옳지 않은 것은?

① 차트 시트의 경우 차트 내용만 변경하지 못하도록 보호할 수 있다.
② '셀 서식' 대화상자의 '보호' 탭에서 '잠금'이 해제된 셀은 보호되지 않는다.
③ 시트 보호 설정 시 암호의 설정은 필수 사항이다.
④ 시트 보호가 설정된 상태에서 데이터를 수정하면 경고 메시지가 나타난다.

34 다음 중 [페이지 설정] 대화상자의 [머리글/바닥글] 탭에 대한 설명으로 옳지 않은 것은?

① 홀수 페이지의 머리글 및 바닥글을 짝수 페이지와 다르게 지정하려면 '짝수와 홀수 페이지를 다르게 지정'을 선택한다.
② 인쇄되는 첫 번째 페이지에서 머리글과 바닥글을 표시 하지 않으려면 '첫 페이지를 다르게 지정'을 선택한 후 머리글과 바닥글 편집에서 첫 페이지 머리글과 첫 페이지 바닥글에 아무것도 설정하지 않는다.
③ 인쇄될 워크시트를 워크시트의 실제 크기의 백분율에 따라 확대·축소하려면 '문서에 맞게 배율 조정'을 선택한다.
④ 머리글 또는 바닥글을 표시하기에 충분한 머리글 또는 바닥글 여백을 확보하려면 '페이지 여백에 맞추기'를 선택한다.

35 다음 중 [인쇄 미리 보기]에 관한 설명으로 옳지 않은 것은?

① [인쇄 미리 보기] 창에서 셀 너비를 조절할 수 있으나 워크시트에는 변경된 너비가 적용되지 않는다.
② [인쇄 미리 보기]를 실행한 상태에서 [페이지 설정]을 클릭하여 [여백] 탭에서 여백을 조절할 수 있다.
③ [인쇄 미리 보기] 상태에서 '확대/축소'를 누르면 화면에는 적용되지만 실제 인쇄 시에는 적용되지 않는다.
④ [인쇄 미리 보기]를 실행한 상태에서 [여백 표시]를 체크한 후 마우스 끌기를 통하여 여백을 조절할 수 있다.

36 다음 중 [A7] 셀에 수식 '=SUMIFS(D2:D6,A2:A6,"연필",B2:B6,"서울")'을 입력한 경우 결과값으로 옳은 것은?

	A	B	C	D
1	품목	대리점	판매계획	판매실적
2	연필	경기	150	100
3	볼펜	서울	150	200
4	연필	서울	300	300
5	볼펜	경기	300	400
6	연필	서울	300	200
7	=SUMIFS(D2:D6,A2:A6,"연필",B2:B6,"서울")			

① 100   ② 500
③ 600   ④ 750

37 다음 중 차트 편집에 대한 내용으로 옳지 않은 것은?

① 차트의 데이터 범위에서 일부 데이터를 차트에 표시 하지 않으려면 행이나 열을 '숨기기'로 지정한다.
② 3차원 차트는 콤보 차트로 만들 수 없다.
③ F11 키를 눌러 차트 시트를 만들 수 있다.
④ 여러 데이터 계열을 선택하여 한 번에 차트 종류를 변경할 수 있다.

38 다음 중 차트의 데이터 계열 서식에 대한 설명으로 옳지 않은 것은?

① 계열 겹치기 수치를 양수로 지정하면 데이터 계열 사이가 벌어진다.
② 차트에서 데이터 계열의 간격을 넓게 또는 좁게 지정할 수 있다.
③ 특정 데이터 계열의 값이 다른 데이터 계열의 값과 차이가 많이 나거나 데이터 형식이 혼합되어 있는 경우 보조 세로 (값) 축에 하나 이상의 데이터 계열을 나타낼 수 있다.
④ 보조 축에 해당되는 데이터 계열을 구분하기 위하여 보조 축의 데이터 계열만 선택하여 차트 종류를 변경할 수 있다.

39 다음 중 아래 차트에 설정되어 있지 않은 차트 구성 요소는?

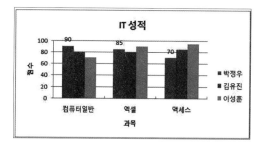

① 차트 제목
② 가로 (항목) 축 보조 눈금선
③ 데이터 레이블
④ 범례

40 다음 중 아래 워크시트에서 C열의 수식을 실행했을 때 화면에 표시되는 결과로 옳지 않은 것은?

	A	B	C
1	2017	1	=A1/A2
2	워드	2	=A1*2
3	엑셀	3	=LEFT(A3)
4	파워포인트	4	=VLOOKUP("워",A1:B4,2,FALSE)
5			

① [C1] 셀 : #VALUE!
② [C2] 셀 : 4034
③ [C3] 셀 : #VALUE!
④ [C4] 셀 : #N/A

제 03 회 최신유형기출문제

제1과목 컴퓨터 일반

01 다음 중 멀티미디어에 대한 설명으로 옳지 않은 것은?

① 멀티미디어 데이터는 다양한 하드웨어와 소프트웨어 환경에서 생성, 처리, 전송, 이용되므로 상호 호환되기 위한 표준이 필요하다.
② 멀티미디어는 텍스트, 이미지, 사운드, 애니메이션, 동영상 등의 데이터를 아날로그화 시킨 복합 구성 매체이다.
③ 가상현실, 전자출판, 화상회의, 방송, 교육, 의료 등 사회 전 분야에서 활용되고 있다.
④ 사용자는 정보 제공자와의 상호작용을 통해 어떤 정보를 언제 어떠한 형태로 얻을 것인지 결정하여 데이터를 전달 받을 수도 있다.

02 다음 중 비트맵 이미지를 확대하였을 때 이미지의 경계선이 매끄럽지 않고 계단 형태로 나타나는 현상을 의미하는 용어는?

① 디더링(ditrhering)
② 앨리어싱(aliasing)
③ 모델링(modeling)
④ 렌더링(rndering)

03 다음 중 정보사회의 문제점으로 적절하지 않은 것은?

① 정보기술을 이용한 컴퓨터 범죄가 증가할 수 있다.
② VDT증후군과 같은 컴퓨터 관련 직업병이 발생할 수 있다.
③ 정보의 편중으로 계층 간의 정보수준 차이가 감소할 수 있다.
④ 정보처리 기술로 인간관계의 유대감이 약화될 가능성도 있다.

04 다음 중 모든 사물을 네트워크로 연결하여 인간과 사물, 사물과 사물 간에 언제 어디서나 서로 소통할 수 있게 하는 새로운 정보통신 환경을 의미하는 것은?

① 클라우드 컴퓨팅(Cloud Computing)
② RSS(Rich Site Summary)
③ IoT(Internet of Things)
④ 빅 데이터(Big Data)

05 다음 중 언어 번역 프로그램인 컴파일러와 인터프리터의 차이점에 대한 설명으로 옳지 않은 것은?

① 컴파일러는 프로그램 전체를 번역하고, 인터프리터는 한 줄씩 번역한다.
② 컴파일러는 목적 프로그램을 생성하고, 인터프리터는 생성하지 않는다.
③ 컴파일러는 실행 속도가 빠르고, 인터프리터는 실행 속도가 느리다.
④ 컴파일러는 번역 속도가 빠르고, 인터프리터는 번역 속도가 느리다.

06 다음 중 인터넷에서 사용하는 FTP 프로토콜에 관한 설명으로 옳지 않은 것은?

① FTP 서비스를 사용하기 위해서는 일반적으로 해당 사이트의 계정을 가지고 있어야 한다.
② 파일의 업로드, 다운로드, 삭제, 이름 변경 등의 작업을 할 수 있다.
③ FTP 서버에 있는 응용 프로그램들을 실행할 수 있다.
④ 데이터 전송을 위하여 Binary 모드와 ASCII 모드를 제공한다.

07 다음 중 인터넷을 이용할 때 자주 방문하게 되는 웹 사이트로 전자우편, 뉴스, 쇼핑, 게시판 등 다양한 서비스를 통합하여 제공하는 사이트를 의미하는 것은?

① 미러 사이트   ② 포털 사이트
③ 커뮤니티 사이트   ④ 멀티미디어 사이트

08 다음 중 인터넷에 대한 설명으로 적절하지 않은 것은?

① URL은 인터넷 상에 있는 각종 자원의 위치를 나타내는 표준 주소 체계이다.

② 인터넷은 TCP/IP 프로토콜을 통해 연결된 상업용 네트워크로 중앙통제기구인 InterNIC에 의해 운영된다.

③ IP 주소는 인터넷에 연결된 모든 컴퓨터 자원을 구분하기 위한 고유의 주소이다.

④ WWW는 웹 브라우저를 통해 인터넷을 효과적으로 사용할 수 있게 하는 서비스이다.

09 다음 중 컴퓨터 범죄의 유형에 해당하지 않는 것은?

① 전산망을 이용한 개인 정보의 유출과 공개

② 컴퓨터 바이러스 백신의 제작과 유포

③ 저작권이 있는 웹 콘텐츠의 복사와 사용

④ 해킹에 의한 정보의 위/변조 및 유출

10 다음 중 시스템 소프트웨어에 대한 설명으로 옳지 않은 것은?

① 컴퓨터와 사용자 사이에서 중계자 역할을 하는 소프트웨어이다.

② 운영체제의 도움을 받아 컴퓨터를 사용할 수 있게 하는 소프트웨어이다.

③ 컴퓨터 시스템을 효율적으로 운영해 주는 소프트웨어이다.

④ 시스템 소프트웨어는 제어 프로그램과 처리 프로그램으로 구분된다.

11 다음 중 컴퓨터의 문자 표현 코드인 ASCII 코드의 특징으로 옳은 것은?

① BCD 코드를 확장한 코드로 대형 컴퓨터에서 사용한다.

② 확장 ASCII 코드는 8비트를 사용하여 256가지의 문자를 표현한다.

③ 2진화 10진코드라고도 하며, 하나의 문자를 4개의 Zone 비트와 4개의 Digit 비트로 표현한다.

④ 에러 검출 및 교정이 가능한 코드로 2비트의 에러 검출 코드가 포함되어 있다.

12 다음 중 컴퓨터의 연산속도 단위로 가장 빠른 것은?

① 1ms   ② 1μs

③ 1ns   ④ 1ps

13 다음 중 레지스터에 관한 설명으로 옳지 않은 것은?

① 명령 레지스터는 현재 수행 중인 명령어를 가지고 있다.

② 메모리 중에서 가장 빠른 속도로 접근이 가능하다.

③ 프로그램 카운터는 다음 번에 실행할 명령어의 주소를 가지고 있다.

④ 운영체제의 시스템 정보를 기억하고 관리한다.

14 다음 중 컴퓨터를 업그레이드 하는 경우 수치가 클수록 좋은 것에 해당하지 않는 것은?

① 하드 디스크의 용량

② RAM의 접근 속도

③ CPU의 클럭 속도

④ DVD의 배속

15 다음 중 Windows의 네트워크 및 공유 센터에서 고급 공유 설정 옵션에 해당하지 않는 것은?

① 네트워크 검색

② 파일 및 프린터 공유

③ 공용 폴더 공유

④ 이더넷 공유

16 다음 중 중앙처리장치의 구성요소에 해당하지 않는 것은?

① ALU(Arithmetic Logic Unit)

② CU(Control Unit)

③ 레지스터(Register)

④ SSD(Solid State Drive)

17 다음 중 Windows 설정의 [앱]에서 설정할 수 없는 것은?

① 파일 형식별로 특정 앱과 연결해주는 기본 앱을 선택할 수 있다.
② Windows 기능을 설정(켜기)하거나 해제(끄기)할 수 있다.
③ Windows 업데이트가 자동 수행되도록 설정할 수 있다.
④ Windows에 설치된 응용 앱을 변경하거나 제거할 수 있다.

18 다음 중 Windows에서 디스크에 저장된 파일의 위치를 재정렬하는 단편화 제거 과정을 통해 디스크에서의 파일 읽기/쓰기 성능을 향상시키는 기능은?

① 리소스 모니터
② 디스크 정리
③ 디스크 포맷
④ 드라이브 조각 모음 및 최적화

19 다음 중 Windows 바탕 화면에서 아래 그림과 같이 열려 있는 모든 창들을 미리 보기로 보면서 활성 창을 전환할 수 있는 바로 가기 키는?

① Alt + Tab   ② ⊞ + Tab
③ Ctrl + Esc   ④ Alt + Esc

20 다음 중 Windows 폴더의 [속성] 창에 대한 설명으로 옳지 않은 것은?

① 해당 폴더의 크기를 알 수 있다.
② 해당 폴더의 바로가기 아이콘을 만들 수 있다.
③ 해당 폴더의 읽기 전용 특성을 설정할 수 있다.
④ 해당 폴더의 만든 날짜를 알 수 있다.

제2과목   스프레드시트 일반

21 다음 중 부분합을 실행했다가 부분합을 실행하지 않은 상태로 다시 되돌리려고 할 때의 방법으로 옳은 것은?

① [부분합] 대화상자에서 [그룹화할 항목]을 '없음'으로 선택하고 [확인]을 누른다.
② [데이터] 탭의 [윤곽선] 그룹에서 [그룹 해제]를 선택하여 부분합에서 설정된 그룹을 모두 해제한다.
③ [부분합] 대화상자에서 '새로운 값으로 대치'를 선택하고 [확인]을 누른다.
④ [부분합] 대화상자에서 [모두 제거]를 누른다.

22 다음 중 피벗 테이블에 대한 설명으로 옳지 않은 것은?

① 값 영역의 특정 항목을 마우스로 더블 클릭하면 해당 데이터에 대한 세부적인 데이터가 새로운 시트에 표시된다.
② 데이터 그룹 수준을 확장하거나 축소해서 요약 정보만 표시할 수도 있고, 요약된 내용의 세부 데이터를 표시 할 수도 있다.
③ 행을 열로 또는 열을 행으로 이동하여 원본 데이터를 다양한 방식으로 요약하여 표시할 수 있다.
④ 피벗 테이블과 피벗 차트를 함께 만든 후에 피벗 테이블을 삭제하면 피벗 차트도 자동으로 삭제된다.

23 다음 중 엑셀에서 기본 오름차순 정렬 순서에 대한 설명으로 옳지 않은 것은?

① 날짜는 가장 이전 날짜에서 가장 최근 날짜의 순서로 정렬된다.
② 논리값의 경우 TRUE 다음 FALSE의 순서로 정렬된다.
③ 숫자는 가장 작은 음수에서 가장 큰 양수의 순서로 정렬된다.
④ 빈 셀은 오름차순과 내림차순 정렬에서 항상 마지막에 정렬된다.

24 아래 견적서에서 총합계 [F2] 셀을 1,170,000원으로 맞추기 위해서 [D6] 셀의 할인율을 어느 정도로 조정해야 하는지 그 목표값을 찾고자 한다. 다음 중 [목표값 찾기] 대화상자의 각 항목에 들어갈 내용으로 옳은 것은?

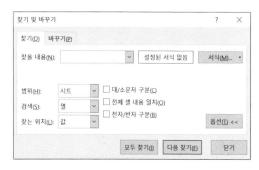

① 수식 셀: $F$2, 찾는 값: 1170000,
　값을 바꿀 셀: $D$6
② 수식 셀: $D$6, 찾는 값: $F$2,
　값을 바꿀 셀: 1170000
③ 수식 셀: $D$6, 찾는 값: 1170000,
　값을 바꿀 셀: $F$2
④ 수식 셀: $F$2, 찾는 값: $D$6,
　값을 바꿀 셀: 1170000

25 다음 중 아래 워크시트에서 [A1:A2] 영역을 선택한 후 **Ctrl** 키를 누른 채 채우기 핸들을 아래쪽으로 드래그하는 경우 [A5] 셀에 입력되는 값은?

① 2　　　　　　　② 16
③ 8　　　　　　　④ 10

26 다음 중 셀 서식의 표시 형식에 대한 설명으로 옳지 않은 것은?

① 일반 형식으로 지정된 셀에 열 너비 보다 긴 소수가 '0.123456789'와 같이 입력될 경우 셀의 너비에 맞춰 반올림한 값으로 표시된다.
② 통화 형식은 숫자와 함께 기본 통화 기호가 셀의 왼쪽 끝에 표시되며, 통화 기호의 표시 여부를 선택할 수 있다.
③ 회계 형식은 음수의 표시 형식을 별도로 지정할 수 없고, 입력된 값이 0일 경우 하이픈(−)으로 표시된다.
④ 숫자 형식은 음수의 표시 형식을 빨강색으로 지정할 수 있다.

27 다음 중 [찾기 및 바꾸기] 대화상자의 각 항목에 대한 설명으로 옳지 않은 것은?

① 찾을 내용 : 검색할 내용을 입력하는 곳으로 와일드 카드 문자를 검색 문자열에 사용할 수 있다.
② 서식 : 숫자 셀을 제외한 특정 서식이 있는 텍스트 셀을 찾을 수 있다.
③ 범위 : 현재 워크시트에서만 검색하는 '시트'와 현재 통합 문서의 모든 시트를 검색하는 '통합 문서' 중 선택할 수 있다.
④ 모두 찾기 : 검색 조건에 맞는 모든 항목이 나열된다.

28 다음 중 아래 시트에서 [C2:G3] 영역을 참조하여 [C5] 셀의 점수 값에 해당하는 학점을 [C6] 셀에 구하기 위한 함수식으로 옳은 것은?

▲	A	B	C	D	E	F	G
1							
2		점수	0	60	70	80	90
3		학점	F	D	C	B	A
4							
5		점수	76				
6		학점					

① =VLOOKUP(C5,C2:G3,2,TRUE)
② =VLOOKUP(C5,C2:G3,2,FALSE)
③ =HLOOKUP(C5,C2:G3,2,TRUE)
④ =HLOOKUP(C5,C2:G3,2,FLASE)

29 다음 중 조건부 서식 설정을 위한 [새 서식 규칙] 대화상자의 '규칙 유형 선택' 항목에 해당하지 않는 것은?

① 임의의 날짜를 기준으로 셀의 서식 지정
② 셀 값을 기준으로 모든 셀의 서식 지정
③ 다음을 포함하는 셀만 서식 지정
④ 고유 또는 중복 값만 서식 지정

30 다음 중 [매크로 기록] 대화상자의 각 항목에 입력하는 내용으로 옳지 않은 것은?

① 매크로 이름 : 공백을 사용할 수 없으므로 단어 구분기호로 밑줄을 사용한다.
② 바로 가기 키 : 영문자만 사용할 수 있으며, 대문자 입력 시에는 **Ctrl**+**Shift** 키가 조합키로 사용된다.
③ 매크로 저장 위치 : '현재 통합 문서'를 선택하면 모든 Excel 문서에서 해당 매크로를 사용할 수 있다.
④ 설명 : 매크로에 대한 설명을 기록할 때 사용하며, 매크로 실행에 영향을 미치지 않는다.

31 다음 중 [매크로] 대화상자에 대한 설명으로 옳지 않은 것은?

① 매크로 이름을 선택한 후 〈실행〉 단추를 클릭하면 매크로가 실행된다.
② 〈한 단계씩 코드 실행〉 단추를 클릭하면 Visual Basic Editor에서 매크로 실행과정을 단계별로 확인할 수 있다.
③ 〈만들기〉 단추를 클릭하면 빠른 실행 도구 모음에 매크로 실행 명령을 추가할 수 있다.
④ 〈옵션〉 단추를 클릭하면 매크로 바로 가기 키를 수정할 수 있다.

32 다음 중 아래 워크시트에서 [E2] 셀의 함수식이 '=CHOOSE(RANK(D2,$D$2:$D$5), "천하", "대한", "영광", "기쁨")'일 때 결과로 옳은 것은?

	A	B	C	D	E
1	성명	이론	실기	합계	수상
2	김나래	47	45	92	
3	이석주	38	47	85	
4	박명호	46	48	94	
5	장영민	49	48	97	

① 천하
② 대한
③ 영광
④ 기쁨

33 다음 중 [차트 도구]-[디자인] 탭-[차트 레이아웃] 그룹의 [차트 요소 추가]에서 삽입할 수 없는 항목은?

① 범례
② 축 제목
③ 차트 제목
④ 텍스트 상자

34 다음 중 수식에 잘못된 인수나 피연산자를 사용한 경우 표시되는 오류 메시지는?

① #DIV/0!
② #NUM!
③ #NAME?
④ #VALUE!

35 다음 중 아래의 워크시트에서 수식 '=DAVERAGE(A4:E10, "수확량", A1:C2)'의 결과값으로 옳은 것은?

	A	B	C	D	E
1	나무	높이	높이		
2	배	>10	<20		
3					
4	나무	높이	나이	수확량	수익
5	배	18	17	14	105
6	배	12	20	10	96
7	체리	13	14	9	105
8	사과	14	15	10	75
9	배	9	8	8	76.8
10	사과	8	9	6	45

① 15
② 12
③ 14
④ 18

36 다음 중 엑셀의 화면 제어에 관한 설명으로 옳지 않은 것은?

① 화면의 확대/축소는 화면에서 워크시트를 더 크게 또는 작게 표시하는 것으로 실제 인쇄할 때에도 설정된 화면의 크기로 인쇄된다.

② 리본 메뉴는 화면 해상도와 엑셀 창의 크기에 따라 다른 형태로 표시될 수 있다.

③ 워크시트에서 특정 영역을 마우스로 드래그하여 블록을 설정한 후 '선택 영역 확대/축소'를 클릭하면 워크시트가 확대/축소되어 블록으로 지정한 영역이 전체 창에 맞게 보여 진다.

④ 리본 메뉴가 차지하는 공간 때문에 작업이 불편한 경우 리본 메뉴의 활성 탭 이름을 더블 클릭하여 리본 메뉴를 최소화할 수 있다.

37 다음 중 아래 차트에 대한 설명으로 옳지 않은 것은?

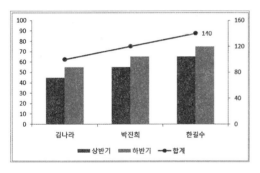

① '합계' 계열이 보조 축으로 설정된 이중 축 차트이다.

② 범례 위치는 '아래쪽'으로 설정되어 있다.

③ '하반기' 계열의 '한길수' 요소에 데이터 레이블이 표시되어 있다.

④ 보조 세로 (값) 축의 주 단위는 '40'으로 설정되어 있다.

38 다음 중 [페이지 레이아웃] 보기 상태에서의 머리글/바닥글 작업에 대한 설명으로 옳지 않은 것은?

① 머리글/바닥글 여백을 충분히 확보하려면 [머리글/바닥글 도구] – [디자인] 탭의 [옵션] 그룹에서 '문서에 맞게 배율 조정'을 선택한다.

② [머리글/바닥글 도구] – [디자인] 탭의 [머리글/바닥글] 그룹에서 미리 정의된 머리글이나 바닥글을 선택할 수 있다.

③ 워크시트 페이지 위쪽의 머리글 영역을 클릭하면 리본 메뉴에 [머리글/바닥글 도구]가 표시된다.

④ 머리글 또는 바닥글의 입력을 마치려면 워크시트에서 아무 곳이나 클릭한다.

39 다음 중 [페이지 설정] 대화상자의 [시트] 탭에 관한 설명으로 옳지 않은 것은?

① '메모'는 시트에 포함된 메모의 인쇄 여부와 인쇄 위치를 지정한다.

② '눈금선'은 시트에 회색으로 표시된 셀 눈금선의 인쇄 여부를 지정한다.

③ '인쇄 영역'은 특정 부분만 인쇄하기 위해 범위를 지정하며, 인쇄 영역 내에 포함된 숨겨진 행과 열도 인쇄된다.

④ '간단하게 인쇄'는 워크시트에 입력된 차트, 도형, 그림 등 모든 그래픽 요소를 제외하고 텍스트만 인쇄한다.

40 다음 중 차트에 대한 설명으로 옳지 않은 것은?

① 표면형 차트는 두 개의 데이터 집합에서 최적의 조합을 찾을 때 사용한다.

② 방사형 차트는 분산형 차트의 한 종류로 데이터 계열 간의 항목 비교에 사용된다.

③ 분산형 차트는 데이터의 불규칙한 간격이나 묶음을 보여주는 것으로 주로 과학이나 공학용 데이터 분석에 사용된다.

④ 이중 축 차트는 특정 데이터 계열의 값이 다른 데이터 계열의 값과 현저하게 차이가 나거나 데이터의 단위가 다른 경우 주로 사용한다.

제 04 회 최신유형기출문제

컴퓨터 일반

01 다음 중 그래픽 데이터의 표현에서 벡터(Vector) 방식에 관한 설명으로 옳은 것은?

① 점과 점을 연결하는 직선 또는 곡선을 이용하여 이미지를 표현한다.
② 이미지를 확대하면 테두리에 계단 현상과 같은 앨리어싱이 발생한다.
③ 래스터 방식이라고도 하며 화면 표시 속도가 빠르다.
④ 많은 픽셀로 정교하고 다양한 색상을 표시할 수 있다.

02 다음 중 멀티미디어와 관련된 용어에 대한 설명으로 옳지 않은 것은?

① VR이란 컴퓨터가 만들어 낸 가상세계의 다양한 경험을 체험할 수 있도록 하는 컴퓨터 그래픽 기술과 시뮬레이션 기능 등 관련 기술을 통틀어 말한다.
② LBS란 멀티미디어 기능 강화 실시간 TV와 생활정보, 교육 등의 방송 서비스를 말한다.
③ VCS란 화상회의시스템으로 초고속 정보통신망을 이용하여 멀리 떨어져 있는 사람들과 비디오와 오디오를 통해 회의할 수 있도록 하는 멀티미디어 시스템이다.
④ VOD란 주문형 비디오로 보고 싶은 영화나 스포츠 뉴스, 홈 쇼핑 등 가입자가 원하는 시간에 원하는 프로그램을 선택하여 시청할 수 있도록 하는 멀티미디어 서비스이다.

03 다음 중 Windows에서 아래 그림의 [오류 검사]에 관한 설명으로 옳지 않은 것은?

① 폴더와 파일의 오류를 검사하여 발견된 오류를 복구한다.
② 디스크의 물리적 손상 영역인 불량 섹터를 검출한다.
③ 네트워크 드라이브를 선택하여 오류 검사를 할 수 있다.
④ 시스템 성능 향상을 위해 정기적으로 수행하는 것이 좋다.

04 다음 중 Windows 사용 시 메모리(RAM) 용량 부족 문제의 해결 방법으로 가장 적절하지 않은 것은?

① 불필요한 프로그램을 종료한다.
② 불필요한 자동 시작 프로그램을 삭제한다.
③ 시스템 속성 창에서 가상 메모리의 크기를 적절히 설정한다.
④ 휴지통에 있는 파일을 삭제한다.

05 다음 중 Windows에서 바로 가기 아이콘에 대한 설명으로 옳지 않은 것은?

① 원본 파일이 있는 위치와 다른 위치에 만들 수 있다.
② 원본 파일을 삭제하여도 바로 가기 아이콘을 실행할 수 있다.
③ 바로 가기 아이콘의 확장자는 LNK 이다.
④ 하나의 원본 파일에 대하여 여러 개의 바로 가기 아이콘을 만들 수 있다.

06 다음 중 Windows에 포함되어 있는 백신 프로그램으로 스파이웨어 및 그 밖의 원치 않는 소프트웨어로부터 컴퓨터를 보호할 수 있는 것은?

① Windows Defender ② BitLocker
③ Archive ④ Malware

07 다음 중 Windows의 작업 표시줄에 대한 설명으로 옳지 않은 것은?

① 작업 표시줄 잠금을 설정하여 작업 표시줄의 위치나 크기를 변경하지 못하도록 할 수 있다.
② 마우스 포인터 위치에 따라 작업 표시줄이 표시되지 않도록 작업 표시줄 자동 숨기기를 설정할 수 있다.
③ 작업 표시줄의 오른쪽 끝에 있는 [바탕 화면 보기] 단추를 클릭하여 바탕 화면이 표시되도록 할 수 있다.
④ [작업 표시줄 아이콘 만들기] 기능을 이용하여 작업 표시줄의 바로 가기 아이콘을 바탕 화면에 설정할 수 있다.

08 다음 중 컴퓨터의 보조기억장치로 사용하는 SSD (Solid State Drive)의 특징으로 옳지 않은 것은?

① HDD보다 빠른 속도로 데이터의 읽기나 쓰기가 가능하다.
② 물리적인 외부 충격에 약하며 불량 섹터가 발생할 수 있다.
③ 작동 소음이 없으며 전력소모가 적다.
④ 자기 디스크가 아닌 반도체를 이용하여 데이터를 저장한다.

09 다음 중 PC의 BIOS(Basic Input Output System)에 관한 설명으로 옳지 않은 것은?

① 기본 입출력장치나 메모리 등 하드웨어 작동에 필요한 명령을 모아 놓은 프로그램이다.
② 전원이 켜지면 POST(Power On Self Test)를 통해 컴퓨터를 점검하고 사용 가능한 장치를 초기화한다.
③ RAM에 저장되며, 펌웨어라고도 한다.
④ 칩을 교환하지 않고도 업그레이드를 할 수 있다.

10 다음 중 제어장치에서 사용되는 레지스터로 다음 번에 실행할 명령어의 번지를 기억하는 것은?

① 프로그램 카운터(PC)
② 누산기(AC)
③ 메모리 주소 레지스터(MAR)
④ 메모리 버퍼 레지스터(MBR)

11 다음 중 컴퓨터 운영체제에 관한 설명으로 옳지 않은 것은?

① 운영체제는 컴퓨터가 작동하는 동안 하드 디스크에 위치하여 실행된다.
② 프로세스, 기억장치, 주변장치, 파일 등의 관리가 주요 기능이다.
③ 운영체제의 평가 항목으로 처리 능력, 응답시간, 사용 가능도, 신뢰도 등이 있다.
④ 사용자들 간의 하드웨어 공동 사용 및 자원의 스케줄링을 수행한다.

12 다음 중 아래의 ⊙, ⓒ, ⓒ에 해당하는 소프트웨어의 종류를 올바르게 짝지어 나열한 것은?

> 홍길동은 어떤 프로그램이 좋은지 알아보기 위해 ⊙누구나 임의의 용도로 사용할 수 있는 프로그램과 ⓒ주로 일정 기간 동안 일부 기능을 제한한 상태로 사용하는 프로그램을 먼저 사용해 보고, 가장 적합한 ⓒ프로그램을 구입하여 사용하려고 한다.

① ⊙ 프리웨어, ⓒ 셰어웨어, ⓒ 상용 소프트웨어
② ⊙ 셰어웨어, ⓒ 프리웨어, ⓒ 상용 소프트웨어
③ ⊙ 상용 소프트웨어, ⓒ 셰어웨어, ⓒ 프리웨어
④ ⊙ 셰어웨어, ⓒ 상용 소프트웨어, ⓒ 프리웨어

13 다음 중 1GB(Giga Byte)에 해당하는 것은?

① 1024Bytes
② 1024×1024Bytes
③ 1024×1024×1024Bytes
④ 1024×1024×1024×1024Bytes

14 다음 중 처리하는 데이터에 따라 분류되는 디지털 컴퓨터의 특징으로 옳은 것은?

① 산술이나 논리 연산을 한다.
② 증폭 회로를 사용한다.
③ 프로그래밍이 필요 없다.
④ 기억 기능이 없다.

15 다음 중 컴퓨터 사용 시 발생할 수 있는 바이러스 감염에 대한 예방법으로 적절하지 않은 것은?

① 방화벽을 설정하여 사용한다.
② 의심이 가는 메일은 열지 않고 삭제한다.
③ 백신 프로그램을 최신 버전으로 업데이트하여 실행한다.
④ 정기적으로 Windows의 [디스크 정리]를 실행한다.

16 다음 중 유명 기업이나 금융기관을 사칭한 가짜 웹 사이트나 이메일 등으로 개인의 금융정보와 비밀번호를 입력하도록 유도하여 예금 인출 및 다른 범죄에 이용하는 컴퓨터 범죄 유형은?

① 웜(Worm)　　　② 해킹(Hacking)
③ 피싱(Phishing)　④ 스니핑(Sniffing)

17 다음 중 인터넷 익스플로러의 [인터넷 옵션] – [일반] 탭에서 설정할 수 있는 작업으로 옳지 않은 것은?

① 마지막 세션 또는 기본 홈페이지로 웹 브라우저의 시작 여부를 설정할 수 있다.
② 임시 파일, 열어본 페이지 목록, 쿠키 등을 삭제할 수 있다.
③ 웹 페이지의 색, 언어, 글꼴, 접근성 등을 설정할 수 있다.
④ 기본 웹 브라우저와 HTML 편집 프로그램을 설정할 수 있다.

18 다음 중 사물에 전자 태그를 부착하고 무선 통신을 이용하여 사물의 정보 및 주변 상황 정보를 감지하는 센서 기술은?

① 텔레매틱스　　② DMB
③ W–CDMA　　　④ RFID

19 다음 중 Windows의 [명령 프롬프트] 창에서 사용하는 PING 서비스에 대한 설명으로 옳은 것은?

① 원격으로 다른 컴퓨터를 사용할 수 있는 서비스이다.
② 인터넷이 정상적으로 연결되었는지 확인하는 서비스이다.
③ 인터넷 서버까지의 경로를 추적하는 서비스이다.
④ 특정 시스템을 사용하고 있는 사용자 정보를 알아보는 서비스이다.

20 다음 중 정보통신에서 네트워크 관련 장비에 대한 설명으로 옳지 않은 것은?

① 라우터(Router) : 네트워크를 구성하기 위해 반드시 필요한 장비로 정보 전송을 위한 최적의 경로를 찾아 통신망에 연결하는 장치
② 허브(Hub) : 네트워크를 구성할 때 여러 대의 컴퓨터를 연결하고, 각 회선들을 통합 관리하는 장치
③ 브리지(Bridge) : 네트워크를 구성할 때 디지털 신호를 아날로그 신호로 변환하여 전송하고 다시 수신된 신호를 원래대로 변환하기 위한 전송 장치
④ 게이트웨이(Gateway) : 한 네트워크에서 다른 네트워크로 들어가는 입구 역할을 하는 장치로 근거리통신망(LAN)과 같은 하나의 네트워크를 다른 네트워크와 연결할 때 사용되는 장치

제2과목　스프레드시트 일반

21 다음 중 조건부 서식의 서식 스타일에 해당하지 않는 것은?

① 데이터 막대　② 색조
③ 아이콘 집합　④ 그림

22 다음 중 [찾기 및 바꾸기] 대화상자에서 [찾기] 탭의 기능에 대한 설명으로 옳지 않은 것은?

① 대/소문자를 구분하여 찾을 수 있다.
② 수식이나 값에서 찾을 수 있지만, 메모 안의 텍스트는 찾을 수 없다.
③ 이전 항목을 찾으려면 **Shift** 키를 누른 상태에서 [다음 찾기] 단추를 클릭한다.
④ 와일드카드 문자인 '*' 기호를 이용하여 특정 글자로 시작하는 텍스트를 찾을 수 있다.

23 다음 중 데이터 편집에 대한 설명으로 옳지 않은 것은?

① [홈] 탭 [셀] 그룹의 [삭제]를 클릭하면 현재 선택되어 있는 셀 자체를 삭제하는 것이다.
② 셀을 선택하고 **Delete** 키를 누르면 셀에 입력된 데이터 내용만 지워진다.
③ 클립보드는 임시 저장소로 한 번에 하나의 데이터만 저장할 수 있기 때문에 추가로 다른 데이터가 저장되면 이전에 저장된 데이터는 사라진다.
④ [선택하여 붙여넣기] 기능을 이용하면 데이터가 입력되어 있는 표의 행과 열을 바꾸어 붙여넣을 수 있다.

24 아래 보기는 입력 데이터, 표시 형식, 결과 순으로 표시한 것이다. 입력 데이터에 주어진 표시 형식으로 지정한 경우 그 결과가 옳지 않은 것은?

① 10 ##0.0 10.0
② 2123500 #,###,"천원" 2,123.5천원
③ 홍길동 @"귀하" 홍길동귀하
④ 123.1 0.00 123.10

25 다음 중 작성된 매크로를 실행하는 방법으로 옳지 않은 것은?

① 매크로를 지정한 도형을 클릭하여 실행한다.
② 매크로 대화상자에서 매크로를 선택하여 실행한다.
③ 매크로를 기록할 때 지정한 바로 가기 키를 이용하여 실행한다.
④ 매크로를 지정한 워크시트의 셀 자체를 클릭하여 실행한다.

26 다음 중 매크로에 대한 설명으로 옳지 않은 것은?

① 매크로 이름은 대소문자를 구분하지 않으며, 공백이나 마침표를 포함하여 매크로 이름을 설정할 수 있다.
② 매크로를 실행할 **Ctrl** 키 조합 바로 가기 키는 매크로가 포함된 통합 문서가 열려 있는 동안 이와 동일한 기본 엑셀 바로 가기 키를 무시한다.
③ 매크로를 기록하는 경우 실행하려는 작업을 완료 하는데 필요한 모든 단계가 매크로 레코더에 기록되며, 리본에서의 탐색은 기록에 포함되지 않는다.
④ 엑셀을 사용할 때마다 매크로를 사용할 수 있게 하려면 매크로 기록 시 매크로 저장 위치 목록에서 '개인용 매크로 통합 문서'를 선택한다.

27 다음 중 입력한 수식에서 발생한 오류 메시지와 그 발생 원인으로 옳지 않은 것은?

① #VALUE! : 잘못된 인수나 피연산자를 사용했을 때
② #DIV/0! : 특정 값(셀)을 0 또는 빈 셀로 나누었을 때
③ #NAME? : 함수 이름을 잘못 입력하거나 인식할 수 없는 텍스트를 수식에 사용했을 때
④ #REF! : 숫자 인수가 필요한 함수에 다른 인수를 지정했을 때

28 다음 중 함수식에 대한 결과가 옳지 않은 것은?

① =MOD(9,2) → 1
② =COLUMN(C5) → 3
③ =TRUNC(8.73) → 8
④ =POWER(5,3) → 15

29 다음 중 아래 차트에 관한 설명으로 옳지 않은 것은?

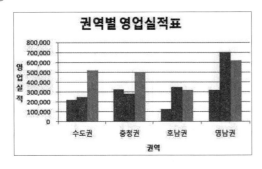

① 범례가 표시되어 있다.
② 차트 제목이 표시되어 있다.
③ 차트 종류는 묶은 세로 막대형이다.
④ 기본 세로 축 제목이 표시되어 있다.

30 아래의 워크시트에서 [표1]을 이용하여 [F3:F5] 영역에 소속별 매출액의 합계를 구하고자 한다. 다음 중 [F3] 셀에 수식을 입력한 후 채우기 핸들을 이용하여 [F5] 셀까지 계산하려고 할 때 [F3] 셀에 입력할 수식으로 옳은 것은?

	A	B	C	D	E	F	G
1	[표1]						
2	성명	소속	매출액		소속	총매출액	평균매출액
3	이민우	영업2부	8,819		영업1부	24,634	6,159
4	차소라	영업3부	8,010		영업2부	42,300	7,050
5	진희경	영업2부	6,985		영업3부	30,128	7,532
6	장용	영업1부	7,580				
7	최병철	영업1부	7,321				
8	김철수	영업2부	4,850				
9	정진수	영업3부	7,623				
10	고희수	영업1부	3,455				
11	조민희	영업2부	4,215				
12	추소영	영업2부	8,521				
13	홍수아	영업3부	6,741				
14	이강식	영업1부	6,278				
15	유동근	영업3부	7,754				
16	이현재	영업2부	8,910				

① =SUMIF(B3:B16,E3,C3:C16)
② =SUMIF(B$3:B$16,E3,C$3:C$16)
③ =SUMIF($B$3:$B$16,E3,$C$3:$C$16)
④ =SUMIF($B3:$B16,$E3,$C3:$C16)

31 다음 중 함수식에 대한 결과가 옳은 것은?

① =COUNT(1, "참", TRUE, "1") → 1
② =COUNTA(1, "거짓", TRUE, "1") → 2
③ =MAX(TRUE, "10", 8, 3) → 10
④ =ROUND(215.143, −2) → 215.14

32 다음 중 워크시트 사용 방법에 대한 설명으로 옳은 것은?

① 다음 워크시트로 전환하려면 시트 탭에서 **Shift**+**Page Down** 키를 누르고, 이전 워크시트로 전환하려면 **Shift**+**Page Up** 키를 누른다.
② 시트를 복사하려면 **Shift** 키를 누른 채 해당 시트의 시트 탭을 마우스로 드래그 앤 드롭 한다.
③ 현재의 워크시트 앞에 새로운 워크시트를 삽입하려면 **Shift**+**F11** 키를 누른다.
④ 인접하지 않은 둘 이상의 시트를 선택할 때는 **Shift** 키를 누른 채 원하는 시트 탭을 순서대로 클릭한다.

33 다음 중 차트 작업에 대한 설명으로 옳지 않은 것은?

① 차트에 표시되는 계열의 순서는 차트 생성 후에도 변경할 수 있다.
② 데이터 계열 값으로 참조되는 셀 영역에서 표시 형식을 변경하는 경우 차트에 표시되는 값에도 적용된다.
③ 사용자가 차트 요소에 지정한 서식은 해당 요소 선택 후 [홈] – [편집] – [지우기] – [서식 지우기]를 이용하여 원래 스타일로 되돌릴 수 있다.
④ 데이터 계열 값으로 참조되는 셀 영역에서 값을 변경하는 경우 차트에 표시되는 값도 함께 변경된다.

34 다음 중 원형 차트에 대한 설명으로 옳지 않은 것은?

① 차트 계열 요소의 값들을 '데이터 표'로 나타낼 수 있다.
② 항상 한 개의 데이터 계열만을 가지고 있으므로 축이 없다.
③ 차트의 각 조각을 분리하거나, 첫째 조각의 각을 조정할 수 있다.
④ 전체 항목의 합에 대한 각 항목의 비율을 표시할 수 있다.

35 다음 중 [페이지 나누기 미리 보기] 기능에 대한 설명으로 옳지 않은 것은?

① 수동으로 삽입한 페이지 나누기는 실선으로 표시되고, 자동으로 추가된 페이지 나누기는 파선으로 표시된다.

② 자동 페이지 나누기 구분선을 이동하면 수동 페이지 나누기로 바뀐다.

③ 수동으로 삽입한 페이지 나누기를 제거하려면 페이지 나누기를 페이지 나누기 미리 보기 영역 밖으로 끌어 놓는다.

④ 행 높이와 열 너비를 변경하여도 자동 페이지 나누기는 영향을 받지 않고 원래대로 유지된다.

36 다음 중 창 나누기에 대한 설명으로 옳지 않은 것은?

① 창 나누기를 실행하면 하나의 작업 창은 최대 4개 부분으로 나눌 수 있다.

② 첫 행과 첫 열을 제외한 나머지 셀에서 창 나누기를 수행하면 현재 셀의 위쪽과 왼쪽에 창 분할선이 생긴다.

③ 현재의 창 나누기 상태를 유지하면서 추가로 창 나누기를 지정할 수 있다.

④ 화면에 표시되는 창 나누기 형태는 인쇄 시 적용되지 않는다.

37 다음 중 아래와 같이 조건을 설정한 고급 필터의 실행 결과에 대한 설명으로 옳은 것은?

소속	근무경력
〈 〉영업팀	〉=30

① 소속이 '영업팀'이 아니면서 근무경력이 30년 이상인 사원 정보

② 소속이 '영업팀'이면서 근무경력이 30년 이상인 사원 정보

③ 소속이 '영업팀'이 아니거나 근무경력이 30년 이상인 사원 정보

④ 소속이 '영업팀'이거나 근무경력이 30년 이상인 사원 정보

38 다음 중 시나리오에 관한 설명으로 옳지 않은 것은?

① 하나의 시나리오에 변경 셀을 최대 32개까지 지정할 수 있다.

② 요약 보고서나 피벗테이블 보고서로 시나리오 결과를 작성할 수 있다.

③ 시나리오 병합을 통하여 다른 통합 문서나 다른 워크시트에 저장된 시나리오를 가져올 수 있다.

④ 입력된 자료들을 그룹별로 분류하고, 해당 그룹별로 원하는 함수를 이용한 계산 결과를 볼 수 있다.

39 다음 중 피벗 테이블에 대한 설명으로 옳지 않은 것은?

① 원본의 자료가 변경되면 [모두 새로 고침] 기능을 이용하여 일괄 피벗 테이블에 반영할 수 있다.

② 작성된 피벗 테이블을 삭제하는 경우 함께 작성한 피벗 차트는 자동으로 삭제된다.

③ 피벗 테이블을 삭제하려면 피벗 테이블 전체를 범위로 지정한 후 Delete 키를 누른다.

④ 피벗 테이블의 삽입 위치는 새 워크시트뿐만 아니라 기존 워크시트에서 시작 위치를 선택할 수도 있다.

40 다음 중 아래 그림과 같이 [목표값 찾기]를 실행했을 때 이에 대한 의미로 옳은 것은?

① 평균이 65가 되려면 컴퓨터의 판매량이 얼마가 되어야 하는가?

② 컴퓨터 판매량이 65가 되려면 평균은 얼마가 되어야 하는가?

③ 평균이 65가 되려면 프린트의 판매량은 얼마가 되어야 하는가?

④ 컴퓨터 판매량이 65가 되려면 캠코더의 판매량은 얼마가 되어야 하는가?

제 05 회 최신유형기출문제

01 다음 중 폴더의 [속성] 창에 대한 설명으로 옳지 않은 것은?

① 폴더가 포함하고 있는 하위 폴더 및 파일의 개수를 알 수 있다.
② 폴더의 특정 하위 폴더를 삭제할 수 있다.
③ 폴더를 네트워크와 연결되어 있는 다른 컴퓨터에서 접근할 수 있도록 공유시킬 수 있다.
④ 폴더에 '읽기 전용' 속성을 설정하거나 해제할 수 있다.

02 다음 중 Windows에서 [디스크 정리]를 수행할 때 정리 대상 파일에 해당하지 않는 것은?

① 임시 인터넷 파일
② 사용하지 않은 폰트(*.TTF) 파일
③ 휴지통에 있는 파일
④ 다운로드한 프로그램 파일

03 다음 중 추상화, 캡슐화, 상속성, 다형성 등의 특징을 지니고 있으며, 크고 복잡한 프로그램 구축이 어려운 절차형 언어의 문제점을 해결하기 위해 개발된 프로그래밍 기법은?

① 구조적 프로그래밍
② 객체지향 프로그래밍
③ 하향식 프로그래밍
④ 비주얼 프로그래밍

04 다음 중 인터넷 서비스를 위한 프로토콜로 웹페이지와 웹브라우저 사이에서 하이퍼텍스트 문서를 전송하기 위한 것은?

① TCP/IP
② HTTP
③ FTP
④ WAP

05 다음 중 컴퓨터에서 사용되는 바이트(Byte)에 대한 설명으로 옳지 않은 것은?

① 1바이트는 8비트로 구성된다.
② 일반적으로 영문자나 숫자는 1Byte로 한 글자를 표현하고, 한글 및 한자는 2Byte로 한 글자를 표현한다.
③ 1바이트는 컴퓨터에서 각종 명령을 처리하는 기본단위이다.
④ 1바이트로는 256가지의 정보를 표현할 수 있다.

06 다음 중 인터넷을 이용한 전자 우편(E-mail)에 관한 설명으로 옳지 않은 것은?

① 전자 우편에서는 SMTP, MIME, POP3 프로토콜 등이 사용된다.
② 전자 우편 주소는 "아이디@도메인 네임"으로 구성된다.
③ 한 사람이 동시에 여러 사람에게 동일한 전자 우편을 보낼 수 있다.
④ 받은 메일에 대해 작성한 답장만 발송자에게 전송하는 기능을 전달(Forward)이라 한다.

07 다음 중 컴퓨터에서 문자 데이터를 표현하는 방법으로 옳지 않은 것은?

① EBCDIC
② Unicode
③ ASCII
④ Parity bit

08 다음 중 컴퓨터에서 그래픽 데이터 표현 방식인 비트맵(Bitmap) 방식에 관한 설명으로 옳지 않은 것은?

① 점과 점을 연결하는 직선이나 곡선을 이용하여 이미지를 표현한다.
② 이미지를 확대하면 테두리가 거칠어진다.
③ 파일 형식에는 BMP, GIF, JPEG 등이 있다.
④ 다양한 색상을 사용하여 사실적 이미지를 표현할 수 있다.

09 다음 중 Windows의 [작업 관리자]에서 설정할 수 있는 작업으로 옳지 않은 것은?

① 실행 중인 응용 앱을 [작업 끝내기]로 종료할 수 있다.
② 현재 실행 중인 프로세스와 프로세스에서 실행되는 서비스를 볼 수 있다.
③ CPU 사용 정도와 CPU 사용 현황을 확인할 수 있다.
④ 실행 중인 응용 앱의 실행 순서를 변경할 수 있다.

10 다음 중 프로그램이 실행될 때 발생하는 메인 메모리 부족 문제를 보완하기 위해 하드 디스크의 일부를 메인 메모리처럼 사용하게 하는 메모리 관리 기법을 의미하는 것은?

① 캐시 메모리　　② 디스크 캐시
③ 연관 메모리　　④ 가상 메모리

11 다음 중 멀티미디어와 관련하여 동영상 전문가 그룹에 의해서 제안된 비디오 또는 오디오 압축에 관한 일련의 표준으로 옳은 것은?

① XML　　　　② SVG
③ JPEG　　　④ MPEG

12 다음 중 인터넷 주소 체계인 IPv6에 대한 설명으로 옳은 것은?

① 주소는 8비트씩 16개 부분으로 총 128비트로 구성되어 있다.
② 주소를 네트워크 부분의 길이에 따라 A클래스에서 E클래스까지 총 5단계로 구분한다.
③ IPv4와의 호환성은 낮으나 IPv4에 비해 품질 보장은 용이하다.
④ 주소의 단축을 위해 각 블록에서 선행되는 0은 생략할 수 있다.

13 다음 중 컴퓨터에서 사용하는 일반 하드 디스크에 비하여 속도가 빠르고 기계적 지연이나 에러의 확률 및 발열 소음이 적으며, 소형화, 경량화할 수 있는 하드 디스크 대체 저장 장치는?

① DVD　　　　② HDD
③ SSD　　　　④ ZIP

14 다음 중 Windows에서 하드 디스크를 포맷하기 위한 [포맷] 창에서 설정 가능한 항목으로 옳지 않은 것은?

① 볼륨 레이블 입력　② 파티션 제거
③ 파일 시스템 선택　④ 빠른 포맷 선택

15 다음 중 컴퓨터 범죄 예방과 대책에 관한 설명으로 옳지 않은 것은?

① 해킹 여부를 정기적으로 검사한다.
② 의심이 가는 이메일은 열어서 내용을 확인하고 삭제한다.
③ 백신 프로그램을 설치하고 자동 업데이트 기능을 설정한다.
④ 회원 가입한 사이트의 패스워드를 주기적으로 변경한다.

16 다음 중 인터넷 익스플로러의 [인터넷 옵션] – [프로그램] 탭에서 설정 가능한 기능으로 옳지 않은 것은?

① HTML 파일을 편집하는 데 사용할 프로그램을 지정할 수 있다.
② 시스템에 설치된 브라우저의 추가 기능을 사용하도록 설정할 수 있다.
③ 웹 사이트를 열 때 사용할 기본 웹 브라우저를 지정할 수 있다.
④ 수정된 홈페이지를 업로드하기 위한 FTP 서버를 지정할 수 있다.

17 다음 중 Windows의 [메모장]에 대한 설명으로 옳지 않은 것은?

① 작성한 문서를 저장할 때 확장자는 기본적으로 .txt가 부여된다.
② 특정한 문자열을 찾을 수 있는 찾기 기능이 있다.
③ 그림, 차트 등의 OLE 개체를 삽입할 수 있다.
④ 현재 시간/날짜를 삽입하는 기능이 있다.

18 다음 중 Windows의 [키보드] 속성 창에서 설정할 수 있는 내용으로 옳지 않은 것은?

① 문자 반복을 위한 재입력 시간
② 포인터 자국 표시
③ 커서 깜박임 속도
④ 문자 반복을 위한 반복 속도

19 다음 중 Windows의 바로 가기 키에 대한 설명으로 옳지 않은 것은?

① **Ctrl** + **Esc** 키를 누르면 Windows 시작 메뉴를 열 수 있다.
② 바탕 화면에서 아이콘을 선택한 후 **Alt** + **Enter** 키를 누르면 선택된 항목의 속성 창을 표시한다.
③ 바탕 화면에서 폴더나 파일을 선택한 후 **F2** 키를 누르면 이름을 변경할 수 있다.
④ 폴더 창에서 **Alt** + **Space Bar** 키를 누르면 특정 폴더 내의 모든 파일이나 폴더를 선택할 수 있다.

20 다음 중 Windows에서 프린터 설치에 관한 설명으로 옳지 않은 것은?

① 새로운 프린터를 설치하기 위하여 [설정] – [장치] – [프린터 및 스캐너]에서 '➕ 프린터 또는 스캐너 추가'를 클릭하여 추가한다.
② 설치할 프린터 유형은 로컬 프린터와 네트워크, 무선 또는 Bluetooth 프린터 등에서 하나를 선택할 수 있다
③ 네트워크 프린터를 선택한 경우에는 연결할 프린터의 포트를 지정한다.
④ 컴퓨터에 설치된 여러 대의 프린터 중에 현재 설치 중인 프린터를 기본 프린터로 설정할 것인지 선택한다.

제2과목 스프레드시트 일반

21 다음 중 셀 범위를 선택한 후 그 범위에 이름을 정의하여 사용하는 것에 대한 설명으로 옳지 않은 것은?

① 이름은 기본적으로 상대참조를 사용한다.
② 이름에는 공백이 없어야 한다.
③ 이름은 대소문자를 구별하지 않는다.
④ 정의된 이름은 다른 시트에서도 사용할 수 있다.

22 다음 중 아래와 같이 설정된 [매크로 기록] 대화상자에 대한 설명으로 옳지 않은 것은?

① 매크로 이름은 Macro1이며, 변경하고자 할 경우 [매크로] 대화상자에서만 변경할 수 있다.
② 작성된 'Macro1' 매크로는 'Personal.xlsb'에 저장된다.
③ 설명은 일종의 주석으로 반드시 지정해 주지 않아도 된다.
④ 작성된 'Macro1' 매크로는 **Ctrl** + **A** 키를 눌러 실행할 수 있다.

23 다음 중 워크시트에 숫자 '2234543'을 입력한 후 사용자 지정 표시 형식을 설정하였을 때, 화면에 표시되는 결과로 옳지 않은 것은?

① 형식: #,##0.00   결과: 2,234,543.00
② 형식: 0.00   결과: 2234543.00
③ 형식: #,###,"천원" 결과: 2,234천원
④ 형식: #%   결과: 223454300%

24 다음 중 채우기 핸들에 대한 설명으로 옳은 것은?

① 문자와 숫자가 혼합된 셀의 채우기 핸들을 Ctrl 키를 누른 채 드래그하면 동일한 내용으로 복사된다.
② 숫자가 입력된 첫 번째 셀과 두 번째 셀을 범위로 설정한 후 채우기 핸들을 드래그하면 두 번째 셀의 값이 복사된다.
③ 숫자가 입력된 셀에서 Ctrl 키를 누른 채 채우기 핸들을 오른쪽으로 드래그하면 숫자가 1씩 감소한다.
④ 사용자 정의 목록에 정의된 목록 데이터의 첫 번째 항목을 입력하고 Ctrl 키를 누른 채 채우기 핸들을 드래그하면 목록 데이터가 입력된다.

25 다음 중 이미 부분합이 계산되어 있는 상태에서 새로운 부분합을 추가하고자 할 때 수행해야 할 작업으로 옳은 것은?

① [모두 제거] 단추를 클릭
② '새로운 값으로 대치' 설정을 해제
③ '그룹 사이에 페이지 나누기'를 설정
④ '데이터 아래에 요약 표시' 설정을 해제

26 다음 중 [페이지 설정] 대화상자에서 워크시트에 포함된 메모의 인쇄 여부 및 인쇄 위치를 지정하기 위해 선택해야 할 탭은?

① [페이지] 탭
② [여백] 탭
③ [머리글/바닥글] 탭
④ [시트] 탭

27 다음 중 날짜 및 시간 데이터에 관한 설명으로 옳지 않은 것은?

① 날짜 데이터를 입력할 때 년도와 월만 입력하면 일자는 자동으로 해당 월의 1일로 입력된다.
② 셀에 '4/9'를 입력하고 Enter 키를 누르면 셀에는 '04월 09일'로 표시된다.
③ 날짜 및 시간 데이터의 텍스트 맞춤은 기본 왼쪽 맞춤으로 표시된다.
④ Ctrl+; 키를 누르면 시스템의 오늘 날짜, Ctrl+Shift+; 키를 누르면 현재 시간이 입력된다.

28 다음 중 아래의 데이터를 이용하여 각 데이터 간 값을 비교하는 차트를 작성하려고 할 때 가장 적절하지 않은 차트는?

A	B	C	D	E
성명	1사분기	2사분기	3사분기	4사분기
홍길동	83	90	95	70
성춘향	91	70	70	88
이몽룡	93	98	91	93

① 세로 막대형   ② 꺾은선형
③ 원형   ④ 방사형

29 다음 중 판정[G2:G5] 영역에 총점이 160 이상이면 '우수', 100 이상 160 미만이면 '보통', 100 미만이면 '노력'으로 입력하려고 할 경우 [G2] 셀에 입력할 수식으로 옳은 것은?

	A	B	C	D	E	F	G
1		번호	이름	영어	상식	총점	판정
2		1	원빈	97	80	177	우수
3		2	장동신	87	72	159	보통
4		3	현자	60	40	100	보통
5		4	한길	40	50	90	노력

① =IF(F2>=160,IF(F2>=100,"우수","보통","노력"))
② =IF(F2>=160,"우수",IF(F2>=100,"보통","노력"))
③ =IF(OR(F2>=160,"우수",IF(F2>=100,"보통","노력"))
④ =IF(F2>=160,"우수",IF(F2>=100,"보통",IF(F2=100,"노력")))

30 다음 중 [텍스트 나누기] 기능에 대한 설명으로 옳지 않은 것은?

① 영역을 선택한 후 [데이터] 탭 – [데이터 도구] 그룹의 [텍스트 나누기]를 클릭하면 [텍스트 마법사] 대화 상자가 실행된다.
② [데이터 미리 보기]에서 나눠진 열을 선택한 후 드래그하여 열의 순서를 변경할 수 있다.
③ 각 열을 선택하여 데이터 서식을 지정할 수 있다.
④ 일정한 열 너비 또는 구분 기호로 구분하여 데이터를 나눌 수 있다.

31 다음 중 매크로에 대한 설명으로 옳은 것은?

① 매크로의 이름은 문자로 시작하여야 하고, 공백을 포함할 수 있다.

② 한 번 작성된 매크로는 삭제할 수 없다.

③ 매크로 작성을 위해 Visual Basic 언어를 따로 설치해야 한다.

④ 매크로란 반복적인 작업을 단순화하기 위해 작업 과정을 자동화하는 기능이다.

32 다음 중 아래 워크시트에서 '부산' 대리점의 판매 수량의 합계를 [D11] 셀에 구하기 위한 수식으로 옳지 않은 것은?

	A	B	C	D
1	대리점	단가	공급단가	판매수량
2	부산	500	450	120
3	인천	500	420	150
4	부산	500	450	170
5	서울	500	410	250
6	광주	500	440	300
7	이천	500	420	260
8	광주	500	440	310
9	부산	500	450	290
10				
11	부산 판매수량 합계			

① =SUM(D2,D4,D9)

② =SUMIF(A2:A9,"부산",D2:D9)

③ =DSUM(A1:D9,D1,A2)

④ =SUMIF(A2:D9,A2,D2:D9)

33 다음 중 [A8] 셀에 아래 함수식을 입력했을 때 나타나는 결과로 옳은 것은?

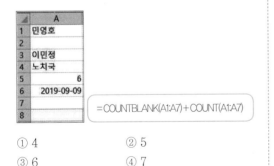

=COUNTBLANK(A1:A7)+COUNT(A1:A7)

① 4   ② 5

③ 6   ④ 7

34 다음 중 아래 그림과 같이 소수점 자동 삽입의 소수점 위치를 '3'으로 설정한 상태에서 숫자 5를 입력하였을 때 화면에 표시되는 결과로 옳은 것은?

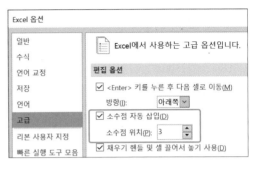

① 0.005   ② 3

③ 5   ④ 5.000

35 다음 중 시스템의 현재 날짜에서 년도를 구하는 수식으로 옳은 것은?

① =DAYS(YEAR( ))

② =DAY(YEAR( ))

③ =YEAR(TODAY( ))

④ =YEAR(DATE( ))

36 다음 중 [보기] 탭의 [창] 그룹에 대한 설명으로 옳지 않은 것은?

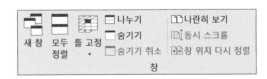

① [나란히 보기]를 클릭하면 2개의 통합 문서를 동시에 비교 보기할 수 있다.

② [숨기기]를 클릭하면 선택되어 있는 현재 워크시트를 숨긴다.

③ [나누기]를 취소하려면 창을 나누고 있는 창 구분선을 더블 클릭한다.

④ [모두 정렬]은 현재 열려진 여러 개의 통합문서를 한 화면에 모두 표시할 때 사용한다.

37 다음 중 데이터 정렬에 대한 설명으로 옳지 않은 것은?

① 사용자 지정 목록을 사용하면 사용자가 정의한 순서대로 정렬할 수 있다.

② 색상별 정렬이 가능하여 글꼴 색 또는 셀 색을 기준으로 정렬할 수도 있다.

③ 정렬 옵션을 이용하면 데이터를 열 방향 또는 행 방향으로 선택하여 정렬할 수 있다.

④ 표에 병합된 셀들이 포함되어 있는 경우 병합된 셀들은 맨 아래쪽으로 정렬된다.

38 다음 중 [시나리오 추가] 대화 상자에 대한 설명으로 옳지 않은 것은?

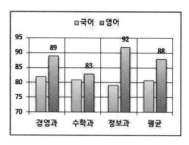

① [데이터] – [예측] – [가상 분석] – [시나리오 관리자] 대화상자에서 [추가] 단추를 클릭하면 표시되는 대화상자이다.

② '변경 셀'은 변경 요소가 되는 값의 그룹이며, 하나의 시나리오에 최대 32개까지 지정할 수 있다.

③ '설명'은 시나리오에 대한 추가적인 설명으로 반드시 입력해야 한다.

④ '보호'의 체크 박스들은 [검토] – [변경 내용] – [시트 보호]를 설정한 경우에만 적용되는 항목들이다.

39 다음 중 아래 차트에 대한 설명으로 옳은 것은?

① 세로 (값) 축의 축 서식에서 주 단위 간격을 '95'로 설정하였다.

② 데이터 계열 서식의 '계열 겹치기' 값을 0보다 작은 음수 값으로 설정하였다.

③ '영어'의 데이터 레이블은 안쪽 끝에 표시되고 있다.

④ 가로 (항목) 축의 주눈금선과 보조눈금선이 함께 표시되고 있다.

40 다음 중 차트의 범례 설정에 대한 설명으로 옳지 않은 것은?

① 범례 위치는 [범례 서식]의 작업창이나 [디자인] 탭 – [차트 레이아웃] 그룹에서 쉽게 변경할 수 있다.

② 차트에서 범례 또는 범례 항목을 클릭한 후 **Delete** 키를 누르면 범례를 쉽게 제거할 수 있다.

③ 기본적으로 범례의 위치는 차트의 다른 구성 요소와 겹치지 않게 표시된다.

④ 마우스로 범례를 이동하거나 크기를 변경하면 그림 영역의 크기 및 위치는 자동으로 조정된다.

제 06 회 최신유형기출문제

제1과목 **컴퓨터 일반**

01 다음 중 멀티미디어 기법에 대한 설명으로 옳지 않은 것은?

① 안티앨리어싱(Anti-Aliasing)은 2차원 그래픽에서 개체 색상과 배경 색상을 혼합하여 경계면 픽셀을 표현함으로써 경계면을 부드럽게 보이도록 하는 기법이다.

② 모델링(Modeling)은 컴퓨터 그래픽에서 명암, 색상, 농도의 변화 등과 같은 3차원 질감을 넣음으로써 사실감을 더하는 기법을 말한다.

③ 디더링(Dithering)은 제한된 색을 조합하여 음영이나 색을 나타내는 것으로 여러 컬러의 색을 최대한 나타내는 기법을 말한다.

④ 모핑(Morphing)은 한 이미지가 다른 이미지로 서서히 변화하는 과정을 나타내는 기법이다.

02 다음 중 초고속 인터넷을 이용하여 동영상 콘텐츠, 정보 서비스 등 기본 텔레비전 기능에 인터넷 검색이 가능하게 한 서비스는?

① VoIP
② IPTV
③ IPv6
④ TCP/IP

03 다음 중 컴퓨터 보안과 관련된 기술에 해당하지 않는 것은?

① 인증(Authentication)
② 암호화(Encryption)
③ 방화벽(Firewall)
④ 브리지(Bridge)

04 다음 중 컴퓨터와 같은 정보기기를 사용하기 위해서 반드시 설치되어야 하는 프로그램으로 가장 대표적인 시스템 소프트웨어는?

① 컴파일러
② 운영체제
③ 유틸리티
④ 라이브러리

05 다음 중 정보 사회의 특징으로 적절하지 않은 것은?

① 처리하고자 하는 정보의 종류와 양이 증가하였다.

② 정보처리 기술의 발달로 사회의 변화 속도가 빨라졌다.

③ 사이버 공간 상에 새로운 인간관계와 문화가 형성되었다.

④ 대중화 현상이 강화되고 개성과 자유를 경시하게 되었다.

06 다음 중 네트워크 구성 형태에 관한 설명으로 옳지 않은 것은?

① 망(Mesh)형은 응답 시간이 빠르고 노드의 연결성이 우수하다.

② 성형(중앙집중형)은 통신망의 처리 능력 및 신뢰성이 중앙 노드의 제어장치에 좌우된다.

③ 버스(Bus)형은 기밀 보장이 우수하고 회선 길이의 제한이 없다.

④ 링(Ring)형은 통신회선 중 어느 하나라도 고장 나면 전체 통신망에 영향을 미친다.

07 다음 중 웹 브라우저의 기능에 관한 설명으로 옳지 않은 것은?

① 인터넷 옵션에서 멀티미디어 편집기를 선택할 수 있다.

② 전자 우편을 보내거나 FTP 서버에 접속할 수 있다.

③ 웹 페이지를 사용자 컴퓨터에 저장하거나 인쇄할 수 있다.

④ 자주 방문하는 웹 사이트 주소를 관리할 수 있다.

08 다음 중 컴퓨터의 하드웨어를 업그레이드할 때 수치가 작을수록 좋은 항목은?

① CPU 클럭 속도
② 하드 디스크 용량
③ RAM 접근 속도
④ 모뎀 전송 속도

09 다음 중 정보통신 시스템의 구성요소에 대한 설명으로 옳지 않은 것은?

① 데이터 전송 방식에는 클라이언트/서버 방식과 동배간 처리 방식이 있다.
② 데이터 전송계는 데이터의 이동을 담당하는 여러 장치들을 포함한다.
③ 데이터 처리계는 데이터 처리에 사용하는 하드웨어와 통신 소프트웨어가 해당된다.
④ 단말장치는 원격지에서 발생한 데이터의 송수신을 위한 장치로 에러 제어 기능이 있다.

10 다음 중 컴퓨터 운영체제 운영방식에서 임베디드 시스템에 관한 설명으로 옳지 않은 것은?

① 제어가 필요한 시스템의 두뇌 역할을 하는 전자 시스템으로 TV, 냉장고 등의 가전제품에 많이 사용된다.
② 처리할 데이터를 일정량 또는 일정시간 동안 모아서 한꺼번에 처리한다.
③ 마이크로프로세서에 특정 기능을 수행하는 응용 프로그램을 탑재하여 컴퓨터 기능을 수행한다.
④ 하드웨어와 소프트웨어가 하나로 결합된 제어 시스템이다.

11 다음 중 컴퓨터에서 사용하는 유니코드(Unicode)에 관한 설명으로 옳은 것은?

① 표현 가능한 문자수는 최대 256자이다.
② 에러 검출이나 교정이 가능한 코드이다.
③ 연산을 빠르게 수행하기 위하여 Zone 비트와 Digit 비트로 구성한다.
④ 데이터의 처리나 교환을 위하여 1개 문자를 16비트로 표현한다.

12 다음 중 컴퓨터 하드 디스크의 연결 방식인 SATA(Serial ATA)에 관한 설명으로 옳지 않은 것은?

① 병렬 인터페이스 방식이다.
② 핫 플러그인 기능을 지원한다.
③ CMOS에서 지정하면 자동으로 Master와 Slave가 지정된다.
④ 데이터 전송 속도가 빠르다.

13 다음 중 자료의 구성단위에 대한 설명으로 옳지 않은 것은?

① 데이터베이스(Database)는 관련된 데이터 파일들의 집합을 말한다.
② 워드(Word)는 컴퓨터에서 한 번에 처리할 수 있는 명령 단위를 나타낸다.
③ 니블(Nibble)은 4개의 비트가 모여 1개의 니블을 구성한다.
④ 비트(Bit)는 정보의 최소 단위이며, 5비트가 모여 1바이트(Byte)가 된다.

14 다음 중 플래시 메모리(Flash Memory)에 관한 설명으로 옳지 않은 것은?

① 정보의 입출력이 자유롭고, 전송속도가 빠르다.
② 비휘발성 기억장치이다.
③ 트랙 단위로 저장된다.
④ 전력 소모가 적다.

15 다음 중 Windows에서 사용되는 휴지통에 관한 설명으로 옳은 것은?

① 휴지통은 하드 디스크 드라이브마다 한 개씩 만들 수 있다.
② 지정된 휴지통의 용량이 초과되면 새로 삭제된 파일이나 폴더는 보관되지 않는다.
③ 휴지통에 보관된 파일이나 폴더의 이름을 변경할 수 있다.
④ 휴지통에서 원하는 파일이나 폴더를 선택하여 실행할 수 있다.

16 다음 중 Windows 작업 표시줄의 점프 목록 사용에 대한 설명으로 옳지 않은 것은?

① 앱의 점프 목록을 보려면 작업 표시줄의 앱 아이콘을 마우스 오른쪽 단추로 클릭한다.
② 점프 목록에서 항목을 열려면 앱의 점프 목록에서 해당 항목을 클릭한다.
③ 점프 목록에 항목을 고정하려면 앱의 점프 목록에서 항목을 가리킨 다음 압정 아이콘을 클릭한다.
④ 점프 목록에서 항목을 제거하려면 앱의 점프 목록에서 항목을 가리킨 다음 **Delete** 키를 누른다.

17 다음 중 Windows의 시스템 복원 기능에 대한 설명으로 옳지 않은 것은?

① 컴퓨터 시스템에 문제가 생겼을 경우 복원 지점을 이용하여 정상적인 상태로 만드는 기능이다.
② 복원 지점은 시스템에 의해 자동으로 설정되지만 사용자가 임의로 복원 지점을 설정할 수도 있다.
③ 시스템 복원은 개인 파일을 백업하지 않으므로 삭제되었거나 손상된 개인 파일은 복구할 수 없다.
④ 시스템 복원 시 Windows Update에 의한 변경 사항은 복원되지 않는다.

18 다음 중 유틸리티 프로그램(앱)에 대한 설명으로 적절하지 않은 것은?

① 다수의 작업이나 목적에 대하여 적용되는 편리한 서비스 프로그램이나 루틴을 말한다.
② 컴퓨터의 동작에 필수적이고, 컴퓨터를 이용하는 주목적에 대한 일부 특정 작업을 수행하는 소프트웨어들을 가리킨다.
③ 컴퓨터 하드웨어, 운영 체제, 응용 소프트웨어를 관리 하는데 도움을 주도록 설계된 프로그램을 의미한다.
④ Windows에서 제공하는 유틸리티 앱으로는 메모장, 그림판, 계산기 등을 예로 들 수 있다.

19 다음 중 Windows의 드라이브 조각 모음 및 최적화 기능에 관한 설명으로 옳지 않은 것은?

① 하드 디스크에 단편화되어 조각난 파일들을 모아준다.
② USB 플래시 드라이브와 같은 이동식 저장 장치도 조각화될 수 있다.
③ 수행 후에는 디스크 공간의 최적화가 이루어져 디스크의 용량이 증가한다.
④ 일정을 구성하여 드라이브 조각 모음 및 최적화를 예약 실행할 수 있다.

20 다음 중 Window에서 유해한 앱이나 불법 사용자가 컴퓨터 설정을 임의로 변경하려는 경우 이를 사용자에게 알려 컴퓨터를 제어할 수 있도록 도와주는 기능은?

① 사용자 계정 컨트롤 ② Windows Defender
③ BitLocker ④ 시스템 복원

제2과목 스프레드시트 일반

21 다음 중 아래 그림과 같이 사원에 대한 근속연수 데이터에 주어진 조건으로 고급 필터를 실행한 경우의 결과 값은?

	A	B	C	D	E	F	G
1					조건		
2	성명	직위	근속연수		성명	직위	근속연수
3	김일민	부장	20		김*		>10
4	김유민	사원	4			사원	<5
5	이지연	과장	12				
6	이민석	부장	14				
7	석명희	사원	2				
8	민호성	사원	11				

①

성명	직위	근속연수
김일민	부장	20
김유민	사원	4

②

성명	직위	근속연수
김일민	부장	20
석명희	사원	2

③

성명	직위	근속연수
김일민	부장	20
김유민	사원	4
석명희	사원	2

④

성명	직위	근속연수
김일민	부장	20
김유민	사원	4
석명희	사원	2
민호성	사원	11

22 다음 중 아래와 같은 피벗 테이블을 작성하기 위한 작업으로 옳지 않은 것은?

	L	M	N	O	P
2					
3		직업	(모두)		
4					
5			열 레이블		
6		행 레이블	생명	연금	종신
7		⊞1월			
8		합계 : 월납입액		32,000	115,000
9		합계 : 만기보장금액		1,153,600	3,671,950
10		⊞2월			
11		합계 : 월납입액	150,000		101,000
12		합계 : 만기보장금액	3,708,000		1,792,200
13		⊞3월			
14		합계 : 월납입액	32,000	100,000	
15		합계 : 만기보장금액	758,080	1,236,000	
16		전체 합계 : 월납입액	182,000	132,000	216,000
17		전체 합계 : 만기보장금액	4,466,080	2,389,600	5,464,150

① 피벗 테이블 보고서를 넣을 위치로 기존 워크시트의 [M3] 셀을 선택하였다.
② '직업' 필드를 필터 영역에 설정하였다.
③ 총합계는 열의 총합계만 표시되도록 설정하였다.
④ 행의 필드에 그룹화를 설정하였다.

23 다음 중 정렬에 대한 설명으로 옳은 것은?

① 최대 24개의 열을 기준으로 정렬할 수 있다.
② 글꼴 색을 기준으로 정렬할 수 있다.
③ 정렬 대상 범위에 병합된 셀이 포함되어 있어도 정렬할 수 있다.
④ 숨겨진 행은 정렬 결과에 포함되나 숨겨진 열은 정렬 결과에 포함되지 않는다.

24 다음 중 [데이터 유효성] 기능의 오류 메시지 스타일에 해당하지 않는 것은?

① 경고(⚠)
② 중지(✖)
③ 정보(ⓘ)
④ 확인(✅)

25 다음 중 채우기 핸들을 이용하여 데이터를 입력하는 방법으로 옳지 않은 것은?

① 인접한 셀의 내용으로 현재 셀을 빠르게 입력할 때 위쪽 셀의 내용은 단축키 **Ctrl**+**D**, 왼쪽 셀의 내용은 단축키 **Ctrl**+**R**를 누른다.
② 숫자와 문자가 혼합된 문자열이 입력된 셀의 채우기 핸들을 아래쪽으로 끌면 문자는 복사되고 마지막 숫자는 1씩 증가한다.
③ 숫자가 입력된 셀의 채우기 핸들을 **Ctrl** 키를 누른 채 아래쪽으로 끌면 똑같은 내용이 복사되어 입력된다.
④ 날짜가 입력된 셀의 채우기 핸들을 아래쪽으로 끌면 기본적으로 1일 단위로 증가하여 입력된다.

26 다음 중 원본 데이터를 지정된 서식으로 설정하였을 때 결과가 옳지 않은 것은?

	원본 데이터	서식	결과 데이터
①	314826	#,##0,	314,826
②	281476	#,##0.0	281,476.0
③	12:00:00 AM	0	0
④	2020-03-25	yyyy-mmmm	2020-March

27 다음 중 [찾기 및 바꾸기] 대화 창에서 찾을 내용에 만능 문자(와일드카드)인 '?' 나 '*' 문자 자체를 찾는 방법은?

① 찾으려는 만능 문자 앞·뒤에 큰따옴표(" ") 기호를 입력한다.
② 찾으려는 만능 문자 앞에 퍼센트(%) 기호를 입력한다.
③ 찾으려는 만능 문자 앞에 느낌표(!) 기호를 입력한다.
④ 찾으려는 만능 문자 앞에 물결표(~) 기호를 입력한다.

28 다음 중 아래 시트에서 셀 포인터를 [D5] 셀에 두고 **Home** 키를 누른 경우 셀 포인터의 위치는?

▲	A	B	C	D	E	F	G
1	학번	성명	출석	중간	기말	총점	석차
2	112473	이준민	15	34	22	75	C
3	112487	정정용	20	33	33	86	B
4	112531	이준섭	15	39	35	89	B
5	212509	김정필	20	40	39	99	A
6	212537	한일규	15	23	17	75	C

① [A1] 셀
② [A5] 셀
③ [D1] 셀
④ [D2] 셀

29 다음 중 매크로에 관한 설명으로 옳지 않은 것은?

① 같은 통합 문서 내에서 시트가 다르면 동일한 매크로 이름으로 기록할 수 있다.
② [매크로 기록] 대화상자에서 바로 가기 키 지정 시 영문 대문자를 사용하면 **Shift** 키가 자동으로 덧붙는다.
③ 엑셀을 실행할 때마다 매크로를 사용할 수 있게 하려면 [매크로 기록] 대화상자에서 매크로 저장 위치를 '개인용 매크로 통합 문서'로 선택한다.
④ 통합 문서를 열 때 어떤 상황에서 어떤 매크로를 실행 할지 매크로 보안 설정을 변경하여 제어할 수 있다.

30 새 워크시트에서 [A1] 셀에 셀 포인터를 두고, [개발 도구] 탭의 [상대 참조로 기록]을 선택한 후 [매크로 기록]을 클릭하여 [그림1]과 같이 데이터를 입력하는 '매크로1'을 작성하였다. 다음 중 [그림2]와 같이 [C3] 셀에 셀 포인터를 두고 '매크로1'을 실행한 경우 '성적 현황'이 입력되는 셀의 위치는?

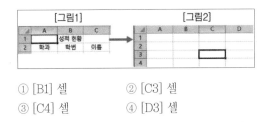

① [B1] 셀   ② [C3] 셀
③ [C4] 셀   ④ [D3] 셀

31 아래 워크시트와 같이 짝수 행에만 배경색과 글꼴 스타일 '굵게'를 설정하는 조건부 서식을 지정하고자 한다. 다음 중 이를 위해 아래의 [새 서식 규칙] 대화상자에 입력할 수식으로 옳은 것은?

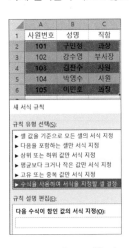

① =MOD(ROW( ),2)=1
② =MOD(ROW( ),2)=0
③ =MOD(COLUMN( ),2)=1
④ =MOD(COLUMN( ),2)=0

32 다음 중 <변경 전> 차트를 <변경 후> 차트로 수정하기 위해 적용한 기능으로 옳지 않은 것은?

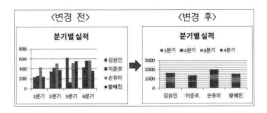

① 누적 세로 막대형으로 차트 종류 변경
② 데이터의 행과 열을 전환
③ 세로 축 보조 눈금을 추가
④ 범례의 위치를 위쪽으로 변경

33 다음 중 아래 시트의 [A1:C8] 영역에 고급 필터 기능을 이용하여 판매수량이 전체 판매수량의 평균 이상인 데이터를 추출하기 위한 조건으로 옳은 것은?

	A	B	C
1	지역	판매수량	판매금액
2	서울	140	938,000
3	경기	380	406,000
4	인천	240	729,000
5	광주	390	362,600
6	부산	130	470,300
7	대전	120	852,000
8	대구	170	534,000

34 다음 중 찾기/참조 함수에 대한 설명으로 옳지 않은 것은?

① VLOOKUP 함수의 네 번째 인수를 'FALSE'로 사용하는 경우 참조 표의 첫 열의 값은 반드시 오름차순 정렬되어 있어야 한다.
② HLOOKUP 함수는 참조 표의 첫 행에서 값을 찾을 때 대/소문자를 구분하지 않는다.
③ INDEX 함수는 표나 범위에서 값 또는 값에 대한 참조를 반환한다.
④ CHOOSE 함수의 첫 번째 인수는 1에서 254 사이의 숫자를 나타내는 숫자나 수식, 셀 참조 등을 사용한다.

35 다음 중 셀 또는 셀 범위에 대한 이름 정의 시 구문 규칙에 대한 설명으로 옳은 것은?

① 이름은 최대 255자까지 지정할 수 있다.
② 이름의 첫자는 반드시 문자나 밑줄(_) 또는 슬래시(/)로 시작해야 한다.
③ 이름의 일부로 공백을 사용할 수 있다.
④ Excel에서는 이름의 대문자와 소문자를 구별한다.

36 다음 중 워크시트의 화면 작업에 대한 설명으로 옳지 않은 것은?

① 범위를 선택한 후 값을 입력하고 **Alt**+**Enter** 키를 누르면 선택된 범위에 같은 값이 입력된다.
② **Ctrl** 키를 누른 상태에서 마우스 휠을 돌리면 화면이 확대/축소된다.
③ **Enter** 방향키가 아래쪽일 때 **Shift**+**Enter** 키를 누르면 셀 포인터가 위쪽 셀로 이동된다.
④ **Scroll Lock** 키를 누른 후 방향키를 누르면 셀 포인터는 고정된 상태로 화면만 이동된다.

37 다음 중 각 차트에 대한 설명으로 옳지 않은 것은?

① 꺾은선형 차트 : 일정 간격에 따라 데이터의 추세를 나타내기에 적합하다.
② 원형 차트 : 전체에 대한 각 부분의 관계를 보여주며, 여러 데이터 계열이 각각의 고리로 표시된다.
③ 방사형 차트 : 각 데이터 요소의 중간 지점에 대한 값의 변화를 보여주며, 여러 데이터 계열의 집계 값을 비교하기에도 용이하다.
④ 분산형 차트 : 여러 데이터 계열에 있는 숫자 값 사이의 관계를 보여주거나 두 개의 숫자 그룹을 x, y 좌표로 이루어진 하나의 계열로 표시한다.

38 다음 중 3차원 차트로 변경이 가능한 차트 유형은?

① 　　② ⋮⋰

③ 　　④ ⅄⅄⅄

39 다음 중 [인쇄 미리 보기 및 인쇄] 상태에서의 [페이지 설정] 대화상자에 대한 설명으로 옳은 것은?

① 눈금선이나 행/열 머리글의 인쇄 여부를 설정할 수 없다.
② 인쇄 영역이나 인쇄 제목으로 반복할 행 또는 반복할 열을 설정할 수 있다.
③ 인쇄 배율을 수동으로 설정할 수 있고, 배율은 워크시트 표준 크기의 '10%'에서 '200%'까지 가능하다.
④ 배율을 '자동 맞춤'으로 선택하고 용지 너비와 용지 높이를 '1'로 지정하는 경우 여러 페이지가 한 페이지에 출력되도록 확대/축소 배율이 자동으로 조정된다.

40 다음 중 아래 그림과 같이 눈금선과 행/열 머리글을 포함하여 인쇄하기 위한 방법은?

	A	B	C	D
2				
3	개강날자	단계및대상	기간	시간
4	2018-01-02	초급, 중급	3개월 수금	17:00-18:00
5	2018-01-10	중학생	4개월 토일	11:00-12:00
6	2018-02-01	일반인	1개월 화수	09:00-10:30
7	2018-02-15	초중급	5주간 토일	18:00-19:20
8	2018-03-02	초등(1-3학년)	1개월 매주	10:00-10:50
9	2018-02-20	성인	2개월 화목	10:00-12:00
10	2018-03-10	초중급	1개월 월수	17:00-18:00

① [페이지 레이아웃] 탭의 [시트 옵션] 그룹에서 '눈금 선'과 '제목'에서 보기를 선택한다.
② [페이지 설정] 대화상자의 [시트] 탭에서 '눈금선'과 '행/열 머리글'을 선택한다.
③ [보기] 탭의 [표시] 그룹에서 '눈금선'과 '머리글'을 선택한다.
④ [Excel 옵션] 창의 [고급] 탭 '이 워크시트의 표시 옵션'에서 '행 및 열 머리글 표시'와 '눈금선 표시'를 선택한다.

제 07 회 최신유형기출문제

01 다음 중 멀티미디어의 특징에 대한 설명으로 옳지 않은 것은?

① 다양한 아날로그 데이터를 디지털 데이터로 변환하여 통합 처리한다.
② 정보 제공자와 사용자 간의 상호 작용에 의해 데이터가 전달된다.
③ 미디어별 파일 형식이 획일화되어 멀티미디어의 제작이 용이해진다.
④ 텍스트, 그래픽, 사운드, 동영상 등의 여러 미디어를 통합 처리한다.

02 다음 중 컴퓨터에서 사용하는 오디오 포맷인 웨이브 파일(WAV file)에 관한 설명으로 옳지 않은 것은?

① 파일의 확장자는 'WAV' 이다.
② 녹음 조건에 따라 파일의 크기가 가변적이다.
③ Windows Media Player로 파일을 재생할 수 있다.
④ 음높이, 음길이, 세기 등 다양한 음악 기호가 정의되어 있다.

03 다음 중 정보 사회에서 발생할 수 있는 문제점으로 적절하지 않은 것은?

① 정보의 편중으로 계층 간의 정보차이를 줄일 수 있다.
② 중앙 컴퓨터 또는 서버의 장애나 오류로 사회적, 경제적으로 혼란을 초래할 수 있다.
③ 정보기술을 이용한 새로운 범죄가 증가할 수 있다.
④ VDT 증후군이나 테크노스트레스 같은 직업병이 발생할 수 있다.

04 다음 중 데이터 보안 침해 형태 중 하나인 변조에 대한 설명으로 옳은 것은?

① 데이터가 정상적으로 전송되는 것을 방해하는 것이다.
② 데이터가 전송되는 도중에 몰래 엿보거나 정보를 유출하는 것이다.
③ 전송된 데이터를 다른 내용으로 바꾸는 것이다.
④ 데이터를 다른 사람이 송신한 것처럼 꾸미는 것이다.

05 다음 중 인터넷의 표준 주소 체계인 URL(Uniform Resource Locator)의 형식으로 옳은 것은?

① 프로토콜://호스트 서버 주소[:포트번호][/파일 경로]
② 프로토콜://호스트 서버 주소[/파일 경로][:포트번호]
③ 호스트 서버 주소://프로토콜[/파일 경로][:포트번호]
④ 호스트 서버 주소://프로토콜[:포트번호][/파일 경로]

06 다음 중 사물 인터넷(IoT)에 대한 설명으로 옳지 않은 것은?

① IoT 구성품 가운데 디바이스는 빅데이터를 수집하며, 클라우드와 AI는 수집된 빅데이터를 저장하고 분석한다.
② IoT는 인터넷 기반으로 다양한 사물, 사람, 공간을 긴밀하게 연결하고 상황을 분석, 예측, 판단해서 지능화된 서비스를 자율 제공하는 제반 인프라 및 융복합 기술이다.
③ 현재는 사물을 단순히 연결시켜 주는 단계에서 수집된 데이터를 분석해 스스로 사물에 의사결정을 내리는 단계로 발전하고 있다.
④ IoT 네트워크를 이용할 경우 통신비용이 절감되는 효과가 있으며, 정보보안기술의 적용이 용이해진다.

07 다음 중 가상 메모리에 관한 설명으로 옳은 것은?

① EEPROM의 일종으로 디지털 기기에서 널리 사용되는 비휘발성 메모리이다.
② 주기억장치의 크기보다 큰 용량을 필요로 하는 프로그램을 실행해야 할 때 유용하게 사용된다.
③ 중앙처리장치와 주기억장치 사이에 위치하여 컴퓨터의 처리 속도를 향상시킨다.
④ 두 장치 간의 속도 차이를 해결하기 위해 사용되는 임시저장 공간으로 각 장치 내에 위치한다.

08 다음 중 이 기종 단말 간 통신과 호환성 등 모든 네트워크상의 원활한 통신을 위해 최소한의 네트워크 구조를 제공하는 모델로 네트워크 프로토콜 디자인과 통신을 여러 계층으로 나누어 정의한 통신 규약 명칭은?

① ISO 7 계층
② Network 7 계층
③ TCP/IP 7 계층
④ OSI 7 계층

09 다음 중 인트라넷(Intranet)에 관한 설명으로 옳은 것은?

① 핸드폰, 노트북 등과 같은 단말장치의 근거리 무선접속을 지원하기 위한 통신기술이다.
② 인터넷 기술과 통신 규약을 기업 내의 전자우편, 전자결재 등과 같은 정보시스템에 적용한 것이다.
③ 납품업체나 고객업체 등 관련 있는 기업들 간의 원활한 통신을 위한 시스템이다.
④ 분야별 공통의 관심사를 가진 인터넷 사용자들이 서로의 의견을 주고받을 수 있게 하는 서비스이다.

10 다음 중 인터넷 전자우편에 관한 설명으로 옳지 않은 것은?

① 한 사람이 동시에 여러 사람에게 전자우편을 보낼 수 있다.
② 기본적으로 8비트의 EBCDIC 코드를 사용하여 메시지를 보내고 받는다.
③ SMTP, POP3, MIME 등의 프로토콜이 사용된다.
④ 전자우편 주소는 '사용자 ID@호스트 주소'의 형식이 사용된다.

11 다음 중 컴퓨터 운영체제의 주요 기능으로 옳지 않은 것은?

① 자원의 효율적인 관리를 위해 자원의 스케줄링을 제공한다.
② 시스템과 사용자간의 편리한 인터페이스를 제공한다.
③ 데이터 및 자원 공유 기능을 제공한다.
④ 시스템을 실시간으로 감시하여 바이러스 침입을 방지하는 기능을 제공한다.

12 다음 중 USB 인터페이스에 대한 설명으로 옳지 않은 것은?

① 직렬포트보다 USB 포트의 데이터 전송 속도가 더 빠르다.
② USB는 컨트롤러 당 최대 127개까지 포트의 확장이 가능하다.
③ 핫 플러그 인(Hot Plug In)과 플러그 앤 플레이(Plug &Play)를 지원한다.
④ USB 커넥터를 색상으로 구분하는 경우 USB 3.0은 빨간색, USB 2.0은 파란색을 사용한다.

13 다음 중 빈 칸의 용어를 올바르게 나열한 것은?

(ⓐ)은(는) 생활에서 관찰이나 측정을 통해 얻을 수 있는 문자나 그림, 숫자 등의 값을 의미한다.
이러한 요소들을 모아서 의미 있는 이용 가능한 형태로 바꾸면 (ⓑ)이(가) 된다.
(ⓒ)란 정보통신기술의 혁신을 바탕으로 경제와 사회의 중심이 물질이나 에너지로부터 정보로 이동하여 정보가 사회의 전 분야에 널리 확산되는 것을 말한다.

① ⓐ 자료 ⓑ 지식 ⓒ 정보화
② ⓐ 자료 ⓑ 정보 ⓒ 정보화
③ ⓐ 정보 ⓑ DB ⓒ 스마트
④ ⓐ 정보 ⓑ 지식 ⓒ 스마트

14 다음 중 Windows 설정의 [시스템] – [정보]를 선택했을 때 확인할 수 있는 정보에 해당하지 않는 것은?

① 설치된 Windows 운영체제의 버전
② CPU의 종류와 설치된 메모리의 용량
③ 설치된 날짜와 Windows 정품 인증 내용
④ 컴퓨터 이름과 현재 로그인한 사용자 계정

15 다음 중 컴퓨터 소프트웨어에서 셰어웨어(Shareware)에 관한 설명으로 옳은 것은?

① 정상 대가를 지불하고 사용하는 소프트웨어이다.
② 특정 기능이나 사용 기간에 제한을 두고 무료로 배포 하는 소프트웨어이다.
③ 개발자가 소스를 공개한 소프트웨어이다.
④ 배포 이전의 테스트 버전의 소프트웨어이다.

16 다음 중 모니터 화면의 이미지를 얼마나 세밀하게 표시할 수 있는가를 나타내는 정보로 픽셀 수에 따라 결정되는 것은?

① 재생률(refresh rate)
② 해상도(resolution)
③ 색깊이(color depth)
④ 색공간(color space)

17 다음 중 Windows 운영체제에서 시스템의 속도가 느려진 경우 문제 해결 방법으로 가장 적절한 것은?

① [장치 관리자] 창에서 중복 설치된 해당 장치를 제거한다.
② [드라이브 조각 모음 및 최적화]를 수행하여 하드 디스크의 단편화를 제거한다.
③ [작업 관리자] 창에서 시스템의 속도를 저해하는 Windows 프로세스를 찾아 '작업 끝내기'를 실행한다.
④ [시스템 관리자] 창에서 하드 디스크의 파티션을 재설정 한다.

18 다음 중 Windows의 사용자 계정에 대한 설명으로 옳지 않은 것은?

① 관리자 계정의 사용자는 다른 계정의 컴퓨터 사용 시간을 제어할 수 있다.
② 관리자 계정의 사용자는 다른 계정의 계정 유형과 계정 이름, 암호를 변경할 수 있다.
③ 표준 계정의 사용자는 컴퓨터 보안에 영향을 주는 설정을 변경할 수 있다.
④ 표준 계정의 사용자는 컴퓨터에 설치된 대부분의 프로그램을 사용할 수 있고, 자신의 계정에 대한 암호 등을 설정할 수 있다.

19 다음 중 Windows의 방화벽 기능에 대한 설명으로 옳지 않은 것은?

① 통신을 허용할 앱 및 기능을 설정한다.
② 네트워크 및 인터넷 사용과 관련된 문제 해결 방법을 제공한다.
③ 바이러스의 감염을 인지하는 알림을 설정한다.
④ 네트워크 위치에 따른 외부 연결의 차단 여부를 설정한다.

20 다음 중 Windows에서 파일을 선택한 후 **Ctrl**+**Shift** 키를 누른 채 다른 위치로 끌어다 놓은 결과는?

① 해당 파일의 바로가기 아이콘이 만들어진다.
② 해당 파일이 복사된다.
③ 해당 파일이 이동된다.
④ 해당 파일이 휴지통을 거치지 않고 영구히 삭제된다.

제2과목   스프레드시트 일반

21 다음 중 아래 그림의 시나리오 요약 보고서에 대한 설명으로 옳지 않은 것은?

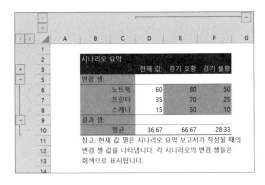

① 노트북, 프린터, 스캐너 값의 변화에 따른 평균 값을 확인할 수 있다.
② '경기 호황'과 '경기 불황' 시나리오에 대한 시나리오 요약 보고서이다.
③ 시나리오의 값을 변경하면 해당 변경 내용이 기존 요약 보고서에 자동으로 다시 계산되어 표시된다.
④ 시나리오 요약 보고서를 실행하기 전에 변경 셀과 결과 셀에 대해 이름을 정의하였다.

22 다음 중 아래의 고급 필터 조건에 대한 설명으로 옳은 것은?

국사	영어	평균
>=80	>=85	
		>=85

① 국사가 80 이상이거나, 영어가 85 이상이거나, 평균이 85 이상인 경우
② 국사가 80 이상이거나, 영어가 85 이상이면서 평균이 85 이상인 경우
③ 국사가 80 이상이면서 영어가 85 이상이거나, 평균이 85 이상인 경우
④ 국사가 80 이상이면서 영어가 85 이상이면서 평균이 85 이상인 경우

23 다음 중 데이터 통합에 관한 설명으로 옳지 않은 것은?

① 데이터 통합은 위치를 기준으로 통합할 수도 있고, 영역의 이름을 정의하여 통합할 수도 있다.
② '원본 데이터에 연결' 기능은 통합할 데이터가 있는 워크시트와 통합 결과가 작성될 워크시트가 같은 통합 문서에 있는 경우에만 적용할 수 있다.
③ 다른 원본 영역의 레이블과 일치하지 않는 레이블이 있는 경우에 통합하면 별도의 행이나 열이 만들어진다.
④ 여러 시트에 있는 데이터나 다른 통합 문서에 입력되어 있는 데이터를 통합할 수 있다.

24 다음 중 아래 시트에서 [C2:C5] 영역에 수행한 결과가 다르게 나타나는 것은?

	A	B	C	D	E
1	성명	출석	과제	실기	총점
2	박경수	20	20	55	95
3	이정수	15	10	60	85
4	경동식	20	14	50	84
5	김미경	5	11	45	61

① 키보드의 〔Back space〕 키를 누른다.
② 마우스의 오른쪽 버튼을 눌러서 나온 바로가기 메뉴에서 [내용 지우기]를 선택한다.
③ [홈] – [편집] – [지우기] 메뉴에서 [내용 지우기]를 선택한다.
④ 키보드의 〔Delete〕 키를 누른다.

25 다음 중 아래의 부분합 대화상자에 대한 설명으로 옳지 않은 것은?

① 부분합을 실행하기 전에 직급 항목으로 정렬되어 있어야 올바른 결과를 얻을 수 있다.
② 부분합의 실행 결과는 직급별로 급여 항목에 대한 합계가 표시된다.
③ 인쇄시 직급별로 다른 페이지에 인쇄된다.
④ 계산 결과는 그룹별로 각 그룹의 위쪽에 표시된다.

26 다음 중 [매크로] 대화상자에 대한 설명으로 옳지 않은 것은?

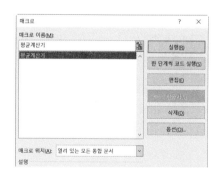

① 〈실행〉 단추를 클릭하면 선택한 매크로를 실행한다.
② 〈한 단계씩 코드 실행〉 단추를 클릭하면 선택한 매크로의 코드를 한 단계씩 실행할 수 있도록 Visual Basic 편집기를 실행한다.
③ 〈편집〉 단추를 클릭하면 선택한 매크로의 명령을 수정할 수 있도록 Visual Basic 편집기를 실행한다.
④ 〈옵션〉 단추를 클릭하면 선택한 매크로의 매크로 이름과 설명을 수정할 수 있는 [매크로 옵션] 대화상자를 표시한다.

27 다음 중 [셀 서식] 대화상자에서 [맞춤] 탭의 기능으로 옳지 않은 것은?

① '셀 병합'은 선택 영역에서 데이터 값이 여러 개인 경우 마지막 셀의 내용만 남기고 모두 지운다.
② '셀에 맞춤'은 입력 데이터의 길이가 셀의 너비보다 긴 경우 글자 크기를 자동으로 줄인다.
③ '방향'은 데이터를 세로 방향으로 설정하거나 가로의 회전 각도를 지정하여 방향을 설정한다.
④ '텍스트 줄 바꿈'은 텍스트의 길이가 셀의 너비보다 긴 경우 자동으로 줄을 나누어 표시한다.

28 다음 중 셀에 데이터를 입력하는 방법에 대한 설명으로 옳지 않은 것은?

① [C5] 셀에 값을 입력하고 **Esc** 키를 누르면 [C5] 셀에 입력한 값이 취소된다.
② [C5] 셀에 값을 입력하고 오른쪽 방향키를 누르면 [C5] 셀에 값이 입력된 후 [D5] 셀로 셀 포인터가 이동한다.
③ [C5] 셀에 값을 입력하고 **Enter** 키를 누르면 [C5] 셀에 값이 입력된 후 [C6] 셀로 셀 포인터가 이동한다.
④ [C5] 셀에 값을 입력하고 **Home** 키를 누르면 [C5] 셀에 값이 입력된 후 [C1] 셀로 셀 포인터가 이동한다.

29 다음 중 시트 보호와 통합 문서 보호에 대한 설명으로 옳지 않은 것은?

① 시트 보호에서 '잠긴 셀 선택'을 허용하지 않으려면 시트 보호 설정 전 [셀 서식] 대화상자의 [보호] 탭에 '숨김' 항목이 선택되어 있어야 한다.
② 시트 보호 시 시트 보호 해제 암호를 지정할 수 있으며, 암호를 설정하지 않으면 모든 사용자가 시트의 보호를 해제하고 보호된 요소를 변경할 수 있다.
③ 통합 문서 보호는 시트의 삽입, 삭제, 이동, 숨기기, 이름 바꾸기 등의 작업을 할 수 없도록 보호하는 것이다.
④ 통합 문서 보호에서 암호는 선택 사항으로 암호를 설정하지 않으면 모든 사용자가 통합 문서 보호를 해제하고 문서를 변경할 수 있다.

30 다음 중 매크로 이름을 정의하는 규칙으로 옳지 않은 것은?

① '?', '/', '-' 등의 문자는 매크로 이름에 사용할 수 없다.
② 기존의 매크로 이름과 동일한 이름을 사용하면 기존의 매크로를 새로 기록하려는 매크로로 바꿀 것인지를 선택할 수 있다.
③ 매크로 이름의 첫 글자는 반드시 문자로 지정해야 한다.
④ 매크로 이름에 사용되는 영문자는 대소문자를 구분한다.

31 다음 중 아래 워크시트에서 '직무'가 90 이상이거나, '국사'와 '상식'이 모두 80 이상이면 '평가'에 "통과"를 표시하고 그렇지 않으면 공백을 표시하는 [E2] 셀의 함수식으로 옳은 것은?

	A	B	C	D	E
1	이름	직무	국사	상식	평가
2	이몽룡	87	92	84	
3	성춘향	91	86	77	
4	조방자	78	80	75	

① =IF(AND(B2>=90,OR(C2>=80,D2>=80)), "통과","")
② =IF(OR(AND(B2>=90,C2>=80),D2>=80)), "통과","")
③ =IF(OR(B2>=90,AND(C2>=80,D2>=80)), "통과","")
④ =IF(AND(OR(B2>=90,C2>=80),D2>=80)), "통과","")

32 아래 시트에서 수강생들의 학점별 학생수를 [E3:E7] 영역에 계산하였다. 다음 중 [E3] 셀에 입력한 수식으로 옳은 것은?

	A	B	C	D	E
1	엑셀 성적 분포				
2	이름	학점		학점	학생수
3	이현미	A		A	2
4	장조림	B		B	3
5	나기훈	B		C	1
6	백원석	C		D	0
7	이영호	A		F	0
8	세종시	B			

① =COUNT(B3:B8, D3)
② =COUNTA($B$3:$B$8, D3)
③ =COUNTIF(D3, $B$3:$B$8)
④ =COUNTIF($B$3:$B$8, D3)

33 다음 중 수식에 따른 실행 결과가 옳은 것은?

① =LEFT(MID("Sound of Music",5,6),3)
   → [of]
② =MID(RIGHT("Sound of Music",7),2,3)
   → [Mu]
③ =RIGHT(MID("Sound of Music",3,7),3)
   → [f M]
④ =MID(LEFT("Sound of Music",7),2,3)
   → [und]

34 다음 중 차트에 대한 설명으로 옳지 않은 것은?

① 기본적으로 워크시트의 행과 열에서 숨겨진 데이터는 차트에 표시되지 않는다.
② 차트 제목, 가로/세로 축 제목, 범례, 그림 영역 등은 마우스로 드래그하여 이동할 수 있다.
③ **Ctrl** 키를 누른 상태에서 차트 크기를 조절하면 차트의 크기가 셀에 맞춰 조절된다.
④ 사용자가 자주 사용하는 차트 종류를 차트 서식 파일로 저장할 수 있다.

35 아래 워크시트는 수량과 상품코드별 단가를 이용하여 금액을 산출한 것이다. 다음 중 [D2] 셀에 사용된 수식으로 옳은 것은? (단, 금액 = 수량 × 단가)

	A	B	C	D
1	매장명	상품코드	수량	금액
2	강북	AA-10	15	45,000
3	강남	BB-20	25	125,000
4	강서	AA-10	30	90,000
5	강동	CC-30	35	245,000
6				
7		상품코드	단가	
8		AA-10	3000	
9		CC-30	7000	
10		BB-20	5000	

① =C2*VLOOKUP(B2,$B$8:$C$10,2)
② =C2*VLOOKUP($B$8:$C$10,2,B2,FALSE)
③ =C2*VLOOKUP(B2, $B$8:$C$10,2, FALSE)
④ =C2*VLOOKUP($B$8:$C$10,2,B2)

36 다음 중 특정한 데이터 계열에 대한 변화 추세를 파악하기 위한 추세선을 표시할 수 있는 차트 종류는?

① 　② 　③ 　④

37 다음 중 날짜 데이터를 자동 채우기 옵션(📋▼) 단추를 이용하여 데이터를 채운 경우, 채울 수 있는 값에 해당하지 않는 것은?

① 평일로만 일 단위 증가되는 날짜를 채울 수 있다.
② 주 단위로 증가되는 날짜를 채울 수 있다.
③ 월 단위로 증가되는 날짜를 채울 수 있다.
④ 연 단위로 증가되는 날짜를 채울 수 있다.

38 다음 중 아래 차트에 대한 설명으로 옳은 것은?

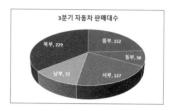

① 계열 옵션으로 첫째 조각의 각을 90°로 설정하였다.
② 차트 종류는 원형으로 지정하였다.
③ 데이터 레이블 내용으로 항목 이름과 값을 함께 표시하였다.
④ 차트 제목을 그림 영역 안의 위쪽에 표시하였다.

39 다음 중 페이지 나누기에 대한 설명으로 옳지 않은 것은?

① 페이지 나누기는 워크시트를 인쇄할 수 있도록 페이지 단위로 나누는 구분선이다.
② [페이지 나누기 미리 보기] 상태에서 마우스로 페이지 나누기 구분선을 클릭하여 끌면 페이지를 나눌 위치를 조정할 수 있다.
③ 행 높이와 열 너비를 변경해도 자동 페이지 나누기 구분선의 위치는 변경되지 않는다.
④ [페이지 나누기 미리 보기] 상태에서 파선은 자동 페이지 나누기를 나타내고 실선은 사용자 지정 페이지 나누기를 나타낸다.

40 다음 중 머리글 편집과 바닥글 편집에서 명령 단추와 기능의 연결이 옳지 않은 것은?

① 🖌 : 그림 서식　② # : 페이지 번호 삽입
③ 🕐 : 시간 삽입　④ 📄 : 시트 이름 삽입

제 08 회 최신유형기출문제

01 다음 중 아래에서 설명하는 그래픽 기법은?

> 컴퓨터 프로그램을 이용하여 3차원 애니메이션을 만드는 과정으로 사물 모형에 명암과 색상을 추가하여 사실감을 더해주는 작업이다.

① 안티앨리어싱(Anti-Aliasing)
② 렌더링(Rendering)
③ 인터레이싱(Interlacing)
④ 메조틴트(Mezzotint)

02 다음 중 JPEG 표준에 대한 설명으로 옳지 않은 것은?

① 손실 압축 기법과 무손실 압축기법이 있지만 특허 문제나 압축률 등의 이유로 무손실 압축 방식은 잘 쓰이지 않는다.
② JPEG 표준을 사용하는 파일 형식에는 jpg, jpeg, jpe 등의 확장자를 사용한다.
③ 파일 크기가 작아 웹 상에서 사진 같은 이미지를 보관하고 전송하는데 사용한다.
④ 문자, 선, 세밀한 격자 등 고주파 성분이 많은 이미지의 변환에서는 GIF나 PNG에 비해 품질이 매우 우수하다.

03 다음 중 컴퓨터 바이러스의 예방법으로 가장 거리가 먼 것은?

① 최신 버전의 백신 프로그램을 사용한다.
② 다운로드 받은 파일은 작업에 사용하기 전에 바이러스 검사 후 사용한다.
③ 전자우편에 첨부된 파일은 다른 이름으로 저장하고 사용한다.
④ 네트워크 공유 폴더에 있는 파일은 읽기 전용으로 지정한다.

04 다음 중 네트워크 장비와 관련하여 라우터에 관한 설명으로 옳은 것은?

① 네트워크를 구성할 때 여러 대의 컴퓨터를 연결하여 각 회선을 통합 관리하는 장비이다.
② 네트워크 상에서 가장 최적의 IP 경로를 설정하여 전송하는 장비이다.
③ 다른 네트워크와 데이터를 보내고 받기 위한 출입구 역할을 하는 장비이다.
④ 인터넷 도메인 네임을 숫자로 된 IP 주소로 바꾸어 주는 장비이다.

05 다음 중 인터넷을 수동으로 연결하기 위하여 지정해야 할 TCP/IP 구성요소로 옳지 않은 것은?

① IP 주소
② 서브넷 마스크
③ 어댑터 주소
④ DNS 서버 주소

06 다음 중 Windows에서 사용하는 바로 가기 키에 관한 설명으로 옳지 않은 것은?

① **Ctrl**+**Esc** : 시작 메뉴를 표시
② **Shift**+**F10** : 선택한 항목의 바로가기 메뉴 표시
③ **Alt**+**Enter** : 선택한 항목 실행
④ **⊞**+**E** : 파일 탐색기 실행

07 다음 중 라디오와 같이 한쪽은 송신만, 다른 한쪽은 수신만 가능한 정보 전송 방식은?

① 단방향 통신
② 반이중 통신
③ 전이중 통신
④ 양방향 통신

08 다음 중 소형화, 경량화를 비롯해 음성과 동작인식 등 다양한 기술이 적용되어 장소에 구애받지 않고 컴퓨터를 활용할 수 있도록 몸에 착용하는 컴퓨터를 의미하는 것은?

① 웨어러블 컴퓨터
② 마이크로 컴퓨터
③ 인공지능 컴퓨터
④ 서버 컴퓨터

09 다음 중 Windows Update가 속한 사용권에 따른 소프트웨어 분류 유형으로 가장 적절한 것은?

① 패치 버전
② 알파 버전
③ 트라이얼 버전
④ 프리웨어

10 다음 중 차세대 웹 표준으로 텍스트와 하이퍼링크를 이용한 문서 작성 중심으로 구성된 기존 표준에 비디오, 오디오 등의 다양한 부가기능을 추가하여 최신 멀티미디어 콘텐츠를 ActiveX 없이도 웹 서비스로 제공할 수 있는 언어는?

① XML
② VRML
③ HTML5
④ JSP

11 다음 중 파일이나 폴더를 복사하거나 이동하는 방법으로 옳지 않은 것은?

① 폴더를 마우스로 선택한 후 동일한 드라이브의 다른 폴더로 끌어서 놓으면 이동이 된다.
② USB에 저장되어 있는 파일을 마우스로 선택한 후 바탕화면으로 끌어서 놓으면 복사가 된다.
③ 파일을 마우스로 선택한 후 **Ctrl** 키를 누른 채 같은 드라이브의 다른 폴더로 끌어서 놓으면 복사가 된다.
④ 폴더를 마우스로 선택한 후 **Alt** 키를 누른 채 같은 드라이브의 다른 폴더로 끌어서 놓으면 이동이 된다.

12 다음 중 Windows의 에어로 피크(Aero Peek) 기능에 대한 설명으로 옳은 것은?

① 파일이나 폴더의 저장된 위치에 상관없이 종류별로 파일을 구성하고 액세스할 수 있게 한다.
② 모든 창을 최소화할 필요 없이 바탕 화면을 빠르게 미리 보거나 작업 표시줄의 해당 아이콘을 가리켜서 열린 창을 미리 볼 수 있게 한다.
③ 바탕 화면의 배경으로 여러 장의 사진을 선택하여 슬라이드 쇼 효과를 주면서 번갈아 표시할 수 있게 한다.
④ 작업 표시줄에서 앱 아이콘을 마우스 오른쪽 단추로 클릭하여 최근에 열린 파일 목록을 확인할 수 있게 한다.

13 다음 중 정보 보안을 위협하는 유형에서 가로채기에 해당하는 것은?

① 데이터의 전달을 가로막아 수신자 측으로 정보가 전달되는 것을 방해하는 행위
② 전송되는 데이터를 전송 도중에 도청 및 몰래 보는 행위
③ 전송된 원래의 데이터를 다른 내용으로 수정하여 변조하는 행위
④ 다른 송신자로부터 데이터가 송신된 것처럼 꾸미는 행위

14 다음 중 Windows 설정의 [접근성]에서 설정할 수 없는 기능은?

① 다중 디스플레이를 설정하여 두 대의 모니터에 화면을 확장하여 표시할 수 있다.
② 돋보기를 사용하여 화면에서 원하는 영역을 확대하여 크게 표시할 수 있다.
③ 내레이터를 사용하여 화면의 모든 테스트를 소리내어 읽어 주도록 설정할 수 있다.
④ 키보드가 없어도 입력 가능한 화상 키보드를 표시할 수 있다.

15 다음 중 삭제된 파일이 [휴지통]에 임시 보관되어 복원이 가능한 경우는?

① 바탕 화면에 있는 파일을 [휴지통]으로 드래그 앤 드롭 하여 삭제한 경우
② USB 메모리에 저장되어 있는 파일을 **Delete** 키로 삭제한 경우
③ 네트워크 드라이브의 파일을 바로 가기 메뉴의 [삭제]를 클릭하여 삭제한 경우
④ [휴지통 속성]에서 최대 크기를 0MB로 설정한 후 [문서] 폴더 안의 파일을 삭제한 경우

16 다음 중 영상신호와 음향신호를 압축하지 않고 통합하여 전송하는 고선명 멀티미디어 인터페이스로 S-비디오, 컴포지트 등의 아날로그 케이블보다 고품질의 음향 및 영상을 감상할 수 있는 것은?

① DVI
② HDMI
③ USB
④ IEEE-1394

17 다음 중 컴퓨터에서 사용하는 캐시 메모리에 관한 설명으로 옳은 것은?

① 보조기억장치의 일부를 주기억장치처럼 사용하는 메모리이다.
② 기억된 정보의 내용 일부를 이용하여 주기억장치에 접근하는 장치이다.
③ EEPROM의 일종으로 비휘발성 메모리이다.
④ 중앙처리장치(CPU)와 주기억장치 사이에 위치하여 컴퓨터 처리 속도를 향상시키는 메모리이다.

18 다음 중 컴퓨터에서 사용하는 레이저 프린터에 관한 설명으로 옳지 않은 것은?

① 회전하는 드럼에 토너를 묻혀서 인쇄하는 방식이다.
② 비충격식이라 비교적 인쇄 소음이 적고 인쇄 속도가 빠르다.
③ 인쇄 방식에는 드럼식, 체인식, 밴드식 등이 있다.
④ 인쇄 해상도가 높으며 복사기와 같은 원리를 사용한다.

19 아래는 노트북의 사양을 나타낸 것이다. 다음 중 ㉠~㉣에 대한 설명이 옳은 것은?

> ㉠ Intel Core i5–8세대 ㉡ Intel UHD Grapics 620
> ㉢ 16GB DDR4 RAM ㉣ SSD 256GB

① ㉠ – 메모리 종류와 용량
② ㉡ – 프로세서 종류
③ ㉢ – 디스플레이 크기와 해상도
④ ㉣ – 저장장치 종류와 용량

20 다음 중 인터넷에서 웹 서버와 사용자의 인터넷 브라우저 사이에 하이퍼텍스트 문서를 전송하기 위해 사용되는 통신 규약은?

① TCP ② HTTP
③ FTP ④ SMTP

---

21 다음 중 워크시트에 대한 설명으로 옳지 않은 것은?

① 여러 개의 시트를 한 번에 선택하면 제목 표시줄의 파일명 뒤에 [그룹]이 표시된다.
② 선택된 시트의 왼쪽에 새로운 시트를 삽입하려면 **Shift**+**F11** 키를 누른다.
③ 마지막 작업이 시트 삭제인 경우 빠른 실행 도구 모음의 '실행 취소(🔙)' 명령을 클릭하여 되살릴 수 있다.
④ 동일한 통합 문서 내에서 시트를 복사하면 원래의 시트 이름에 '(일련번호)' 형식이 추가되어 시트 이름이 만들어진다.

22 다음 중 [시트 보호] 기능에 대한 설명으로 옳지 않은 것은?

① 새 워크시트의 모든 셀은 기본적으로 '잠금' 속성이 설정되어 있다.
② 워크시트에 있는 셀을 보호하기 위해서는 먼저 셀의 '잠금' 속성을 해제해야 한다.
③ 시트 보호를 설정하면 셀에 데이터를 입력하거나 수정하려고 했을 때 경고 메시지가 나타난다.
④ 셀의 '잠금' 속성과 '숨김' 속성은 시트를 보호하기 전까지는 아무런 효과를 내지 못한다.

23 다음 중 근무기간이 15년 이상이면서 나이가 50세 이상인 직원의 데이터를 조회하기 위한 고급 필터의 조건으로 옳은 것은?

①

근무기간	나이
>=15	>=50

②

근무기간	나이
>=15	
	>=50

③

근무기간	>=15
나이	>=50

④

근무기간	>=15	
나이		>=50

24 다음 중 아래 그림과 같이 목표값 찾기를 설정했을 때, 이에 대한 의미로 옳은 것은?

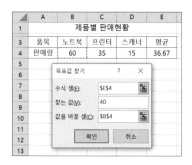

① 평균이 40이 되려면 노트북 판매량이 얼마가 되어야 하는가?
② 노트북 판매량이 40이 되려면 평균이 얼마가 되어야 하는가?
③ 노트북 판매량을 40으로 변경하였을 때 평균은 얼마가 되어야 하는가?
④ 평균이 40이 되려면 노트북을 제외한 나머지 제품의 판매량이 얼마가 되어야 하는가?

25 다음 중 부분합에 대한 설명으로 옳지 않은 것은?

① 부분합을 실행하면 각 부분합에 대한 정보 행을 표시하고 숨길 수 있도록 목록에 윤곽이 자동으로 설정된다.
② 부분합은 한 번에 한 개의 함수만 계산할 수 있으므로 두 개 이상의 함수를 이용하려면 함수의 개수만큼 부분합을 중첩해서 삽입해야 한다.
③ '새로운 값으로 대치'를 선택하면 이전의 부분합의 결과는 제거되고 새로운 부분합의 결과로 변경한다.
④ 그룹화할 항목으로 선택된 필드는 자동으로 오름차순 정렬하여 부분합이 계산된다.

26 다음 중 새 워크시트에서 보기의 내용을 그대로 입력하였을 때, 입력한 내용이 텍스트로 인식되지 않는 것은?

① 01:02AM ② 0 1/4
③ '1234 ④ 1월30일

27 다음 중 입력 데이터에 주어진 표시 형식으로 지정한 경우 그 결과가 옳지 않은 것은?

입력 데이터	표시 형식	표시 결과
① 7.5	#.00	7.50
② 44.398	???.???	044.398
③ 12,200,000	#,##0,	12,200
④ 상공상사	@ "귀중"	상공상사 귀중

28 다음 중 [통합] 데이터 도구에 대한 설명으로 옳지 않은 것은?

① '모든 참조 영역'에 다른 통합 문서의 워크시트를 추가하여 통합할 수 있다.
② '사용할 레이블'을 모두 선택한 경우 각 참조 영역에 결과 표의 레이블과 일치하지 않은 레이블이 있으면 통합 결과 표에 별도의 행이나 열이 만들어진다.
③ 지정한 영역에 계산될 요약 함수는 '함수'에서 선택하며, 요약 함수로는 합계, 개수, 평균, 최대값, 최소값 등이 있다.
④ '원본 데이터에 연결' 확인란을 선택하여 통합한 경우 통합에 참조된 영역에서의 행 또는 열이 변경될 때 통합된 데이터 결과도 자동으로 업데이트 된다.

29 다음 중 [A1:D1] 영역을 선택한 후 채우기 핸들을 이용하여 아래쪽으로 드래그하였을 때, 데이터가 변하지 않고 같은 데이터로 채워지는 것은?

	A	B	C	D
1	가	갑	월	자
2				
3				
4				
5				

① 가   ② 갑
③ 월   ④ 자

30 다음 중 [페이지 설정] 대화상자의 [시트] 탭에 대한 설명으로 옳은 것은?

① '메모'는 셀에 설정된 메모의 인쇄 여부를 설정하는 것으로 '없음'과 '시트에 표시된 대로' 중 하나를 선택하여 인쇄할 수 있다.
② 워크시트의 셀 구분선을 그대로 인쇄하려면 '눈금선'에 체크하여 표시하면 된다.
③ '간단하게 인쇄'를 체크하면 설정된 글꼴색은 모두 검정으로, 도형은 테두리 색만 인쇄하여 인쇄 속도를 높인다.
④ '인쇄 영역'에 범위를 지정하면 특정 부분만 인쇄할 수 있으며, 지정한 범위에 숨겨진 행이나 열도 함께 인쇄된다.

31 다음 중 막대형 차트에서 각 데이터 계열을 그림으로 표시하는 방법으로 옳지 않은 것은?

① 막대에 채워질 그림은 저장된 파일, 클립보드에 복사되어 있는 파일, 온라인에서 검색된 이미지 파일로 선택할 수 있다.
② 늘이기는 값에 비례하여 그림의 너비와 높이가 증가한다.
③ 쌓기는 원본 그림의 크기에 따라 단위/그림이 달라진다.
④ '다음 배율에 맞게 쌓기'는 계열 간의 원본 그림 크기가 달라도 'Units/Picture'를 같게 설정하면 같은 크기로 표시된다.

32 다음 중 [A4] 셀의 메모가 지워지는 작업에 해당하는 것은?

	A	B	C	D
1		성적 관리		
2	성명	영어	국어	총점
3	배순용	81	89	170
4	이길순	장학생	98	186
5	하길주	87	88	175
6	이선호	67	78	145

① [A3] 셀의 채우기 핸들을 아래쪽으로 드래그하였다.
② [A4] 셀의 바로 가기 메뉴에서 [메모 숨기기]를 선택하였다.
③ [A4] 셀을 선택하고, [홈] 탭 – [편집] 그룹의 [지우기]에서 [모두 지우기]를 선택하였다.
④ [A4] 셀을 선택하고, 키보드의 **Back space** 키를 눌렀다.

33 아래 표에서 원금[C4:F4]과 이율[B5:B8]을 각각 곱하여 수익금액[C5:F8]을 계산하기 위해서, [C5] 셀에 수식을 입력하고 나머지 모든 셀은 [자동 채우기] 기능으로 채우려고 한다. 다음 중 [C5] 셀에 입력할 수식으로 옳은 것은?

	A	B	C	D	E	F
1			이율과 원금에 따른 수익금액			
2						
3					원금	
4			5,000,000	10,000,000	30,000,000	50,000,000
5		1.5%				
6	이	2.3%				
7	율	3.0%				
8		5.0%				

① =C4*B5   ② =$C4*B$5
③ =C$4*$B5   ④ =$C$4*$B$5

34 다음 중 매크로의 바로 가기 키에 대한 설명으로 옳지 않은 것은?

① 매크로 생성 시 설정한 바로 가기 키는 [매크로] 대화 상자의 [옵션]에서 변경할 수 있다.
② 기본적으로 바로 가기 키는 **Ctrl** 키와 조합하여 사용하지만 대문자로 지정하면 **Shift** 키가 자동으로 덧붙는다.
③ 바로 가기 키의 조합 문자는 영문자만 가능하고, 바로가기 키를 설정하지 않아도 매크로를 생성할 수 있다.
④ 엑셀에서 기본적으로 지정되어 있는 바로 가기 키는 매크로의 바로 가기 키로 지정할 수 없다.

35 다음 중 환자번호[C2:C5]를 이용하여 성별[D2:D5]을 표시하기 위해 [D2] 셀에 입력할 수식으로 옳지 않은 것은? (단, 환자번호의 4번째 문자가 'M'이면 '남', 'F'이면 '여' 임)

	A	B	C	D
1	번호	이름	환자번호	성별
2	1	박상훈	01-M0001	
3	2	서윤희	07-F1002	
4	3	김소민	02-F5111	
5	4	이진	03-M0224	
6				
7	코드	성별		
8	M	남		
9	F	여		

① =IF(MID(C2,4,1)="M","남","여")

② =INDEX($A$8:$B$9,MATCH(MID(C2,4,1), $A$8:$A$9,0),2)

③ =VLOOKUP(MID(C2,4,1),$A$8:$B$9,2, FALSE)

④ =IFERROR(IF(SEARCH(C2,"M"),"남"),"여")

36 다음 중 [D9] 셀에서 사과나무의 평균 수확량을 구하는 경우 나머지 셋과 다른 결과를 표시하는 수식은?

	A	B	C	D	E	F
1	나무번호	종류	높이	나이	수확량	수익
2	001	사과	18	20	18	105000
3	002	배	12	12	10	96000
4	003	체리	13	14	9	105000
5	004	사과	14	15	10	75000
6	005	배	9	8	8	77000
7	006	사과	8	9	10	45000
8						
9	사과나무의 평균 수확량					

① =INT(DAVERAGE(A1:F7,5,B1:B2))

② =TRUNC(DAVERAGE(A1:F7,5,B1:B2))

③ =ROUND(DAVERAGE(A1:F7,5,B1:B2),0)

④ =ROUNDDOWN(DAVERAGE(A1:F7,5,B1:B2),0)

37 다음 중 '페이지 나누기'에 대한 설명으로 옳지 않은 것은?

① [페이지 나누기 미리 보기]에서 행 높이와 열 너비를 변경하면 '자동 페이지 나누기'의 위치도 변경된다.

② [페이지 나누기 미리 보기]에서 수동으로 삽입된 페이지 나누기는 점선으로 표시된다.

③ 수동으로 삽입한 페이지 나누기를 제거하려면 페이지 나누기 선 아래 셀의 바로 가기 메뉴에서 [페이지 나누기 제거]를 선택한다.

④ 용지 크기, 여백 설정, 배율 옵션 등에 따라 자동 페이지 나누기가 삽입된다.

38 다음 중 매크로가 포함된 엑셀 파일을 열었을 때 엑셀 화면이 다음과 같이 되었다면, 아래 통합문서에 적용된 매크로 보안은?

① 모든 매크로 제외(알림 표시 없음)

② 모든 매크로 제외(알림 표시)

③ 디지털 서명된 매크로만 포함

④ 모든 매크로 포함

39 다음 중 학점[B3:B10]을 이용하여 [E3:E7] 영역에 학점별 학생수만큼 '♣' 기호를 표시하고자 할 때, [E3] 셀에 입력해야 할 수식으로 옳은 것은?

	A	B	C	D	E
1			엑셀 성적 분포		
2	이름	학점		학점	성적그래프
3	김현미	A		A	♣
4	조미림	B		B	♣♣♣♣
5	심기훈	F		C	♣
6	박원석	C		D	
7	이영준	B		F	♣♣
8	최세종	F			
9	김수현	B			
10	이미도	B			

① =REPT("♣", COUNTIF(D3, $B$3:$B$10))

② =REPT(COUNTIF(D3, $B$3:$B$10), "♣")

③ =REPT("♣", COUNTIF($B$3:$B$10, D3))

④ =REPT(COUNTIF($B$3:$B$10, D3), "♣")

40 다음 중 차트에 대한 설명으로 옳지 않은 것은?

구분	남	여	합계
1반	23	21	44
2반	22	25	47
3반	20	17	37
4반	21	19	40
합계	86	82	168

① 차트의 종류는 묶은 세로 막대형으로 계열 옵션의 '계열 겹치기'가 적용되었다.

② 세로 (값) 축의 [축 서식]에는 주 눈금과 보조 눈금이 '안쪽'으로 표시되도록 설정되었다.

③ 데이터 계열로 '남'과 '여'가 사용되고 있다.

④ 표 전체 영역을 데이터 원본으로 사용하여 차트를 작성하였다.

MEMO

컴퓨터활용능력 2급 필기

PART

05 정답 및 해설

<1과목> 컴퓨터 일반 정답·해설

CHAPTER 01 운영체제 사용<단원 평가 문제>

01	④	02	③	03	①	04	②	05	④
06	③								

01 ⊞+E : [파일 탐색기] 실행

02 ③ : 로컬 또는 네트워크상에 있는 앱, 파일, 폴더, 컴퓨터, 인터넷 주소등 모든 것의 바로 가기 아이콘을 만들 수 있다.

03 ① : 휴지통에 삭제된 파일이 보관되어 있을 경우와 휴지통이 비워진 상태의 아이콘 모양은 다르게 표시된다.

04 작업 표시줄은 필요시 상·하·좌·우로 이동이 가능하다.

05 ④ : 반드시 PC 한 대에 하나의 프린터만 설정할 수 있다.

06 • [Windows 보조프로그램]에 있는 '그림판'에서는 BMP, GIF, JPEG(JPG), TIFF(TIF), PNG 등의 형식을 지원
    • *.TXT는 메모장이나 워드프로세서에서 작업 가능

CHAPTER 02 컴퓨터 시스템 설정<단원 평가 문제>

01	④	02	①	03	②	04	③	05	②
06	②	07	②						

01 [Microsoft Store에서 더 많은 테마 보기]는 [설정] – [개인 설정] – [테마]에서 추가 설치할 수 있다.

02 ① : [접근성] – [마우스]에서 설정한다.

03 접근성 : 사용자가 컴퓨터를 쉽게 사용할 수 있도록 돋보기, 내레이터, 화상 키보드, 고대비 설정, 키보드, 소리, 마우스 등의 설정을 변경할 수 있다.

04 [개인 설정]에서 바탕 화면 배경으로 사용할 사진을 지정할 수 있으며 사진을 2개 이상 지정하여 슬라이드 쇼로 지정 가능하다.

07 설치된 메모리(RAM)의 크기를 확인할 수는 있으나 직접 변경할 수는 없다.

CHAPTER 03 컴퓨터 시스템 관리<단원 평가 문제>

01	③	02	④	03	②	04	②	05	③
06	①	07	②	08	③	09	③	10	①
11	④	12	④						

01 ① : 제4세대, ② : 제5세대, ③ : 제1세대, ④ : 제3세대

02 • ① : 세계 최초의 전자계산기
    • ② : 세계 최초로 프로그램 내장 방식을 도입한 전자계산기
    • ③ : 세계 최초의 상업용 계산기

03 ①, ③, ④ : ROM에 대한 설명이다.

04 ②번은 '베타 프로그램'에 대한 설명이다.

05 ③ : 처리 능력(기억 용량)에 따른 분류
    ①, ②, ④ : 취급 데이터에 따른 분류

06 주기억장치(RAM)은 휘발성 메모리로 전원이 꺼지면 기억된 내용이 모두 소멸된다.

07 ③ : 컴퓨터의 시스템 파일을 이전 시점으로 복원하는 기능으로 전자 메일, 문서 또는 사진과 같은 개인 파일에 영향을 주지 않고 컴퓨터에 대한 시스템 변경 내용을 실행 취소

08 • 운영체제(Operating System)는 시스템 소프트웨어이다.
    • 언어 번역기의 종류 : 어셈블러(Assembler), 컴파일러(Compiler), 인터프리터(Interpreter)

09 제어장치 : 프로그램 카운터(PC), 명령 레지스터(IR), 메모리 주소 레지스터(MAR), 기억 장치 버퍼 레지스터(MBR), 해독기(Decoder), 부호기(Encoder) 등

10 디지털 컴퓨터의 특징 : 수치, 문자 데이터 사용, 논리 회로 사용, 정밀도 좋음, 프로그램 필요, 논리연산, 연산속도 느림, 기억이 용이함

11 • 정전압 정주파 장치(CVCF) : 공급되는 전압과 주파수를 항상 일정하게 유지해주는 장치
    • 서지 프로텍터(Surge Protector) : 급격한 전압이나 전류의 변화(Surge)에 대한 손상을 보호하는 장치

12 재생률 : 픽셀들이 밝게 빛나는 것을 유지하도록 하기 위한 1초당 재충전 횟수

01	④	02	③	03	④	04	④	05	④
06	④	07	①	08	①	09	②	10	②
11	④								

01 동일한 주소는 전세계에 존재하지 않으며, 한 개인은 여러 개의 URL를 가질 수 있다.

03 IPv6은 IPv4의 주소 부족을 해결하기 위한 대책으로 마련된 128비트 체계이다.

04 전자우편 관련 프로토콜 : SMTP(전자우편 송신), POP(전자우편 수신), IMAP, MIME(멀티미디어 데이터 전송)

05 웹 호스팅(Web-Hosting) : 인터넷 서버를 운영하기 어려운 기업체에게 웹 서버를 임대, 관리해주는 서비스이다.

06 [도구] – [인터넷 옵션] – [개인 정보] 탭
  • 압축된 개인 정보 취급 방침이 없는 타사의 쿠키를 차단
  • 팝업 창의 차단 여부를 설정

07 IP 주소의 등급에는 A클래스부터 E클래스까지로 구분할 수 있다.

08 • ② : Repeater에 대한 설명이다.
  • ③ : 라우터에 대한 설명이다.
  • ④ : DNS에 대한 설명이다.

10 히스토리 : 브라우저를 처음 실행시킨 후부터 종료 전까지 사용자가 방문했던 웹 사이트 주소를 순서대로 기억하여 보관하는 기능이다.

11 • 네트워크 어댑트 카드 : LAN 카드, 컴퓨터를 네트워크에 연결하는 장치
  • 모뎀(MODEM) : 디지털 신호를 아날로그 신호로 변조하고 다시 아날로그 신호를 디지털 신호로 복조해 주는 역할(변복조기)

CHAPTER **05** **멀티미디어 활용<단원 평가 문제>**

01	②	02	④	03	④	04	④	05	②
06	②	07	①	08	③	09	④	10	①
11	④	12	③						

02 ④ : 동영상 압축 기술에 대한 국제 표준 규격, 디지털 비디오와 디지털 오디오 압축에 관한 표준을 제정하는 동영상 전문가 그룹(세계 표준화 기구인 ISO의 후원을 받고 있음)

03 ④번은 벡터 방식에 대한 설명으로 AI, CDR, EPS, WMF 파일 형식 등이 해당한다.

04 DXF(Drawing Exchange Format) : 컴퓨터 지원 설계(CAD), 설계 도면 파일 형식

05 ②번은 벡터 방식의 파일 형식에 관한 설명이다.

06 ② : 주문형 비디오 서비스로 뉴스, 영화, 문화, 정보, 게임 등 컴퓨터와 통신 그리고 방송 분야의 조합으로 이루어진 새로운 형태의 영상서비스로 사용자의 요구에 따라 원하는 영상자료나 시청 프로그램 등을 이용할 수 있도록 해주는 서비스

07 • ② : 이미지 외곽의 거친 부분을 부드럽게 처리해 주는 효과 또는 기법
  • ③ : 컴퓨터 그래픽, 영화 등에서 응용되는 것으로 2개의 이미지를 부드럽게 연결해 변환, 통합하는 기법

09 PNG는 정지영상 파일 포맷에 해당한다.

10 코덱(CODEC) : 오디오, 비디오 등 아날로그(Analog) 신호를 펄스 부호 변조(PCM)를 사용해 전송에 적합한 디지털 비트 스트림으로 압축 · 변환 하고, 역으로 수신측에서 디지털 신호를 아날로그 신호로 변환하는 기술 또는 장치

11 비선형성 : 기존의 문자 정보와 같이 한 방향으로 흐르는 것이 아닌 사용자의 선택에 따라 소리나 이미지 등의 다양한 데이터로 처리하는 구조

12 • ①, ②, ④ : 동영상 파일
  • ③ : 정지영상 파일

CHAPTER **06** **최신 정보통신기술 활용<단원 평가 문제>**

01	①	02	③	03	①	04	④	05	②
06	③	07	③	08	④	09	②	10	②
11	④	12	②						

01 ② : 한쪽은 송신만, 한쪽은 수신만 가능한 방식

02 데이터 전송 방식에 따른 분류 : 단향 방식(Simplex), 반이중 방식(Half Duplex), 전이중 방식(Full Duplex)

03 네티켓(Netiquette) : 통신망(Network)과 예의범절(Etiquette)의 합성어로 네트워크 사용자들이 네트워크상에서 지키고 갖추어야 하는 예의범절을 말한다.

04 ① : 중앙에 컴퓨터나 교환기가 있고 그 주위에 분산된 단말장치를 연결시킨 형태로 허브를 통해 모든 신호가 입출력되며 고장 발견이 쉽고 유지보수 및 확장이 용이

06 ① : 휴대형 무선 단말기를 이용하여 언제 어디서나 이동하면서 인터넷에 접속하여 다양한 정보와 콘텐츠를 이용할 수 있는 서비스

07 데이터 전송 방식에 따른 분류 : 단향 방식, 반이중 방식, 전이중 방식

08 ② : Digital Multimedia Broadcasting(디지털 멀티미디어 방송), 뛰어난 이동수신 특성을 바탕으로 음악, 문자, 동영상 등 다양한 컨텐츠를 휴대용 TV, PDA 등을 통해 제공하는 서비스로 지상파 및 위성을 통해 제공되는 서비스

09 ④ : 스마트폰 자체가 무선 모뎀 역할을 하는 기능

10 ② : 구글이 개발한 프리웨어 웹 브라우저

11 스마트폰 OS는 무선 스마트폰 환경에서 사용하는 운영체제로 일반 컴퓨터 운영체제와는 통신규약 자체가 다르다.

12 • ① : 3세대 이동통신(3G)을 장기적으로 진화시킨 기술이라는 뜻에서 붙여진 명칭으로 WCDMA와 CDMA로 대별되는 3세대 이동통신과 4세대 이동통신(4G)의 중간에 해당하는 기술
   • ④ : '휴대전화'와 '휴대용개인정보단말기(PDA)' 등과 같이 이동성을 가진 것들을 총칭

CHAPTER 07 정보 보안 유지<단원 평가 문제>

01	③	02	④	03	④	04	②	05	①
06	②	07	③	08	④	09	④		

01 ① : 불건전 정보통신의 억제 및 건전한 정보 문화 확산을 목적으로 설립된 위원회

04 개인을 알아볼 수 있는 정보란 해당 정보만으로는 특정 개인을 알아볼 수 없더라도 다른 정보와 쉽게 결합하여 알아볼 수 있는 것을 포함한다.

05 개인 정보 보호에 관한 사항을 심의·의결하기 위하여 대통령 소속으로 개인정보 보호위원회를 두며 보호위원회는 그 권한에 속하는 업무를 독립하여 수행

08 ④ : 대용량의 파일을 자료실에 올릴 때는 압축을 한 후 올리도록 한다.

09 개인정보란 살아있는 개인에 관한 정보를 말하며 성명, 주민등록번호 및 영상 등을 통하여 개인을 알아볼 수 있는 정보를 말한다.

CHAPTER 08 시스템 보안 유지<단원 평가 문제>

01	②	02	④	03	②	04	④	05	③
06	③	07	④	08	④	09	③	10	③
11	①	12	①	13	③				

03 치료 기능은 백신 프로그램(V3, 알약 등)에 있는 기능이다.

05 • 스미싱이란 인터넷 접속이 가능한 스마트폰의 문자 메시지를 이용한 휴대폰 해킹을 의미한다.
   • ③ : 백도어에 대한 설명

06 • ① : 데이터의 전달을 가로막아서 수신자 측으로 정보가 전달되는 것을 방해하는 행위
   • ② : 전송된 데이터를 다른 데이터로 바꾸는 행위
   • ④ : 다른 송신자로부터 데이터가 온 것처럼 꾸미는 행위

07 바이러스에 감염된 파일은 백신 프로그램을 이용하여 즉시 치료하거나 삭제하는 것이 바람직하다.

08 ④ : 기업 또는 회사에서 사용하는 내부 네트워크에 인터넷망을 연결하여 구축한 네트워크

10 게시판에 업로드 된 프로그램도 안전함을 보장할 수 없으므로 다운로드 받은 파일은 작업에 사용하기 전에 반드시 바이러스 검사 후 사용하도록 한다.

11 ④ : 사용자의 동의없이 또는 사용자를 속이고 설치되어 광고나 마케팅용 정보를 수집하거나 중요한 개인 정보를 빼내는 악의적 프로그램

12 • ③ : 네트워크 주변을 지나다니는 패킷을 엿보면서 계정과 패스워드 등의 정보를 알아내는 해킹 방법
   • ④ : 외부의 악의적 네트워크 침입자가 임의로 웹 사이트를 구성해 일반 사용자들의 방문을 유도하여 인터넷 프로토콜인 TCP/IP의 구조적 결함을 이용해 사용자의 시스템 권한을 획득한 뒤 정보를 빼가는 수

<2과목> 스프레드시트 일반 정답·해설

CHAPTER 01 응용 프로그램 준비<단원 평가 문제>

01	③	02	②	03	①	04	②	05	③
06	③	07	③	08	②	09	③	10	④
11	④	12	①						

01 ③ : **Shift**+**F11** 키를 누르면 현재 시트의 앞에 비어 있는 시트가 삽입된다.

02 ② : 비연속적으로 선택된 여러 개의 워크시트를 삽입할 수 없다.

03 [정렬 및 필터] 그룹은 [데이터] 탭에 수록

04 • ② : [통합 문서 보기] 그룹에서 '기본, 페이지 레이아웃, 페이지 나누기 미리보기, 사용자 지정 보기' 등을 설정할 수 있다.
• [페이지 레이아웃] 탭의 [페이지 설정] 그룹에서 '여백, 용지 방향, 크기, 인쇄 영역' 등을 설정할 수 있다.

05 Excel 서식 파일로 저장하면 다른 통합 문서를 만드는데 사용할 수 있으며, 확장자는 xltx이다.

06 통합 문서에는 화면에 보이는 시트가 적어도 하나는 있어야 한다.

07 시트 이름에 공백을 사용할 수 있으며, 최대 31자까지 지정할 수 있다.

08 ② : **Shift**+**F11** 키를 누르면 현재 시트의 앞에 새 워크시트가 삽입된다.

09
⊞ ▣ ⊔ ─ ▬▬▬▬─╋━ ＋ 100 %
왼쪽부터 차례대로 기본, 페이지 레이아웃, 페이지 나누기 미리보기, 확대/축소 슬라이더, 확대/축소

11 [일반 옵션]에는 백업 파일 항상 만들기, 열기 암호, 쓰기 암호, 읽기 전용 권장 등이 있다.

12 .xlsm : Excel 매크로 사용 통합 문서, .xlsx : Excel 통합 문서

CHAPTER 02 데이터 입력<단원 평가 문제>

01	②	02	④	03	②	04	②	05	③
06	②	07	④	08	①	09	④	10	④
11	②	12	④	13	②				

01 수치 데이터는 셀의 오른쪽으로 정렬되며 공백과 '&' 특수 문자를 사용할 수 없다.

02 문자 데이터의 경우 입력 시 앞의 몇 글자가 해당 열의 기존 내용과 일치 하면 자동으로 입력된다.

03 • 연속된 셀 범위 지정 : **Shift** 키 이용
• 연속되지 않은 셀 범위 지정 : **Ctrl** 키 이용

04 [찾기 및 바꾸기] 대화상자 : 대/소문자 구분, 전체 셀 내용 일치, 전자/반자 구분

05 [표시 형식]에서 '백분율' 적용 시 셀 값에 100을 곱한 값이 백분율 기호(%)와 함께 표시된다.

06 [사용자 지정] 서식에서 @는 특정 문자를 항상 붙여서 표기할 때 사용한다.

07 조건부 서식이 적용된 후, 셀 값이 바뀌어 규칙과 일치하지 않을 경우 셀 서식 설정은 해제된다.

08 ① : 메모가 입력된 셀에서 데이터를 지울 경우 메모는 삭제되지 않는다.

09 • [A2] 셀 : 01-Excel2011, [A3] 셀 : 01-Excel2012,
• [A4] 셀 : 01-Excel2013
• 숫자 부분 중 가장 오른쪽 숫자만 1씩 증가하고 나머지는 그대로 복사된다.

10 ④ dddd : 요일을 Sunday ~ Saturday로 표시한다.

11 [하이퍼링크 삽입] 대화상자에서 연결 대상 : 기존 파일/웹 페이지, 현재 문서, 새 문서 만들기, 전자 메일 주소

13 ③ : 결과 값으로 '2,235천원'이 표시된다.

CHAPTER 03 데이터 계산<단원 평가 문제>

01	①	02	②	03	③	04	③	05	③
06	①	07	②	08	④	09	④	10	②
11	①	12	②	13	②				

01 • ② : 잘못된 인수나 피 연산자를 사용한 경우에 발생
• ③ : 함수나 수식에 사용할 수 없는 값을 지정했을 때 발생
• ④ : 수식이나 함수에 숫자와 관련된 문제가 있을 때 발생

02 절대 참조의 지정 : 셀 주소 지정 시 절대 참조를 지정하기 위해서는 **F4** 키를 눌러 '$' 표시를 입력

03 • CHOOSE(2,B3,B4,B5) : [B4] 셀이 지정
• =SUM(B2:CHOOSE(2,B3,B4,B5)) : [B2:B4] 영역의 합을 구함

04 ・① LARGE( ) – 인수 중에서 입력한 숫자 번째로 큰 값을 구한다.
・② SMALL( ) – 인수 중에서 입력한 숫자 번째로 작은 값을 구한다.
・④ COUNTIF( ) – 인수 중에서 특정 조건을 만족하는 셀의 개수를 구한다.

05 ・①, ②, ④ : '남'을 출력
・③ : '여'를 출력

06 WEEKDAY(일련번호, 유형) : '0'을 입력하면 제공되지 않는 유형이기 때문에 '#NUM!' 오류가 발생한다.

유형	월	화	수	목	금	토	일
1(생략)	2	3	4	5	6	7	1
2	1	2	3	4	5	6	7
3	0	1	2	3	4	5	6

07 ② : =NOT(4>5) : TRUE

08 ・TODAY 함수 : 현재의 날짜를 표시하기 위한 함수
・DATE 함수 : 특정한 날짜를 표시하기 위한 함수

09 ・② : 영문자열 중 소문자를 모두 대문자로 변환시키는 함수
・③ : 영문자열 중 대문자를 모두 소문자로 변환시키는 함수

10 ② : =MID("Are You Ready?",5,3) → You

11 ・SUMIF 함수 : 주어진 조건에 만족하는 데이터들의 합계를 구하는 함수
・=SUMIF(조건이 들어 있는 범위, 조건, 합계를 구할 범위)
・식의 조건이 들어 있는 범위와 합계를 구할 범위가 같으면, 합계 구할 범위는 생략 가능하다.

12 ・①, ③, ④ : 5
・② : 6

13 DSUM 함수 : 데이터베이스 필드(열)에서 조건에 만족하는 값들의 합계를 구하는 함수, =DSUM(데이터베이스, 필드(열) 제목, 조건범위)

CHAPTER 04 데이터 관리<단원 평가 문제>

01	④	02	④	03	②	04	②	05	②
06	②	07	①	08	③	09	②	10	②
11	③	12	①	13	①				

01 부분합에 사용되는 함수 : 합계, 개수, 평균, 최대값, 최소값, 곱, 숫자 개수, 표본 표준 편차, 표준 편차, 표본 분산, 분산

02 [B2] 셀 외에 최대 32개까지 변경 셀을 추가하여 지정할 수 있다.

03 ① : 내림차순 정렬

04 자동 필터 기능은 조건에 맞는 자료들만을 다른 곳으로 추출할 수 없으며 해당 시트에 표시해야 한다.

05 부분합을 실행하려면 가장 먼저 그룹화할 필드의 항목들이 반드시 정렬(오름차순 또는 내림차순)되어 있어야 한다.

06 새 워크시트를 클릭하면 피벗 테이블 보고서가 위치할 셀의 시작 위치를 지정할 수 없다.

07 고급 필터를 실행한 후 고급 필터에 사용된 조건식을 변경하여도 결과는 변경되지 않는다.

08 목표값 찾기 : 수식에서 얻으려고 하는 값은 알고 있지만 그 결과 값을 얻기 위해 필요한 입력 값을 모를 때 이용하는 기능이다.

09 정렬 방향은 위쪽에서 아래쪽 또는 왼쪽에서 오른쪽으로 정렬시킬 수 있다.

10 ③ : 변화 요소가 많아 계산의 결과 값을 예측하기 어려울 때 변화 요소마다 가상값을 지정하여 수식 결과를 비교 분석할 때 사용하는 기능

11 목표값 찾기의 항목에는 수식 셀, 찾는 값, 값을 바꿀 셀 등이 있으며, '복사 위치'는 고급 필터의 항목에 해당한다.

12 필터링 조건이 같은 행에 나열되면 AND 조건, 다른 행에 나열되면 OR 조건으로 인식된다.

13 ② : 변화 요소가 많아 계산의 결과 값을 예측하기 어려울 때 변화 요소마다 가상값을 지정하여 수식 결과를 비교 분석할 때 사용하는 기능이다.

CHAPTER 05 차트 활용<단원 평가 문제>

01	④	02	④	03	③	04	②	05	③
06	④	07	①	08	④	09	③	10	②
11	②								

01 차트 작성을 위한 데이터 영역은 차트를 실행하기 전 또는 후에 지정해도 된다.

02 ① : 판매량, ② : 분기별 판매량, ③ : 분기

03 범례는 위/아래/왼쪽/오른쪽에 위치할 수 있다.

05 원형 차트 : 항상 하나의 데이터 계열만 보여 주므로 이 데이터에서 중요한 요소를 강조해야 할 때 유용하며 항상 한 개의 데이터 계열만 가지고 있으므로 축이 없다.

06 추세선을 사용할 수 없는 차트 : 3차원형, 방사형, 원형, 도넛형 차트 등

07 ①번은 영역형 차트에 대한 설명이다.

08 ・'한겨울' 계열에 데이터 레이블이 설정되어 있음
・데이터 레이블 지정 : [차트 도구] – [디자인] – [차트 레이아웃] – [차트 요소 추가] – [데이터 레이블] – [바깥쪽 끝에]

09 ③ : 새로운 데이터를 추가하려면 [차트 도구] – [디자인] – [데이터] – [데이터 선택]을 클릭한다.

10 [데이터 계열 서식] 작업창에서 [계열 옵션]의 '계열 겹치기'에서 값을 입력하거나 막대바를 이동시킨다.

11 ② : 차트에서 데이터 계열을 삭제해도 원본 데이터 값들은 아무 영향을 받지 않는다.

CHAPTER 06 출력 작업<단원 평가 문제>

01	①	02	①	03	③	04	④	05	④
06	③	07	④	08	③	09	④	10	④

01 ① : 워크시트에 추가한 배경 무늬는 인쇄할 수 없다.

02 • [페이지 레이아웃] 탭 – [페이지 설정] 그룹에서 페이지 설정 단추(🔳)를 클릭한다.
   • ① : 인쇄 영역은 [시트] 탭에서 설정한다.

03 [삽입] 탭의 [텍스트] 그룹에서 [머리글/바닥글]을 클릭하면 머리글 및 바닥글을 쉽게 삽입할 수 있다.

04 창 나누기 : 창을 분할하고자 하는 행의 아래 또는 열의 오른쪽에 셀 포인터를 위치시킨 후, [보기] 탭 – [창] 그룹 – [나누기]를 실행

05 ④ : 창 나누기를 해제할 경우 [보기] – [창] – [나누기]를 다시 클릭한다.

06 시작 페이지 번호의 기본값은 1페이지부터 부여된다.

07 창을 숨긴 채로 엑셀을 종료하였어도 다음에 파일을 열어 숨기기 취소를 할 수 있다.

08 [창] 그룹 : 새 창, 모두 정렬, 틀 고정, 나누기, 숨기기 등을 이용하여 창에 다양한 효과를 지정할 수 있다.

10 ④ : 틀 고정을 취소할 때 셀 포인터의 위치는 어디에 있어도 상관없다.

CHAPTER 07 매크로 활용<단원 평가 문제>

01	③	02	③	03	④	04	①	05	③
06	③	07	①	08	③	09	④	10	①
11	②	12	①						

01 • ③ : 매크로의 바로 가기 키는 [Ctrl]과 영문자만 가능하다.
   • 소문자를 입력할 경우([Ctrl]+영문자로 지정), 대문자를 입력할 경우([Ctrl]+[Shift]+영문자로 지정)

02 엑셀의 매크로 보안 설정은 기본적으로 '모든 매크로 제외(알림표시)'로 설정되어 있다.

03 매크로 저장 위치 : 개인용 매크로 통합 문서, 새 통합 문서, 현재 통합 문서

04 매크로 이름
   • 매크로 이름의 첫 글자는 반드시 문자여야 하며 나머지는 문자, 숫자, 밑줄(_) 등이 될 수 있음
   • 공백을 사용할 수 없으며 밑줄(_)로 단어를 구분한다.

05 매크로 대화상자에서 매크로 이름을 새로 입력한 후 '만들기' 단추를 클릭하면 새 매크로를 작성할 수 있다.

06 매크로에서는 사용자의 마우스 동작 및 키보드 동작을 그대로 기록한다.

07 [Alt]+[M] 키를 누르면 매크로가 아닌 [수식] 탭의 단축 이름이 표시된다.

08 '상대 참조' 단추 : 매크로를 기록할 때 셀이나 셀 범위를 상대참조 방식으로 기록한다. '상대 참조' 단추를 선택하지 않으면 '절대 참조'로 기록된다. '상대 참조'로 기록된 매크로를 실행하면 현재 셀의 위치에 따라 매크로가 적용되는 셀이 달라진다.

09 ④ : 매크로 저장 시 바로 가기 키는 영문 대/소문자만 가능하다.

10 ① : 자주 사용되는 매크로는 PERSONAL.XLSB로 저장하여 엑셀이 실행될 때 자동으로 열리도록 한다.

11 바로 가기 키 : 영문 대/소문자만 가능하고 @나 #과 같은 특수 문자나 숫자는 사용할 수 없음

합격 모의고사 정답 · 해설

합격 모의고사

01	②	02	③	03	③	04	③	05	②
06	②	07	③	08	②	09	③	10	③
11	④	12	③	13	④	14	③	15	④
16	②	17	③	18	②	19	③	20	②
21	③	22	③	23	④	24	②	25	②
26	④	27	③	28	②	29	④	30	①
31	③	32	③	33	③	34	①	35	④
36	④	37	④	38	③	39	①	40	②

〈제1과목〉 컴퓨터 일반

01 ② : 레지스터는 주기억장치보다 속도가 빠르다.
레지스터-캐시메모리-주기억-보조기억

02 ③ : 현재 사용 중인 활성 창을 클립보드에 복사하는 키는 [Alt]+[Print Screen] 키이다.

03 [Windows 작업 관리자] 호출을 위한 바로 가기 키는 [Ctrl]+[Shift]+[Esc] 키이다.

04 스풀은 한 페이지 단위로 스풀링하여 인쇄하는 방법과 인쇄할 문서 전부를 한번에 스풀링한 후 프린터로 전송하여 인쇄하는 방법이 있다.

05 설정된 [휴지통] 용량 이상의 파일을 삭제하는 경우 최초로 삭제된 파일부터 자동으로 완전 삭제된다.

06 스팸 메일(SPAM Mail) : 광고성 메일

07 주로 ROM에 반영구적으로 저장되며, H/W와 S/W 중간적 성격이다.

08 re : 연구기관

09 ③ : 아날로그 컴퓨터

10 기본 프린터의 [대기열 열기]를 클릭할 경우 프린터의 인쇄 대기열 창이 표시되며 인쇄 옵션 조정, 프린터 사용자 지정 및 인쇄 작업 관련 항목 등이 표시된다.

12 • ASX : 확장자가 .asf인 파일은 웹 브라우저에게 Windows Media Player를 호출하고 스트리밍 콘텐츠가 담겨있는 .asf 파일을 로드(Load) 하도록 신호를 보내는데 사용
• Almap : 이스트소프트사가 개발한 지도검색, 네비게이션 프로그램

13 • 인터넷에서 무료로 제공되는 프로그램의 경우 반드시 백신으로 검사 한 후 설치하여 사용하되 무분별하게 설치하지 않는 것이 바람직하다.
• 속도 저하 등의 문제가 발생할 수 있다.

14 스파이웨어(Spyware) : 사용자의 동의없이 또는 사용자를 속이고 설치되어 광고나 마케팅용 정보를 수집하거나 중요한 개인 정보를 빼내는 악의적 프로그램

15 • ① : 전혀 압축하지 않은 비트맵 파일로 파일의 크기가 큰 편임
• ③ : 압축률이 뛰어나 많이 사용되며, 24Bit 트루 컬러를 지원해 인터넷에서 자료 전송 등에 사용됨
• ④ : 페인트 브러쉬로 편집한 그래픽 파일로 압축 방식은 BMP와 비슷함.

17 파티션(Partition) : 같은 하드 디스크 내에 다른 운영체계를 설치하거나 파일 관리, 다중 사용자 관리 및 기타 다른 목적을 위해 별도의 하드 디스크 드라이브를 가진 것처럼 보이게 할 경우 사용

18 언어 번역 프로그램의 종류 : 컴파일러, 어셈블러, 인터프리터, 프리프로세서

19 [Alt]+[Tab] : 화면 중앙에 현재 실행 중인 프로그램의 목록이 나타나며 이 프로그램들 간에 작업을 전환

20 ② : 구글이 개발한 프리웨어 웹 브라우저

〈제2과목〉 스프레드시트 일반

21 입력된 수치 데이터가 셀보다 긴 경우 지수 형식(E)으로 표시되거나 셀의 폭 만큼 #으로 표시되고 셀의 폭을 넓히면 표시된 수치 데이터가 정상적으로 표시된다.

22 SMALL 함수 : 지정된 셀 범위에서 입력한 숫자 번째로 작은 값을 구하는 함수, =SMALL(셀 범위, 숫자)

23 • COUNTIF 함수 : 특정 조건을 만족하는 셀의 개수를 구하는 함수, =COUNTIF(셀 범위, 조건)
• AVERAGEIF(조건이 적용될 범위, 조건, 평균을 구할 범위)

24 • [데이터] 탭 – [윤곽선] 그룹 – [부분합]을 클릭한다.
• 부분합에 사용되는 함수 : 합계, 개수, 평균, 최대값, 최소값, 곱, 숫자 개수, 표본 표준 편차, 표준 편차, 표본 분산, 분산

25 • [삽입] 탭 – [차트] 그룹에서 원하는 차트 모양을 선택한다.
• ② : 차트에서 데이터 계열을 삭제해도 원본 데이터 값들은 아무 영향을 받지 않는다.

26 창 나누기 : 창을 분할하고자 하는 행의 아래 또는 열의 오른쪽에 셀 포인터를 위치시킨 후, [보기] 탭 – [창] 그룹 – [나누기]를 실행

27 [찾기]/[바꾸기] 대화상자 : 대/소문자 구분, 전체 셀 내용 일치, 전자/반자 구분

28 [고급]의 〈사용자 지정 목록 편집〉 클릭하여 사용자가 원하는 순서를 입력하거나 편집할 수 있다.

29 ① : 56780, ② : 56800, ③ : 56780

30 • [페이지 레이아웃] 탭 – [페이지 설정] 그룹에서 페이지 설정 단추(🔳)를 클릭한다.
 • ① : 인쇄 영역은 [시트] 탭에서 설정한다.

31 ③ : [A1] 셀로 이동할 경우에는 **Ctrl** + **Home** 키를 누른다.

32 ③ : 한글 쌍자음 'ㄸ'을 입력한 후 **한자** 키를 누르면 일본어를 입력할 수 있다.

35 전체 범위 지정 : **Ctrl** + **Shift** + **Space Bar** 키 또는 **Ctrl** + **A** 키

36 여러 개의 행이나 열을 선택한 후, [시트 행 삽입] / [시트 열 삽입]을 실행하면 선택된 개수만큼 행이나 열이 선택된 범위의 위쪽 또는 왼쪽에 삽입된다.

37 **Ctrl** + **Enter** 키 : 여러 개의 셀에 동일한 데이터를 한 번에 입력하는 키로 범위를 설정한 후 데이터를 입력하고 **Ctrl** + **Enter** 키를 누른다.

38 통합 문서에서 제공되는 워크시트의 수는 최대 255개까지 변경할 수 있다.

39 • ② : 매크로가 들어 있는 통합 문서가 열려 있는 동안에는 매크로 바로 가기 키가 엑셀 바로 가기 키에 앞서 실행
 • ③ : 소문자를 입력할 경우(**Ctrl** +영문자로 지정), 대문자를 입력할 경우(**Ctrl** + **Shift** +영문자로 지정)
 • ④ : 기록한 매크로는 나중에 다시 편집할 수 있음

40 [차트 도구] – [디자인] 탭 – [차트 레이아웃] 그룹 – [차트 요소 추가] – [데이터 레이블] – [바깥쪽 끝에] 또는 바로 가기 메뉴의 [데이터 레이블 추가]를 이용

제 02 회 합격 모의고사

01	④	02	④	03	①	04	①	05	②
06	①	07	②	08	④	09	①	10	④
11	①	12	③	13	④	14	②	15	③
16	④	17	②	18	②	19	④	20	③
21	①	22	①	23	②	24	④	25	④
26	②	27	④	28	②	29	④	30	②
31	②	32	③	33	①	34	③	35	④
36	③	37	①	38	③	39	②	40	①

〈제1과목〉 컴퓨터 일반

01 ④ : UNIVAC–I – 세계 최초의 상업용 계산기

02 비선형성 : 기존의 문자 정보와 같이 한 방향으로 흐르는 것이 아닌 사용자의 선택에 따라 소리나 이미지 등의 다양한 데이터로 처리하는 구조

03 • ① : 현재 실행 중인 명령어를 기억하고 있는 레지스터
 • ② : 번지값의 가감에 의하여 주소를 수정할 수 있는 값을 가진 레지스터
 • ③ : 기준이 되는 주소를 실행시에 저장하고 있는 레지스터
 • ④ : 다음 번에 수행될 명령어의 주소를 가지고 있는 레지스터

04 ④ : MAR의 설명임

05 인터넷 접속에 필요한 네트워크 장비 : 네트워크 어댑터 카드(LAN 카드), 모뎀(MODEM), 게이트웨이(Gateway), 허브(Hub), 라우터(Router), 리피터(Repeater), 브릿지(Bridge)

06 ① : 리얼오디오 소리 파일

07 • ① : 특정한 하드웨어나 소프트웨어를 구매했을 때 무료로 주는 프로그램
 • ③ : 사용기간 및 기능제한 없이 무료로 배포되는 소프트웨어로 사용자는 요금을 지불할 필요는 없으나 영리를 목적으로 배포할 수는 없음
 • ④ : 홍보용

08 **Shift** + **Delete** 키로 파일 삭제, USB 메모리에 수록된 파일 삭제, 네트워크 드라이브에서 파일을 삭제한 경우 등은 휴지통에서 파일을 복원할 수 없다.

09 • ③ : LAN을 연결해주는 장치로서 정보에 담긴 수신처 주소를 읽고 가장 적절한 통신통로를 이용하여 다른 통신망으로 전송하는 장치
 • ④ : 네트워크를 구성할 때 한꺼번에 여러 대의 컴퓨터를 연결하는 장치

10 • ① : 온라인의 반대 개념으로 우편업이 대표적임.
 • ② : 컴퓨터로 처리할 데이터를 일정 기간 동안 모아서 한번에 처리하는 방식
 • ③ : 각 현장에서 발생하는 데이터를 중앙 컴퓨터와 연결된 단말기를 이용하여 처리하고, 처리된 결과는 중앙 컴퓨터에 집결되어 관리

11 • **Alt** + **Print Screen** : 현재 활성 창을 캡처하여 클립보드에 복사
 • **Print Screen** : 전체 화면을 캡처하여 클립보드에 복사

12 ③ : 바탕 화면의 아이콘은 모니터의 화면 해상도가 높은 경우보다 낮은 경우 더 크게 보인다.

13 • [접근성] : 돋보기, 색상 필터, 고대비, 내레이터, 선택 자막, 키보드 등의 설정
 • ④ : [설정] – [장치] – [마우스]에서 실행

14 기본 프린터는 반드시 PC 한 대에 하나의 프린터만 설정할 수 있다.

15 • ① : DRAM은 SRAM 보다 속도가 느리다.
   • ② : EEPROM은 전기적인 방법을 이용하여 내용을 여러 번 변경할 수 있다.
   • ④ : 일반적으로 말하는 캐시 메모리는 SRAM을 의미한다.

16 • ① : 휴대전화에 수록된 가입자 식별 정보나 주소록, 금융 정보와 같은 개인 정보를 저장해둔 칩
   • ② : 휴대폰이나 스마트폰 등에 다운받아 사용할 수 있는 응용 프로그램을 말함('어플'이라고도 함)

17 • ① : 미술 도구인 팔레트(Palette)를 사용하는 것과 같이 제한된 색상을 사용해야 할 경우 이를 섞어 다양한 색상을 만들어내는 방법
   • ③ : 3차원의 애니메이션을 만드는 과정에서 물체의 모형에 명암과 색상 등 입체감을 주는 방법을 사용하여 사실감을 느끼게 하는 작업

19 보안 요소 : 기밀성, 무결성, 가용성, 인증, 부인방지

20 ①, ②, ④ 모두 복사가 수행된다.

〈제2과목〉 스프레드시트 일반

21 ① : 워크시트의 복사는 Ctrl 키를 누르면서 원본 워크시트 탭을 마우스로 이동시키면 된다.

22 오름차순의 순서 : 숫자 → 특수문자 → 영문 → 한글 → 논리값 → 오류값 → 빈 셀

23 [인쇄] 대화 상자의 '인쇄 대상'
   • [전체 통합 문서 인쇄]를 선택하면 전체 통합 문서를 대상으로 인쇄한다.
   • [활성 시트 인쇄]를 선택하면 활성 시트를 인쇄 대상으로 한다.
   • [선택 영역 인쇄]를 선택하면 선택 영역을 인쇄 대상으로 한다.

24 VLOOKUP 함수(찾을 값, 셀 범위, 열 번호, 찾을 방법) : 표의 가장 왼쪽 열에서 특정 값을 찾아 지정한 열에서 같은 행에 있는 값을 표시

25 ④ : 열기 암호와 쓰기 암호는 대소문자를 구별한다.

26 • [A3:B3] : 수, 9
   • [A4:B4] : 목, 10

27 AVERAGEIF(조건이 적용될 범위, 조건, 평균을 구할 범위) : 범위 내에서 주어진 조건을 만족하는 셀의 평균을 구한다.

28 [표시 형식] 탭의 '백분율' 서식 : 셀 값에 100을 곱한 값이 백분율 기호와 함께 표시

29 차트 위치를 이동할 때는 차트가 선택된 상태에서 차트 안쪽(차트 영역)을 드래그한다.

30 [매크로 기록] 대화상자에서 매크로 저장 위치 : 개인용 매크로 통합 문서, 새 통합 문서, 현재 통합 문서

31 시나리오 : 변화 요소가 많아 계산의 결과값을 예측하기 어려울 때 변화 요소마다 가상값을 지정하여 수식 결과를 비교 분석할 때 사용하는 기능으로 변경 셀에는 수식이나 상수 값을 입력할 수 있다.

32 ③ 결과 값 : −2,133

33 ② : *[시간], *[날짜], ③ : time], Date],
   ④ : *[Minute], *[Date]

34 • ①, ②, ④ : 1, ③ : 4
   • SEARCH는 대/소문자 구분을 안하며, FIND는 구분함

35 필터링 조건이 같은 행에 나열되면 AND 조건, 다른 행에 나열되면 OR 조건으로 인식된다.

36 부분합의 제거 : 부분합 결과 셀에 셀 포인터를 위치시키고, [데이터] – [윤곽선] – [부분합] 메뉴를 클릭한 후 [모두 제거] 단추를 누른다.

37 ①번은 윗주에 대한 설명이다.

38 • INT 함수 : 소수점 아래를 버리고 가장 가까운 정수로 내림하는 함수, INT(숫자)
   • ③ : MOD의 설명임.

39 ② : [축 제목 서식] 작업창에서 [제목 옵션] – [크기 및 속성] 아이콘 클릭 – [맞춤] 항목의 [텍스트 방향] 중 '모든 텍스트 90도 회전'을 선택하였다.

제 03 회	합격 모의고사

01	②	02	①	03	③	04	②	05	④
06	④	07	②	08	③	09	③	10	④
11	①	12	③	13	②	14	③	15	④
16	①	17	③	18	①	19	②	20	②
21	③	22	①	23	①	24	③	25	④
26	②	27	①	28	①	29	①	30	③
31	③	32	③	33	④	34	③	35	④
36	④	37	③	38	①	39	④	40	④

〈제1과목 컴퓨터 일반〉

01 ③ : Batch Processing System, 컴퓨터로 처리할 데이터를 일정 기간 동안 모아서 한 번에 처리하는 방식(급여계산, 성적처리 등)

02 네티켓(Netiquette) : 통신망(Network)과 예의범절(Etiquette)의 합성어로 네트워크 사용자들이 네트워크상에서 지키고 갖추어야 하는 예의범절을 말한다.

04 ② : 감염된 실행 파일은 실행되지 않거나 속도가 느려질 수 있다.

05 ① : 데모 버전, ② : 알파 버전, ③ : 베타 버전

06 CMOS : 잦은 갱신을 요하는 컴퓨터의 중요 자료들을 보관하는 RAM의 일종으로 HDD의 타입 및 실린더, 헤드, 섹터 설정, 전원관리 및 부팅 비밀번호(Password) 설정, 마이크로프로세서 내장 및 외장 캐싱의 활성화 설정 등

07 증강현실(AR)
- 현실 세계의 배경에 3D의 가상 이미지를 중첩하여 영상으로 보여 주는 기술이다.
- 스마트폰 카메라로 주변을 비추면 인근에 있는 상점의 위치, 전화번호 등의 정보가 입체영상으로 표시된다.

08 드라이브 조각 모음 및 최적화 : 디스크에 분산되어 있는 데이터를 순서대로 최적화시켜 접근 속도를 향상시킨다.

09 ① : 허브, ② : 라우터

10 ④ : [접근성] – [마우스] 설정으로 [키패드로 마우스 제어]를 사용하면 마우스를 사용하는 대신 키보드의 화살표 키 또는 숫자 키패드를 사용하여 포인터를 이동할 수 있게 할 수 있다.

12 동영상 압축기술
- MPEG : 동영상 압축 기술에 대한 국제 표준 규격
- AVI : 마이크로소프트사가 개발한 Windows의 표준 동영상 파일 형식
- MOV : 애플의 동영상 표준 파일 형식

13 ④ : 스마트폰 자체가 무선 모뎀 역할을 하는 기능

14 ① : 즐겨찾기, 북마크, ④ : 플러그인

15 ① : 온라인 경매, 인터넷 쇼핑몰 회사

16 탐색기에서는 디스크 포맷 및 파일이나 폴더의 복사, 이동, 삭제 등의 작업을 쉽게 할 수 있다.

19 Windows Media Player는 미디어 파일을 재생할 수 있으나 소리를 녹음하여 파일로 저장할 수는 없다.

20 ② : 트랩 도어, 정상적인 절차를 거치지 않고 시스템에 침입할 수 있는 경로로, 시스템이나 프로그램에 침입하기 위하여 여러 가지 함정들을 미리 설정해둔 것

〈제2과목 스프레드시트 일반〉

22 빈 셀은 내림차순 및 오름차순에 상관없이 항상 마지막에 정렬된다.

24 • ① : [Alt] 키를 누른 채 도형을 그리면 셀 단위로 도형이 그려진다.
- ② : 직선을 그릴 때 [Shift] 키를 누른 채 선을 그리면 각도가 정확한 수평선/수직선이 그려진다.
- ④ : [Shift] 키를 누른 채 도형을 드래그하고 마우스 단추에서 손을 떼면 해당 도형이 수직 또는 수평으로 이동된다.

25 @ : 특정한 문자를 항상 붙여서 표기할 때 사용
- ① : 김대일, ② : 김대일'님', ③ : 김대일

26 [데이터] – [정렬 및 필터] – [정렬]에서 정렬 기준 : 값, 셀 색, 셀 아이콘, 글꼴 색

29 ① : 행머리글의 구분선에서 마우스를 더블 클릭하면 그 행의 가장 큰 글자 크기에 맞추어 행 높이가 조정된다.

30 • ①, ②, ④ : 32가 출력
- ③ : 42가 출력

31 '상대 참조' 단추 : 매크로를 기록할 때 셀이나 셀 범위를 상대 참조 방식으로 기록한다. '상대 참조' 단추를 선택하지 않으면 '절대 참조'로 기록된다.

33 틀 고정 : 많은 분량의 데이터를 이용하여 작업할 경우 특정한 범위의 열 또는 행을 고정시켜 화면이 스크롤 되어도 화면에서 계속 보이도록 하는 기능으로 분할선을 마우스로 더블 클릭하더라도 틀 고정은 해제되지 않는다.

34 ③ : 사용자가 만든 셀 스타일은 기본적으로 현재 사용 중인 엑셀 통합 문서에서 사용할 수 있다.

35 • ① : 탭, 세미콜론, 쉼표, 공백, 기타 등
- ③ : [데이터] – [연결] – [모두 새로 고침]에서 선택하여 원본의 수정된 내용으로 수정할 수 있다.

37 [A4] 셀 : 2016-12-01, [A5] 셀 : 2016-12-03

38 ③ : [Page Num]/[Total Page Num],
④ : [Page]/[Total Page]

39 COUNTIFS(조건1이 적용될 범위,조건1,조건2가 적용될 범위,조건2,…) : 여러 조건을 만족하는 모든 셀의 개수를 구한다.

40 ④ : 매크로 저장 시 바로 가기 키는 영문 대/소문자만 가능하다.

제 **04** 회	합격 모의고사

01	②	02	①	03	①	04	①	05	①
06	①	07	④	08	②	09	①	10	③
11	③	12	④	13	②	14	④	15	①
16	③	17	②	18	④	19	③	20	④
21	②	22	④	23	②	24	④	25	④
26	④	27	④	28	②	29	④	30	②
31	①	32	②	33	④	34	④	35	②
36	④	37	①	38	③	39	③	40	④

〈제1과목〉 컴퓨터 일반

01 ④ : 자외선(UV)을 이용하여 내용을 여러 번 변경이 가능하며, UV-EPROM이라고도 함

02 ③ : 폰 노이만의 제안으로 프로그램 내장 방식과 2진법을 사용하여 개발한 전자 계산기

03 바로 가기 아이콘은 바탕 화면뿐만 아니라 다른 위치에도 만들 수 있다.

04 특수문자(*, ?, /, ₩, :, ", 〈, 〉 등)는 파일명으로 사용할 수 없다.

05 • ② : 송신 데이터가 수신지까지 전달되는 도중에 몰래 보거나 도청하여 정보를 유출하는 행위
- ③ : 전송된 데이터를 다른 데이터로 바꾸는 행위
- ④ : 다른 송신자로부터 데이터가 온 것처럼 꾸미는 행위

07 ① : 주문형 비디오 서비스, ② : 키오스크, ③ : 화상 회의 시스템

08 • ① : 6비트로 구성, 최대 64가지 문자를 표현
• ③ : 8비트로 구성, 최대 256가지 문자를 표현하며, 주로 대형 컴퓨터에서 많이 사용

10 ③ : Extensible Markup Language, HTML의 확장 언어로 홈페이지 구축, 검색 등을 향상시키고 비즈니스에 필수적인 클라이언트 시스템의 복잡한 데이터 처리를 쉽게 하는 기능을 갖고 있음

11 ② : 근거리 무선 통신, 10cm 이내의 가까운 거리에서 단말 기간 데이터를 전송하는 기술

12 ④ : 알파 채널을 지원하여 투명한 배경의 이미지를 만들 수 있다.

14 • ① : 컴퓨터의 시스템 파일을 이전 시점으로 복원하는 기능으로 전자 메일, 문서 또는 사진과 같은 개인 파일에 영향을 주지 않고 컴퓨터에 대한 시스템 변경 내용을 실행 취소
• ③ : 하드 디스크 상의 조각난 파일과 폴더를 통합하는 기능

15 • PNG : GIF 형식보다 10~30% 더 압축율이 높은 그래픽 압축파일 형식
• 사운드 파일 포맷 : WAV, MID, MP3 등

17 CMOS 셋업에서는 하드 디스크 타입을 비롯하여 여러 장치의 사양을 설정해 줄 수 있다. 만약, CMOS의 배터리가 방전되어 CMOS의 내용이 지워졌을 경우 CMOS 배터리를 충전하거나 교환해 주도록 한다.

18 ④ : **Alt** 키를 누른 채 파일을 다른 드라이브로 드래그한 경우 바로 가기 아이콘이 생성된다.

19 개인정보란 살아있는 개인에 관한 정보를 말하며 성명, 주민등록번호 및 영상 등을 통하여 개인을 알아볼 수 있는 정보를 말한다.

20 실행 중인 응용 앱의 삭제 및 이름을 변경할 수 없다.

〈제2과목〉 스프레드시트 일반

21 • ① : 열 너비에 맞게 셀 안의 데이터 줄이 바뀜
• ③ : 선택한 범위의 셀들을 하나의 셀로 병합

22 셀에 유효하지 않은 데이터를 입력할 경우 나타낼 메시지로는 중지, 경고, 정보 등이 있다.

23 • COUNT 함수 : 지정된 셀 범위에서 숫자(날짜 포함)가 입력된 셀의 개수를 구하는 함수
• ② : =COUNT(A1:D4) → 5

24 ④ : 창 나누기를 해제할 경우 [보기] – [창] – [나누기]를 다시 클릭한다.

25 고급 필터 조건에 수식이 들어갈 경우 원본 데이터의 필드명을 사용할 수 없기 때문에 새로운 필드명을 입력하거나 비워둔다.

27 [파일] – [옵션] 단추를 클릭한 후 [빠른 실행 도구 모음]에서 편집한다.

28 ② : 위의 대화 상자는 1분기매출이 '홍'으로 시작하거나 두 글자인 데이터만 추출하여 보여준다.

29 [디자인] – [데이터] – [데이터 선택]에서 행/열을 변경할 수 있다.

30 ① : 표본 표준 편차를 구함, ③ : 셀 범위에서 중앙값을 구함, ④ : 나머지 값을 구함

31 ① : [B2] 셀에서 마우스 오른쪽 단추를 눌러 '삽입'을 클릭한 후 팝업 메뉴에서 '열 전체'를 선택한다.

32 시나리오는 32개까지 변수를 사용하여 결과를 예측할 수 있으며, 시나리오 결과를 요약 보고서나 피벗 테이블로 만들 수 있다.

33 SUMIF 함수 : =SUMIF(조건이 들어 있는 범위, 조건, 합계를 구할 범위)

34 ① : 매크로 보기, ② : 매크로 기록, ③ : 상대참조로 기록

36 ① : 77.5%, ② : .6, ④ : 77

37

왼쪽부터 차례로 텍스트 서식, 페이지 번호 삽입, 전체 페이지수 삽입, 날짜 삽입, 시간 삽입, 파일 경로 삽입, 파일 이름 삽입, 시트 이름 삽입, 그림 삽입, 그림 서식

39 그래픽 개체에 삽입된 매크로를 실행하려면 그래픽 개체를 클릭하거나, 바로 가기 키, [개발 도구] 탭 – [코드] 그룹 – [매크로] 등을 이용하여 실행시킬 수 있다.

40 DSUM : 데이터베이스 필드(열)에서 조건에 만족하는 값들의 합계를 구하는 함수, =DSUM(데이터베이스, 필드(열) 제목, 조건범위)

제 **05** 회 합격 모의고사

01	③	02	④	03	②	04	①	05	②
06	③	07	③	08	③	09	①	10	②
11	①	12	③	13	②	14	②	15	③
16	④	17	④	18	④	19	③	20	②
21	②	22	④	23	②	24	③	25	①
26	③	27	③	28	①	29	③	30	③
31	④	32	②	33	③	34	②	35	④
36	③	37	②	38	③	39	①	40	①

〈제1과목〉 컴퓨터 일반

01 ﹒①, ②, ④ : 취급 데이터에 따른 분류
﹒③ : 처리 능력(기억 용량)에 따른 분류

03 VOD(Video On Demand, 주문형 비디오 서비스) : 뉴스, 영화, 문화, 정보, 게임 등 컴퓨터와 통신 그리고 방송 분야의 조합으로 이루어진 새로운 형태의 영상서비스로 사용자의 요구에 따라 원하는 영상자료나 시청 프로그램 등을 이용할 수 있도록 해 주는 서비스

04 USB 메모리에 저장된 파일을 삭제할 경우 휴지통에 보관되지 않고 바로 삭제된다.

05 ① : EEPROM, ③ : PROM, ④ : Mask ROM

06 메모장 : OLE 기능이 없어, 그림이나 차트 등의 삽입 및 연결이 불가능

07 ③ : 컴파일러에 대한 설명이다.

09 비선형성 : 기존의 문자 정보와 같이 한 방향으로 흐르는 것이 아닌 사용자의 선택에 따라 소리나 이미지 등의 다양한 데이터로 처리하는 구조

11 ENIAC : 세계 최초의 전자계산기(진공관과 외부 프로그램 방식 사용)

12 ﹒① : 중앙처리장치(CPU)와 입·출력장치 사이에 위치하여 데이터의 입·출력 제어를 CPU 대신 실행하는 장치
﹒④ : 업무 처리의 신뢰도를 높이기 위하여 동일한 컴퓨터 두 대를 병렬로 설치하는 시스템

13 ② : [드라이브 조각 모음 및 최적화]는 자동으로 실행되지만 사용자가 수동으로 디스크 및 드라이브를 분석하고 조각을 모을 수도 있다.

16 바탕 화면에서의 [아이콘 정렬 기준] : 이름, 크기, 항목 유형, 수정한 날짜

18 ﹒② : 로봇과 같이 스스로 움직이지 못하나 명령자의 명령에 의해 원격에서 제어나 실행이 가능한 프로그램 또는 코드
﹒③ : 정해진 시간이 되면 공격 대상 웹 사이트로 쓰레기 정보를 대량으로 보내 해당 사이트를 마비시키고 홈페이지 내용을 바꾸어 버림

19 서버는 연산 처리 능력과 저장 장치의 크기가 클라이언트에 비해 크고 빠른 네트워크 환경을 갖춘 시스템을 말한다.

20 기본 프린터로 설정하고자 하는 프린터는 반드시 공유가 설정되어 있지 않아도 상관없다.

〈제2과목〉 스프레드시트 일반

21 ﹒①, ③, ④ : 셀의 왼쪽 정렬
﹒② : 셀의 오른쪽 정렬

23 ﹒② : =VLOOKUP(22,A1:D5,3) ⇒ 1.27
﹒=VLOOKUP(찾을 값, 셀 범위, 열 번호, 찾을 방법) : '찾을 방법'을 생략시 정확한 값이 없는 경우 근사값 즉, '찾을 값' 보다 작은 값 중에서 최대값을 찾음
﹒'22'와 일치하는 값이 없으므로 '찾을 값' 보다 작은 값 중에서 최대값인 '20'을 찾음

24 ③ : [A5:B5] 영역은 차트 작성 시 데이터 범위에 해당하지 않으므로 데이터를 추가해도 차트에는 아무런 영향을 미치지 않는다. 해당 내용을 추가하기 위해서는 ②번 과정을 실행한다.

25 입력 : 12345.678 → 서식 지정 : ###.## → 출력 12345.68

26 ④ : Alt + Enter 키를 이용한다.

27 ﹒② : 여러 데이터 계열에 있는 숫자 값 사이의 관계를 표시하거나, 두 개의 숫자 그룹을 XY 좌표로 이루어진 한 계열로 그려준다.
﹒③ : 여러 데이터 계열의 합계 값을 비교한다.

28 ① : Alt + F4

29 ﹒#NAME? : 수식에서 알 수 없는 인수를 사용할 때 발생
﹒② : #NULL!, ④ : #DIV/0!

30 시작 페이지 번호의 기본값은 1페이지부터 부여된다.

31 가나 : 레이블

33 ﹒① : 인쇄 시 숨긴 열이나 행은 출력되지 않는다.
﹒② : [페이지 설정] 대화상자의 [페이지] 탭에서 '확대/축소 배율'로 배율을 지정한다.
﹒④ : [페이지 설정] 대화상자의 [시트] 탭에서 '반복할 행'을 지정하면 인쇄되는 모든 페이지에 제목 행이 표시된다.

34 ﹒SUMIFS : 범위 내에서 여러 조건을 만족하는 셀의 합계를 구한다.
﹒SUMIFS(합계를 구할 범위, 조건1이 적용될 범위, 조건1, 조건2가 적용될 범위, 조건2,⋯)

36. 부분합을 실행하기 전에 그룹화할 항목을 기준으로 오름차순, 내림차순, 사용자 지정 목록의 정렬 방법 중 하나로 정렬하면 된다.

37 피벗 테이블을 삭제하면 피벗 테이블과 연결된 피벗 차트는 일반 차트로 변경된다.

38 피벗 테이블 필드 목록 : 필터(업체 코드), 행(업체명), 열(판매상품), Σ 값(합계 : 금액)

39 서식 코드
﹒0 : 숫자가 들어가는 자리를 표시하는 기호(숫자가 없을 시 빈 자리를 '0'으로 채움)
﹒# : 숫자를 표시하는 가장 기본이 되는 기호로 유효 자릿수만 나타내고 유효하지 않은 0은 나타내지 않음

40 ﹒[개발 도구] – [코드] – [Visual Basic]을 클릭하여 VBA 실행한다.
﹒[개발 도구] – [코드] – [매크로]를 클릭하여 실행할 수도 있다.

01	④	02	②	03	④	04	③	05	①
06	③	07	②	08	②	09	④	10	①
11	③	12	②	13	③	14	①	15	③
16	②	17	④	18	④	19	②	20	①
21	③	22	④	23	①	24	②	25	②
26	②	27	①	28	③	29	②	30	③
31	③	32	②	33	①	34	①	35	②
36	③	37	②	38	③	39	①	40	③

〈제1과목 컴퓨터 일반〉

03 Windows 방화벽 기능을 사용하여 컴퓨터에 무단으로 액세스하려는 사람이나 바이러스 및 웜을 포함하는 프로그램에 대한 방어막을 제공하지만 발견된 바이러스를 삭제하는 기능은 백신 프로그램을 이용해야 한다.

04 버스(Bus) : 제어 버스, 주소 버스, 데이터 버스

05 ② : 무릎 위에 올려놓고 사용할 수 있을 정도의 크기

06 Ping(핑) : 지정한 IP 주소 통신 장비의 접속성을 확인하기 위한 명령으로 대상이 되는 장비가 가동하고 있는지, 통신망이 연결되어 있는지의 여부를 확인할 때 주로 이용한다.

07 ③ 옵션 단추(Option Button) : 제시되는 여러 개의 항목 중에 하나만 선택 가능하다.

08 어셈블러(Assembler) : 어셈블리어로 작성된 원시 프로그램을 기계어로 번역

09 ④ : 스니핑이란 네트워크 주변을 지나다니는 패킷을 엿보면서 계정과 패스워드 등의 정보를 알아내는 해킹 방법을 말한다.

10 ② : 데모, ③ : 알파버전, ④ : 패치

11 메모장의 기본 저장 파일 형식은 '.txt'이고, 문서 전체의 글꼴을 변경할 수 있지만 일부 문단만 선택해 변경할 수 없다.

12
  • ① : 3세대 이동통신(3G)을 장기적으로 진화시킨 기술이라는 뜻에서 붙여진 명칭으로 WCDMA와 CDMA로 대별되는 3세대 이동통신과 4세대 이동통신(4G)의 중간에 해당하는 기술
  • ④ : '휴대전화'와 '휴대용개인정보단말기(PDA)' 등과 같이 이동성을 가진 것들을 총칭

13 이미 압축된 파일에 새로운 파일을 추가할 때는 파일을 알집 창 혹은 압축파일 아이콘으로 드래그하면 된다.

14 ① : 폴더의 속성 창에서 폴더의 위치를 변경할 수는 없다.

15 패스워드는 주기적으로 변경하는 것이 바람직하다.

18 해당 프린터에 인쇄 중인 모든 파일을 디스크에서 삭제하도록 지정할 수는 없다.

19
  • ① 3D 그래픽 지원
  • ④ : 컴퓨터와 디지털 가전기기를 연결해 데이터를 교환할 수 있게 하는 직렬 인터페이스 방식으로 핫 플러그를 지원하며 최대 63개까지 주변장치를 연결할 수 있음

20 ① : MIDI 파일에 대한 설명

〈제2과목〉 스프레드시트 일반

21 ③ : 범위를 지정하고 데이터를 입력한 후 **Ctrl**+**Enter** 키를 누르면 동일한 데이터가 한 번에 입력된다.

22 ④ : 틀 고정을 취소할 때 셀 포인터의 위치는 어디에 있어도 상관없다.

23 ① : 'A1'처럼 셀 주소와 같은 형태의 이름은 사용할 수 없다.

24 ② : 셀을 이동하면 메모를 포함한 수식, 결과 값, 셀 서식 등이 함께 이동된다.

26 틀 고정에 의해 분할된 왼쪽 또는 위쪽 부분은 인쇄 시 반복할 행과 반복할 열로 자동 설정되지 않는다.

27 목표값 찾기 : 수식에서 얻으려고 하는 값은 알고 있지만 그 결과 값을 얻기 위해 필요한 입력 값을 모를 때 이용하는 기능

28 '상대 참조' 단추 : 매크로를 기록할 때 셀이나 셀 범위를 상대 참조 방식으로 기록한다. '상대 참조' 단추를 선택하지 않으면 '절대 참조'로 기록된다. '상대 참조'로 기록된 매크로를 실행하면 현재 셀의 위치에 따라 매크로가 적용되는 셀이 달라진다.

29 **Alt**+**↓** 키 : 문자열인 경우에만 가능하며 **Alt**+**↓** 키를 누르면 열에 입력된 항목들의 목록이 표시되는데 목록에서 해당 항목을 직접 선택하여 입력할 수도 있다.

30 관계 연산자
  • 〉 : ~크다, 〈 : ~작다(~미만)
  • 〉= : ~크거나 같다(~이상), 〈= : ~작거나 같다(~이하)

31 숫자 서식에는 '백분율, 쉼표, 쉼표(0), 통화, 통화(0)으로 빠르게 변경할 수 있다.

33 매크로 이름 : 매크로 이름의 첫 글자는 반드시 문자여야 하며 나머지는 문자, 숫자, 밑줄(_) 등이 될 수 있음(단, 문자 사이에 공백은 포함될 수 없음)

34 분산형 차트 : 여러 데이터 계열에 있는 숫자 값 사이의 관계를 보여 주거나, 두 개의 숫자 그룹을 X, Y 좌표로 이루어진 하나의 계열로 표시(과학, 통계 및 공학 데이터와 같은 숫자 값을 표시하고 비교하는 데 사용)

37 [삽입] 탭의 [텍스트] 그룹에서 [머리글/바닥글]이나 [보기] 탭의 [통합 문서 보기] 그룹에서 [페이지 레이아웃]을 클릭하면 머리글 및 바닥글을 쉽게 삽입할 수 있다.

38 [셀 복사]를 선택할 경우 [B1] 셀과 [B2] 셀의 값이 반복적으로 복사된다.

39 ① : [삭제] 단추를 선택하여 제거된 시나리오는 복원할 수 없다.

40
  • YEAR 함수 : 날짜에서 연도만 추출해내는 함수, =YEAR(날짜)
  • TODAY 함수 : 현재 날짜를 표시하기 위한 함수, =TODAY( )

01	②	02	②	03	④	04	②	05	②
06	①	07	②	08	①	09	①	10	②
11	②	12	③	13	②	14	③	15	③
16	④	17	③	18	①	19	③	20	②
21	④	22	②	23	②	24	④	25	③
26	④	27	①	28	②	29	④	30	①
31	②	32	②	33	②	34	②	35	②
36	③	37	②	38	②	39	②	40	②

〈제1과목〉 컴퓨터 일반

01 ③ : 현재 실행 중인 명령어를 기억하고 있는 레지스터
  • ④ : 다음번에 수행될 명령어의 주소를 가지고 있는 레지스터

02 ② : 제2세대

03 ① : Direct Memory Access, 중앙처리장치(CPU)의 처리를 거치지 않고 주변장치(히드 디스그 드라이브 등)로부터 컴퓨터 마더보드 상의 메모리로 데이터를 직접 주고받는 방식
  • ③ : 기본 입·출력장치. 즉, 키보드와 모니터를 일컬음

06 다양한 유형의 검색엔진을 적절히 이용하여 원하는 정보를 검색하도록 한다.

07 ③ : 프로그램에 존재하는 사소한 오류의 수정이나 성능 향상을 위해 해당 부분의 모듈을 수정하여 변경 배포하는 프로그램
  • ④ : 정품 프로그램의 판매 촉진을 위한 광고용 버전으로 프로그램 중에서 중요한 몇 몇 기능만 사용할 수 있도록 제한된 버전

08 ③ : 7비트로 구성, 128가지 문자를 표현(주로 정보 교환용 코드로 많이 사용)
  • ④ : 6비트로 구성, 64가지 문자를 표현

09 ② : 드라이브 조각 모음 및 최적화, ③ : 오류 검사

11 이름 : 사전 순으로 아이콘 이름을 정렬한다.

12 플로터는 그래프, CAD 도면, 그림, 사진 등을 정밀하게 출력할 때 사용하는 출력장치이다.

13 ② : Windows 설정의 [접근성] – [마우스]에서 설정할 수 있다.

14 • ① : 데이터 단말장치
  • ② : 근거리 무선 통신, 10cm 이내의 가까운 거리에서 단말 기간 데이터를 전송하는 기술
  • ④ : '소셜 네트워크 서비스'의 약자, 온라인상에서 특정한 관심이나 활동을 공유하는 사람들 사이의 관계망을 구축해 주는 온라인 서비스

15 [설정] – [앱] – [시작 프로그램]에서 실행 여부를 지정할 수 있다.

16 ④ : 도메인 네임은 한글과 숫자를 섞어서 만들 수 있다.

17 무료로 배포되는 Adobe Reader 프로그램은 PDF(Portable Document Format) 파일을 읽거나 검색, 인쇄를 할 수 있다.

18 ④ : 네트워크를 통해 연속적으로 자신을 복제하여 시스템의 부하를 높이는 프로그램

19 바로 가기 아이콘은 삭제, 이동해도 원본 파일이나 폴더에는 아무런 영향을 미치지 않는다.

20 ① : 가상 사회에서 자신의 분신을 뜻하는 말로 사이버 게임이나 인터넷 채팅 등에서 자신을 나타내는 애니메이션 인물을 나타내는 이미지

〈제2과목〉 스프레드시트 일반

21 • ② : 여러 개의 셀에 동일한 데이터를 한 번에 입력할 경우 사용
  • ③ : 셀 포인터를 위쪽으로 한 칸씩 이동

23 데이터 표 : 수식의 특정 값을 변경했을 때 수식 결과가 어떻게 변하는지를 표로 나타내는 기능이다.

24 [페이지 설정] 대화상자의 [시트] 탭에 있는 메모에서 '없음'을 선택하면 메모가 인쇄되지 않는다.

25 ③ : 값 축의 최소값을 0, 최대값을 100으로 설정한 상태이다.

26 [파일] – [옵션]에서 [고급]의 〈사용자 지정 목록 편집〉을 클릭하여 사용자가 원하는 순서를 입력하거나 편집할 수 있다.

27 조건부 서식에서의 지정 가능한 셀 서식 : 표시 형식, 글꼴, 테두리, 채우기

28 목표값 찾기에서 찾는 값은 셀 주소를 지정할 수 없다.

29 [일반 옵션]에는 백업 파일 항상 만들기, 열기 암호, 쓰기 암호, 읽기 전용 권장 등이 있다.

30 방사형 차트 : 여러 데이터 계열의 집계 값을 비교

31 기존의 셀을 밀어내면서 붙여넣기 위해서는 [홈] 탭 – [셀] 그룹의 [삽입] – [잘라낸 셀 삽입]을 실행한다.

32 VLOOKUP 함수 : 표의 가장 왼쪽 열에서 특정 값을 찾아 지정한 열에서 같은 행에 있는 값을 표시,
  =VLOOKUP(찾을 값, 셀 범위, 열 번호, 찾을 방법)

33 • [매크로 지정]은 [일러스트레이션] 그룹에 속해 있는 그림, 온라인 그림, 도형, SmartArt 등에 있는 개체들을 연결하여 사용할 수 있다.
  • [보기] – [매크로] – [매크로 보기]를 클릭한 후, 매크로 이름을 선택하여 실행할 수도 있음

34 [C1] 셀 : 4.5, [C2] 셀 : 5.25, [C3] 셀 : 6

35 [삽입] – [셀] : 셀을 오른쪽으로 밀기, 셀을 아래로 밀기, 행 전체, 열 전체

36 성명이 '김'으로 시작하거나, 직위가 '대리'이면서, 호봉이 '20' 이상인 데이터만 추출

37 개인용 매크로 통합 문서 : PERSONAL.XLSB에 저장

38 ① : 6,000백만원, ② : kimdaehan.go.kr,
④ : 4:8:15 PM

40 EOMONTH(시작 날짜,개월 수) : 지정된 개월 수 이전 또
는 이후 달에서 마지막 날의 날짜를 표시하는 함수

01	④	02	②	03	③	04	④	05	②
06	④	07	④	08	④	09	③	10	②
11	③	12	②	13	③	14	④	15	③
16	①	17	③	18	③	19	④	20	③
21	②	22	①	23	②	24	④	25	④
26	③	27	②	28	③	29	②	30	②
31	③	32	①	33	③	34	④	35	②
36	②	37	③	38	②	39	④	40	④

〈제1과목 컴퓨터 일반〉

01 드라이브 조각 모음 및 최적화는 디스크의 단편화 현상을
제거하여 시스템 속도 향상이 목적이다.

02 프린터에서 사용하는 포트로는 LPT1~LPT3 등이 있다.

03 CD-R : CD Recordable, 한 번만 기록 가능한 CD로
WORM(Write Once Read Many)이라고도 하며 주로 프
로그램이나 대량의 데이터를 저장하거나 백업 시 사용

04 ④번은 벡터 방식에 대한 설명으로 AI, CDR, EPS, WMF
파일형식 등이 해당한다.

05 디스크 정리 : 다운로드한 프로그램 파일, 임시 인터넷 파
일, 오프라인 웹 페이지, 휴지통, 임시 파일, 미리 보기 사
진 등 불필요한 파일을 삭제하여 디스크의 공간을 확보해
주는 도구이다.

06 [Window Media Player]는 음악, 동영상 파일의 재생 및
자신만의 CD나 DVD 만들기를 할 수 있지만 편집은 할 수
가 없다.

07 ④번은 2세대 컴퓨터의 특성이다.

08 • ① : 주소의 각 부분은 16진수로 표현한다.
• ② : 주소의 각 부분은 콜론(:)으로 구분한다.
• ③ : 주소의 전체 길이가 128비트이다.

09 ③ : 컴퓨터 시스템에서 예기치 않은 일이 발생할 경우 현
재 진행 중인 작업을 일시 중단하고 작업 상태를 저장한
다음 요청한 문제를 해결한 후 다시 원래의 작업으로 돌아
가 계속 수행하는 기능

10 느림 → 빠름 : ms(10^{-3}) → μs(10^{-6}) → ns(10^{-9}) → ps(10^{-12})
→ fs(10^{-15}) → as(10^{-18})

12 • ① : 6비트 사용, 2^6 → 64개의 문자 표현
• ③ : 8비트 사용, 2^8 → 256개의 문자 표현

13 선택된 파일이나 폴더의 이름 바꾸기 : **F2** 키 또는 이름을
바꿀 파일이나 폴더를 클릭한 후 다시 한 번 클릭

14 ④ : 열 관리가 안되는 문제가 있음

15 ③ : USB는 기존의 직렬, 병렬, PS/2 포트 등을 하나의
포트로 대체하기 위한 범용 직렬 버스이다.

18 속도가 빠른 CPU와 상대적으로 속도가 느린 주기억장치
사이에서 원활한 정보의 교환을 위해 주기억장치의 정보를
일시적으로 저장하는 고속의 메모리로 SRAM을 사용한다.

19 • 화면 보호기 중단 시 언제나 암호를 물어보는 것이 아니
고 암호를 물어보는 경우는 [화면 보호기 설정] - [화면
보호기] 탭에서 '다시 시작할 때 로그온 화면 표시' 확인
란을 선택하여야 한다.
• 화면 보호기 암호는 Windows에 로그인할 때 사용하는
암호와 동일하다.

20 인터넷을 통해 다운로드 받은 자료는 반드시 바이러스를
검사한 후에 사용한다.

〈제2과목〉 스프레드시트 일반

21 날짜 데이터 자동 채우기 옵션 : 셀 복사, 연속 데이터 채
우기, 서식만 채우기, 서식 없이 채우기, 일 단위 채우기,
평일 단위 채우기, 월 단위 채우기, 연 단위 채우기

22 COUNTIF 함수 : 특정 조건을 만족하는 셀의 개수를 구하
는 함수, =COUNTIF(셀 범위, 조건)

23 ② : =MID("Are You Busy?",5,3) : You

24 • 워크시트만 인쇄(차트, 도형, 그림 등 제외)하기 위해서
는 [페이지 레이아웃] - [페이지 설정] 그룹에서 페이지
설정 단추(🖪)를 클릭한다.
• [페이지 설정] 대화상자가 나오면 [시트] 탭에서 '간단하
게 인쇄'를 선택한다.

25 차트 시트의 경우에 내용과 개체를 변경하지 못하도록 보
호할 수 있다.

26 [B1] 셀 : 11:01, [C1] 셀 : 12:01, [D1] 셀 : 13:01

27 모두 정렬 : 여러 개의 통합 문서가 열려 있을 경우 문서의
정렬 방식을 선택할 수 있다.

28 [데이터 계열 서식] 작업창에서 [계열 옵션]의 '계열 겹치
기'에서 값을 입력하거나 막대바를 이동시킨다.

29 ② : [인쇄 미리 보기] 상태에서 [여백 표시]를 클릭한 후
마우스를 이용하여 여백을 조정할 수 있다.

30 ① : 판매실적.xlsx

31 매크로 이름 : 매크로 이름의 첫 글자는 반드시 문자여야
하며 나머지는 문자, 숫자, 밑줄(_) 등이 될 수 있음

32 ① : 서식 코드 부분은 최대 4개까지 지정할 수 있다.

33 COUNTIF 함수 : 특정 조건에 만족하는 셀의 개수를 구해
주는 함수, =COUNTIF(셀 범위, 조건)

34 ④ : '결산1월', '결산2월', '결산3월', '결산4월', '결산5월'
순으로 배열

35 목표값 찾기 : 수식에서 얻으려고 하는 값은 알고 있지만 그 결과 값을 얻기 위해 필요한 입력 값을 모를 때 이용하는 기능

36 •추세선이 아닌 표준 오차 막대를 표시하여 시각적으로 표현하였다.
•[차트 도구] – [디자인] – [차트 레이아웃] – [차트 요소 추가] – [오차 막대]에서 원하는 형태의 오차 막대 선택

37 •③ : 대·소문자를 구별하지 않으며 255자까지 지정할 수 있다.
•[수식] – [정의된 이름] – [이름 관리자]를 실행하여 이름을 편집 하거나 삭제할 수 있다.

38 자동 고침 옵션 : 처음 두 문자가 대문자인 경우 고침, 문장의 첫 글자를 대문자로, 요일을 대문자로, 한/영 자동 고침, 목록에 있는 내용대로 자동으로 바꾸기 등

39 매크로에서의 바로 가기 키 : 소문자를 입력할 경우(**Ctrl**+영문자로 지정), 대문자를 입력할 경우(**Ctrl**+**Shift**+영문자로 지정)

40 •1차 부분합 결과 후 2차 부분합을 실행할 때는 반드시 '새로운 값으로 대치' 항목의 체크 표시를 해제한 후 부분합을 실행해야 한다.
•④ : 최대값이 사라지고, 그 위치에 평균이 표시됨

제 09 회   합격 모의고사

01	②	02	③	03	④	04	②	05	④
06	①	07	④	08	②	09	①	10	①
11	④	12	①	13	②	14	①	15	④
16	③	17	③	18	②	19	③	20	④
21	①	22	①	23	①	24	①	25	②
26	①	27	④	28	②	29	③	30	④
31	④	32	③	33	①	34	②	35	②
36	①	37	③	38	②	39	③	40	③

〈제1과목〉 컴퓨터 일반

03 [작업 표시줄]의 바로 가기 메뉴 – [도구 모음] : 주소, 링크, 바탕 화면, 새 도구 모음 등

04 •한국 인터넷 정보 센터 : KRNIC
•국제도메인관리기구 혹은 국제인터넷주소관리기구 : ICANN

05 •하드 디스크 인터페이스 방식 : IDE, EIDE, SCSI, SATA
•① : 하드 디스크를 2개까지 가능
•② : 하드 디스크를 4개까지 가능

07 ④ : GIF 포맷은 이미지 표현 방식으로 비트맵 방식을 이용한다.

08 정보사회의 멀티미디어는 텍스트, 이미지, 사운드, 애니메이션, 동영상 등을 디지털화 시킨 복합 구성매체이다.

09 바로 가기 아이콘 : 특정한 파일이나 폴더의 위치에 대한 정보를 담고 있는 파일로 삭제, 이동해도 원본 파일이나 폴더에는 아무런 영향을 미치지 않는다.

10 문서 파일도 바이러스 검사를 한 후 사용하는 것이 안전하다.

11 ④ : 웹 마케팅 용어로서 웹 사이트 회원 등록 시 광고성 전자우편을 수신할 것에 동의한 사용자들에 대해서만 전자우편을 발송하는 방식을 의미

13 ② : [휴지통]에 보관된 파일은 실행할 수 없다.

15 PING(Packet Internet Gopher) : 원격 호스트에 대한 접속 상태 확인

16 •① : 사용기간 및 기능제한 없이 무료로 배포되는 소프트웨어로 사용자는 요금을 지불할 필요는 없으나 영리를 목적으로 배포할 수는 없음
•② : 정상적인 프로그램을 구매하도록 유도하기 위해 사용 기간이나 기능 등을 제한하여 배포하는 프로그램

17 **Ctrl**+**Shift**+**Esc** 키 : [Windows 작업 관리자] 열기

18 •① : 인터넷에서 전자우편을 전송하기 위한 프로토콜(송신에 사용)
•③ : 메일 서버에 도착한 메일을 사용자의 컴퓨터에서 체크하고, 수신하는데 필요한 프로토콜
•④ : 인터넷 전자우편 우체국 프로토콜(수신에 사용)

19 일괄처리 시스템은 1세대의 특징이다.

20 ② : EPROM, ③ : PROM, ④ : Mask ROM

〈제2과목〉 스프레드시트 일반

21 [삽입] 탭의 [일러스트레이션] 그룹에서 삽입 가능한 개체는 그림, 온라인 그림, 도형, SmartArt, 스크린샷

22 •② : 눈금선이나 행/열 머리글의 인쇄 여부를 설정할 수 있다.
•③ : 인쇄 배율을 수동으로 설정할 수 있고, 배율은 워크시트 표준 크기의 10%에서 400%까지 가능하다.
•④ : 메모의 인쇄를 하지 않거나(없음) 메모의 인쇄 위치(시트에 표시된 대로 인쇄, 시트 끝)중에서 하나를 선택할 수 있다.

23 ② : 고급 필터에서 다른 필드와의 결합을 OR 조건으로 지정하려면 조건을 모두 다른 행에 입력한다.

24 •차트를 만들 데이터를 선택한 후 **Alt**+**F1** 키를 누르면 현재 시트에 차트가 생성된다.
•별도의 차트 시트를 생성하려면 **F11** 키를 누른다.

25 워크시트 그룹화 : 여러 개의 워크시트를 선택한 상태(그룹화)에서 작업을 실행하면 선택된 모든 시트에 동일한 작업 내용이 적용된다.

26 SmartArt(▣) : 스마트아트는 다이어그램 또는 조직도 등을 작성하는 기능으로 기존의 엑셀 2003버전보다 시각적인 비주얼이 매우 뛰어나다.

27 ④ : 대/소문자 구분에 체크 표시를 지정한 경우 영문자의 첫 글자뿐만 아니라 단어 전체의 대/소문자를 구분하여 찾기 한다.

28 [다른 이름으로 저장]-[도구] : 네트워크 드라이브 연결, 웹 옵션, 일반 옵션, 그림 압축

30 창을 숨긴 채로 엑셀을 종료하였어도 다음에 파일을 열어 숨기기 취소를 할 수 있다.

31 날짜와 시간이 혼합된 자료가 입력되었다면 날짜의 '일'만 1씩 증가되어 입력된다.

32 AVERAGEIFS(평균을 구할 범위,조건1이 적용될 범위,조건1,조건2가 적용될 범위,조건2,…) : 여러 개의 조건에 만족하는 데이터들의 평균을 구하는 함수

33 공백(빈) 셀의 경우 내림차순 및 오름차순에 상관없이 항상 마지막에 정렬된다.

34 셀에 문자가 아닌 수치 데이터가 입력되어 있거나, 아무 데이터도 입력되어 있지 않으면 윗주 내용을 입력할 수 없다.

35 숫자가 입력된 두 개의 셀 : 두 숫자의 차이만큼 선형 추세로 자동 채우기 실행

36 매크로 이름
- 매크로 이름의 첫 글자는 반드시 문자여야 하며 나머지는 문자, 숫자, 밑줄(_) 등이 될 수 있음
- 공백을 사용할 수 없으며 밑줄(_)로 단어를 구분한다.

37 숨겨진 열을 다시 보이게 하려면, 숨겨진 열의 왼쪽과 오른쪽 열을 선택한 다음 마우스 오른쪽 단추를 눌러 [숨기기 취소] 메뉴를 선택한다.

38 • DSUM 함수 : 데이터베이스 필드(열)에서 조건에 만족하는 값들의 합계를 구함
- DMAX 함수 : 데이터베이스 필드에서 조건에 만족하는 값 중 최고값을 구함
- DCOUNTA 함수 : 데이터베이스 필드에서 조건에 만족하는 셀 중 공백을 제외한 셀의 개수를 구함

39 ③ : 셀을 선택한 후 F2 키를 누르면 셀에 입력된 내용의 맨 뒤에 삽입 포인터가 나타난다.

40 • 범례만 위쪽으로 표시되어 있을 뿐 데이터 표는 적용되지 않음
- 데이터 표-범례 표지 포함

	이학수	정찬우	이기찬	박광철	₩500,000
보통	8	9		12	₩-
급여	₩2,210,000	₩2,250,000	₩1,990,000	₩2,615,000	

제 **10** 회 합격 모의고사

01	②	02	②	03	①	04	④	05	④
06	④	07	①	08	④	09	②	10	③
11	④	12	②	13	①	14	①	15	③
16	②	17	④	18	③	19	②	20	④
21	③	22	③	23	②	24	③	25	③
26	④	27	③	28	③	29	③	30	②
31	①	32	④	33	③	34	③	35	③
36	③	37	④	38	②	39	④	40	③

〈제1과목〉 컴퓨터 일반

01 기억장치의 처리 속도(고속 → 저속) : 레지스터 (Register) - 캐시(Cache) 메모리 - 주기억장치(RAM) - 보조기억장치(하드 디스크, CD-ROM, 플로피디스크)

03 Windows 설정의 [시스템] - [집중 지원]에서 설정한다.

05 ④ : [폴더 옵션] 창 이용

06 F4 키 : 파일 탐색기에 주소 표시줄 목록 표시

07 ② : 모니터 화면의 이미지를 얼마나 세밀하게 표시할 수 있는가를 나타내는 화면의 밀도 단위

09 ② : 주소는 유니캐스트, 애니캐스트, 멀티캐스트 3종류의 형태로 분류한다.

10 Shift + Delete 키 : 선택한 항목을 휴지통으로 이동하지 않고 바로 삭제

12 • 자동 전압 조절기(AVR) : 항상 일정한 전압을 유지시켜 주는 장치
- 무정전 전원 공급 장치(UPS) : 정전이 되어도 시스템이 정지하지 않도록 일정 시간 동안 전원을 공급해 자료의 손실을 막을 수 있는 장치

13 ② : SRAM에 대한 설명이다.

14 ② : 모든 사물에 전자 태그를 부착하고 무선 통신을 이용하여 사물의 정보 및 주변 상황 정보를 감지하는 센서 기술

15 • ① : 정보를 송신한 사람의 신원을 확인하는 보안 요소
- ② : 정보 전달 도중에 정보가 훼손되지 않았는지 확인하는 보안 요소
- ④ : 메시지의 송수신이나 교환 후, 또는 통신이나 처리가 실행된 후에 그 사실을 사후에 증명함으로써 사실 부인을 방지하는 보안 기술

16 서로 다른 확장자를 갖는 파일들을 하나의 연결 앱으로 지정할 수 있다.

18 연산장치의 구성 : 가산기(Adder), 누산기(Accumulator), 상태 레지스터(Status Register), 보수기(Complementer), 시프터(Shifter) 등

278 PART 05 정답 및 해설

19 ② : 정상적인 프로그램을 구매하도록 유도하기 위해 사용 기간이나 기능 등을 제한하여 배포하는 프로그램

20 ③ : 혹스(Hoax)는 남을 속이거나 장난을 친다는 뜻으로, 말 그대로 가짜 바이러스를 의미한다.

〈제2과목〉 스프레드시트 일반

21 ③ : 날짜 및 시간 데이터는 자동으로 오른쪽을 기준으로 정렬된다.

22 ③ : 셀의 특정 범위에 이름을 정의하고자 할 경우 '이름 상자'를 이용한다.

23 새로운 값으로 대치 : 1차 부분합을 생성한 후 중첩 부분합을 작성하기 위해서는 '새로운 값으로 대치' 항목을 반드시 해제시켜야 한다. 해제시키지 않으면 1차 부분합 결과는 사라지고 2차 부분합 결과만 표시된다.

24 ③ : 연속되지 않은 영역의 데이터로 차트를 작성하려면 **Ctrl** 키를 누르고 영역을 선택해야 한다.

25 ③ : '상위 10' 기능은 숫자가 있는 열에서 사용할 수 있다.

26 [A1] 셀 : 01-Excel2016, [A2] 셀 : 01-Excel2017, [A3] 셀 : 01-Excel2018, [A4] 셀 : 01-Excel2019

27 매크로 작성 순서 : [개발 도구] - [코드] - [매크로 기록]을 선택 → 매크로 이름을 정의하고 바로 가기 키를 설정 → 원하는 작업을 실행 → [기록 중지] 단추 클릭

28 **Ctrl** 키를 누른 상태에서 시트 탭을 드래그할 경우 시트 탭을 복사할 수 있다.

29 ④ : 부분합에서 사용되는 기능

30 워크시트 그룹화 : 여러 개의 워크시트를 선택한 상태(그룹화)에서 작업을 실행하면 선택된 모든 시트에 동일한 작업 내용이 적용된다.

31 • SUMIF 함수 : =SUMIF(조건이 들어 있는 범위, 조건, 합계를 구할 범위)
• 조건이 들어 있는 범위와 합계를 구할 범위가 같을 경우 합계 구할 범위는 생략 가능하다.

33 • ③ : **Alt**+**F8** 키의 조합을 통해 매크로 이름을 선택한 후 [실행] 단추를 클릭한다.
• [보기] - [매크로] - [매크로]를 클릭한 후 매크로 이름을 선택하여 실행할 수도 있다.

34 DAVERAGE 함수
• 데이터베이스 필드(열)에서 조건에 만족하는 값들의 평균을 구하는 함수
• =DAVERAGE(데이터베이스, 필드(열) 제목, 조건범위)

36 [창 정렬] 대화 상자에서의 정렬 방식 : 바둑판식, 가로, 세로, 계단식

37 연산순서
• (C2^2) = 8*8 = 64
• B2/D2 = 30/2 = 15
• B3*C3 = 4*8 = 32 → 64-15-32 = 17

38 ③ : 변화 요소가 많아 계산의 결과 값을 예측하기 어려울 때 변화 요소마다 가상 값을 지정하여 수식 결과를 비교 분석할 때 사용하는 기능

40 행이나 열을 모두 표시하려면 가장 높은 수준의 행과 열에 대한 기호를 누른다. 예를 들어 [1] [2] [3] 수준을 표시하려면 [3]을 누른다.

제 11 회   합격 모의고사

01	②	02	④	03	③	04	④	05	②
06	①	07	②	08	①	09	④	10	③
11	②	12	②	13	④	14	②	15	③
16	④	17	④	18	④	19	④	20	②
21	①	22	①	23	③	24	①	25	①
26	②	27	③	28	②	29	③	30	④
31	②	32	④	33	③	34	③	35	①
36	④	37	①	38	④	39	③	40	①

〈제1과목〉 컴퓨터 일반

01 ② : 제어장치에 사용되는 레지스터

03 ③ : 작업 표시줄에서 고정된 앱을 제거하려면 제거할 앱 아이콘 위에서 마우스 오른쪽 단추를 눌러 작업 표시줄에서 제거 메뉴를 선택한다.

05 DNS : 도메인명을 IP 주소로 바꾸어 주거나 그 반대의 작업을 처리해 주는 시스템

06 ASCII는 문자, 숫자, 구두점 및 기타 일부 특수 문자에 수치를 부여하는 부호 체계로서 1962년 미국표준협회(ANSI)가 제정했다.

07 프로그램 카운터(PC) : 다음번에 수행될 명령어의 주소를 가지고 있는 레지스터

08 임시 파일이나 휴지통의 불필요한 파일을 제거할 수 있고, 앱도 제거가 가능하다.

11 ② : 각 부분은 콜론(:)으로 구분한다.

12 ② : 일반적으로 프로그램 및 응용 프로그램에서는 필요한 내용이 모두 자동으로 변경되므로 레지스트리를 수동으로 변경할 필요가 없다.

14 QR코드(Quick Response Code) : 1차원 바코드 보다 훨씬 많은 정보를 담을 수 있는 사각형의 흑백 격자무늬 패턴의 2차원 코드를 말한다.

15 하드 디스크의 파티션을 설정할 경우 기존의 하드 디스크 내용이 모두 삭제되므로 주의해야 한다.

17 [폴더 옵션]에서는 폴더에 표시되는 글자의 폰트를 새로이 설정할 수 있는 기능이 없다.

20 ① : 모뎀, ③ : 분산처리 시스템, ④ : 엑스트라넷

〈제2과목〉 스프레드시트 일반

21 ① : 숫자 데이터를 문자로 입력하려면 숫자 앞에 문자 접두어(인용 부호)(')를 붙여준다.

22 ① : 하나의 행이 선택되어 있는 상태에서 [Ctrl]+[Space Bar] 키를 누른다.

23 공유 통합 문서 편집 : 병합된 셀, 조건부 서식, 데이터 유효성, 차트, 그림, 그리기 개체가 포함된 개체, 하이퍼링크, 시나리오, 윤곽, 부분합, 데이터 테이블, 피벗 테이블 보고서, 통합 문서 및 워크시트 보호, 매크로 등은 추가하거나 변경할 수 없다.

24 필터링 조건이 같은 행에 나열되면 AND 조건, 다른 행에 나열 되면 OR 조건으로 인식된다.

25 시나리오는 32개까지 변수를 사용하여 결과를 예측할 수 있으며, 시나리오 결과를 요약 보고서나 피벗 테이블로 만들 수 있다.

27 ①번의 경우 '시나리오'를 이용한다.

28 [F11] 키를 누르면 자동적으로 만들어지는 기본형 차트는 묶은 세로 막대형 차트이다.

29 • COUNTBLANK : 인수 중에서 공백 셀의 개수를 구한다.
• COUNT : 인수 중에서 숫자(날짜 포함)가 입력된 셀의 개수를 구한다.
• COUNTA : 인수 중에서 공백을 제외한 모든(문자, 숫자, 논리값 등) 셀의 개수를 구한다.

31 [예측] – [가상분석]에는 '시나리오 관리자, 목표값 찾기, 데이터 표'가 포함되어 있으며, 조건부 서식은 [홈] – [스타일]에 포함되어 있다.

32 고급 필터를 실행한 후 고급 필터에 사용된 조건식을 변경하여도 결과는 변경되지 않는다.

34 ③ : =DSUM(A1:D9,D1,A1:A2)

36 • 등록된 바로 가기 키는 [Ctrl] 키 또는 [Ctrl]+[Shift] 키와 함께 실행한다.
• 매크로에서의 바로 가기 키 : 소문자를 입력할 경우 ([Ctrl]+영문자로 지정), 대문자를 입력할 경우([Ctrl]+[Shift]+영문자로 지정)

38 WordArt(🗛)는 [삽입] – [텍스트] 그룹에서 선택하여 삽입할 수 있다.

39 [개발 도구] – [코드] – [매크로 보안] – [매크로 설정] 탭에서 '모든 매크로 포함'을 선택하면 매크로에 관련된 메시지가 나오지 않는다.

40 [찾기 및 바꾸기] 대화상자의 검색 조건

01	③	02	④	03	①	04	②	05	①
06	②	07	④	08	④	09	④	10	①
11	②	12	①	13	④	14	④	15	③
16	②	17	①	18	②	19	②	20	③
21	③	22	④	23	③	24	④	25	①
26	②	27	②	28	②	29	②	30	②
31	④	32	①	33	④	34	②	35	④
36	③	37	③	38	④	39	②	40	①

〈제1과목〉 컴퓨터 일반

01 ③ : 3세대 – 집적회로(IC)

02 취급 데이터에 따른 분류 : 아날로그 컴퓨터, 디지털 컴퓨터, 하이브리드 컴퓨터

04 • 숫자 키패드의 [+] 키를 누르면 선택된 폴더의 한 단계 하위 폴더를 표시해 준다.
• ② : *

05 [앱 및 기능]에서 앱을 제거할 수 있지만, 삭제된 앱 파일은 복원할 수 없다.

06 HCI : 인간이 어떤 목적을 위해 컴퓨터와 주고받는 모든 행위, 또는 컴퓨터 시스템과 컴퓨터 사용자 사이의 상호 작용을 향상시키기 위한 효과적인 방법을 중점적으로 연구하는 학문

08 CMOS 배터리를 충전하기 위하여 컴퓨터를 켜둔 채 일정 시간 놔두도록 한다.

09 Windows Defender 방화벽의 상태를 확인하고, 설정 및 해제할 수 있다.

11 ④ : 인터넷 웹 사이트의 방문 정보를 기록하는 파일로, 이를 이용하여 사용자의 정보 등을 분석할 수 있는 것

12 주기억장치의 데이터 접근 시간은 캐시 메모리 보다 느리다.

13 객체 지향 언어의 특징: 캡슐화, 추상화, 다형성, 인스턴스, 메시지 전달, 상속성

14 스마트폰 OS는 무선 스마트폰 환경에서 사용하는 운영체제로 일반 컴퓨터 운영체제와는 통신규약 자체가 다르다.

15 저장 용량 단위 : 1KB(1024Byte) 〈 1MB(1024KB) 〈1GB(1024MB) 〈 1TB(1024GB)

16 전자우편 관련 프로토콜 : SMTP(전자우편 송신), POP(전자우편 수신), IMAP, MIME(멀티미디어 데이터 전송)

17 ③ : 현재 실행 중인 명령어를 기억하는 레지스터

18 프로그램 내장 방식 : 입력된 자료 및 명령어를 2진수로 변환시켜 컴퓨터 내부에 기억시켜 두고 필요할 때마다 호출하여 사용하는 방식

19 자료의 단위 순서(작음→큼) : Bit 〈 Byte 〈 Word 〈 Field(Item) 〈 Record 〈 File

〈제2과목〉 스프레드시트 일반

21 ・③ : 입력된 문자열이 셀보다 긴 경우 수식 입력 줄에는 모든 문자열이 표시되지만 해당 셀에서는 오른쪽 셀의 데이터 입력 여부에 따라 달라질 수 있다. 오른쪽 셀이 비어 있으면 모두 표시되고, 데이터가 입력되어 있으면 입력된 셀의 열의 너비만큼만 표시된다.

22 MID 함수 : 비교 대상의 값이 숫자이면 숫자로 비교하고, 문자이면 문자로 비교해야 한다.
[예] =MID(A2,8,1) → 결과 : 1(결과는 문자)

25 [선택하여 붙여넣기] 대화 상자에서 '붙여넣기' 항목에는 모두, 메모, 수식, 유효성 검사, 값, 테두리만 제외, 서식, 열 너비 등이 있다.

26 ? : 숫자가 들어가는 자리를 표시하는 기호(숫자가 없을 시 빈자리를 빈 칸으로 채움)

27 연속되지 않은 셀 범위 지정 : 첫 번째 셀 범위를 마우스로 드래그한 후, 두 번째 범위를 선택할 때는 Ctrl 키를 누른 채 드래그

28 F4 키를 이용한 전환 : 절대 참조($F$4) → 혼합 참조(F$4) → 혼합 참조($F4) → 상대 참조(F4)

29 [매크로 옵션] 대화상자 : 바로 가기 키, 설명, 매크로 이름을 확인할 수 있고, 바로 가기 키 및 설명은 수정 가능하지만, 매크로 이름은 확인만 가능하므로 Visual Basic 편집기에서 수정한다.

30 엑셀 2016의 상태 표시줄에서는 화면 보기 바로 가기(▦ ▣ ▥)를 이용하여 '기본, 페이지 레이아웃, 페이지 나누기 미리 보기'로 전환할 수 있다.

31 ①, ②, ③ : 6, ④ : 5

32 텍스트 마법사에서의 구분 기호 : 탭, 세미콜론, 쉼표, 공백, 기타 등

33 [매크로 기록] 대화상자에서는 매크로 이름, 바로 가기 키, 매크로 저장 위치, 설명 등을 지정할 수 있다.

34 [A1] : 29.5 → [B1] : 30.5 → [C1] : 31.5

35 ④ : 매크로 이름은 옵션 대화 상자에서 확인만 할 수 있고 변경 할 수 없다.

36 메모 삭제 방법 : 셀의 바로 가기 메뉴에서 메모 삭제, [검토] 탭 – [메모] 그룹 – [삭제], [홈] – [편집] – [지우기] – [메모지우기]

37 필터링 조건이 같은 행에 나열되면 AND 조건, 다른 행에 나열되면 OR 조건으로 인식된다.

38 [셀 서식] – [표시 형식] 탭의 '기타'에서 '우편 번호' 형식 설정

40 [페이지 설정] 대화상자의 [여백] 탭에서 페이지를 기준으로 가운데에 인쇄되도록 '페이지 가운데 맞춤'을 설정할 수 있다.

최신유형기출문제 정답·해설

01	②	02	③	03	②	04	②	05	①
06	④	07	④	08	②	09	②	10	③
11	①	12	④	13	①	14	③	15	③
16	④	17	①	18	②	19	②	20	②
21	③	22	③	23	②	24	②	25	②
26	②	27	③	28	①	29	③	30	②
31	②	32	②	33	①	34	②	35	②
36	③	37	③	38	②	39	①	40	②

〈제1과목〉 컴퓨터 일반

01 ② : 모니터 주사선을 하나씩 건너 뛰어 주사하는 기법

02
- ① : 사용자의 요구에 따라 뉴스, 드라마, 영화, 게임 등의 콘텐츠를 통신 케이블을 통하여 서비스하는 영상 서비스
- ② : 컴퓨터를 학습에 이용하는 분야
- ④ : 초고속 통신망을 이용하여 원거리에 있는 사람들과 비디오나 오디오를 통해 회의를 할 수 있도록 지원하는 서비스

04
- ① : 도청하듯 네트워크에서 패킷을 엿보며, 정보를 알아냄
- ③ : 서비스 기술자나 유지, 보수 프로그래머들의 접근 편의를 위해 만든 시스템 보안이 제거된 비밀 통로
- ④ : 시스템 관리자가 구축해 놓은 보안망을 무력화시켜 시스템이나 다른 사용자에게 피해를 주는 행위

05
- ② : 128비트(16비트씩 8부분)
- ③ : 호환성이 높아 상호 전환이 쉽다.
- ④ : 자료 전송 속도가 빠르다.

06 ④ : 장거리 전송을 위해 신호를 증폭시킴(네트워크 장비)

07
- DHCP(Dynamic Host Configuration Protocol) : 클라이언트가 동적인 IP 주소를 할당받아 인터넷을 사용할 수 있게 해주는 프로토콜
- ① : 하이퍼텍스트를 전송하기 위한 프로토콜
- ② : 인터넷 상에서 정보 전송을 위해 사용되는 전송 프로토콜
- ③ : 전자메일 송신용 프로토콜

08 ② : 처리 프로그램(언어 번역 프로그램, 서비스 프로그램, 문제 프로그램)

10

	디지털 컴퓨터	아날로그 컴퓨터
입력	숫자, 문자	전류, 전압, 온도
출력	숫자, 문자	곡선, 그래프
구성 회로	논리 회로	증폭 회로
연산 속도	느림	빠름
사용	범용	특수 목적용
연산	산술·논리 연산	미분, 적분
프로그램	필요함	필요하지 않음
기억 기능	있음	없음
입력 형태	이산적(비연속적인 데이터)	연속적인 데이터

12
- ① : CPU 내에 위치
- ② : 채널
- ③ : 가상 메모리

13 ① : 기본적으로 7비트의 ASCII 코드를 사용하며 메시지 전달

14
- ① : 650MB~700MB 저장 용량으로 1000회 이상 기록, 삭제 가능
- ② : 4.7GB~17GB 저장할 수 있는 멀티미디어 저장 매체
- ④ : 주로 PC 파일의 이동이나 보관 등에 사용되는 휴대용 보조기억장치로 100MB, 250MB의 용량을 저장할 수 있다.

16 ④ : 반드시 PC 한 대에 하나의 프린터만 설정할 수 있다.

17 ① : 휴지통에 삭제된 파일이 보관되어 있을 경우와 휴지통이 비워진 상태의 아이콘 모양은 다르게 표시된다.

18 Windows 설정의 [접근성]
- 화면의 내용을 설명하는 화면 읽기 프로그램(내레이터 사용)
- 컴퓨터를 보기 쉽게 설정(디스플레이)
- 키보드가 없는 컴퓨터 사용 (화상 키보드 사용)
- 키보드를 사용하기 쉽게 설정 (입력하기 쉽게 설정, 고정 키, 토글 키, 필터 키)
- 소리 대신 텍스트나 시각적 표시 방법 사용 (선택 자막, 오디오 경고를 시각적으로 표시)
- 화면에 색 필터 적용, 텍스트와 앱을 보기 쉽게 설정 (색상 필터, 고대비)
- 숫자 키패드를 사용하여 마우스 포인터 이동(마우스)

19 표준 사용자 계정의 경우 관리자가 설정해 놓은 프린터를 프린터 목록에서 제거할 수 없다.

20 파일의 확장자에 따라 연결 프로그램이 결정된다.

21 목록으로 값을 제한해도 드롭다운 목록의 너비를 지정할 수는 없다.

22 • [G1] : 고급 필터의 조건에 수식으로 입력할 경우 조건으로 지정 될 범위의 첫 행[G1] 셀은 비워 두거나 원본 데이터의 필드명이 아닌 다른 값으로 입력한다.

• ㉮ : 전체 평균은 계속 반복 참조되어야 하므로 절대 참조로 지정

• ㉯ : =″?영*″ : ?는 문자의 한자리, *은 모든 문자, 비교 연산자 =를 조건에 사용할 때는 ‘=″=항목″’형식으로 입력한다.

23 • ② : 수식에서 얻으려고 하는 값은 알고 있지만 그 결과 값을 얻기 위해 필요한 입력 값을 모를 때 이용하는 기능

• ③ : 특정한 필드를 기준으로 분류하고 각 분류별로 필요한 계산을 수행

25 여러 셀에 숫자나 문자 데이터를 한 번에 입력하려면 여러 셀이 선택된 상태에서 데이터를 입력한 후 바로 **Ctrl**+**Enter** 키를 누른다.

26 • [A2] 셀 : 가-012, [B2] 셀 : 01월 16일

• [A3] 셀 : 가-013, [B3] 셀 : 01월 17일

27 표시형식: dd-mmm-yy → 입력자료: 2015/06/25
→ 표시결과 : 25-Jun-15

28 조건부 서식에서 수식으로 조건을 입력할 경우 수식의 열의 주소에만 절대 참조($)를 지정하여 혼합 참조로 표시한다.
[예] =$D2〈3

29 • =PROPER(″republic of korea″) → Republic Of Korea

• PROPER 함수는 단어의 첫 글자만 대문자, 나머지는 소문자로 표시한다.

30 매크로 바로 가기 키는 영문자로만 대/소문자를 구분하여 입력(**Ctrl**+영문 소문자, **Ctrl**+**Shift**+영문 대문자)

31 VBE에서 편집 가능하므로 기능과 조작을 추가, 삭제 가능하다.

32 SUMIFS 함수 : 범위 내에서 여러 조건을 만족하는 셀의 합계를 구하는 함수, =SUMIFS(합계를 구할 범위,조건 범위1,조건1,조건 범위2,조건2,…)

33 계열 겹치기 수치를 양수로 지정하면 데이터 계열 사이가 겹쳐지고 음수로 지정하면 데이터 계열 사이가 벌어진다.

34 INDEX 함수 : 셀 범위에서 행 번호와 열 번호가 교차하는 값을 구해주는 함수, =INDEX(셀 범위,행 번호,열 번호)

35 VLOOKUP 함수 : 표의 가장 왼쪽 열에서 특정 값을 찾아 지정 한 열에서 같은 행에 있는 값을 표시하며 비교하려는 값이 데이터의 왼쪽 열에 있으면 HLOOKUP 대신 VLOOKUP을 사용
=VLOOKUP(찾을 값,셀 범위,열 번호,찾을 방법)

• 찾을 방법 1 : 0 또는 FALSE
셀 범위의 왼쪽 열 데이터와 찾을 값이 정확하게 일치하는 값을 찾을 때

• 찾을 방법 2 : 1 또는 TRUE 또는 생략 가능
셀 범위의 왼쪽 열 데이터 범위에서 찾을 값이 가장 근접한 값을 찾음(반드시 오름차순 정렬되어 있어야 한다.)

36 ‘쓰기 암호’가 지정된 경우 ‘쓰기 암호’를 모르면 읽기 전용으로 열어 파일을 수정하고 다른 이름으로 저장할 수 있다.

38 창 나누기를 수행하면 셀 포인터의 왼쪽과 위쪽으로 창 구분선이 표시된다.

39 인쇄 영역에 포함된 도형도 기본적으로 인쇄된다.

40 추세선을 사용할 수 없는 차트 : 3차원형, 표면형, 방사형, 원형, 도넛형 차트 등

제 02 회　최신유형기출문제

01	③	02	④	03	③	04	②	05	②
06	④	07	③	08	③	09	②	10	②
11	②	12	③	13	③	14	④	15	③
16	③	17	③	18	②	19	③	20	①
21	④	22	①	23	②	24	③	25	②
26	③	27	③	28	④	29	③	30	①
31	③	32	④	33	③	34	④	35	①
36	②	37	④	38	②	39	②	40	③

〈제1과목〉 컴퓨터 일반

01 • ② : 위치기반 서비스

• ③ : 디지털 멀티미디어 방송, 뛰어난 이동수신 특성을 바탕으로 음악, 문자, 동영상 등 다양한 컨텐츠를 휴대용 TV, PDA 등을 통해 제공하는 서비스

• ④ : 그림, 동영상 메시지 가능

02 ④ : 그래픽 카드는 CPU에 의해 처리된 디지털 데이터를 아날로그로 변환하여 모니터로 보내는 장치이다.

03 정크메일로 의심이 가는 이메일은 즉시 삭제한다.

04 ② : 무전기에서 사용

05 ① : SMTP, ③ : MIME

06 ① : 스푸핑(Spoofing), ② : 스파이웨어(Spyware), ③ : 혹스(Hoax)

07 ① : 라우터, ② : 게이트웨이, ④ : 브리지

08 • ① : 이해하기 쉬운 문자 형태로 표현

• ② : 호스트 컴퓨터명, 소속 기관명, 소속 기관 종류, 소속 국가명의 순으로 구성

• ④ : 국가가 다른 경우에도 중복된 도메인 네임을 사용할 수 없다.

10 • ① : 베타 테스트를 하기 전에 제작회사 내에서 테스트
할 목적으로 제작하는 프로그램
• ③ : 이미 제작하여 배포된 프로그램의 오류 수정이나
성능 향상을 위해 프로그램의 일부 파일을 변경해 주는
프로그램
• ④ : 정식 프로그램을 홍보하기 위한 광고용 버전. 프로
그램에서 중요한 몇 몇 기능만 사용할 수 있도록 제한하
거나 사용기간을 제한하여 배포하는 프로그램

12 ① : 검출만 가능, ② : 소형 컴퓨터, ④ : EBCD코드

13 ①, ② : ROM, ④ : 보조기억장치

14 작업 표시줄에서 바로 가기 메뉴 표시 : 도구 모음(링크,
바탕 화면, 새 도구 모음), 계단식 창 배열, 창 가로 정렬
보기, 창 세로 정렬 보기, 바탕 화면 보기, 작업 관리자, 작
업 표시줄 잠금

15 손상되지 않은 저장 매체에 오랜 기간 동안 저장된 데이터
일 경우 재 저장할 필요는 없다.

16 ③ : 표준 계정의 사용자는 컴퓨터 보안에 영향을 주는 설
정을 변경할 수 없다.

17 특정한 파일이나 폴더의 위치에 대한 정보를 담고 있는 파
일로 확장자는 'LNK'이다.

18 플래시 메모리는 RAM과 ROM의 중간 형태를 띠며, 비휘발
성으로 전원이 나간 상태에서도 데이터가 지워지지 않는다.

19 현재 폴더에서 상위 폴더로 이동하려면 바로 가기 키인
[Back space] 키를 누른다.

20 일부 앱 및 기능 해제 시 설치된 기능의 삭제가 아닌 사용
하지 못하도록 해제하는 것이므로 하드 디스크 공간은 그
대로 유지된다.

〈제2과목〉 스프레드시트 일반

21 제한 대상 : 모든 값, 정수, 소수점, 목록, 날짜, 시간, 텍
스트 길이, 사용자 지정

22 목표값 찾기 : 수식에서 얻으려고 하는 값은 알고 있지만
그 결과 값을 얻기 위해 필요한 입력 값을 모를 때 이용하
는 기능

23 데이터 표의 결과는 일부분만 수정 또는 삭제할 수 없고,
전체 범위를 지정한 다음 [Delete] 키를 눌러 삭제한다.

24 • [A2] 셀 : 가-012, [B2] 셀 : 01월 16일
• [A3] 셀 : 가-013, [B3] 셀 : 01월 17일

25 • 합계가 95미만이고 90초과이거나 합계가 70미만인 데
이터
• 고급필터 실행 결과 값 : 김진아, 장영주, 김시내

26 숫자, 날짜, 시간 데이터는 자동으로 입력되지 않는다.

27 매크로 저장 위치 : 개인용 매크로 통합 문서, 새 통합 문
서, 현재 통합 문서

28 같은 통합 문서에 동일한 이름이 2개 이상 있을 수 없다.

29 • 조건부 서식에서 수식으로 조건을 입력할 경우 열의 주
소에만 절대 참조($)를 지정하여 혼합 참조로 표시한다.
• =$B2 + $C2〈=170

30 • 매크로 기록시 기본적으로 [Ctrl] 키 조합 바로 가기 키를
지정하여 매크로를 실행 할 수 있다.
• 바로 가기 키는 영문자만 사용 가능하고 소문자는 [Ctrl]
키, 대문자는 [Ctrl]+[Shift] 키로 조합할 수 있어 둘 중의
한 가지 방법으로 실행할 수 있다.

31 • =SEARCH("대",A1)=1
• =LEN(A1)=7
• =FIND("대",A1)=1
• ①, ②, ④ : 상공대학교
• ③ : 한상공대학교

32 날짜에 해당하는 요일에 대한 숫자 값(1~7)으로 반환된다.

33 암호의 설정은 필수가 아닌 선택 사항이다.

34 '문서에 맞게 배울 조정'을 선택하면 입력된 머리글/바닥
글의 내용이 워크시트의 실제 크기의 백분율에 따라 확대/
축소되고, 인쇄될 워크시트를 워크시트의 실제 크기의 백
분율에 따라 확대/축소하려면 [페이지] 탭의 '확대/축소 배
율'이다.

35 [인쇄 미리보기] 창에서 셀 너비를 조정할 수 있고 워크시
트에도 변경된 너비가 적용된다.

36 SUMIFS 함수 : 범위 내에서 여러 조건을 만족하는 셀의
합계를 구하는 함수, =SUMIFS(합계를 구할 범위,조건 범
위1,조건1,조건 범위2,조건2,…)

37 여러 데이터 계열을 선택하여 한 번에 차트 종류를 변경할
수는 없다.

38 계열 겹치기 수치를 양수로 지정하면 데이터 계열 사이가
겹쳐지고 음수로 지정하면 데이터 계열 사이가 벌어진다.

40 • [C3] 셀 : 액
• =LEFT(A3,1)에서 함수의 두 번째 인수를 생략하면 1로
인식한다.

| 제 **03** 회 | | | **최신유형기출문제** | | | | | | |

01	②	02	②	03	③	04	③	05	④
06	③	07	②	08	②	09	②	10	②
11	②	12	④	13	④	14	②	15	④
16	④	17	③	18	④	19	①	20	②
21	④	22	④	23	②	24	①	25	④
26	②	27	④	28	③	29	①	30	③
31	③	32	③	33	④	34	④	35	②
36	①	37	③	38	①	39	③	40	②

〈제1과목〉 컴퓨터 일반

01 • 멀티미디어는 텍스트, 이미지, 사운드, 애니메이션, 동영상 등의 데이터를 디지털화 시킨 복합 구성 매체이다.
- 디지털화 · 양방향성 · 비선형 · 다중성

02 ① : 미술 도구인 팔레트를 사용하는 것과 같이 제한된 색상을 사용해야 할 경우 이를 섞어 다양한 색상을 만들어 내는 방법
- ③ : 컴퓨터 애니메이션 제작과정 중 렌더링을 하기 전에 수행되는 3차원 물체를 컴퓨터로 그리는 작업으로 어떤 렌더링 작업으로 구현할지를 결정함.
- ④ : 3차원의 애니메이션을 만드는 과정에서 물체의 모형에 명함과 색상 등 입체감을 주는 방법을 사용하여 사실감을 느끼게 하는 작업

03 정보의 편중으로 계층 간의 정보 수준 차이가 증가할 수 있다.

04 • ① : 사용자의 각종 콘텐츠(영화, 음악, 데이터 등)를 인터넷상의 중앙 서버에 저장시켜 둔 후, 언제 어디서든 스마트폰과 같은 인터넷 기능이 있는 모든 IT 기기를 이용하여 정보를 이용할 수 있는 서비스
- ② : 뉴스나 블로그 사이트에서 주로 사용되는 콘텐츠 양식
- ④ : 기존의 데이터베이스로는 수정, 저장, 분석 등을 수행하기가 어려운 방대한 양의 데이터

05 • 컴파일러의 번역 속도가 느리고 인터프리터의 번역 속도는 빠르다.
- 인터프리터 관련 언어 : BASIC, LISP, APL, SNOBOL 등

06 FTP 서버에 있는 응용 프로그램들을 실행하려면 내 컴퓨터에 저장해야 한다.

07 ① : 인터넷상에서 특정 사이트에 동시에 많은 이용자들이 접속하는 것을 방지하기 위하여 같은 내용을 여러 사이트에 복사하여 다수의 사용자가 보다 빨리 자료를 참조할 수 있도록 지원해 주는 사이트

08 인터넷은 중앙 통제 기구가 없고 사용에 제한도 없다.

09 컴퓨터 바이러스 제작과 유포

10 시스템 소프트웨어 : 시스템을 효율적으로 이용하거나 쉽게 사용할 수 있도록 도와주는 소프트웨어로 운영체제가 곧 시스템 소프트웨어이기도 하다.
[예] 운영체제(한글 Windows 10 등)

11 • ① : EBCDIC(확장 2진화 10진코드)
- BCD 코드(2진화 10진코드) : 하나의 문자를 2개의 Zone 비트와 4개의 Digit 비트로 표현
- 해밍코드 : 에러 검출 및 교정이 가능한 코드로 2bit 에러 검출과 1bit 에러 교정이 가능

12 컴퓨터의 연산속도 단위(느림→빠름) : ms → μs → ns → ps → fs

13 ④ : 레지스트리(Registry)

14 RAM의 접근 속도는 수치가 작을수록 좋다.

15 시작 – 설정 – 네트워크 및 인터넷 – 네트워크 및 공유 센터 – 고급 공유 설정 변경

16 • 중앙처리장치의 구성요소 : 제어장치(CU), 연산장치(ALU), 레지스터로 구성
- SSD : 일반 하드 디스크에 비해 속도가 빠르고 기계적 지연이나 에러의 확률 및 발열 소음이 적으며, 소형화, 경량화할 수 있는 하드 디스크 대체 저장 장치

17 [업데이트 및 보안] – [Windows 업데이트]에서 설정한다.
- Windows 10은 기본적으로 자동 업데이트 되고, 업데이트할 항목이 있는 경우 직접 다운로드 및 설치할 수 있다.

18 • ② : 하드 디스크에서 불필요한 파일 수를 줄여 디스크에 여유 공간을 확보하고, 컴퓨터 속도를 더 빠르게 하고자 할 경우 사용

19 • ③ : 시작 메뉴 표시
- ④ : 현재 실행 중인 프로그램의 작업 창을 열린 순서대로 전환

〈제2과목〉 스프레드시트 일반

22 피벗 테이블을 삭제하면 피벗 차트는 일반 차트로 변경된다.

23 논리 값의 경우 FALSE 다음 TRUE의 순서로 정렬된다.

24 목표값 찾기, 수식에서 얻으려고 하는 값은 알고 있지만 그 결과 값을 얻기 위해 필요한 입력 값을 모를 때 이용하는 기능

25 • Ctrl 키를 누른 채 채우기 핸들을 아래쪽으로 드래그 하면 숫자의 감소 없이 두개의 셀 값이 반복 채워진다.
- [A3] 셀 : 10, [A4] 셀 : 8, [A5] 셀 : 10

26 • ② : 회계 표시 형식
- 통화 형식은 숫자와 함께 기본 통화 기호가 숫자 바로 앞에 표시되며, 통화 기호의 표시 여부를 선택할 수 있다.

27 특정 서식이 있는 텍스트나 숫자 셀을 찾을 수 있다.

28 • =HLOOKUP(C5,C2:G3,2,TRUE) ⇒ C
- HLOOKUP : 수평 검색, VLOOKUP : 수직 검색

29 ②, ③, ④, 상위 또는 하위 값만 서식 지정, 평균보다 크거나 작은 값만 서식 지정, 수식을 사용하여 서식을 지정할 셀 결정 등 6가지의 규칙 유형이 있다.

30 매크로 저장 위치 : '현재 통합 문서'를 선택하면 현재 활성화된 통합 문서에 저장, 현재 통합 문서에서만 사용할 매크로를 저장할 때 사용

31 [만들기] 단추를 클릭하면 Visual Basic Editor가 실행되어 매크로를 생성할 수 있다.

32 [E2] 셀 : 영광, [E3] 셀 : 기쁨, [E4] 셀 : 대한, [E5] 셀 : 천하

33 • [차트 도구] – [디자인] 탭 – [차트 레이아웃] 그룹 – [차트 요소 추가] : 차트 제목, 축 제목, 범례, 데이터 레이블, 데이터 표, 추세선, 오차막대

34 • ① : 수식에서 값을 0으로 나누려고 할 때 발생
- ② : 수식이나 함수에 숫자와 관련된 문제가 있을 때 발생
- ③ : 수식에서 인식할 수 없는 텍스트를 수식에 사용했을 때 발생

35 DAVERAGE 함수 : 데이터베이스 필드(열)에서 조건에 만족하는 값들의 평균을 구하는 함수, =DAVERAGE(데이터베이스, 필드(열) 제목, 조건범위)

36 화면의 확대/축소는 인쇄 시 적용되지 않는다.

37 '합계' 계열의 '한길수' 요소에 데이터 레이블이 표시되어 있다.

38 머리글/바닥글을 표시하기에 충분한 머리글/바닥글 여백을 확보하려면 '페이지 여백에 맞추기'를 선택하고, 여백과 상관없이 특정 값으로 설정하려면 확인란의 선택을 취소해야 한다.

39 인쇄 영역 내에 포함된 숨겨진 행과 열은 인쇄되지 않는다.

40 • ② : 거품형 차트
   • 방사형 차트 : 여러 데이터 계열의 집계 값을 비교

제 04 회 최신유형기출문제

01	①	02	②	03	③	04	④	05	②
06	①	07	④	08	②	09	③	10	①
11	①	12	①	13	③	14	①	15	④
16	③	17	④	18	④	19	②	20	③
21	④	22	②	23	③	24	②	25	④
26	①	27	④	28	④	29	①	30	②
31	②	32	③	33	③	34	①	35	④
36	①	37	③	38	④	39	②	40	①

〈제1과목〉 컴퓨터 일반

01 • ②, ③, ④ 비트맵 방식
   • 벡터(Vector) 방식 : 이미지를 확대해도 테두리에 계단 현상이 없이 매끄럽게 표시되나 사실적 이미지 표현에는 적합하지 않다. 대표 프로그램으로는 일러스트레이터, 코렐드로우 등이 있고 파일 형식에는 AI, CDR, EPS, WMF 등이 있다.

02 LBS(위치기반서비스) : 이동통신망과 IT 기술을 종합적으로 활용한 위치정보 기반의 시스템과 서비스를 말함

03 CD-ROM, 네트워크 드라이브는 오류 검사를 할 수 없다.

04 휴지통에 있는 파일을 삭제하면 하드 디스크 공간이 확보됨

05 원본 파일을 삭제하면 프로그램을 실행할 수 없으므로 바로 가기 아이콘도 실행할 수 없다.

06 • ② : 윈도우즈 운영체제에 포함된 완전한 디스크 암호화 기능
   • ③ : 익명의 FTP에 관한 정보를 체계적으로 정리해두었다가 사용자의 요구가 있을 때 정보를 검색해주는 서비스
   • ④ : 해악을 끼칠 목적으로 개발된 프로그램이나 파일을 총칭

07 [작업 표시줄 아이콘 만들기] 기능은 없는 기능으로 사용 불가

08 ② : 하드 디스크

09 ROM에 저장되므로 ROM-BIOS라고도 한다.

10 • ② : 산술 및 논리 연산의 결과를 임시로 기억하는 레지스터
   • ③ : CPU 내부에서 기억 장치 내의 정보를 호출하기 위해 그 주소를 기억하는 레지스터
   • ④ : 기억장치를 출입하는 데이터를 임시 기억하는 레지스터

11 운영체제 및 프로그램들은 컴퓨터가 작동하는 동안 주기억 장치(RAM)에 위치하여 실행된다.

12 • ㉠ 프리웨어 : 사용-기간 및 기능제한 없이 무료로 배포되는 프로그램
   • ㉡ 셰어웨어 : 정상적인 프로그램을 구매하도록 유도하기 위해 사용-기간이나 기능 등을 제한하여 배포하는 프로그램
   • ㉢ 상용 소프트웨어 : 유료로 정식 구입한 소프트웨어

13 BYTE - KB - MB - GB - TB - PB
   1GB = 1024×1024×1024Bytes

14 • ②, ③, ④는 아날로그 컴퓨터에 대한 설명
   • 디지털 컴퓨터는 논리 회로를 사용하고 정밀도는 좋은 반면 연산 속도는 느리다. 프로그램이 필요하고 기억 기능도 있다.

15 Windows의 [디스크 정리]는 디스크 공간 확보가 목적이다.

16 • ① : 컴퓨터 바이러스와는 달리 다른 프로그램을 감염시키지 않고 자기 자신을 복제하면서 통신망 등을 통해 널리 퍼지는 바이러스
   • ② : 시스템 관리자가 구축해 놓은 보안망을 무력화시켜 시스템이나 다른 사용자에게 피해를 주는 행위
   • ④ : 네트워크 주변을 지나다니는 패킷을 엿보면서 계정(ID)과 비밀번호를 알아내는 보안 위협 행위

17 인터넷 익스플로러의 [도구] – [인터넷 옵션] – [프로그램] 탭을 이용하여 기본 웹 브라우저, HTML 편집 프로그램, 브라우저 추가 기능 관리 등을 설정할 수 있다.

18 • ① : 자동차와 정보통신 기술의 결합으로 운전자에게 다양한 멀티미디어 서비스(긴급 구난, 위치측정기술, 첨단 지리정보시스템 기반의 위치기반서비스, 지능형교통체계 등)를 제공하는 것
   • ② : 뛰어난 이동수신 특성을 바탕으로 달리는 차 안에서도 음악, 문자, 동영상 등 다양한 컨텐츠를 제공하는 디지털 멀티미디어 방송
   • ③ : 광대역 코드 분할 다중 접속

19 ① : Telnet, ③ : Tracert, ④ : Finger

20 • ③ : 모뎀(MODEM)
   • 브리지(Bridge) : 두 개의 근거리 통신망(LAN) 시스템을 이어주는 접속 장치

〈제2과목〉 스프레드시트 일반

21 조건부 서식의 서식 스타일 : 데이터 막대, 색조, 아이콘 집합

22 수식이나 값, 메모 안의 텍스트도 찾을 수 있다.

23 엑셀 클립보드의 [홈] 탭의 [클립보드]는 복사, 잘라내기 한 작업을 최대 24개까지 저장 가능하다.

24 서식 끝에 있는 쉼표는 한 개당 숫자를 백 단위로 반올림 해서 자릿수를 줄여 줌 : 2,124천원

25 매크로를 워크시트의 셀 자체에 지정할 수는 없다.

26 공백이나 마침표, /, ?, ' ', – 등의 문자를 포함하여 매크로 이름을 설정할 수 없다.

27 #REF! : 셀 참조가 유효하지 않았을 때 발생

28 =POWER(5,3) : =5×5×5=125

29 차트 제목 : 권역별 영업실적표, 기본 세로 축 제목 : 영업실적, 가로 항목 축 제목 : 권역, 범례는 표시되어 있지 않다.

30 • =SUMIF(조건을 적용할 범위,조건,합계를 구할 범위)
  • =SUMIF(소속범위, 소속, 매출액범위)
  • =SUMIF($B$3:$B$16,E3,$C$3:$C$16)

31 수식에서 숫자에 쌍따옴표(" ")를 묶으면 숫자로 인식하고 함수의 인수에 TRUE, FALSE 논리값이 직접 참조될 경우 숫자 1, 0으로 인식된다.
  ① 3, ② 4, ④ 200

32 ① : Ctrl + PageDown , Ctrl + PageUp
  ②, ④ : Ctrl

33 사용자가 차트 요소에 지정한 서식 지우기 : 해당 요소를 선택한 후 [차트 도구] – [서식] – [현재 선택 영역] – [스타일에 맞게 다시 설정]을 이용

34 데이터 표를 표시할 수 없는 차트 : 원형, 분산형, 거품형, 도넛형 차트

35 행 높이와 열 너비를 변경하여도 수동 페이지 나누기는 영향을 받지 않고 원래대로 유지되고, 자동 페이지 나누기는 영향을 받아 자동 변경된다.

36 현재의 창 나누기 상태를 유지하면서 추가로 창 나누기를 지정할 수는 없다.

37 조건을 같은 행에 입력하면 AND 조건으로 다른 행에 입력하면 OR 조건으로 인식된다.

38 ④ : 부분합

39 작성된 피벗 테이블을 삭제하는 경우 함께 작성한 피벗 차트는 일반 차트로 변경된다.

40 • 수식 셀 : 반드시 [값을 바꿀 셀] 값을 [수식 셀]에서 참조하고 있어야 되는 수식이 들어 있는 셀
  • 찾는 값 : 목표값을 숫자로 직접 입력
  • 값을 바꿀 셀 : 목표값을 얻기 위해 수식 셀에서 참조되는 변경 셀 주소

제 05 회　최신유형기출문제

01	②	02	②	03	②	04	②	05	③
06	④	07	④	08	①	09	④	10	④
11	④	12	④	13	④	14	②	15	②
16	④	17	③	18	②	19	④	20	③
21	①	22	①	23	③	24	①	25	②
26	④	27	③	28	③	29	③	30	②
31	③	32	③	33	①	34	③	35	③
36	②	37	④	38	③	39	④	40	④

〈제1과목〉 컴퓨터 일반

01 폴더의 [속성] 창에서는 폴더를 삭제할 수 없다.

02 [디스크 정리] 대상 파일 : 임시 인터넷 파일, 휴지통에 있는 파일, 다운로드한 프로그램 파일, 오프라인 웹페이지, 임시 파일

03 • ① : 제어 흐름을 단순화시키기 위해 GOTO문을 사용하지 않고 순서, 반복, 선택의 세 가지 논리 구조를 사용하는 하향식 프로그램 작성 기법
  • ③ : 프로그램 설계의 한 방법으로서 큰 윤곽으로부터 점차 세분화해서 프로그램을 작성해 나가는 기법
  • ④ : 사용자가 텍스트 대신 그래픽으로 프로그램 요소를 조작하여 개발할 수 있게 하는 모든 종류의 프로그래밍 기법

04 • ① : 서로 다른 운영체제를 사용하는 컴퓨터와 컴퓨터들을 통신회선으로 연결하여 인터넷상에서 정보 전송을 위해 사용되는 통신 규약
  • ③ : 인터넷 환경에서 파일을 송수신할 때 사용되는 원격 파일 전송 프로토콜로 파일의 업로드, 다운로드, 삭제, 이름 변경 등의 작업을 할 수 있다.
  • ④ : 무선망과 인터넷을 연결하기 위한 무선 응용 통신 규약

05 컴퓨터에서 각종 명령을 처리하는 기본단위는 '워드'이고 문자를 표현하는 최소 단위가 '바이트'이다.

06 '회신(Reply)'은 받은 메일에 대해 작성한 답장만 발송자에게 전송하는 기능이고, '전달(Forward)'은 받은 메일을 그대로 다른 사람에게 다시 발송하는 기능이다.

07 에러를 검출하기 위해 데이터 전송 시 정보 비트에 추가되는 1비트를 'Parity bit'라고 한다.

08 벡터(Vector) 방식 : 이미지를 확대해도 테두리에 계단 현상이 없이 매끄럽게 표시되나 사실적 이미지 표현에는 적합하지 않다. 대표 프로그램으로는 일러스트레이터, 코렐드로우 등이 있고 파일 형식에는 AI, CDR, EPS, WMF 등이 있다.

09 Windows의 [작업 관리자]에서는 실행 중인 응용 앱의 실행 순서를 변경할 수 없다.

10 • ① : CPU와 주기억장치 사이에 위치하여 컴퓨터의 처리 속도를 향상시키는 메모리
   • ② : 디스크와 CPU 사이에 디스크에서 읽어온 데이터를 일시적으로 저장하기 위해 할당된 주기억장치의 일부분
   • ③ 연관(연상) 메모리(Associativee Memory) : 주기억장치에 저장된 정보에 접근할 때 주소 대신 기억된 정보의 내용의 일부를 이용하여 직접 접근하는 장치

11 • ① : HTML의 한계를 극복할 목적으로 만들어진 확장성 생성언어
   • ② : 2차원 벡터 그래픽을 표현하기 위한 XML로 기술된 파일 형식
   • ③ : 정지 화상을 위해 손실 압축 기법으로 만들어진 국제적인 압축 표준

12 • IPv6는 IPv4의 주소 포화 상태로 인한 주소 부족 문제를 해결하기 위해 개발되어 IPv4와의 호환성, 확장성, 융통성, 연동성이 뛰어나고 유니캐스트, 애니캐스트, 멀티캐스트 3종류의 형태로 분류된다. 주소는 16비트씩 8개 부분으로 총 128비트로 구성, 각 부분은 콜론(:)으로 구분하여 16진수로 표현하고 주소의 한 부분이 0으로만 연속되는 경우 0은 '::'으로 생략하여 표시할 수 있다.
   • ② : IPv4(8비트씩 4개 부분으로 총 32비트로 구성, 각 부분은 점(.)으로 구분)

13 • ① : 기존 CD와 외형이 동일하고, 4.7GB~17GB 저장 가능
   • ② : 하드 디스크, 고정식이고 충격에 약함
   • ④ : 휴대용 보조기억장치로 100~250MB 저장 가능

14 • 디스크 파티션 작업으로 대용량의 하드 디스크 공간을 파티션이라고 하는 별도의 데이터 영역으로 분할하여 하드 디스크를 나누어 사용할 수 있고, 분할된 파티션을 다시 합치려면 파티션을 제거하면 된다.
   • 새 디스크는 반드시 파티션 작업 후 포맷(트랙과 섹터로 나누는 초기화 작업)을 해야 사용 가능하다.

15 의심이 가는 이메일은 열지 않고 바로 삭제해야 한다.

16 인터넷 익스플로러의 [인터넷 옵션]에서는 수정된 홈페이지를 업로드하기 위한 FTP 서버를 지정할 수 없다.

17 Windows의 [메모장]에서는 그림, 차트 등의 OLE 개체를 삽입할 수 없다.

18 • [시작] – [Windows 시스템] – [제어판] – [키보드] 속성 : ①, ③, ④
   • [시작] – [Windows 시스템] – [제어판] – [마우스] 속성 : ②

19 폴더 창에서 **Alt** + **Space Bar** : 폴더 창의 바로가기 메뉴 표시, **Ctrl** + **A** : 폴더 내의 모든 파일이나 폴더를 선택

20 로컬 프린터는 연결할 프린터의 포트를 선택 지정할 수 있지만, 네트워크 프린터를 선택한 경우에는 자동으로 지정된다.

〈제2과목〉스프레드시트 일반

21 이름은 기본적으로 절대참조를 사용한다.

22 [개발도구] 탭 – [코드] 그룹 – [매크로] 대화상자의 [편집] 또는 [개발도구] 탭 – [코드] 그룹 – [Visual Basic]을 클릭하면 나타나는 VBA 편집기 창에서 매크로 이름을 변경할 수 있다.

23 서식 끝에 있는 쉼표는 쉼표 한 개당 숫자를 백 단위로 반올림해서 자릿수를 줄여 줌 : 2,235천원

24 • ② : 두 셀 값의 차이만큼 증가 또는 감소된다.
   • ③ : 숫자가 1씩 증가한다.
   • ④ : 입력된 첫 번째 항목이 복사된다.

25 • ① : 모든 부분합 제거
   • ③ : 부분합 실행 후 자동으로 그룹별 페이지 나누기
   • ④ : 부분합 결과를 각 그룹의 데이터 위에 표시

26 [시트] 탭 : 인쇄 영역, 인쇄 제목, 인쇄(눈금선, 흑백으로, 간단하게 인쇄, 행/열 머리글, 메모, 셀 오류 표시), 페이지 순서(행 우선, 열 우선)

27 날짜 및 시간 데이터의 텍스트 맞춤은 기본 오른쪽 맞춤으로 표시된다.

28 원형 : 항상 한 개의 데이터 계열만을 가지고 있으므로 축이 없고, 전체 항목의 합에 대한 각 항목의 비율을 표시하는 차트

29 조건 True   False
   160이상 160미만
   100이상 100미만
   =IF(F2>=160,"우수",IF(F2>=100,"보통","노력"))

30 [데이터 미리 보기]는 텍스트 나누기한 결과를 화면에서 미리 볼 수 있지만 열의 순서를 변경할 수는 없다.

31 • ① : 공백을 포함할 수 없다
   • ② : 매크로 삭제할 수 있다.
   • ③ : VBA가 있어 따로 설치하지 않아도 된다.

32 • =DSUM(데이터 전체 범위,합계 적용할 필드,조건 범위)
   • =DSUM(A1:D9,D1,A1:A2)
   • 데이터베이스 함수의 조건 범위는 필드명과 조건으로 입력

33 =COUNTBLANK(A1:A7)+COUNT(A1:A7)
   비어있는 셀의 개수 + 숫자가 들어 있는 셀의 개수
          2   2(날짜나 시간도 크게 분류하면 숫자)

34 소수점 위치를 양수로 입력하면 입력 값만큼의 소수점 이하로 표시되고, 음수로 입력하면 입력 값만큼 0의 개수로 채워지는 정수로 표시된다. [예] 3 → 0.005, -3 → 5000

35 • =YEAR(TODAY( ))
   • =년도추출(현재 날짜)

36 • [숨기기]를 클릭하면 선택되어 있는 통합문서를 숨긴다.
   • 워크시트 숨기기는 숨기려는 [시트] 탭의 바로가기 메뉴의 [숨기기] 선택

37 병합된 셀들이 포함되어 있는 경우 병합된 셀들은 정렬할 수 없다.

38 '설명'은 시나리오에 대한 추가적인 설명으로 생략 가능하다.

39 • ① : 주 단위는 5, 최대값을 95로 설정
　　• ③ : 바깥쪽 끝에 표시
　　• ④ : 가로 (항목) 축의 주 눈금선과 세로 (값) 축의 주 눈금선이 함께 표시

40 마우스로 범례를 이동하거나 크기를 변경해도 그림 영역의 크기 및 위치는 아무런 변화가 없다.

제 06 회　최신유형기출문제

01	②	02	②	03	④	04	②	05	④
06	③	07	①	08	③	09	①	10	②
11	④	12	①	13	④	14	③	15	①
16	④	17	④	18	④	19	③	20	①
21	②	22	③	23	②	24	②	25	③
26	①	27	④	28	②	29	③	30	④
31	②	32	③	33	③	34	①	35	①
36	①	37	②	38	③	39	④	40	②

〈제1과목〉 컴퓨터 일반

01 • ② : 렌더링
　　• 모델링(Modeling) : 컴퓨터 애니메이션 제작과정 중 렌더링을 하기 전에 수행되는 3차원 물체를 컴퓨터로 그리는 작업, 어떤 렌더링 작업으로 구현할지를 결정함

02 • ① : 음성 데이터 통합
　　• ③ : IPv6는 IPv4의 주소 포화 상태로 인한 주소 부족 문제를 해결하기 위해 개발됨. IPv4와의 호환성, 확장성, 융통성, 연동성이 뛰어나고 유니캐스트, 애니캐스트, 멀티캐스트 3종류의 형태로 분류된다. 주소는 16비트씩 8개 부분으로 총 128비트로 구성되고 각 부분은 콜론(:)으로 구분하여 16진수로 표현. 주소의 한 부분이 0으로만 연속되는 경우 0은 '::'으로 생략하여 표시할 수 있다.
　　• ④ : 서로 다른 운영체제를 사용하는 컴퓨터와 컴퓨터들을 통신 회선으로 연결하여 인터넷상에서 정보 전송을 위해 사용되는 표준 프로토콜

03 브리지(Bridge) : 두 개의 근거리 통신망(LAN) 시스템을 이어주는 접속 장치로 네트워크 관련 장비에는 네트워크 어댑터(이터넷 카드), 허브, 리피터, 라우터, 게이트웨이, 브리지 등이 있다.

04 운영체제는 대표적인 시스템 소프트웨어로 Windows, DOS, 리눅스, 유닉스 등이 있다.

05 정보화 사회에서는 대중화 현상이 약화되고, 개인의 개성과 전문성이 존중되는 다원화 사회 실현 및 개성과 자유를 중요시하게 되었다.

06 버스(Bus)형 : 한 개의 통신회선에 여러 대의 단말 장치가 연결되어 있는 형태로 설치가 용이하고 비용을 최소화할 수 있다. 각 노드의 고장이 다른 노드에는 전혀 영향을 미치지 않아 신뢰성이 높다. 기밀 보장이 어렵고 회선 길이에 제한이 있다.

07 인터넷 옵션의 [프로그램] 탭에서 HTML 편집기를 선택할 수 있지만, 멀티미디어 편집기는 선택할 수 없다.

08 • ① : 300Mhz 〈 500Mhz 〈1Ghz
　　• ② : 500GB 〈 700GB 〈 1TB
　　• ④ : 2400bps 〈 4800bps 〈 9600bps
　　• RAM 접근 속도(ns), 하드 디스크 전송 속도 단위(ms)는 수치가 작을수록 좋다.
　　• CPU 클럭 속도, 하드 디스크 용량, 모뎀 전송 속도, DVD의 배속은 수치가 클수록 좋다.

09 • 데이터 전송 방식 : 단향 방식, 반이중 방식, 전이중 방식
　　• 네트워크 운영 방식 : 클라이언트/서버 방식, 동배간 처리 방식(피어 투 피어), 중앙 집중 방식

10 ② : 일괄 처리 시스템

11 • 유니코드(Unicode) : 국제 표준 코드로 전 세계의 모든 문자를 데이터의 처리나 교환을 위하여 16비트(2Byte)로 표현
　　• 해밍코드 : 2비트 에러 검출 및 1비트 에러 교정이 가능

12 하드 디스크, 광 디스크 등 기존 ID 장치의 연결 방식인 병렬 인터페이스 방식의 ATA 규격과 호환성을 갖는 직렬 인터페이스 방식이다.

13 1바이트(Byte) = 8비트

14 • ③ : 하드 디스크의 포맷(초기화 작업)시 트랙과 섹터로 나누어 자료를 저장한다.
　　• 플래시 메모리(Flash Memory) : 전기적인 방법으로 데이터를 쓰고 지울 수 있는 비휘발성 메모리인 EEPROM을 개선한 반도체 메모리로 정보의 입출력이 자유롭고, 전송속도가 빠르며 전력소모량이 적어 MP3 플레이어, 디지털 카메라, 휴대전화 등에 사용된다.

15 • ② : 지정된 휴지통의 용량이 초과되면 휴지통 안의 오래된 파일이나 폴더가 먼저 삭제된다.
　　• ③, ④ : 휴지통에 보관된 파일이나 폴더의 이름은 복원하기 전에는 변경할 수 없고 실행할 수도 없다.

16 • 점프 목록에서 항목을 제거하려면 프로그램의 점프 목록에서 항목을 가리킨 다음 압정 아이콘을 클릭하거나 바로가기 메뉴에서 '이 목록에서 제거'를 선택한다.
　　• 압정 아이콘을 한 번 클릭하면 고정, 다시 한 번 클릭하면 제거된다.

17 Windows Update에 의한 변경 사항도 복원된다.

18 유틸리티 프로그램은 컴퓨터를 이용하는 주목적에 대한 일부 특정 작업을 수행하는 소프트웨어들을 가리키지만, 컴퓨터의 동작에 필수적인 프로그램은 아니다.

19 디스크의 용량 증가하고는 무관, 시스템의 속도가 향상된다.

20 • ② : 스파이웨어 및 그 밖의 원치 않는 소프트웨어로부터 컴퓨터를 보호할 수 있는 Windows에 포함된 백신 앱
  • ③ : Windows 운영체제에 포함된 완전한 디스크 암호화 기능
  • ④ : 컴퓨터 시스템에 문제가 생겼을 경우 복원 지점을 이용하여 정상적인 상태로 만드는 기능

〈제2과목〉 스프레드시트 일반

21 성명이 '김'으로 시작하고 근속연수가 10보다 크거나 직위가 사원이고 근속연수가 5보다 작은 조건

22 피벗 테이블 보고서를 넣을 위치로 기존 워크시트의 [M5] 셀을 선택

23 최대 64개의 열을 기준으로 정렬할 수 있고, 값 글꼴 색/셀 색/셀 아이콘을 기준으로 정렬할 수 있다. 병합된 셀은 정렬할 수 없으며 숨겨진 행과 열은 이동되지 않으므로 정렬 결과에 포함되지 않는다.

25 숫자가 입력된 셀의 채우기 핸들을 Ctrl 키를 누른 채 아래쪽으로 끌면 1씩 증가한다.

26 서식 끝에 있는 쉼표는 쉼표 한 개당 숫자를 백 단위로 반올림해서 자릿수를 줄여 줌 [예] 314826 → 315

27 만능 문자는 ~?, ~*처럼 입력해야 찾기 및 바꾸기를 수행할 수 있다.

28 셀 포인터를 [D5] 셀에 두고 Home 키를 누르면 같은 행의 첫 번째 셀로 셀 포인터가 이동된다.

29 같은 통합 문서 내에서 시트가 달라도 동일한 매크로 이름으로 기록할 수 없다.

30 • [상대 참조로 기록]을 선택하지 않고 [매크로 기록] 하면 절대 참조로 기록되기 때문에 매크로를 실행하면 [그림1]과 동일하지만 [상대 참조로 기록]을 선택한 후 [매크로 기록]을 하면 셀 포인터가 위치한 [C3] 셀의 오른쪽 [D3] 셀에 입력된다.
  • 셀 포인터가 위치한 [A1] 셀의 오른쪽 [B1] 셀에 입력했기 때문에 상대 참조의 결과로 표시됨

31 • =ROW( ) : 셀 포인터가 위치한 행 번호를 반환
  • =MOD(ROW( ),2) : 행 번호를 2로 나눈 나머지를 구함
  • =MOD(ROW( ),2)=0 : 행 번호를 2로 나눈 나머지가 0이면 → 행 번호를 2로 나눈 나머지가 홀수이면 1, 짝수이면 0으로 비교

32 기본 보조 가로 눈금선 추가

33 조건을 수식으로 입력할 경우 : 조건 범위를 지정할 첫 번째 셀에는 원본 데이터의 필드명이 아닌 다른 값을 입력하거나 비워둔다. 전체 평균은 함수(AVERAGE) 인수에 똑같은 범위를 계속 참조하기 때문에 절대참조로 사용해야 한다.

34 네 번째 인수를 'FALSE'로 사용하는 경우 찾으려는 값과 정확하게 일치할 때이고, True로 사용하는 경우는 참조 표의 첫 열의 값은 반드시 오름차순 정렬되어 있어야 하고 찾으려는 값과 근사한 값을 찾을 때 사용하며 생략 가능하다.

35 이름의 첫 자는 반드시 문자나 밑줄(_) 또는 역슬래시(\)로 시작하고 대문자와 소문자를 구별하지 않으며 공백을 사용할 수 없다.

36 • ① : Ctrl + Enter
  • Alt + Enter 키는 한 셀에 여러 줄로 데이터를 입력할 경우

37 • ② : 도넛형 차트
  • 원형 차트 : 전체 항목의 합에 대한 각 항목의 비율을 표시하는 차트로 항상 한 개의 데이터 계열만을 가지고 있으므로 축이 없고, 차트에 데이터 표도 표시할 수 없다.

38 ① : 도넛형, ② : 분산형, ④ : 주식형 그리고 방사형은 3차원 차트를 만들 수 없고 그 외 차트는 3차원 차트를 만들 수 있다.

39 • ① : [시트] 탭의 인쇄에서 눈금선이나 행/열 머리글의 인쇄 여부를 설정 가능
  • ② : [시트] 탭의 인쇄 영역은 워크시트의 인쇄할 영역을 범위로 지정할 경우, [시트] 탭의 인쇄 제목은 매 페이지마다 같은 행이나 열을 제목으로 반복해서 인쇄할 경우 설정하는 기능으로 [인쇄 미리 보기 및 인쇄] 상태에서의 [페이지 설정] 창에서는 비활성이어서 리본 메뉴 [페이지 레이아웃] 탭의 [페이지 설정] 창이나 〈인쇄 제목〉 항목에서 설정해야 한다.
  • ③ : [페이지] 탭의 배율에서 인쇄 배율을 수동으로 설정할 수 있고, 배율은 워크시트 표준 크기의 '10%'에서 '400%'까지 가능

40 [페이지 설정] 대화상자의 [시트] 탭에서 인쇄 항목

| 제 07 회 | 최신유형기출문제 |

01	③	02	④	03	①	04	③	05	①
06	④	07	②	08	④	09	②	10	②
11	④	12	④	13	②	14	④	15	②
16	②	17	②	18	③	19	③	20	①
21	③	22	④	23	②	24	①	25	④
26	④	27	①	28	②	29	①	30	③
31	③	32	②	33	③	34	③	35	③
36	④	37	②	38	③	39	③	40	④

〈제1과목〉 컴퓨터 일반

01 • 멀티미디어 특징 : 디지털화, 양방향성, 통합성, 비선형성, 대용량성
• 미디어별 다양한 파일 형식(그래픽, 사운드, 동영상 등)이 있어 각 형식에 맞게 멀티미디어 제작이 용이해진다.

02 • ④ : MIDI 파일

03 정보의 편중으로 계층 간의 정보 차이가 더 증가함

04 • ① : 가로막기
• ② : 가로채기
• ④ : 위조

05 URL : 정보의 위치를 알려주는 표준 주소 체계

06 IoT 네트워크를 이용할 경우 통신 비용이 증가될 수 있고, 정보 보안 기술의 적용이 어려워 보안에 취약하다.

07 • ① : 플래시 메모리
• ③ : 캐시 메모리
• ④ : 버퍼 메모리

08 OSI 7계층(물리 계층, 데이터 링크 계층, 네트워크 계층, 전송 계층, 세션 계층, 표현 계층, 응용 계층)

09 • ① : Bluetooth
• ③ : 엑스트라넷
• ④ : 유즈넷

10 기본적으로 7비트의 ASCII 코드를 사용하여 메시지를 송수신 한다.

11 ④ : 바이러스 백신 앱

12 USB 3.0은 파란색, USB 2.0 이하는 검정색이나 흰색을 사용한다.

14 ④ : [설정] – [계정]

15 • ① : 상용 소프트웨어
• ③ : 공개 소프트웨어
• ④ : 알파 버전은 베타 테스트를 하기 전에 제작회사 내에서 테스트 할 목적으로 제작하는 프로그램이고, 베타 버전은 정식 소프트웨어가 나오기 전에 테스트할 목적으로 일반인에게 공개하는 프로그램

16 재생률 : 픽셀들이 밝게 빛나는 것을 유지하도록 하기 위한 1초당 재충전 횟수

17 드라이브 조각 모음 및 최적화 : Windows에서 디스크에 저장된 파일의 위치를 재정렬하는 단편화 제거 과정을 통해 디스크에서의 파일 읽기 및 쓰기 성능을 향상시켜 시스템의 속도가 향상됨

18 • 표준 사용자 계정 : 일상적인 컴퓨터 작업과 대부분의 소프트웨어를 사용하여 거의 모든 작업을 수행할 수 있지만, 소프트웨어를 설치하거나 보안 설정을 변경하는 등 다른 컴퓨터 사용자에게 영향을 주는 변경은 수행하지 못함
• 관리자 계정 : 컴퓨터에 대한 모든 권한을 소유하며 원하는 대로 계정을 변경할 수 있고, 다른 사용자 계정의 이름, 암호 및 계정 유형도 변경할 수 있음

19 • ③ : 바이러스 백신 앱
• 방화벽은 해킹과 같은 외부의 불법적이고 비정상적인 접근으로부터 내부의 정보자산과 네트워크를 보호하고 각종 유해 정보를 차단하는 소프트웨어 또는 하드웨어

〈제2과목〉 스프레드시트 일반

21 시나리오의 값을 변경하면 기존 요약 보고서에 재계산되지 않음

22 고급 필터의 조건을 같은 행에 입력하면 AND조건, 다른 행에 입력하면 OR조건으로 처리된다.

23 '원본 데이터에 연결' : 통합할 데이터가 있는 워크시트와 통합 결과가 작성될 워크시트가 다른 통합 문서에 있는 경우에만 적용할 수 있음

24 • ① : 셀 범위의 첫 번째 셀만 내용 지우기
• ②, ③, ④ : 모든 셀의 내용이 지워짐

25 '데이터 아래에 요약 표시'가 체크되어 있으므로 계산 결과는 각 그룹의 아래쪽에 표시됨

26 [매크로 옵션] 대화상자 : '바로 가기 키'와 '설명'은 수정 가능하고 '매크로 이름'은 확인만 할 수 있어서 Visual Basic 편집기에서 수정해야 함

27 '셀 병합'은 선택 영역에서 데이터 값이 여러 개인 경우 첫 번째 셀의 내용만 남기고 병합된다.

28 특정 셀에서 `Home` 키를 누르면 같은 행의 A열로 셀 포인터가 이동되므로 ④번은 [A5] 셀로 이동됨

29 시트 보호에서 '잠긴 셀 선택'을 허용하지 않으려면 시트 보호 설정 전 [셀 서식] 대화상자의 [보호] 탭에 '잠금' 항목이 선택되어 있어야 함, 기본적으로 통합문서의 모든 셀들은 '잠금'으로 설정되어 있음

30 • 매크로 이름에 사용되는 영문자는 대소문자를 구분하지 않음
• 매크로의 바로 가기 키는 반드시 영문자만 사용할 수 있고, 소문자는 `Ctrl` 키, 대문자는 `Ctrl`+`Shift` 키가 자동으로 지정된다.

31 • ① : 직무가 90이상이고 국사나 상식이 80이상이면 "통과" 그렇지 않으면 공백
• ② : 직무가 90 이상이고 국사가 80이상이거나, 상식이 80 이상이면 "통과" 그렇지 않으면 공백
• ④ : 직무가 90이상이거나 국사가 80이상이고, 상식이 80이상이면 "통과" 그렇지 않으면 공백

32 =COUNTIF(셀 범위,조건) 셀 범위에서 조건을 만족하는 셀의 개수를 구하는 함수이고, 셀 범위는 '학점' 범위가 계속 반복 참조 되므로 절대참조($B$3:$B$8), 조건은 수식을 복사하게 되면 행의 주소가 차례로 변경되어야 하기 때문에 상대 참조(D3)로 표시해야 한다.

33 • ① : 'd o'
• ③ : 'of'
• ④ : 'oun'

34 `Alt` 키를 누른 상태에서 차트 크기를 조절하면 차트의 크기가 셀에 맞춰 조절된다.

35 =VLOOKUP(찾을 값, 셀 범위, 열 번호, 찾을 방법)에서 수식을 복사하려면 '찾을 값'은 상대 참조, '셀 범위'는 절대 참조로 표시하고, '찾을 값'인 상품코드(B2)는 '셀 범위'의 상품코드와 정확히 일치하는 값으로 검색하게끔 '찾을 방법'엔 반드시 0이나 FALSE로 표시해야 한다.

36 • 추세선을 표시할 수 없는 차트는 ① : 방사형, ② : 원형, ③ : 도넛형, 그 외에 표면형, 영역형, 3차원 차트(3차원 거품형은 제외)
• 추세선을 표시할 수 있는 차트는 ④ : 거품형, 그 외에 분산형, 3차원 거품형, 세로 막대형, 가로 막대형, 꺾은선형

37 자동 채우기 옵션에 표시되는 옵션 : 일 단위, 평일 단위, 월 단위, 연 단위

38 • ① : 첫째 조각의 각 0°
• ② : 차트 종류는 3차원 원형
• ④ : 차트 영역 안의 '차트 위'에 차트 제목 표시

39 행 높이와 열 너비를 변경하면 자동 페이지 나누기 구분선의 위치는 자동으로 변경되고, 수동 페이지 나누기(사용자 지정 페이지 나누기) 구분선의 위치는 변경되지 않는다.

40 ④ : 파일 이름 삽입

제 08 회 최신유형기출문제

01	②	02	④	03	③	04	②	05	③
06	③	07	①	08	①	09	①	10	③
11	④	12	②	13	②	14	①	15	①
16	②	17	④	18	③	19	②	20	②
21	③	22	②	23	①	24	①	25	④
26	②	27	②	28	④	29	①	30	②
31	②	32	③	33	③	34	②	35	④
36	③	37	②	38	②	39	③	40	④

〈제1과목〉 컴퓨터 일반

01 • ① : 이미지의 가장자리가 톱니 모양의 계단처럼 표현되어 거칠어지는 현상을 제거하기 위해 경계선을 부드럽게 하는 기법
• ③ : 그림 파일을 표시할 때 이미지의 대략적인 모습에서 점점 더 자세한 모습으로 보여주는 기법
• ④ : 메조틴트(Mezzotint) : 이미지를 수많은 점과 선으로 표현하는 기법

02 JPEG는 문자, 선, 세밀한 격자 등 고주파 성분이 많은 이미지의 변환에서는 GIF나 PNG에 비해 품질이 좋지 않음

03 이메일에 첨부된 파일은 바이러스 검사 후 저장하여 사용하고, 의심이 가는 이메일은 열지 않고 바로 삭제해야 한다.

04 • ① : 허브(Hub)
• ③ : 게이트웨이
• ④ : DNS

05 • 인터넷 프로토콜 버전 4(TCP/IPv4) 구성요소 : IP 주소, 서브넷 마스크, DNS 서버 주소, 게이트웨이
• 인터넷 프로토콜 버전 6(TCP/IPv6) 구성요소 : IP 주소, 서브넷 마스크, DNS 서버 주소, 게이트웨이, 서브넷 접두사 길이

06 **Alt**+**Enter** : 선택한 항목의 속성 창 표시

07 데이터 정보 전송 방식
• 단방향 통신(Simplex) : 한쪽은 송신만, 다른 한쪽은 수신만 가능(라디오, TV)
• 반이중 통신(Half Duplex) : 양방향 송수신이 가능하지만 동시에는 불가능하여 한쪽이 송신하면 다른 한쪽은 수신만 가능하고, 전송 방향을 바꿀 수도 있음(무전기)
• 전이중 통신(Full Duplex) : 양방향 동시에 데이터 송·수신 가능(전화)

09 • ① : 이미 제작되어 배포된 프로그램의 일부를 변경하여 오류 수정이나 기능 향상을 위한 프로그램으로 Windows Update가 해당 됨
• ② : 베타 테스트를 하기 전 제작 회사 내부에서 테스트할 목적으로 제작한 소프트웨어
• ③ : 일정기간 동안 기본적인 일부 주요한 기능만 사용해 볼 수 있는 소프트웨어
• ④ : 사용 기간이나 기능 제한 없이 무료로 배포되는 소프트웨어

10 ① : HTML의 한계를 극복하고 단점을 보완하여 만들어진 확장성 생성 언어
• ② : 인터넷상에서 상호 작용이 가능한 3차원 가상공간을 표현하고 조작할 수 있는 프로그래밍 언어
• ④ : 웹 서버에서 JAVA 코드를 HTML 내에 삽입한 동적인 웹페이지(게시판, 방명록, 로그인 등)를 생성하여 웹 브라우저로 반환하는 언어

11 • ④ : **Shift** 키
• 파일이나 폴더를 마우스로 선택한 후 **Alt** 키를 누른 채 끌어서 놓으면 바로 가기 아이콘이 생성됨

12 • ① : 라이브러리
• ③ : 슬라이드 쇼
• ④ : 점프 목록

13 • ① : 가로막기
• ③ : 변조/수정
• ④ : 위조

14 ① : Windows 설정의 [시스템] – [디스플레이]

15 ②, ③, ④ : 휴지통에 보관되지 않고 바로 삭제

16 • ① : 동영상을 최대 1/120로 압축할 수 있는 인텔사의 동영상 압축기술
• ④ : IEEE에서 표준화한 애플사의 매킨토시용 직렬 인터페이스로 주변장치를 63개까지 연결할 수 있고, 핫 플러그인을 지원한다.

17 • ① : 가상 메모리(Virtual Memory)

• ② : 연관(연상) 메모리(Associative Memory)

• ③ : 플래시 메모리

18 ③ : 라인 프린터

19 • ㉠ : 프로세서 종류

• ㉡ : 디스플레이 크기와 해상도

• ㉢ : 메모리 종류와 용량

20 • ① : 다른 컴퓨터와 데이터 통신을 하기 위한 전송 제어 프로토콜

• ③ : 인터넷 환경에서 파일을 송수신할 때 사용되는 원격 파일 전송 프로토콜로 파일의 업로드, 다운로드, 삭제, 이름 변경 등의 작업이 가능

• ④ : 전자 우편 전송 프로토콜

〈제2과목〉 스프레드시트 일반

21 워크시트 관련 작업(시트의 이동, 삭제, 삽입, 이름 변경 등)은 '실행 취소'를 할 수 없다.

22 새 워크시트의 모든 셀은 기본적으로 '잠금' 속성이 설정되어 있어서 [셀 서식] – [보호] 탭의 '잠금' 속성이 해제된 셀은 보호 되지 않는다.

23 고급필터의 AND 조건은 같은 행에, OR 조건은 다른 행에 입력한다.

24 • 수식 셀 : '값을 바꿀 셀'을 반드시 수식에서 참조하고 있어야 하고, 결과 값(목표값)이 출력되는 셀 주소

• 찾는 값 : 목표로 하는 값으로 반드시 숫자로 입력해야 함

• 값을 바꿀 셀 : 찾는 값(목표값)을 만들기 위해 변경되는 셀 주소

25 부분합을 실행하기 전에 그룹화할 항목을 기준으로 정렬(오름차순, 내림차순, 사용자 지정 목록)이 선행되어야 한다.

26 • ①, ③, ④번 모두 아래 내용의 이유로 문자(텍스트)로 인식된다.

• ① : '01:02AM'처럼 AM을 입력하기 전에 한 칸을 띄어쓰기해야 시간으로 인식한다.

• ② : '0'과 '1/4' 사이에 한 칸을 띄어쓰기해야 분수로 인식한다.

• ③ : 숫자와 한글, 영문, 특수문자가 혼합된 데이터 및 숫자 앞에 접두어(')를 입력한 데이터는 문자로 인식한다.

• ④ : '2021년 1월 30일'을 입력하면 날짜로 인식되고, 년도를 생략한 데이터는 '1/30' 또는 '1-30'으로 입력해야 날짜로 인식된다.

27 '44.398', '?'는 유효하지 않은 자릿수에 공백으로 표시하고 소수점을 기준으로 정렬한다.

28 '원본 데이터에 연결'은 원본 데이터가 변경되면 통합된 데이터에도 반영되는 것으로 통합할 데이터가 있는 워크시트와 결과가 표시될 워크시트가 서로 다른 경우에만 적용되고, 같은 경우에는 사용할 수 없다.

29 [파일] – [옵션] – [고급] – [일반] – '정렬 및 채우기 순서에서 사용할 목록 만들기'의 [사용자 지정 목록] 창에 목록이 있으면 항목의 순서대로 자동 채우기 되고, 목록에 없으면 그대로 복사된다.

30 • ① : '없음', '시트 끝', '시트에 표시된 대로' 중 하나를 선택하여 인쇄할 수 있다.

• ③ : 텍스트만 빠르게 인쇄할 수 있다.

• ④ : 숨겨진 행이나 열은 인쇄되지 않는다.

31 막대의 크기에 비례하여 그림의 너비와 높이가 증가한다.

32 • ① : 메모는 그대로 유지하고 [A4] 셀에 배순용으로 채워진다.

• ② : [A4] 셀에서 마우스 포인터가 다른 곳으로 옮겨지면 메모가 표시되지 않는다.

• ④ : 메모는 그대로이고 내용만 지워진다.

33 수식을 아래로 [자동 채우기] 하면 수식은 행의 주소만 변하고, 오른쪽으로 [자동 채우기] 하면 열의 주소만 변하므로 =C4(원금)*B5(이율) 수식에서 C$4(원금)는 행의 주소에만 절대참조, $B5(이율)는 열의 주소에만 절대참조 표시하는 혼합 참조를 사용하여야 [자동 채우기]를 할 수 있다.

34 엑셀에서 기본적으로 지정되어 있는 바로 가기 키는 매크로의 바로 가기 키로 지정할 수 있고, 매크로의 바로 가기 키가 엑셀의 바로 가기 키보다 더 우선 적용된다.

35 • ② : =MATCH(찾을 값,범위,옵션) : 범위에서 찾을 값과 같은 데이터를 찾아 범위 내에서의 상대적인 위치를 반환하는 함수 =INDEX(범위,행 번호,열 번호) : 범위에서 행 번호와 열 번호가 교차하는 곳에 있는 값을 반환하는 함수

• ④ : =SEARCH(인수1,인수2,옵션) 인수1을 인수2에서 찾은 위치를 반환하는 함수로 옵션은 인수2의 몇 번째 문자부터 찾을 것인지 시작 위치를 지정하고 생략 가능하다.

=SEARCH(C2,"M") : C2를 'M'에서 찾을 수 없어서 오류

=IFERROR(인수1,인수2) : 인수1의 값이나 수식의 결과가 오류일 경우 인수2를 표시하고, 그렇지 않으면 인수1의 값이나 결과를 표시하는 함수로 SEARCH 함수의 결과 값이 모두 오류이므로 IFERROR 함수의 결과도 모두 '여'로 표시된다.

36 • ①, ②, ④ : 12

• ③ : 13

37 수동으로 삽입된 페이지 구분선은 '실선', 자동으로 삽입된 페이지 구분선은 '파선'

38 매크로 보안 옵션(4개의 보기) 중에서 '모든 매크로 제외(알림 표시)'로 설정한 경우에만 보안 경고가 표시된다.

39 =REPT(텍스트,개수) 텍스트를 지정한 개수만큼 반복해서 표시하는 함수

=COUNTIF(범위,조건) 지정된 범위에서 조건을 만족하는 셀의 개수를 구하는 함수로 수식을 복사하려면 범위는 절대참조로 표시해야 된다.

40 가로 항목 축은 '구분' 필드, 범례는 '남', '여'의 필드로만 표시되어 있어 '합계' 필드의 데이터를 차트 범위로 사용하지 않았다.

MEMO

MEMO

MEMO